Deutschdidaktik

Die Reihe *Deutschdidaktik* umfasst das ganze Spektrum von Sprach-, Literatur- und Mediendidaktik sowie bildungspolitische Themen wie Inklusion, Diversität und Heterogenität in Bezug auf alle Schulformen. Sie versammelt Beiträge, die einem theoriebildenden und/oder forschenden Verständnis von Deutschdidaktik folgen. Insofern Deutschdidaktik als Integrationswissenschaft interdisziplinäre Ansätze braucht, werden auch Anschlusspotenziale in Richtung anderer Philologie-didaktiken, Allgemeinpädagogik, Philosophie oder vergleichbarer Fächer aktiviert.

Sebastian Bernhardt · Ina Henke
(Hrsg.)

Erzähltheorie(n) und Literaturunterricht

Verhandlungen eines schwierigen
Verhältnisses

 J.B. METZLER

Hrsg.
Sebastian Bernhardt
Abteilung: Deutsch
Pädagogische Hochschule
Schwäbisch Gmünd, Deutschland

Ina Henke
Germanistisches Institut
Universität Münster
Münster, Deutschland

ISSN 2731-9717   ISSN 2731-9725   (electronic)
Deutschdidaktik
ISBN 978-3-662-66917-4   ISBN 978-3-662-66918-1   (eBook)
https://doi.org/10.1007/978-3-662-66918-1

Die Deutsche Nationalbibliothek verzeichnet diese Publikation in der Deutschen Nationalbibliografie; detaillierte bibliografische Daten sind im Internet über http://dnb.d-nb.de abrufbar.

Planung/Lektorat: Dr. Ferdinand Pöhlmann
J.B. Metzler ist ein Imprint der eingetragenen Gesellschaft Springer-Verlag GmbH, DE und ist ein Teil von Springer Nature.
Die Anschrift der Gesellschaft ist: Heidelberger Platz 3, 14197 Berlin, Germany

Inhaltsverzeichnis

Einleitung: Erzähltheorie(n) und Literaturunterricht

Verhandlungen eines schwierigen Verhältnisses

Sebastian Bernhardt und Ina Henke

Zusammenfassung

Erzähltheorie findet zwar häufig Eingang in den Deutschunterricht, allerdings bleibt klärungsbedürftig, mit welchem Ziel und in welcher Weise Verfahren, Begriffe und Konzepte zur Erzähltextanalyse genau eingesetzt werden (sollten). Aufbauend auf dieser Grundannahme leiten die Herausgeber*innen in die Debatte darüber ein, welche Schwierigkeiten und Herausforderungen die Auseinandersetzung mit Erzähltheorie(n) im Deutschunterricht mit sich bringt.

Der vorliegende Sammelband entstand im Nachgang der Tagung „Erzähltheorie(n) und Literaturunterricht. Verhandlungen eines schwierigen Verhältnisses", die vom 24.03.2022–26.03.2022 als Kooperationsprojekt der PH Schwäbisch Gmünd und der WWU Münster stattfand. Ziel der Tagung war es, das schwierige Verhältnis von literatur- und medienwissenschaftlichen Erzähltheorien und Literaturunterricht bzw. -didaktik auszuloten.

Doch ist das Verhältnis von Erzähltheorie(n) und Literaturunterricht wirklich so schwierig und klärungsbedürftig, wie es der Titel der Tagung bzw. dieses Bandes suggeriert? Und lohnt sich eine weiterführende Auseinandersetzung hiermit im Rahmen einer Tagung bzw. eines Sammelbandes überhaupt? Zumindest auf den

S. Bernhardt (✉)
Abteilung: Deutsch, Pädagogische Hochschule Schwäbisch Gmünd, Deutschland
E-Mail: sebastian.bernhardt@ph-gmuend.de

I. Henke
Germanistisches Institut, Westfälische Wilhelms-Universität Münster, Münster, Nordrhein-Westfalen, Deutschland
E-Mail: ina.henke@uni-muenster.de

S. Bernhardt und I. Henke (Hrsg.), *Erzähltheorie(n) und Literaturunterricht*, Deutschdidaktik, https://doi.org/10.1007/978-3-662-66918-1_1

ersten Blick scheinen Zweifel gerechtfertigt. So konturieren Martin Leubner und Anja Saupe, Erzähltextanalyse sei nach wie vor insbesondere „in höheren Jahrgangs- und Schulstufen ein relativ häufiges Vorgehen der Arbeit mit literarischen Texten" (Leubner und Saupe 2012, S. 18). Der Umgang mit erzähltheoretischen Begrifflichkeiten und Kategorien scheint im Literaturunterricht also durchaus an der Tagesordnung und somit gängige Praxis zu sein, die keiner besonderen Aufmerksamkeit bedarf. Spinner zufolge hat Textanalysewissen darüber hinaus „einen hohen Stellenwert in […] Schulen" (Spinner 2012, S. 57). Seine Vermittlung erfolgt also vermutlich mehr oder weniger routiniert.

Indes offenbart ein zweiter, genauerer Blick auf das Verhältnis von Erzähltheorie(n) und Literaturunterricht einige Schwierigkeiten: So beklagen beispielsweise Leubner und Saupe prominent, dass die Auseinandersetzung mit erzählenden Texten im Literaturunterricht keiner klaren Systematik folge (vgl. Leubner und Saupe 2012, S. 18). Überdies bestehe ein zentrales Problem des Umgangs mit erzählenden Texten im Unterricht darin, dass Mittel der Erzähltechnik von Schüler*innen[1] „losgelöst von ihrer Funktion festgestellt werden" (Spinner 2012, S. 57). Entsprechend erfolge keine aktive Arbeit mit narratologischen Konzepten und Begriffen, sondern die Erzähltextanalyse drohe zum Selbstzweck zu werden.

Das Verhältnis von Erzähltheorie(n) und Literaturunterricht erweist sich bei näherem Hinsehen also doch als klärungsbedürftiger, als es zunächst den Anschein hat. Dabei ist die für diesen Sammelband leitende Frage weniger, *ob* Erzähltextanalyse im Literaturunterricht betrieben wird, sondern vielmehr, *in welcher Weise* Analyseverfahren eingesetzt und in ihrem Funktionszusammenhang betrachtet werden.

1   Narratologische Grundlagen und Begriffe

Ein erster Blick in die literatur- und mediendidaktische Forschung zeigt, dass schon hinsichtlich des für die Erzähltextanalyse im Literaturunterricht zu nutzenden Instrumentariums wenig Einigkeit herrscht (vgl. Spinner 2012, S. 57): So bündelt beispielsweise Carsten Gansel (2010) in seinen *Vorschläge[n] für einen kompetenzorientierten Unterricht* mit moderner Kinder- und Jugendliteratur in einem zentralen Kapitel mit dem Titel „Erzähltheoretische Grundvoraussetzungen" einige narratologische Konzepte und Begriffe für die Arbeit mit Kinder- und Jugendliteratur (vgl. Gansel 2010, S. 50–52). In seinen Ausführungen arbeitet er sich zunächst an Peter Wenzels Zweiebenenmodell des Erzählens ab (Trennung in Geschichte und Erzähldiskurs, vgl. Gansel 2010, S. 51–55). In Bezug auf den Erzähldiskurs, das ‚Wie' des Erzählens, greift Gansel auf Franz K. Stanzels Erzähltypologie (1989) zurück, die auktoriales, personales

---

[1] Bei allem Bemühen um eine Ausgrenzung marginalisierter Gruppen vermeidende Ausdrucksweise haben wir auf Wunsch einiger Autor*innen feststehende Konzepte wie ‚Erzähler' in ursprünglicher Form belassen.

und Ich-Erzählen unterscheidet (vgl. Gansel 2010, S. 55–66), und reißt schließlich Erweiterungen und neuere Entwicklungen der Narratologie an (vgl. Gansel 2010, S. 66–75). In Unterkapiteln mit den Titeln „Ergänzungen zum klassischen Erzählmodell" und „Neue Entwicklungen in der Narratologie" skizziert Gansel schließlich auch die narratologischen Ansätze Gérard Genettes (1994) und Jürgen H. Petersens (1993) und bezieht sich auf den damals aktuellen Forschungsstand, wobei diese Unterkapitel im Verhältnis weniger ausführlich sind als die Ausführungen zu Stanzel (vgl. Gansel 2010, S. 66–75). Gansel zufolge ist das der Zielsetzung geschuldet, „in gebotener Kürze jene Ansätze zu präsentieren, die mit Blick auf die Ausbildung von Kompetenzen für den Umgang mit KJL maßgeblich sind" (Gansel 2010, S. 51). Der Rückgriff auf Stanzels Modell wird also als Konsequenz aus dem Vermittlungsbezug nachvollziehbar gemacht.

Ein ähnliches Vorgehen zeigt sich in Swantje Ehlers' *Einführung in die Literaturdidaktik* (2016), insbesondere wenn sie im fünften Kapitel eine Didaktik erzählender Texte entwickelt. Hier setzt sie sich vorwiegend mit Aspekten der erzählerischen Perspektivierung auseinander und entwirft Leitfragen, die Schüler*innen bei der Erschließung erzählender Texte helfen sollen. Diese sind ebenfalls vornehmlich an Stanzels Typologie ausgerichtet und beziehen sich primär auf Modus und Erzählformen (vgl. Ehlers 2016, Kap. 5, S. 64–93).

Der Vorteil von Stanzels Terminologie scheint aus Sicht der unterrichtlichen Vermittlung darin zu bestehen, dass sich der Typenkreis prototypischer Erzähl-situationen aufgrund seiner Übersichtlichkeit relativ leicht fassen lässt. Die Auseinandersetzung mit Ich-, personalen und auktorialen – gelegentlich sogar als allwissend bezeichneten – Erzählsituationen lässt sich damit didaktisch legitimieren. Der Nachteil besteht darin, dass sich viele multiperspektivische Phänomene schwerlich abdecken lassen: Gerade in der didaktisch reduzierten Auseinandersetzung mit den prototypischen Erzählsituationen und -perspektiven zeichnet sich ab, dass ein schematischer Blick auf Literatur provoziert wird und dementsprechend die Besonderheiten narrativer Strategien wenig präzise erkannt und beschrieben werden können (vgl. u. a. Leubner und Saupe 2012).

Eines der wenigen „ausdifferenzierte[n] Modell[e] zur Analyse von Erzählvor-gängen" (Wittmann 2016, S. 26) im Literaturunterricht haben Leubner und Saupe mit ihrer Monografie *Erzählungen in Literatur und Medien und ihre Didaktik* (2012) vorgelegt. Dieses Modell hat Jan Wittmann zufolge das Potential, „die dringend notwendige Überarbeitung didaktischer Konzepte zur Erzähltextanalyse [zu] initiieren" (Wittmann 2016, S. 26), indem es die Fokussierung auf das Erzähl-modell Stanzels hinterfragt und sich verstärkt an Theorien Petersens und Genettes anlehnt. Gleichwohl bedarf es ebenfalls einer kritischen Prüfung und Revision ins-besondere mit Blick auf die praktische Umsetzung, wie u. a. Spinner bemerkt hat (vgl. Spinner 2012, S. 57–58).

Nicht zuletzt sei an dieser Stelle auf die viel rezipierte Modellierung literarischen Lernens von Anita Schilcher und Markus Pissarek (2018) verwiesen, denn auch in dieser erfolgt eine Auswahl erzähltheoretischer Kategorien, die für wichtig erachtet werden (Figur, Raum, Zeit, erzählerische Vermittlung etc., vgl. Schilcher und Pissarek 2018, S. 324–325). Jedoch werden den Ausführungen keine einheitlichen erzähltheoretischen Begrifflichkeiten zugrunde gelegt und kaum Verbindungen zwischen den verschiedenen Kategorien hergestellt, was vermutlich auf das Format Sammelband und die Tatsache zurückzuführen ist, dass die Beiträge zu den verschiedenen Kategorien von jeweils unterschiedlichen Autor*innen verfasst wurden.

Den Forschungsstand zusammenfassend hält Renata Behrendt fest: „Die Relevanz textanalytischer Verfahren [...] ist heutzutage unstrittig. Ein Konsens, welche textanalytischen Kategorien im Unterricht vermittelt werden sollen, konnte aber nicht erzielt werden" (Behrendt 2019, S. 295).

Dieses von Behrendt treffend festgestellte Desiderat bearbeiten die Beiträge der ersten Sektion dieses Bandes: Dementsprechend nimmt *Ulf Abraham* eine Fokusverschiebung von der literarischen Rezeptions- und Analysekompetenz hin zur Produktionskompetenz vor und rückt narratologische Kategorien damit in den Kontext literarischen Schreibens im Deutschunterricht. Im Zuge dessen diskutiert er u. a., wie leistungsfähig die geläufigen narratologischen Begrifflichkeiten der literarischen Textanalyse mit Blick auf die Beschreibung von Prozessen der Produktion literarischer Texte sind. *Anja Saupe* entwickelt ein Instrumentarium für die Darstellungsanalyse epischer Texte in der Schule, da in diesem Bereich – wie sie selbst hervorhebt – ein nur schwer durchschaubares Durcheinander von fachwissenschaftlich bzw. -didaktisch teilweise sehr problematischen Begrifflichkeiten herrscht. Dabei legt sie den Schwerpunkt auf die Kategorien ‚Erzähler‘ und ‚Perspektivierung‘ und gleicht das entwickelte narratologische Instrumentarium mit den Systematiken von Stanzel, Petersen und Genette ab. *Tobias Gnüchtel* widmet sich einem von der Fachdidaktik Deutsch bis heute kaum erforschten Bereich: den Potenzialen narratologischer Kategorien für den Deutschunterricht der Grundschule. Dabei wird diskutiert, inwiefern die immens produktive literaturwissenschaftliche Narratologie seit Genette für den Deutschunterricht der Grundschule fruchtbar gemacht werden kann. Den Literaturunterricht in der Sekundarstufe II und das Potenzial, das narratologische und bildungssprachliche Kategorien hier bieten, um komplexe Texte zu erschließen und zum Objekt kognitiv anspruchsvoller Diskussionen zu machen, nimmt schließlich *Martin Blawid* genauer in den Blick.

2   Narratologische Phänomene und Verfahren

Neben den für die allgemeine Erzähltextanalyse im Unterricht zu nutzenden Begrifflichkeiten, Modellen und Kategorien (Stanzels, Genettes, Petersens etc.) steht in der literatur- und mediendidaktischen Diskussion immer wieder zur Debatte, welche spezifischen narratologischen Phänomene im Literaturunterricht überhaupt thematisiert bzw. eingeführt werden sollten und wie mit diesen gearbeitet werden kann: Ist es beispielsweise zielführend, Phänomene wie Perspektivierung, unzuverlässiges Erzählen oder Metafiktion mit Schüler*innen im Literaturunterricht aller Jahrgangsstufen in den Blick zu nehmen? Oder sollten derartige Phänomene nur bei Bedarf für „besonders leistungsfähige Lerngruppen gegen Ende der Sekundarstufe I und für die Oberstufe" (Leubner und Saupe 2012, S. 154) eine Rolle spielen?

Dementsprechend liegen im literatur- und mediendidaktischen Diskurs verschiedene Untersuchungen zur Integration von narratologischen (Einzel-) Phänomenen in den schulischen Literaturunterricht vor: So spricht sich beispielsweise Wittmann für eine verstärkte Auseinandersetzung mit unzuverlässigen Erzählverfahren im Literaturunterricht aus, damit auch postmoderne Texte wie Daniel Kehlmanns *Ruhm* adäquat betrachtet werden können (vgl. Wittmann 2016, S. 17–34). Didaktische Potentiale metafiktionalen Erzählens für den Literaturunterricht der Sekundarstufe I zeigt Tobias Stark am Beispiel von Marc-Uwe Klings *Känguru-Chroniken* auf (vgl. Stark 2016, S. 35–52). Nicht zuletzt erarbeiten auch Ina Henke und Sebastian Bernhardt am Beispiel von Andreas Steinhöfels Romanen *Der mechanische Prinz* und *Rico, Oskar und die Tieferschatten* (vgl. Henke 2020, S. 177–192) sowie Juli Zehs *Das Land der Menschen* (vgl. Bernhardt 2020) und Kehlmanns historischen Romanen *(Die Vermessung der Welt* und *Tyll)* (Bernhardt 2022) Vorschläge für eine Auseinandersetzung mit dem unzuverlässigen Erzählen in unterschiedlichen Klassenstufen. Gerade aufgrund ihres exemplarischen Charakters verweisen diese Untersuchungen jedoch deutlich auf die Notwendigkeit einer umfassenden und stärker systematisierenden Beschäftigung mit erzähltheoretischen (Einzel-)Phänomenen in der literatur- und mediendidaktischen Forschung.

Was das Phänomen der Perspektive betrifft, lässt sich bei einem Blick in die fachdidaktische Forschung feststellen, dass eine Fokussierung auf die Begriffe ‚Perspektivenübernahme‘ oder ‚Nachvollzug von Perspektiven‘ auf der Ebene der Figuren bzw. des Figurenverstehens erfolgt, während die Perspektive als Mittel der erzählerischen Vermittlung kaum thematisiert wird (vgl. hierzu auch die Beiträge von Freudenberg et al. sowie Schulte Eickholt in diesem Band). Näher mit der narrativen Perspektivik in didaktischen Kontexten haben sich in jüngerer Zeit Tobias Stark (2012) und Tatjana Jesch (2012) beschäftigt. Dabei versucht Stark exemplarisch anhand einiger Datenbeispiele aus umfangreicheren Leseprozessanalysen, „in denen sich spezifische Auseinandersetzungen mit der jeweiligen Perspektivgestaltung zeigen, […] potentielle Lernanlässe für das Perspektivenverstehen zu identifizieren" (Stark 2012, S. 154). Jesch hingegen befasst sich mit dem Ertrag von aktuellem Fachwissen zur narrativen Perspektive für den Literaturunterricht (vgl. Jesch 2012).

An diese Forschungsdebatten und Untersuchungen schließen die Beiträge der zweiten Sektion dieses Bandes an: So diskutiert *Michael Hofmann* am Beispiel von Heinrich von Kleists *Verlobung in St. Domingo*, inwiefern eine unterrichtliche Beschäftigung mit dem unzuverlässigen Erzählen dazu beitragen kann, Ambiguitätstoleranz auf Seiten von Schüler*innen zu befördern. Diese Förderung von Ambiguitätstoleranz stellt für ihn die Grundlage eines gesellschaftskritischen und rassismussensiblen Literaturunterrichts dar. Auch *Stefanie Jakobi* befasst sich in ihrem Beitrag mit dem unzuverlässigen Erzählen, legt den Schwerpunkt – anders als Hofmann – jedoch auf transmediale Unzuverlässigkeit in Kinder- und Jugendmedien aus wirkungsästhetischer Perspektive. *Ricarda Freudenberg, Martina von*

Heynitz, Birgit Schlachter und *Michael Steinmetz* fokussieren die Perspetive als Darstellungsphänomen in literarischen Texten und stellen das Forschungsprojekt *PAuLi (Perspektive und Aufgabe im Literaturunterricht)* vor, das zum Ziel hat, in enger Kooperation mit Lehrkräften über mehrere Forschungszyklen hinweg Lehr-Lernarrangements zur Perspektive in literarischen Texten zu entwickeln. Das Phänomen der Perspektivierung der Narration durch die Erzählinstanz spielt schließlich ebenfalls im Beitrag von *Swen Schulte Eickholt* ein zentrale Rolle: So wirft er auf der Folie von Wolf Schmids idealgenetischem Modell der narrativen Ebenen (2014), das die durchgängige Perspektivierung durch den Erzähler in der Genese der Narration plausibilisiert, einen kritischen Blick auf im literatur-didaktischen Diskurs häufig sorglos verwendete Begriffe wie Fremdverstehen oder Perspektivenübernahme.

3   Narratologie und Lehrpläne/Lehrwerke

Doch nicht nur der Stellenwert von spezifischen narratologischen Phänomenen im Literaturunterricht, sondern auch die Rolle, die Lehr- und Lernwerken sowie bildungspolitischen Steuerungsinstrumenten mit Blick auf das Verhältnis von Erzähltheorie(n) und Literaturunterricht zukommt, wird im literatur- und medien-didaktischen Diskurs diskutiert. So begegnet häufig der Vorwurf, dass „die Dar-stellungsverfahren literarischer Texte sowohl in den Fachcurricula als auch in den einschlägigen Lehrwerken auffallend unterrepräsentiert sind" (Wittmann 2016, S. 26). Zudem werde auf veraltete erzähltheoretische Konzepte wie das Erzähl-modell Stanzels, das „in seiner ursprünglichen Form in der Literaturwissenschaft als lange überholt gilt" (Wittmann 2016, S. 26), zurückgegriffen oder überhaupt kein systematisches Modell zugrunde gelegt.

Diese Behauptung scheint sich bei einem ersten Blick in die Bildungsstandards und Lehrpläne zu bestätigen: So findet sich beispielsweise in den Bildungs-standards für das Abitur aktuell keine explizite Bezugnahme auf erzähltheoretische Zusammenhänge oder Begrifflichkeiten. Stattdessen bleibt es bei der vagen Formulierung, dass Schüler*innen die Kompetenz zur Analyse und Interpretation von literarischen Texten erwerben sollen (vgl. BISTA Hochschulreife 2012, S. 18–19), ohne dass präzisiert wird, über welches Handwerkszeug sie für eine Strukturanalyse und darauf aufbauende Interpretation verfügen müssen. Ähnlich allgemein sind die für die Sekundarstufe II formulierten Kompetenzerwartungen im Kernlehrplan des Landes NRW. So heißt es, dass Schüler*innen am Ende der Einführungsphase in der Lage sein sollen, „dramatische, erzählende sowie lyrische Texte unter Berücksichtigung grundlegender Strukturmerkmale der jeweiligen literarischen Gattung [zu] analysieren und dabei eine in sich schlüssige Deutung (Sinnkonstruktion) [zu] entwickeln" (Ministerium für Schule und Bildung des Landes NRW 2014, S. 21).

Der Kernlehrplan des Landes NRW für die Sekundarstufe I macht hinsichtlich der Kenntnis erzähltheoretischer Begrifflichkeiten und Kategorien jedoch bereits wesent-lich konkretere Vorgaben, wenn beispielsweise als Kompetenzerwartung am Ende der

Sekundarstufe I benannt wird, dass Schüler*innen „in literarischen Texten zentrale Figurenbeziehungen und -merkmale sowie Handlungsverläufe beschreiben und unter Berücksichtigung gattungsspezifischer Darstellungsmittel (u. a. erzählerisch und dramatisch vermittelte Darstellung, Erzähltechniken der Perspektivierung) textbezogen erläutern" (Ministerium für Schule und Bildung des Landes NRW 2019, S. 26) können sollen. Und auch im Bildungsplan Deutsch für das Gymnasium Baden-Württemberg heißt es, die Schüler*innen sollen bis zum Abitur

Fachbegriffe zur formalen Beschreibung von Texten verwenden:
- Autor, Erzähler, Erzählperspektive, Erzählform, Erzählhaltung, Erzählstruktur, innere und äußere Handlung, offener Schluss, Erzählerbericht, Redewiedergabe in direkter, indirekter, erlebter Rede und innerem Monolog, Erzähltempora, Vorausdeutungen und Rückblende
- lyrisches Ich, Enjambement, Kadenz, Atmosphäre
- Figurenverzeichnis, Akt, Szene, Exposition, Höhepunkt, Wendepunkt, Lösung, Katastrophe, Dialog und Monolog, Regieanweisung; Haupt-, Neben- und Untertext, Sprechakt. (Ministerium für Kultus, Jugend und Sport BW 2016, S. 64)

Nicht zuletzt spielen narratologische Begrifflichkeiten in der Nivellierung der KMK-Bildungsstandards für die Primarstufe und die Sekundarstufe I von 2022 eine größere Rolle als in der Fassung von 2004. Dementsprechend wird in dem Verzeichnis „Grundlegende (sprachliche) Strukturen und Begriffe II: Text und Gespräch" schon für die Primarstufe festgehalten, dass die Schüler*innen die Begriffe „Autor/Autorin, Handlung, Figur, Reim, Vers, Strophe, Dialog, Sprecher, Erzähler" (BISTA PS 2022, S. 23) kennen sollen. Bis zum mittleren Schulabschluss differenziert es sich aus bis zu den folgenden Termini: „Autor/Autorin, Erzähler, Erzählperspektive, Figur, Monolog, Dialog; Reim, Vers, Strophe, Sprecher/lyrischer Sprecher; Kameraperspektive, Einstellungsgröße, Montage, Kamerabewegung" (BISTA ESA 2022 und MSA 2022, S. 43).

Vor diesem Hintergrund ist festzuhalten, dass der von Wittmann geäußerte Vorwurf nur in Teilen zutreffend ist. So wird von Schüler*innen durchaus die Kenntnis zentraler erzähltheoretischer Begrifflichkeiten erwartet und eine Beschäftigung mit der Vermittlungsebene erzählender Texte und Medien im unterrichtlichen Rahmen explizit nahegelegt. Gleichwohl bleiben avanciertere Erzähltheorien in den Bildungsstandards und Lehrplänen ausgeblendet und es wird nicht konkretisiert, wie genau die Schüler*innen die genannten Begriffe nutzen können sollen.[2] Darüber hinaus fehlt eine vor der Folie der polymedialen Erscheinungsformen gegenwärtiger Kinder- und Jugendliteratur als zentral zu bestimmende transmediale sowie genreübergreifende Perspektive (vgl. hierzu die Beiträge von Kurwinkel und Kumschlies sowie Jakobi in diesem Band). Stattdessen werden

---

[2] Hier ließe sich einwenden, dass dies auch nicht die Aufgabe von Bildungsstandards und Lehrplänen ist (vgl. hierzu auch der Beitrag von Pertzel in diesem Band).

medien- bzw. genrespezifische Begrifflichkeiten (für die Analyse erzählender, dramatischer und lyrischer Texte sowie für Filme) aufgelistet, wobei kritisiert werden kann, dass Termini für die Filmanalyse, aber nicht für die Analyse anderer Medien wie Hörspiele, Computerspiele etc. vorgegeben werden (vgl. zu narratologischen Betrachtungen von Computer- und Hörspielen im didaktischen Kontext die Beiträge von Emmersberger, Magirius und Wicke in diesem Band).

Auch was Lehr- und Lernwerke, Lehrer*innenhandreichungen und Unterrichtsmaterialien betrifft, bedarf der Vorwurf des Rückgriffs auf veraltete erzähltheoretische Konzepte und einer fehlenden Systematik im Umgang mit narratologischen Begrifflichkeiten einer Differenzierung. So ist einerseits festzuhalten, dass viele Aufgabenstellungen, die sich darin finden, erzähltheoretisch wenig konkret sind, wie sich u. a. anhand des Schüler*innenheftes von Martina Grüner und Daniel Schoberth zu Stefanie Höflers *Tanz der Tiefseequalle* zeigen lässt. Beispielsweise lautet hier eine Aufgabe: „Schau dir die Seiten 51–55 noch einmal genau an. Mit welchen Mitteln schafft es die Autorin hier, die Minuten ab der Aufforderung zum Tanzen durch Sera als etwas ganz Besonderes darzustellen?" (Grüner und Schoberth 2019a, S. 17). Im Lehrer*innenheft heißt es als Lösung: „Verlangsamung der Ereignisse wie in Zeitlupe durch schnellen Perspektivenwechsel zwischen Sera und Niko (bewusstes ‚Heranzoomen'), um die Besonderheit und Wichtigkeit des Moments zu unterstreichen; Leser erfährt quasi parallel, was die beiden Hauptfiguren denken und empfinden." (Grüner und Schoberth 2019b, S. 21) Dies verdeutlicht, dass die fehlende Orientierung an erzähltheoretischen Modellen die Problematik mit sich bringen kann, dass der Umgang mit dem Erzähltext weniger transparent erfolgt: In der oben zitierten Aufgabenstellung wird beispielsweise der Kurzschluss provoziert, dass die Autor*in direkt mit der Leser*in interagiere. Die Besonderheit literarischer Kommunikation, der zufolge in der Tat eine fiktive Vermittlungsebene innerhalb einer erzählten Welt und eine fiktive Rezipient*in vorhanden sind, die zwischen realer Autor*in und realer Leser*in stehen (vgl. dazu etwa Nünning 2004, S. 119–120), wird entsprechend nicht angemessen erfasst. Literaturunterricht, der der Eigengesetzlichkeit von Literatur gerecht werden möchte, muss diese Eigentümlichkeit jedoch bedenken, um damit auch einen spezifisch ästhetischen Lektüremodus zu ermöglichen (vgl. Spinner 2006, S. 6).

Im Erwartungshorizont der Lehrer*innenhandreichung beziehen sich Grüner und Schoberth darüber hinaus auf die nicht näher bestimmte Größe der Leser*in, ein autor*innenzentrierter Zugriff wird also ohne weitere Reflexion rezeptionsästhetisch angereichert. Auch wenn beispielsweise Eco von einem „Modell-Leser" (vgl. Eco 1998, S. 66–67) ausgeht und ein dialektisches Verhältnis von Leser*in und Autor*in annimmt (vgl. Eco 1998, S. 73), so stellt sich hier doch die Frage, worauf der Leser*innenbezug im Kontext dieser Aufgabenstellung abzielt. Die unkommentierte Orientierung an der Größe der Leser*in erscheint folglich insofern als problematisch, als sie den Fokus vom Gegenstand zur Rezipient*in verlagert. Insofern erscheint es als schlüssiger, in Bezug auf die Analyse des funktionalen Einsatzes von Mitteln der Erzähltechnik entweder zunächst objektiviert beim Gegenstand zu bleiben oder aber die Annahme der Größe einer Leser*in klarer zu plausibilisieren.

Andererseits stellen Schulbücher jedoch häufig sehr systematische Übersichten über wichtige erzähltheoretische Begriffe in Bezug auf die Analyse von Figur, Raum, Zeit und Handlung in literarischen Texten bereit und thematisieren ausführlich verschiedene Erzähltypen (vgl. z. B. Schurf und Wagener 2018, S. 165–173). Dabei greifen die meisten Lehr- und Lernwerke jedoch auf die Modelle Stanzels oder Petersens zurück (z. B. Schurf und Wagener 2018, S. 171–172, aber auch Kempen et al. 2015, S. 209: in beiden Schulbüchern wird zwischen auktorialem, personalem und neutralem Erzählen unterschieden) und arbeiten nur in Ansätzen mit dem genetteschen Begriffsinventar. Des Weiteren fällt bei der Durchsicht verschiedener Schulbücher auf, dass mit ganz unterschiedlichen erzähltheoretischen Begrifflichkeiten gearbeitet wird. So ist in *Texte, Themen und Strukturen* die Rede von „drei idealtypischen Erzählstrategien", dem auktorialen, personalen und neutralen Erzählen (Schurf und Wagener 2018, S. 171–172), während auktoriales, personales und neutrales Erzählen in *deutsch.kompetent* unter „Erzählverhalten" (Kempen et al. 2015, S. 209) gefasst werden, wovon noch einmal Erzählperspektive und Erzählform unterschieden werden.

Genauere Betrachtungen dieser Zusammenhänge nehmen die Beiträge der dritten Sektion dieses Bandes vor: So beleuchtet *Eva Pertzel*, welchen Bedingungen Lehrplanentwicklung unterliegt und inwiefern welche Art von Setzungen in Bezug auf narratologische Begrifflichkeiten und Kategorien hierbei möglich sind. *Marcel Illetschko* und *Veronika Österbauer* untersuchen in ihrem Beitrag, wie die Analyse und Beschreibung von Erzähltexten in gängigen Lehrwerken der 4. Schulstufe in Österreich implizit und explizit enthalten sind und auf welche narratologischen Kategorien hierbei zurückgegriffen wird. *Helen Lehndorf* arbeitet anhand einer exemplarischen Fallstudie heraus, wie die narratologische Grundkategorie der Perspektive in einer Lehrbuchreihe für die Sekundarstufe I modelliert und didaktisch reduziert wird. *Ines Theilen* analysiert schließlich auf Andreas Steinhöfels Kinderroman *Rico, Oskar und die Tieferschatten* bezogene Lektürehilfen hinsichtlich der Frage, welche narratologischen Konzepte Teil eines Unterrichts sind, der sich an diesen Hilfen orientiert, und entwickelt auf dieser Grundlage Vorschläge für einen erzähltheoretisch fundierten Literaturunterricht in der Sekundarstufe I.

4   Transmediale und medienspezifische Narratologie

Da Erzählen nicht nur im Medium Erzähltext im engeren Sinne, sondern in ganz unterschiedlichen Medien (Film, Hörspiel, Theater etc.) und Genres stattfindet und somit eine „transmediale Universalie" (Bönnighausen 2019, S. 139) darstellt, rückt nicht zuletzt seit einigen Jahren die Frage nach medien- und genreübergreifenden Begrifflichkeiten und Kategorien zur Analyse von Narrationen aller Art (z. B. Computerspielnarrationen, Hörspielnarrationen etc.) „in den Blick einer zunehmend ‚interdisziplinär', ‚transgenerisch' und ‚intermedial' und damit außerhalb der herkömmlichen Grenzen der Literaturwissenschaft operierenden

Narratologie" (Scheffel 2005, S. 5). Dies spiegelt sich nicht nur in Nicole Mahnes Grundlagenwerk *Transmediale Erzähltheorie. Eine Einführung* (2007), sondern auch in den Versuchen Jan Horstmanns (2018) oder Peter Hühns und Jörg Schönerts (2007), erzähltheoretische Begrifflichkeiten und Konzepte für die Analyse von Theaterinszenierungen oder von lyrischen Texten fruchtbar zu machen (vgl. hierzu auch der Beitrag von Jakobi in diesem Band).

Im Anschluss daran wird auch in der Literatur- und Mediendidaktik in jüngster Zeit vermehrt darüber nachgedacht, welche medien- und genreübergreifenden narratologischen Begrifflichkeiten und Kategorien auf welche Weise für unterrichtliche Kontexte nutzbar gemacht und wie transmediale Lektüren im Deutschunterricht angeregt werden können (vgl. z. B. Bönnighausen 2019).[3] Zugleich wird jedoch auch den spezifischen Erzählverfahren einzelner Medien (z. B. Film, Hörspiel, Computerspiele etc.) und der Frage, wie diese im Deutschunterricht thematisiert werden können, weiterhin große Aufmerksamkeit geschenkt (vgl. zum Film z. B. prominent Kepser 2008 oder Abraham 2016). Diese 'doppelte' Perspektive zeigt sich beispielsweise auch in Leubners und Saupes im Vorangehenden bereits erwähnter Monografie *Erzählungen in Literatur und Medien und ihre Didaktik*: So erfolgt hierin zunächst eine medienübergreifende Betrachtung der Basiskomponenten 'Handlung', 'Erzählen' und 'Fiktion', bevor anschließend die Spezifika literarischen, filmischen und interaktiven Erzählens in den Blick genommen werden (vgl. Leubner und Saupe 2012).

Gleichwohl sind auch in diesem Forschungsfeld noch viele Fragen offen: Lassen sich die Begrifflichkeiten der Erzähltextanalyse z. B. von Genette auf die Analyse von interaktiven und multimodalen Gegenständen übertragen? Und wenn ja, inwieweit ist dies möglich bzw. wo liegen die Probleme einer solchen Übertragung? Wie lassen sich die Spezifika einzelner Medien erzähltheoretisch beschreiben? Was sollten/könnten sogenannte transmediale Lektüren beinhalten/ leisten und wie lassen sie sich im Unterricht anregen?

Hieran knüpfen die Beiträge des vierten Teils dieses Bandes an: So entwerfen *Tobias Kurwinkel* und *Kirsten Kumschlies* ein Konzept zur erzähltheoretisch fundierten Didaktisierung von kinderliterarischen Medienverbünden in der Primarstufe und intendieren damit die Erweiterung von Modellen Intermedialer Lektüren durch das Konzept einer transmedialen Lektüre. Die Besonderheiten des Erzählens im Medium Hörspiel nimmt *Andreas Wicke* in den Blick, indem er untersucht, inwiefern die Analyse metaleptischer Strukturen im Hörspiel grundsätzliche Einsichten in narrative Konstruktionen schaffen kann. *Volker Pietsch* thematisiert

---

[3] Die Forschung zu transmedialen Lektüren im Literaturunterricht steckt gegenwärtig jedoch noch in den Kinderschuhen. So beschäftigen sich – neben Bönnighausen 2019 – v. a. Kurwinkel und Jakobi 2019 und 2022 bzw. Kurwinkel und Kumschlies 2019 mit den Möglichkeiten transmedialer Motivanalysen bzw. Lektüren im Literaturunterricht. Wesentlich verbreiteter sind Konzeptionen, die sich auf das Intermedialitätsparadigma stützen, wie z. B. Iris Kruses Konzeption der Intermedialen Lektüre. Ein systematischer Überblick über die literatur- und mediendidaktische Forschung zum intermedialen Literaturunterricht findet sich bei Maiwald 2019.

die Simultaneität filmischer Mittel und legt Herausforderungen und Potenziale der unterrichtlichen Beschäftigung mit diesen offen. *Johannes Thiele* entwirft in seinem Beitrag Ideen für eine gegenseitige Bereicherung narratologischer Betrachtungen von gedruckten und filmischen Erzählungen im Deutschunterricht. Dem noch wenig erforschten Feld der Computerspielnarratologie widmen sich schließlich die Beiträge von *Stefan Emmersberger* und *Marco Magirius*. So entwickelt Emmersberger ein erzähltheoretisches Instrumentarium zur Analyse interaktiver Videospiel-Narrationen und diskutiert, wie sich interaktives Erzählen auf das literarische Lernen auswirkt. Auch Magirius beschäftigt sich mit dem literaturdidaktischen Potenzial von Computerspielen, wobei er für die verstärkte Einbindung narratologischer Konzepte in die unterrichtliche Auseinandersetzung hiermit plädiert.

5   Acht Thesen zum Verhältnis von Erzähltheorie(n) und Literaturunterricht

Im Rahmen der Abschlussdiskussion, die im Nachgang der Tagung auf einem digitalen Padlet weitergeführt wurde, wurden von den Teilnehmenden einige grundsätzliche Thesen zum Verhältnis von Erzähltheorie(n) und Literaturunterricht formuliert, die auf kinderundjugendmedien.de (gemeinsam mit einem Tagungsbericht) der Fachöffentlichkeit zugänglich gemacht wurden und hier noch einmal abgedruckt sind:

These 1:
Aufgabe der Literatur- und Mediendidaktik ist es, erzähltheoretische Konzepte, die die Literatur- und Medienwissenschaften bereitstellen, nicht bloß zu adaptieren und zu reduzieren, sondern in eigene Modellierungen zu überführen.
Bezugswissenschaften der Literatur- und Mediendidaktik sind u. a. die Literatur- und Medienwissenschaft. Deren erzähltheoretisches Begriffsinventar stellt für die im Rahmen der Tagung angestellten Überlegungen einen maßgeblichen Orientierungspunkt dar, weil es Möglichkeiten bietet, den Blick auf Texte, deren Handlungsmuster und Darstellungsweisen sowie -strategien zu lenken. Aufgabe der Literaturdidaktik ist es jedoch nicht, die erzähltheoretischen Theoreme und Kategorien, die die Literatur- und Medienwissenschaften bereitstellen, unverändert zu adaptieren oder didaktisch zu reduzieren, sondern vielmehr, sie mit Blick auf Unterrichtsprozesse in eigene Modellierungen zu überführen.

These 2:
Erzähltheoretisch orientierter Literaturunterricht ist nicht mit einer literaturwissenschaftlichen Propädeutik zu verwechseln.
Wenn die Literatur- und Mediendidaktik sich erzähltheoretischer Kategorien und Begrifflichkeiten bedient und eine Kartographie des Umgangs mit literarischen Texten und Medien vorlegt, dann sollte es dabei nicht darum gehen, auf ein mögliches literaturwissenschaftliches Studium vorzubereiten. Das Ziel sollte vielmehr

darin bestehen, Schüler*innen durch die Anwendung erzähltheoretischer Konzepte und Begriffe einen Zugang zu den Eigengesetzlichkeiten narratoästhetischer Medien zu ermöglichen.

These 3:

Der Umgang mit erzähltheoretischen Termini im Literaturunterricht sollte nicht zum Selbstzweck werden. Vielmehr sollte von der Funktionalität der Begriffe für Deutungsprozesse ausgegangen werden. Dazu sollten schon für die Primarstufe Modellbildungen angestellt und in das Handlungswissen der Schüler*innen überführt werden.

Im Literaturunterricht ist es für Schüler*innen häufig wenig transparent, nach welchen Kriterien Deutungen zustande kommen. Ein erzähltheoretisch fundierter Literaturunterricht kann hier Abhilfe leisten, indem Schüler*innen Kategorien und Begriffe als Hilfsmittel an die Hand gegeben werden, um literarische Texte und Medien kundig und strategieorientiert zu untersuchen und auf dieser Grundlage zu interpretieren. In einem propädeutischen Sinne sollte schon in der Primarstufe eine Sensibilisierung für erzähltheoretisches Handwerkszeug erfolgen.

These 4:

Im Literaturunterricht sollte nicht nur die Rezeption literarischer Texte und Medien mithilfe von narratologischen Begrifflichkeiten und Kategorien, sondern auch die Produktion eine Rolle spielen.

Eine verstärkte Berücksichtigung der Produktion literarischer Texte und Medien insbesondere in der Sekundarstufe I und II kann u. a. dazu führen, dass den Schüler*innen die Konstruktionsprinzipien dieser in einer Art *learning by doing* bewusst gemacht werden. Die Produkte der Schüler*innen können Hinweise darauf geben, welche Strukturen des Erzählens ihnen schon (implizit) geläufig sind. Eine nach Möglichkeit selbstentdeckende Einführung von Begriffen kann darauf aufbauen. Die Kenntnis von Begriffen kann dann wiederum zu einem Ausbau der produktiven Fähigkeiten beitragen.

These 5:

Im Literaturunterricht sollte immer auch thematisiert werden, dass es sich bei erzähltheoretischen Begrifflichkeiten und Kategorien um Konstrukte zur Beschreibung von Textphänomenen handelt, die veränderbar sind und keine Letztgültigkeit beanspruchen.

Narratologische Modelle stellen Begrifflichkeiten und Kategorien zur Beschreibung von Textphänomenen bereit, die sich voneinander unterscheiden, veränderbar sind und unterschiedliche Akzente setzen. Für den Literaturunterricht könnte es vor diesem Hintergrund ertragreich sein, unterschiedliche erzähltheoretische Modelle (z. B. von Stanzel, Genette, Schmid, Petersen etc.) und die Frage, was diese jeweils für die Analyse bzw. Interpretation literarischer Texte (nicht) leisten können, mit Schüler*innen zu diskutieren. Überdies könnten gemeinsam mit den Schüler*innen eigene Modellierungen entwickelt werden, die sich aus den unterschiedlichen zuvor thematisierten erzähltheoretischen Ansätzen speisen.

These 6:

Die Literatur- und Mediendidaktik sollte die von ihr bereitgestellten Modelle zur Vermittlung erzähltheoretischer Begriffe und Kategorien immer wieder (selbst-)kritisch vor dem Hintergrund neuerer Entwicklungen in der Literatur- und Medienwissenschaft sowie empirischer Ergebnisse zum Umgang von Schüler*innen mit Erzähltexten hinterfragen und ggf. überarbeiten.

Ein (selbst-)kritischer Blick ist für die Literatur- und Mediendidaktik insofern zentral, als ihre Aufgabe u. a. darin besteht, wissenschaftlich fundierte Modelle und Konzepte für die Vermittlung erzähltheoretischer Begrifflichkeiten und Kategorien für die Unterrichtspraxis zu generieren. Diese sollten stets den aktuellen Stand der Forschung in den unterschiedlichen relevanten Bezugsdisziplinen sowie der eigenen Disziplin, aber auch die Eigenlogik der Unterrichtspraxis berücksichtigen.

These 7:

Erzähltheoretische Kategorien verstehen sich in der Literatur- und Mediendidaktik als Werkzeug und damit als Schlüssel, der Texte auf- und nicht abschließt. Im Sinne des Eigenwertes ästhetischer Objekte geht es nicht um eine abschließende Charakterisierung und Erfassung der Artefakte, sondern um die Eröffnung differenzierter Zugänge.

Die erzähltheoretischen Termini sind als Werkzeug zur Erstellung einer Analyse und/oder Interpretation zu verstehen. Daraus folgt, dass die Termini ihre Brauchbarkeit am Text erweisen, nicht umgekehrt. Durch die erzähltheoretische Sichtweise wird eine Übersichtlichkeit und Komplexitätsreduktion in die Beschreibung literarischer Texte gebracht. Für die Produktion von Texten bedeutet dies, dass erzähltheoretisches Wissen die eigenen Möglichkeiten der Darstellung erweitern oder Vermittlungsprobleme lösen kann, es aber nie Ziel sein sollte, narratologische Konzepte streng ‚umzusetzen'. Der Text zeigt, was darstellbar ist, nicht die Theorie.

These 8:

Im Literaturunterricht sollten nicht nur Phänomene auf Ebene des discours *mithilfe erzähltheoretischer Begrifflichkeiten z. B. von Genette in den Blick genommen werden, sondern auch das Zusammenspiel von* discours *und* histoire *sollte Berücksichtigung finden.*

Da Interpretationen literarischer Texte immer Phänomene sowohl auf Ebene der *histoire* (Figuren, Raum etc.) als auch des *discours* (Perspektive, Zeit etc.) einbeziehen, sollte in der Arbeit mit diesen im Literaturunterricht weder eine einseitige Fokussierung auf den *discours* noch auf die *histoire* erfolgen. Stattdessen sollte das Zusammenspiel beider Ebenen verstärkt mitreflektiert und berücksichtigt werden.

Wir danken allen Beiträger*innen für die lebhafte und angeregte Diskussion, die produktive Zusammenarbeit und das außergewöhnliche Engagement. Darüber hinaus gilt unserer besonderer Dank Nadine Rack-Hellekes, die uns bei der formalen Einrichtung und Prüfung des Dokuments unterstützt hat und durch ihre umsichtigen Anregungen eine Bereicherung der redaktionellen Arbeit war. Dem

Verlag J.B. Metzler danken wir sehr herzlich für die Aufnahme in die Reihe „Deutschdidaktik".

Literatur

Abraham, Ulf. 2016. *Filme im Deutschunterricht*. Seelze: Klett/Kallmayer.

Behrendt, Renata. 2019. Romane und Erzählungen. In *Grundthemen der Literaturwissenschaft: Literaturdidaktik*, Hrsg. Christiane Lütge, 284–301. Berlin/Boston: De Gruyter.

Bernhardt, Sebastian. 2020. Fremdverstehen in und durch Juli Zehs Kinderbuch ‚Das Land der Menschen' (2008). In *Das Werk Juli Zehs in literaturdidaktischer Perspektive*, Hrsg. Jan Standke, 63–76. Trier: WVT.

Bernhardt, Sebastian. 2022. Kehlmanns historische Romane im Deutschunterricht. In *Historisches Erzählen in der Gegenwartsliteratur. Positionen der germanistischen Literaturdidaktik*, Hrsg. Sebastian Bernhardt, und Jan Standke, 217–238. Bielefeld: transcript.

Bildungsstandards im Fach Deutsch für die Allgemeine Hochschulreife (BISTA Hochschulreife) i. d. F. vom 18.10.2012, Hrsg. v. d. ständigen Konferenz der Kultusminister (KMK). Berlin. https://www.kmk.org/fileadmin/veroeffenlichungen_beschluesse/2012/2012_10_18-Bildungsstandards-Deutsch-Abi.pdf. Zugegriffen: 12. Okt. 2022.

Bildungsstandards für das Fach Deutsch. Primarbereich (BISTA PS) i. d. F. vom 23.06.2022, Hrsg. v. d. ständigen Konferenz der Kultusminister (KMK). Berlin. https://www.kmk.org/fileadmin/Dateien/veroeffenlichungen_beschluesse/2022/2022_06_23-Bista-Primarbereich-Deutsch.pdf. Zugegriffen: 12. Okt. 2022.

Bildungsstandards im Fach Deutsch. Erster Schulabschluss (ESA) und Mittlerer Schulabschluss (MSA) (BISTA ESA und MSA), i. d. F. vom 23.06.2022, Hrsg. v. d. ständigen Konferenz der Kultusminister (KMK). Berlin. https://www.kmk.org/fileadmin/Dateien/veroeffenlichungen_beschluesse/2022/2022_06_23-Bista-ESA-MSA-Deutsch.pdf. Zugegriffen: 12. Okt. 2022.

Bönnighausen, Marion. 2019. Transmediales Erzählen im Bilderbuch. In *Intermedialität. Formen – Diskurse – Didaktik*, Hrsg. Klaus Maiwald, 131–152. Baltmannsweiler: Schneider Hohengehren.

de Certeau, Michel. 1988. *Kunst des Handelns*. Berlin: Merve.

Eco, Umberto. 1998. *Lector in fabula. Die Mitarbeit der Interpretation in erzählenden Texten*. München: DTV.

Ehlers, Swantje. 2016. *Literaturdidaktik. Eine Einführung*. Stuttgart: Reclam.

Gansel, Carsten. 2010. *Moderne Kinder- und Jugendliteratur. Vorschläge für einen kompetenzorientierten Unterricht*. Berlin: Cornelsen Scriptor.

Genette, Gérard. 1994. *Die Erzählung*. Übersetzt von Andreas Knop. Paderborn: UTB.

Grüner, Martina, und Daniel Schoberth. 2019a. *Tanz der Tiefseequalle. Schülerheft*. Berkheim: Knapp & Gutknecht.

Grüner, Martina, und Daniel Schoberth. 2019b. *Tanz der Tiefseequalle. Lehrerheft*. Berkheim: Knapp & Gutknecht.

Henke, Ina. 2020. „Außerdem kann ich mich nicht immer gut konzentrieren, wenn ich etwas erzähle." Zur Integration des Konzepts des unzuverlässigen Erzählens in den schulischen Literaturunterricht am Beispiel von Andreas Steinhöfels Rico, Oskar und die Tieferschatten und *Der mechanische Prinz*. In *KONTROVERS: Literaturdidaktik meets Literaturwissenschaft*, Hrsg. Andreas Grünewald, Meike Hethey, und Karen Struve, 177–192. Trier: WVT.

Horstmann, Jan. 2018. *Theaternarratologie. Ein erzähltheoretisches Analyseverfahren für Theaterinszenierungen*. Berlin: De Gruyter.

Hühn, Peter, und Jörg Schönert. 2007. Einleitung: Theorie und Methodologie narratologischer Lyrik-Analyse. In *Lyrik und Narratologie: Text-Analysen zu den deutschsprachigen Gedichten vom 16. bis zum 20. Jahrhundert*, Hrsg. Peter Hühn, Jörg Schönert, und Malte Stein, 1–18. Berlin: De Gruyter.

Jesch, Tatjana. 2012. Aktuelles Fachwissen zur narrativen Perspektive und sein Ertrag für den Literaturunterricht. In *Fachliches Wissen und literarisches Verstehen. Studien zu einer brisanten Relation*, Hrsg. Irene Pieper, und Dorothee Wieser, 91–111. Frankfurt a. M.: Lang.

Kempen, Willibert, Frieder Mutschler, und Sabine Utheß. 2015. *deutsch.kompetent. Oberstufe.* Stuttgart: Klett.

Kepser, Matthis. 2008. Spielfilmbildung an deutschen Schulen: Fehlanzeige? Spielfilmnutzung – Spielfilmwissen – Spielfilmdidaktik im Abiturjahrgang 2006. *Eine empirische Erhebung. Didaktik Deutsch* 13(24):24–47.

Kruse, Iris. 2019. Trivialität, Komplexität, Intermedialität – Praxistheoretische Perspektiven auf Medienverbunddidaktik und intermediale Lektüre. In *Intermedialität. Formen – Diskurse – Didaktik*, Hrsg. Klaus Maiwald, 111–130. Baltmannsweiler: Schneider Hohengehren.

Kurwinkel, Tobias, und Stephanie Jakobi. 2019. *Das Modell der transmedialen Motivanalyse am Beispiel der Animationsfilme Spirited Away und Beauty and the Beast.* kjl&m 71(3): 41–49.

Kurwinkel, Tobias, und Kirsten Kumschlies. 2019. Transmediale Lektüre. *Medienverbünde im Deutschunterricht der Primarstufe.* kjl&m 71 (4): 78–85.

Kurwinkel, Tobias, und Stephanie Jakobi. 2022. Hrsg. Narratoästhetik und Didaktik transmedialer Motive in Kinder- und Jugendmedien. *Von literarischen Außenseitern, dem Vampir auf der Leinwand und dem Tod im Comicbuch.* Tübingen: Narr.

Leubner, Martin, und Anja Saupe. 2012. *Erzählungen in Literatur und Medien und ihre Didaktik*, 3. Aufl. Baltmannsweiler: Schneider Hohengehren.

Nünning, Ansgar. 2004. Kommunikationsmodell dramatischer, lyrischer und narrativer Texte. In *Grundbegriffe der Literaturtheorie*, Hrsg. Ansgar Nünning, 119–120. Metzler, Stuttgart/ Weimar: Metzler.

Mahne, Nicole. 2007. *Transmediale Erzähltheorie. Eine Einführung.* Göttingen: UTB.

Maiwald, Klaus. 2019. Intermedialität – zur Einführung in das Thema. In *Intermedialität. Formen – Diskurse – Didaktik*, Hrsg. Klaus Maiwald, 1–22. Baltmannsweiler: Schneider Hohengehren.

Ministerium für Schule und Bildung des Landes Nordrhein-Westfalen, Hrsg. 2014. *Kernlehrplan für die Sekundarstufe II Gymnasium/Gesamtschule in Nordrhein-Westfalen. Deutsch.* Düsseldorf. https://www.schulentwicklung.nrw.de/lehrplaene/lehrplan/11/KLP_GOSt_Deutsch.pdf. Zugegriffen: 12. Okt. 2022.

Ministerium für Schule und Bildung des Landes Nordrhein-Westfalen, Hrsg. 2019. *Kernlehrplan für die Sekundarstufe I Gymnasium/Gesamtschule in Nordrhein-Westfalen. Deutsch.* Düsseldorf. https://www.schulentwicklung.nrw.de/lehrplaene/lehrplannavigator-s-i/gesamtschule/index.html. Zugegriffen: 12. Okt. 2022.

Ministerium für Kultus, Jugend und Sport Baden-Württemberg, Hrsg. 2016. *Bildungsplan des Gymnasiums Deutsch.* Stuttgart. http://www.bildungsplaene-bw.de/,Lde/LS/BP2016BW/ALLG/GYM/D. Zugegriffen: 12. Okt. 2022.

Müller, Karla. 2014. Das Lesebuch und andere printbasierte Lehr- und Lernmittel für den Lese- und Literaturunterricht. In *Lese- und Literaturunterricht 2. Kompetenzen und Unterrichtsziele, Methoden und Unterrichtsmaterialien, gegenwärtiger Stand der empirischen Unterrichtsforschung*, Hrsg. Michael Kämper-van den Boogaart, und Kaspar H. Spinner, 243–272. Baltmannsweiler: Schneider Hohengehren.

Petersen, Jürgen H. 1993. *Erzählsysteme. Eine Poetik epischer Texte.* Stuttgart: Reclam.

Scheffel, Michael. 2005. Theorie und Praxis des Erzählens. *Der Deutschunterricht* 2:2–7.

Schilcher, Anita, und Markus Pissarek, Hrsg. 2018 *Auf dem Weg zur literarischen Kompetenz. Ein Modell literarischen Lernens auf semiotischer Grundlage*, 4. Aufl. Baltmannsweiler: Schneider Hohengehren.

Schurf, Bernd, und Andrea Wagener, Hrsg. 2018. *Texte, Themen und Strukturen. Deutschbuch für die Oberstufe.* Nordrhein-Westfalen. Berlin: Cornelsen.

Schmid, Wolf. 2014. *Elemente der Narratologie*, 3. Aufl. Berlin: De Gruyter.

Spinner, Kaspar H. 2006. Literarisches Lernen. Praxis Deutsch 200: 6–16.

Spinner, Kaspar H. 2012. Wie Fachwissen das literarische Verstehen stört und fördert. In *Fachliches Wissen und literarisches Verstehen. Studien zu einer brisanten Relation*, Hrsg. Irene Pieper, und Dorothee Wieser, 53–70. Frankfurt a. M. u.a.: Lang.

Stanzel, Franz K. 1989. *Theorie des Erzählens*, 4. Aufl. Göttingen: UTB.

Stark, Tobias. 2012. Zum Perspektivenverstehen beim Verstehen literarischer Texte: Ausgewählte Ergebnisse einer qualitativen Untersuchung. In *Fachliches Wissen und literarisches Verstehen. Studien zu einer brisanten Relation*, Hrsg. Irene Pieper, und Dorothee Wieser, 153–169. Frankfurt a. M. u.a.: Lang.

Stark, Tobias. 2016. Metafiktionalität in Marc-Uwe Klings Die Känguru-Chroniken – Didaktische Potenziale für den Literaturunterricht in der Sekundarstufe I. In *Neue Formen des Poetischen. Didaktische Potenziale von Gegenwartsliteratur*, Hrsg. Irene Pieper und Tobias Stark, 35–52. Frankfurt a. M. u.a.: Lang.

Wittmann, Jan. 2016. Unzuverlässiges Erzählen im Deutschunterricht: Kehlmanns Roman „Ruhm". In *Neue Formen des Poetischen. Didaktische Potenziale von Gegenwartsliteratur*, Hrsg. Irene Pieper und Tobias Stark, 17–34. Frankfurt a. M. u.a.: Lang.

Narratologische Grundlagen und Begriffe

Begriffe und Verfahren

Zu einer Didaktik literarischen Erzählens aus rezeptions- und produktionsästhetischer Sicht

Ulf Abraham

Zusammenfassung

Traditionell werden literarische Texte im Unterricht durch Analyse erschlossen, die Interpretation vorbereitet. Dabei spielen, auch wenn die Praxis des Literaturunterrichts uneinheitlich sein dürfte, narratologische Kategorien eine Rolle. Der Beitrag erörtert diese Rolle am Beispiel der Kategorien ‚Erzähler‘ und ‚Perspektive‘. Eine andere Kontextualisierung erfährt die Theorie literarischen Erzählens, wenn nicht literarische Rezeptions-, sondern Produktionskompetenz angezielt wird; obwohl auch dann Begriffe von teilweise narratologischer Herkunft gebraucht werden, sind sie nur hilfreich, wenn sie mit literarischem Verfahrenswissen verknüpft werden. Dieses als prozedurales Wissen einerseits aus der Kommunikation über Textentwürfe Lernender, andererseits aus Äußerungen von Autor*innen zu gewinnen, ist Ziel einer Langzeitweiterbildung für Deutschlehrkräfte an drei Literaturhäusern; aus der Begleitforschung dazu stammen Hinweise auf die kompetenz- und überzeugungswirksame Kraft solchen Wissens- und Könnenserwerbs.

U. Abraham (✉)
Humboldt-Universität zu Berlin, Berlin, Deutschland
E-Mail: ulf.abraham@uni-bamberg.de

S. Bernhardt und I. Henke (Hrsg.), *Erzähltheorie(n) und Literaturunterricht*,
Deutschdidaktik, https://doi.org/10.1007/978-3-662-66918-1_2

1   Theorie literarischen Erzählens und Praxis des Literaturunterrichts

1.1   ‚Erzähler' und ‚Perspektive': Was leisten narratologische Begriffe im Umgang mit literarischen Erzähltexten?

Erzähltheoretische Termini sind „als Werkzeug zur Erstellung einer Analyse und/ oder Interpretation zu verstehen" (**These 7**[1]): Literarische Texte werden literatur-didaktisch meist durch Analyse und Interpretation erschlossen. Eine in dritter Auflage vorliegende Monografie von Martin Leubner und Anja Saupe behandelt dieses Thema aus narratologischer und didaktischer Perspektive. Sachanalytisch fokussiert sie unter anderem die Kategorien ‚Handlung' und ‚Figur' sowie deren Beziehungen zueinander (vgl. Leubner und Saupe 2012, S. 43–55 bzw. 56–63). Didaktisch arbeiten Leubner und Saupe in Bezug auf diese Kategorien jeweils Ana-lysekompetenz, prozedurales Wissen (also z. B. eine Praxis der Handlungs- und Figurenanalyse) und Kompetenzerwartungen heraus. Erweitert wird die Darstellung um eine Skizze „produktiver Narrationskompetenz"; dieses Kapitel (vgl. Leubner und Saupe 2012, S. 307–312) bietet einen Überblick über Ansätze, die in Umrissen bereits erkennen lassen, dass zwischen ‚produktionsorientiertem Literaturunterricht' einerseits und ‚kreativem Schreiben' andererseits eine Lücke klafft, die zu schließen wäre. Aus größerem zeitlichen Abstand (die erste Auflage erschien 2006) gelesen wirken diese Ausführungen wegweisend, auch wenn eine Didaktik des literarischen Schreibens, die „in möglichst kompetenter Weise Erzählungen zu produzieren" lehren könnte (Leubner und Saupe 2012, S. 308), noch kein Profil gewinnt.

Ausführlicher behandelt das Autor*innenduo in der *Didaktik der Textanalyse* (Leubner und Saupe 2017, S. 89) Analysekategorien für narrative Literatur unter Gesichtspunkten der Vermittlung im Unterricht: ‚Handlung' (Komplikation, Rahmen bzw. Raum und Zeit), ‚Figuren' (-merkmale, -charakterisierung, -beziehungen, -ent-wicklung), ‚Erzähler' und ‚Erzählperspektive', ‚Zeit' und ‚Erzählgeschwindig-keit', ‚Wiedergabe' (Geschehen, Figurenrede), ‚Fiktion'(-ssignale).[2] Ich greife die Begriffe ‚Erzähler' und ‚Perspektive' heraus und möchte an ihnen zeigen, welche Beschreibungsprobleme narratologische Begriffe lösen und welche nicht.[3] Carola Surkamp vermerkt in ihrem Artikel „Perspektive" des *Metzler-Lexikons Literatur- und Kulturtheorie,* der Begriff werde seit Stanzel heterogen verwendet und bezeichne ent-weder die Struktur der erzählerischen Vermittlung oder den Unterschied zwischen

---

[1] Dieser und die folgenden Hinweise auf Thesen beziehen sich auf das im Zusammenhang mit der Tagung von den Teilnehmer*innen erarbeitete und von Sebastian Bernhardt gemeinsam mit Ina Henke redigierte Thesenpapier (vgl. dazu die Einleitung dieses Bandes).

[2] Dies ist eine verkürzte Wiedergabe des Kategorienrasters bei Leubner und Saupe 2017, S. 89. Zur Auseinandersetzung mit diesem und zu möglichen begrifflichen Präzisierungen vgl. Abraham 2021b, S. 203.

[3] Da eine Trennung der Erzählinstanz von der von ihr eingenommenen Perspektive auf das Erzählte schwierig ist, werde ich im Folgenden z. T. den Begriff ‚Erzähler(-perspektive)' nutzen.

externer und interner Fokalisierung oder den Standpunkt einer Figur oder die räumliche Darstellung einer Szene (vgl. Surkamp 2008, S. 566). Es verwundert nicht, dass ein so polyvalenter Begriff, der bereits textanalytisch unterschiedlich genutzt wird, im Kontext literarischen Schreibens ebenfalls wichtig ist, aber in anderer Weise.

Während eine Typologie des Erzählers und seiner Perspektive anfänglich im „Zentrum des Interesses der Narratologie stand" (Schmid 2014, S. 79), bewegt sich seither die Theoriebildung von der Frage nach der sprachlichen Ausformung einer Erzählinstanz weg. Die „traditionelle, terminologisch problematische und in der Sache irreführende Dichotomie von ‚Ich-' und ‚Er'-Erzähler'" (Schmid 2014, S. 81–82) wird durch die Unterscheidung zwischen diegetischem und nichtdiegetischem Erzähler ersetzt. Das mag ein Fortschritt sein; allerdings ist mit dieser terminologischen Neuausrichtung die Ablösung der narratologischen Beschreibung von der sprachlichen Oberfläche des Erzählwerks vollzogen. Die sprachliche Beschaffenheit des Textes – in Zusammenhang mit der Perspektive v. a. die grammatische Kategorie ‚Person' – kommt konsequenterweise bei Schmid dann nur noch in einer metaphorischen Bedeutung vor: „Der Terminus sprachliche Perspektive ist natürlich hochmetaphorisch. Hier erreicht die in den Perspektivtheorien waltende Tendenz zu übertragener Wortverwendung ihren Höhepunkt." (Schmid 2014, S. 125) Ein Problem ist dies für den Narratologen indessen nicht: Was er reflektiert und vermittelt, sind Techniken der Analyse, nicht aber Techniken des Schreibens von Erzählungen. Dafür wären Überlegungen zur sprachlichen Realisation des Erzählers und seiner Perspektive(n) aber notwendig. Bei Leubner und Saupe spielen sprachliche Beobachtungen am Text zwar bei der „Wiedergabe von Rede und Gedanken" (Leubner und Saupe 2017, S. 284–285) eine wesentliche Rolle, nicht aber hinsichtlich der Konstitution der Erzählinstanz selbst. Anders ist das in der Romandidaktik von Swantje Ehlers (s. Kasten 1):

Formen des Erzählens bei Ehlers 2017, S. 79

Er-Erzählen	Erzähler ist keine Figur der erzählten Welt.	
	Erzählt wird von Erlebnissen, Erfahrungen/Handlungen eines Anderen.	
	Liegt der Fokus bei dem Erzähler	= auktorial.
	Liegt der Fokus bei einer Figur	= figural.
Ich-Erzählen	Erzähler gehört zur erzählten Welt und erzählt seine eigene Geschichte.	
	Liegt der Fokus bei dem erzählenden Ich	= auktorial.
	Liegt der Fokus bei dem erzählten, erlebenden Ich	= figural.
Du-Erzählen	Das Erzähler-Ich ist keine Handlungsfigur.	
	Erzählt wird die Geschichte eines Du.	
	Liegt der Fokus bei dem Erzähler-Ich	= auktorial.
	Liegt der Fokus bei dem handelnden, erlebenden Du	= figural.

Ich räume ein, dass diese Übersicht in mancher Hinsicht narratologisch komplexe Verhältnisse vereinfacht; auch wenn der Er/Sie-Erzähler meist „keine Figur der erzählten Welt" ist, so könnte er es doch grundsätzlich sein. Umgekehrt wird der Ich-Erzähler zwar meist „zur erzählten Welt" gehören, kann aber wie in Storms Novelle *Der Schimmelreiter* auch lediglich in einer Rahmenhandlung auftreten und damit in einer Art Diegese zweiter Ordnung. Ungeachtet solcher Feinheiten halte ich die Nutzung der grammatischen Kategorie ‚Person' für didaktisch sinnvoll. Geht man von Ich-, Du- und Er/Sie-Erzählen aus, so werden zwar Fragen der Perspektive (Aus welcher Sicht wird erzählt?) mit Fragen der Beteiligung/Nicht-Beteiligung des Erzählers am Geschehen vermischt. Aber bereits Franz K. Stanzel hat seine *Theorie des Erzählens* von den Kategorien ‚Person', ‚Perspektive' und ‚Modus' aus neu konstituiert (vgl. Stanzel 1979, S. 68–89; zur Kritik Vogt 2014, S. 83–85) und damit deutlich gemacht, dass die Perspektivwahl beim Erzählen immer mit den sprachlichen Kategorien ‚Person' und ‚Modus' in Verbindung steht. Und sieht man das Problem aus produktionsästhetischer Sicht, so ist das *Schaffen* einer Erzählinstanz zunächst ein sprachlicher und erst in Zusammenhang damit ein mentaler Akt.

Den Bogen in die Praxis eines literarischen Schreibunterrichts schlagen Tilman Rau und Ulrike Wörner mit ihrem Praxismaterial zum Klassenroman. Darin gibt es ein Kapitel zu Erzähler- und Perspektivenwahl (vgl. Rau und Wörner 2016, S. 21–29): Der *personale Erzähler* ist in das Geschehen involviert und kann andere Figuren nur in Außensicht wahrnehmen; der *auktoriale Erzähler* ist nicht involviert, hat aber eine Außen- und Innensicht auf alle Figuren. Die *Ich-Perspektive* schließlich kann personal oder auktorial ausgeführt werden. Als Systematik möglicher Erzähler(-perspektiven) betrachtet lässt auch dieses Wissensangebot für Lernende manche Differenzierung vermissen; aber als Systematik ist sie nicht gedacht. Sie hilft – einschließlich je einer Checkliste für die drei Optionen – bei einer Entscheidung, die relativ früh in der Planung eines Klassenromans zu treffen ist. Was Erzähler(-perspektiven) sind, muss besprochen und reflektiert werden, auch und besonders dann, wenn am Ende ein multiperspektivischer Erzähltext entstehen soll. Theorie literarischen Erzählens geht hier über in Praxis ästhetischen Schreibens (s. dazu Kap. 2).

1.2   Narratologische Konzeptualisierung der Beschreibung und Analyse literarischer Texte im Deutschunterricht

„Aufgabe der Literaturdidaktik ist es, erzähltheoretische Konzepte, die die Literatur- und Medienwissenschaft bereitstellen, nicht bloß zu adaptieren und zu reduzieren, sondern in eigene Modellierungen zu überführen." (**These 1**): Wie Theorie literarischen Erzählens in der Unterrichtspraxis vorkommt, ist mangels einer diese Frage wirklich fokussierenden empirischen Forschung kaum zu beurteilen. Wie sie im Deutschunterricht der Sekundarstufen vorkommen *soll*, kann allerdings mit Blick auf die Vorgaben der Bildungsstandards eingeschätzt werden. In den Standards für Hauptschule und mittleren Schulabschluss lässt sich eine narratologische Basis in groben Umrissen erkennen (die Lernenden „nutzen zentrale Informationen zu Figuren, zu Raum- und Zeitdarstellung, Handlungs- und Konfliktverlauf sowie Atmosphäre zum Aufbau von Textverständnis und -deutung", BISTA ESA und MSA S. 33). Aber angesichts eines Abstraktions- grades, der zwischen einzelnen literarischen Gattungen gar nicht unterscheidet, bleibt es dabei auch in der zitierten Neufassung von 2022; die Auflistung „bei der Erschließung von Literatur" (vgl. BISTA ESA und MSA S. 33) zu nutzender Fachbegriffe vermischt Begriffe der Erzähltheorie mit anderen.

Etwas differenzierter sind die Vorgaben in den Standards für die Allgemeine Hochschulreife. Hier sieht das „grundlegende Niveau" u. a. vor:

- „Inhalt, Aufbau und sprachliche Gestaltung literarischer Texte analysieren, Sinnzusammenhänge zwischen einzelnen Einheiten dieser Texte herstellen und sie als Geflechte innerer Bezüge und Abhängigkeiten erfassen" (BISTA Hoch- schulreife, S. 18)
- „literarische Texte aller Gattungen als Produkte künstlerischer Gestaltung erschließen" (BISTA Hochschulreife, S. 19)
- „kreativ Texte im Sinne literarischen Probehandelns gestalten" (BISTA Hoch- schulreife, S. 19)

Für das „erhöhte Niveau" kommt unter anderem hinzu: „Die Schülerinnen und Schüler können darüber hinaus den besonderen poetischen Anspruch und die ästhetische Qualität literarischer Texte vor dem Hintergrund ihrer Kennt- nisse in den Bereichen Poetologie und Ästhetik erläutern." (BISTA Hochschul- reife, S. 19) Obwohl damit kein strikt narratologisches Vorgehen bei Textanalyse und -erschließung vorgegeben ist, bleibt doch ein Spielraum dafür, und zwar rezeptionsästhetisch vor allem in Bezug auf den „Aufbau" der Texte und auf Erzählwerke „als Produkte künstlerischer Gestaltung" sowie produktionsästhetisch auf die Gestaltung von Erzähltexten.

Sowohl in ihrer bereits erwähnten Publikation von 2012 als auch in *Textver- stehen im Literaturunterricht und Aufgaben* (2016) loten Leubner und Saupe diesen Spielraum aus. Auch hier beschränke ich mich auf die Kategorien ‚Erzähler' und ‚Perspektive'. In ihrem Grundmodell für die Darstellungsanalyse (vgl. Leubner und Saupe 2012, S. 138–143; Leubner und Saupe 2016, S. 280–286) unterscheiden sie „Präsentation der Handlung und Perspektivierung", „Wieder- gabe von Rede und Gedanken" sowie „Eigenschaften des Erzählers (‚Stimme')". Die letztgenannte Kategorie nimmt dann Fragen in sich auf wie die, ob die Erzähl- instanz auf eigene Kommentare verzichtet oder nicht, selbst an der Handlung beteiligt ist oder nicht, in einer Rahmenerzählung auftritt oder nicht, oder ob sie zuverlässig ist oder nicht (vgl. Leubner und Saupe 2012, S. 142–143).

Die erwähnten Nachteile eines polyvalenten narratologischen Perspektiv- begriffs werden damit mindestens teilweise ausgeglichen; pauschale, die Erschließung kaum weiterbringende Aussagen zu Erzähler und Perspektive werden zumindest erschwert durch eine Aufgliederung des Begriffs, die den *Auf- gaben der Erzählinstanz* nachspürt. Im Vorgriff auf meine Überlegungen zu einer

Erzähltheorie aus produktionsästhetischer Sicht möchte ich hier nicht nur die Bedeutung dieses Modells für eine differenzierte Darstellungsanalyse betonen, sondern auch seine Brauchbarkeit für die von den Abiturstandards vorgesehenen Gestaltungsaufgaben. Es beantwortet die folgende Frage: Was ist zu tun, um die Handlung eines zu entwerfenden Textes aus der Sicht, mit den sprachlichen Mitteln und mit der Stimme einer Erzählinstanz zu präsentieren?

Für Konzeptualisierungen der Beschreibung und Analyse literarischer Texte werden in dem didaktischen Brauchtum, das sich in den zitierten Bildungsstandards abbildet, narratologische Kategorien und Begriffe mit solchen anderer Herkunft verknüpft. Ein aus fachwissenschaftlicher Sicht eklektizistisches Vorgehen dürfte zwar generell für die Schule typisch sein und hat seine Gründe; allerdings müsste(n)

- die von Gérard Genette in der Kategorie *discours* zusammengefassten Phänomene nicht für sich genommen, sondern im jeweiligen Zusammenhang mit Beobachtungen zur *histoire* behandelt werden (vgl. **These 8**): „Geschichte und Narration existieren für uns [..] nur vermittelt durch die Erzählung." (Genette 1994, S. 13)
- der theoretische Kontext gängiger Begriffe (in diesem Fall ‚*Erzähler*‘, ‚*Perspektive*‘ oder ‚*Erzählhaltung*‘) im Unterricht mitvermittelt und ihr Konstruktcharakter reflektiert werden (vgl. **These 5**).

Inwieweit das geschieht, wissen wir nur unzureichend. Eine Studie zu Interpretationskonzepten Lernender und Lehrender (Matz 2021) ergibt jedoch, dass die befragten Deutschlehrkräfte sich mehrheitlich Interpretieren ohne textanalytische Elemente nicht vorstellen können, und einige von ihnen, befragt zu ihrem Konzept von ‚Interpretieren‘, „vor allem über ein textanalytisches Vorgehen" (Matz 2021, S. 297) sprechen. Auch wenn „textanalytische Verfahren bei den einzelnen Probanden sehr verschiedene gedankliche Einbettungen erfahren" (Matz 2021, S. 326), wird doch deutlich, dass „bei Lehrenden und Lernenden die Textanalyse vor allem eine enge Verbindung mit dem schriftlichen Interpretieren eingeht" (Matz 2021, S. 239). Obwohl die Verwendung einzelner narratologischer Begriffe nicht erfragt wurde, ist doch anzunehmen, dass die Interpretation von Erzählwerken in der Vorstellung der Befragten kaum ohne diese gedacht werden kann. Marco Magirius (2020) kommt in seiner Studie zu *Überzeugungen Deutschstudierender zum Interpretieren literarischer Texte* zu einem weniger deutlichen Ergebnis; er findet bei Studierenden eine größere Bandbreite zwischen BeinaheGleichsetzung von Literaturunterricht und Textanalyse und deren entschiedener Ablehnung (vgl. Magirius 2020, S. 290 bzw. S. 343). Auch hier wird zwar nicht narratologisches Begriffswissen fokussiert, vom Ergebnis aber nahegelegt, dass Begriffen der Erzähltheorie, ohne die literarische Textanalyse kaum auskommt, eine stark unterschiedliche Bedeutung beigemessen wird.

Eine andere in diesem Zusammenhang relevante Beobachtung aus der Studie von Matz ist aber, dass bei manchen Deutschlehrkräften „der Fokus auf die Textanalyse weitgehend auf produktionsästhetischen Vorstellungen zur Textproduktion basiert" (Matz 2021, S. 298): Es wird dann bei der Analyse weniger die rezeptionsästhetische Sicht auf literarisches Verstehen eingenommen als die Produktionsperspektive; darauf ist zurückzukommen.

Zunächst ist aber festzuhalten, dass die Leistungsfähigkeit eines theoretischen Bezugssystems wie des narratologischen jedenfalls Gegenstand der Reflexion und Diskussion sowohl in der Fachdidaktik als auch im Literaturunterricht sein sollte, da die impliziten Normen und deren Bezug zu den expliziten Leistungserwartungen kompetenzorientierter Prüfungen sonst unbemerkt blieben (vgl. neben Matz 2021 auch Brenz und Pflugmacher Hrsg. 2020). Es ist darum gut, dass der vorliegende Band eine solche Reflexion anstößt und befördert; damit ist er ein Beitrag zur (selbst-)kritischen Revision gängiger Analysekonzepte (vgl. **These 6**). Eine Reihe nachfolgender Beiträge im vorliegenden Band zeigt anhand unterschiedlicher Aspekte von Erzähltheorie(n) im Unterricht recht verschiedener Jahrgangsstufen mithilfe von Gegenständen aus der literaturgeschichtlichen Kanon-, Kinder- und Jugendliteratur, dass es sinnvoll ist, narratalogisches ,Handwerkszeug' kompetenzorientiert zu vermitteln – vorausgesetzt, Möglichkeiten und Grenzen seines Gebrauchs werden mitbedacht. Zwar ist erzähltheoretisch orientierter Literaturunterricht nicht mit einer literaturwissenschaftlichen Propädeutik zu verwechseln (vgl. **These 2**), aber die textanalytische Arbeit mit narratologischen Kategorien dient zweifellos der Entwicklung literarischer Rezeptionskompetenz (vgl. dazu grundsätzlich Frederking 2019) und braucht nicht zum ,Selbstzweck' zu werden (vgl. **These 3**). Will man aber neben der Rezeptions- auch die entsprechende Produktionskompetenz fördern (vgl. **These 4**), so ändert sich das Bezugssystem, und die Frage nach den dafür notwendigen Begriffen stellt sich noch einmal anders.

2 Theorie literarischen Erzählens und Praxis ästhetischen Schreibens

2.1 Erzähltheorie aus produktionsästhetischer Sicht

Um eine Theorie literarischen Erzählens auf die Praxis ästhetischen Schreibens zu beziehen, überschreite ich nun den traditionellen literaturdidaktischen Bezugsrahmen literarischer Rezeptions- und Analysekompetenz in Richtung auf literarische Produktionskompetenz. Narratologische Begriffe rücken damit in den Kontext literarischen Schreibens im Deutschunterricht (vgl. Abraham und Brendel-Perpina 2015; Abraham et al. 2022). Im Unterschied zu Leubner und Saupe (2012, S. 78–79) sprechen wir von einem prozeduralen Wissen, das sich nicht auf die narratologische Analyse, sondern auf das Verfassen von Erzähltexten bezieht. Auch dabei kommt man ohne Begriffe nicht aus; allerdings sind diese nur teilidentisch mit denjenigen einer literarischen Textanalyse, wie die Fachdidaktik Deutsch sie kennt und aktuell wieder verstärkt thematisiert. Aus einer Konzeptualisierung des Planungs-, Gestaltungs- und Überarbeitungsprozesses werden Verfahren ableitbar, als deren analytische Kehrseite sich geläufige narratologische Begriffe herausstellen. Drei Beispiele mögen genügen:

- Es geht dann nicht um ‚Erzähler' und ‚Perspektive', sondern um ‚perspektivisches Erzählen' und die beim narrativen Schreiben dafür zu treffenden Entscheidungen.
- Nicht das Vorhandensein einer kategorial einzuordnenden ‚Erzählinstanz' ist das Problem, sondern das ‚Erfinden einer solchen Instanz', die entweder als auktoriale Instanz näher bestimmt werden muss über das Wissen, das sie besitzt (oder zurückhält), oder als personale Instanz in der Begrenztheit ihres Wissens.
- Nicht der ‚unzuverlässige Erzähler' als Problem der Interpretation ist Gegenstand der Reflexion, sondern die Mittel sind es, mit deren Hilfe Erzählen unzuverlässig werden und dennoch Erzählen bleiben kann.

Das produktionsästhetische Verfahrenswissen, das sich in diesen Beispielen andeutet, ist teilweise implizites Wissen, das allerdings in Textgesprächen expliziert werden kann (vgl. Abraham 2021a, S. 33–40). Explizitheit ist zwar keine grundsätzliche Bedingung für Feedback und Diskussion von Entwürfen, ergibt sich aber oft dadurch, dass Ideen und Vorschläge zur Weiterarbeit erläutert und erörtert werden (zu Beispielen dafür vgl. Kasten 2).

2.2 (Be-)Greifbare Praxis literarischen Erzählens im Unterricht und emergente produktionsästhetische Theoriebildung

Die erwähnte Fokusverschiebung einer Didaktik des literarischen Erzählens von der Rezeptions- zur Produktionsorientierung ist mehr als eine methodische Entscheidung; sie ist ein Paradigmenwechsel. Liegt beim schriftlichen Erzählen im Rahmen eines ‚produktionsorientierten Literaturunterrichts' der Fokus meist auf dem Erwerb von Analyse- und Interpretationskompetenz (nur dass diese durch praktisches Tun gefördert werden sollten), so fokussiert das Konzept, von dem wir (Abraham et al. 2022) ausgehen, die Anwendung von Verfahrenswissen (zum Begriff vgl. auch Abraham 2016, S. 264). Erzähltexte entstehen aus Verfahren, die narratologischen Basiskategorien zuzuordnen sind: Zeit, Raum, Figur, Handlung, Erzähler, Perspektive. Noch grundlegender aber bestehen Erzähltexte *aus Sprache*. Ihre Produktion aktiviert also sowohl implizites literarisches Wissen als auch implizites Sprachwissen, und beides kann in der Diskussion von Textentwürfen expliziert und vertieft werden. Deshalb ist eine produktionsästhetische Didaktik des Erzählens integrativ im Sinne der *Integrativen Deutschdidaktik* (vgl. Bredel und Pieper 2021; Abraham 2022). Und sie ist könnensorientiert, indem sie „Sprache und Literatur als Handlungspraxis" (Bredel und Pieper 2021, S. 286) und nicht nur als Gegenstände des Unterrichts betrachtet. Es geht ihr um den „Auf- und Ausbau von sprachlicher *und* literarischer Handlungsfähigkeit" (Bredel und Pieper 2021, S. 286, Hervorhebung U. A.).

Das sprachliche Gemachtsein und ästhetische Funktionieren unter anderem erzählender Literatur von der Seite ihrer Produktion aus zu betrachten und zu bearbeiten, braucht und schafft eine andere Art der Beziehung zum literarischen Lernen (vgl. Abraham und Brendel-Perpina 2015, S. 175). Texte von Autor*innen der Gegenwart, vielleicht sogar solche des literarischen Kanons, werden von den Lernenden anders wahrgenommen als im Zuge eines Lese- und Interpretationsunterrichts. Wer weiß, was er/sie sucht, wird oft auch etwas finden: einen Texteinstieg, auf den man selbst nicht gekommen wäre, eine sprachliche Lösung für einen notwendigen Zeitsprung beim eigenen Erzählen, oder eine ‚filmische' Technik der Schilderung eines Raums, eines Gebäudes, einer Landschaft usw. Ein ‚fremder' Text von professioneller Hand wird zur Fundgrube für Problemlösungen, die das eigene Schreiben erleichtern. Zum literarischen Lernen trägt das auch bei, weil es eine Form der Aneignung darstellt – ähnlich, wie im Kunstunterricht bestimmte Zeichen- oder Maltechniken an Werken der Kunstgeschichte studiert und dann umgesetzt werden.

Man mag einwenden, dass literarische Texte durch einen solchen Blick gleichsam in ihr Räderwerk hinein als ästhetische Gegenstände – als Werke der Sprachkunst – nicht hinreichend zu würdigen seien. Ich halte dem eine Erfahrung entgegen, die vermutlich viele Menschen mit den Künsten machen: Je mehr man selbst von der handwerklichen Seite einer Kunst versteht (man kann beispielsweise selbst ein Instrument spielen oder nach der Natur zeichnen, oder man hat schon im Amateurtheater auf der Bühne gestanden), desto mehr wird man als Betrachter*in, als Zuschauer*in oder als Leser*in künstlerische Leistung bewundern: Man weiß, was dafür gekonnt werden muss.

Das damit knapp – und unter Beschränkung auf das hier thematisch einschlägige literarische Erzählen – umrissene Konzept setzt sich also sowohl von landläufiger Produktionsorientierung im Literaturunterricht ab als auch von der Auseinandersetzung mit „dichterischem Schreiben" als „Blick in die Schreibwerkstatt des Autors" (Bekes 2016, S. 4; vgl. dazu Abraham 2016, S. 266). Wie eine ‚handwerkliche' Sicht auf literarisches Arbeiten an Erzähltexten didaktisiert werden kann, zeigt die folgende Zusammenstellung, die für eine (und in der) Praxis der Vermittlung literarischen Schreibens in der Stuttgarter Literaturhaus-Werkstatt entwickelt wurde und in einem Konzept gattungsorientierten literarischen Schreibens eine von fünf Säulen darstellt (vgl. Wörner et al. 2012, S. 109–138 sowie Abraham 2021a, S. 36–39):

Verfahren erzählenden Schreibens, gegliedert nach den drei Phasen des Schreibprozesses

Sammeln, Planen, Entwerfen:

- Ort(e), Zeit(en), (Haupt/Neben-)Figuren, Tempusgebrauch festlegen
- für jede wichtige Figur eine Kurzbiografie in Stichpunkten anlegen
- Erzähler und Perspektive(n) festlegen – ein (personaler, allwissender, unzuverlässiger?) oder mehrere Erzähler?
- Story und Plot klären: Verhältnis von erzählter Handlung und Erzählgegenwart festlegen
- Recherchieren, z. B. zu Schauplätzen der Handlung

- Fotos möglicher Schauplätze anfertigen oder sammeln
- Bauformen des Erzählens (z. B. Kurzgeschichte, Novelle) auf ihre Brauchbarkeit hin sichten
- bei größeren Projekten (z. B. Klassenroman) arbeitsteiliges Vorgehen organisieren
- …

Formulieren:

- einen Texteinstieg finden: Dialog, szenische Schilderung, Leseransprache?
- zwischen szenischem (Dialoge) und darstellendem Erzählen (Erzählbericht) abwechseln
- gestaltrelevante Strukturen bewusst einsetzen: Erzählrahmen, Perspektivenwechsel, Beschreibung von Handlungsräumen, Formen der Redewiedergabe
- …

Überarbeiten und Weiterentwickeln:

- die Erzählung vortragen, die Wirkung auf Hörer*innen erproben
- Rückmeldungen von Hörer-/Leser*innen probehalber in einer Passage umsetzen (z. B. andere Erzähler(-perspektive), anderes Erzähltempus, neuer Einstieg)
- den Entwurf kürzen und straffen (es darf nur stehenbleiben, was eine Funktion für die Geschichte hat)
- den gekürzten Entwurf um Elemente ergänzen, die der Geschichte mehr Farbe geben (z. B. Jahreszeiten oder Handlungsräume besser ausarbeiten oder Pressetexte, Liedtexte, Fahrpläne, Verlautbarungen usw. einmontieren)
- …

2.3 Reflexion des (eigenen) Erzählens in ausgewählten Ergebnissen der Begleitforschung zum Weiterbildungsprogramm „Literarisches Schreiben im Deutschunterricht" (LSiD)

Zu den Weiterbildungsangeboten „LSiD" (seit 2011 am Literaturhaus Stuttgart, seit 2018 auch an den Häusern Göttingen und Rostock) gab es 2011–2013 und erweitert 2018–2021 eine von der Robert-Bosch-Stiftung finanzierte Begleitforschung. Diese erhob neben dem Grad der Zufriedenheit der Teilnehmer*innen mit dem Programmangebot vor allem deren eigene Einschätzung eines Kompetenzzuwachses und eventuelle Auswirkungen der Weiterbildung auf den Deutschunterricht insgesamt (zu Stuttgart vgl. ausführlich Abraham und Brendel-Perpina 2015,

S. 131–208). In diesem Zusammenhang beantworteten zwei der drei für leitfaden-
gestützte Interviews ausgewählten Teilnehmer*innen der Werkstatt *Erzählendes
Schreiben* Fragen sowohl nach der eigenen literarischen Gestaltungskompetenz
als auch der Urteilskompetenz in Bezug auf Textentwürfe unter Verweis auf
narratologische Kategorien. So spricht „Finolis" (selbstgewählter Codename, 2012)
von Figurenrede, Erzähl- und Figurenperspektive:

> Ja, wir haben ja meistens so einen theoretischen Block, was wir [in der Werkstatt, U.A.]
> so durchsprechen: die Figurenrede oder die Erzählperspektive. […] Wir schauen schon,
> dass es umgesetzt wird. (unverständlich) Dann möchte ich bei dem Text, dass es auch mit
> der Figurenperspektive, dass es mal zum Tragen kommt oder mit der Figurenrede. Und
> das ist dann schon ein Anspruch […]. (Finolis, 0:19:59)

In dieser Äußerung kommt die Erfahrung zum Ausdruck, dass narratologische
Kategorien auch beim literarischen Schreiben eine Rolle spielen, jedoch eine
andere als in der Analyse ‚fremder' Texte: Eigene Entwürfe können schreib-
begleitend oder in Rückmeldungen anderer im Rahmen eines Werkstattgesprächs
an solchen Kategorien gemessen werden. Im weiteren Gesprächsverlauf nennt
„Finolis" das dann „eine theoretische Basis, die da sein sollte":

> [Man] schaut dann einfach bei der Überarbeitung der eigenen Texte nochmal so, jetzt
> gucke ich mir das einfach unter dem Blickpunkt Erzählperspektive an, wer erzählt denn
> hier, ist es denn überhaupt noch logisch, darf denn hier ein Wechsel überhaupt da sein.
> Also dass man sich überhaupt von dieser schreibenden Position wieder in eine analytische
> Position begibt, und den eigenen Text aus der gewissen Distanz sich dann nochmal
> anschaut und dafür sind dann die Kriterien auch, denke ich, wichtig, es ist einfach eine
> theoretische Basis, die da sein sollte. (Finolis, 0:20:55)

Die zweite interviewte Person, die narratologisch argumentiert, ist „Runten"; sie
spricht von Handlung, Figur und Figurenperspektive. Auf die Leitfadenfrage nach
der eigenen Gestaltungskompetenz antwortet sie:

> Ganz gut, was Figurengestaltung angeht, auch ordentlich, was sprachliche Umsetzung
> angeht. Also wie gesagt, das ist glaube ich etwas, was mir eher liegt, also vergleichsweise
> liegt. Aber schwierig, sozusagen Handlungen zu finden […]. (Runten, 0:21:11)

Und im weiteren Gesprächsverlauf:

> Es ist immer ein theoretischer Teil auch dabei. Ich glaube man merkt schon, dass jetzt
> auch so ein literaturwissenschaftliches Studium dahintersteckt. Es ist insofern auch
> manches eine kleine Zeitreise wieder zurück, als man noch selbst Erzähltheorieseminar
> oder so etwas zum Beispiel hatte. (Runten, 0:25:05)

Hier werden nun auch die Grenzen der „theoretischen Basis" deutlich, die
narratologisch gesichert werden kann: Man kann zwar mit ihrer Hilfe einschätzen,
was in einem Schreibplan oder ersten Textentwurf an Figuren, Perspektive(n),
Konflikten, Handlungs- und Zeiträumen schon angelegt ist; doch man kann sich
allein daraus für das weitere Vorgehen keine Hilfe erwarten. Das muss man aber

auch nicht, denn genau hier werden *Begriffe* von *Verfahren* abgelöst – Verfahren auf der Ebene der Ideenentwicklung sowie der Textstrukturierung, -formulierung und -überarbeitung.

Der eigene Lernprozess der Weiterbildungsteilnehmer*innen wird, wie eine andere aus der Werkstatt *Erzählendes Schreiben* am Literaturhaus Rostock stammende Interviewpassage zeigt, gespiegelt von dem, was sich in den Projekt-klassen der teilnehmenden Lehrkräfte zeigt. So sagt ein Teilnehmer im Interview (2019) auf die Frage, wofür er die Weiterbildung in seinem Unterricht (einer 12. Klasse) genutzt habe:

> Ja, also was ich gemacht habe ist, in der zwölften Klasse im Grunde das literarische Schreiben zu nutzen als, - ehm, in dem ganzen Bereich Kurzprosa, moderne epische Kleinformen letztendlich, zu nutzen, um eben dann von der Instanz des Erzählers eine vertiefende Kenntnis zu gewinnen. Das heißt also, Texte zu gestalten, literarische Texte, die gewisse Gattungsvorgaben haben, die gewisse Vorgaben hinsichtlich des Handlungs-raumes haben, der Perspektive, der Zeitstruktur. (Schütz et al. 2021, Anhang; Transkript: R_I-t2_LE2, S. 9)

Um zu erläutern, was sie in ihrer Klasse an literarischer Arbeit geleistet hat, braucht die Lehrkraft basale Begriffe *(Erzählinstanz, Handlungsraum, Perspektive, Zeitstruktur)*. Sie hat zwar – jedenfalls soweit sie in ihrem Handeln dem didaktischen Konzept des Weiterbildungsprogramms gefolgt ist – solche Begriffe nicht unbedingt als solche zum Unterrichtsgegenstand gemacht, sie aber auf einer prozeduralen Ebene in die Planungsphase der Schreibarbeit und nach-folgend in die Besprechung von Textentwürfen Lernender eingebracht.

Obwohl die Begleitforschung, der ich die zitierten Stimmen verdanke, keine im empirischen Sinn repräsentativen Resultate erbringen kann, eröffnet sie doch einen Blick auf Lernprozesse der beteiligten Lehrkräfte, etwa wenn die Co-Leiterin der Stuttgarter Werkstatt *Erzählendes Schreiben,* Ulrike Wörner, bemerkt:

> Ich habe [bei den Werkstattteilnehmer*innen, U.A.] eine größere Offenheit gegen-über Texten festgestellt, vor allem in der Bewertung von Schülertexten im zweiten Jahr. Manche Texte, die im ersten Jahr komplett verrissen worden wären, wurden später sehr positiv aufgenommen und als innovativ empfunden. Diese interpretative Offenheit ist durch die eigene Schreiberfahrung und die Art der Übungen, die wir gemacht haben, ent-standen und geht über die Fähigkeit, Texte nur zu verbessern, weit hinaus. (Abraham und Brendel-Perpina 2015, S. 93)

Nicht nur gewinnen die Lehrkräfte als Schreiber*innen an prozeduralem Wissen hinzu, sondern auch an Sicherheit in der Beurteilung der Erzählversuche Lernender. Eine andere im Rahmen der Begleitforschung für ein Interview aus-gewählte Lehrkraft (IT 19) sagt darüber: „Man kriegt einen Expertenblick: Dass man einen Text auch ‚checkt', wie soll ich sagen: Sind Zitate drin, ist das drin, sind beschreibende Elemente drin – da hat man schon eine Brille auf, die das scannt." (Abraham und Brendel-Perpina 2015, S. 153). Eine weitere interviewte Person (IT 14) versichert: „Das Selbstbewusstsein wurde gestärkt in der Richtung, dass man einen wahnsinnigen Kompetenzzuwachs bekam im ersten Jahr, wenn man nicht gewohnt ist, literarisch zu schreiben." (Abraham und Brendel-Perpina 2015, S. 159) Obwohl die Entwicklung eines „Expertenblicks" und der Zuwachs an Urteilskompetenz sicherlich nur partiell gattungsspezifisch (für das erzählende Schreiben also narratologisch) erklärbar ist, bedeuten solche Äußerungen doch, dass hier ein erzähltextanalytisches Wissen zum Einsatz kommt, das sich als Verfahrenswissen bewährt.

3 Erzähltheorie in einer wissens- und verfahrensorientierten Didaktik literarischen Arbeitens

3.1 Produktionsästhetisches Lernen als Erwerb von Wissen und Können

Von Konzepten ‚kreativen Schreibens' unterscheidet sich das umrissene Konzept u. a. in einem für das Thema dieses Bandes entscheidenden Punkt: In einem wissens- und verfahrensorientierten Ansatz setzt es weniger auf Inspiration und Spontaneität als auf Gestaltungs- und Urteilskompetenz, teilweise erworben durch ein Lernen am Modell von Expert*innen literarisch-medialer Praxis, die ihre eigenen Ziele und Verfahren literarischer Arbeit beschreiben und in Begriffe fassen können. Neben den Werkstattdozent*innen selbst sind das weitere Autor*innen, die um Auskunft gebeten wurden und zum Gespräch bereit waren: Ein Programmelement neben den gattungsspezifischen Werkstätten und den fachdidaktisch geleiteten Seminarwochenenden war und ist am Literaturhaus Stuttgart im Rahmen dieser Wochenenden die öffentliche Abendveranstaltung. Zwischen 2011 und 2017 traf hierbei jeweils eine Künstler*in (Schriftsteller*in, Comiczeichner*in) auf eine Wissenschaftler*in (Germanist*in, Deutschdidaktiker*in). Diskutiert wurde ein eigens für diesen Abend von den Kunst-/Literaturschaffenden verfasster Essay. Diese Essays liegen gedruckt in drei Bänden vor. U.a. schrieben Ulrike Draesner über „Text und innere Wahrnehmung" (vgl. Krottenthaler und Oliver Hrsg. 2013, S. 86–99), Björn Bicker über „Literatur und Originalität" (vgl. Krottenthaler und Oliver Hrsg. 2015, S. 116–132) oder Michael Stavarič über „Literatur und Schreibstrategien" (vgl. Krottenthaler und Oliver Hrsg. 2018, S. 150–160). Diese Texte, gerade weil sie sich der Selbstbeobachtung und -reflexion verdanken, vermitteln wertvolle Einblicke in das ansonsten schwer zugängliche Verfahrenswissen und Problembewusstsein, das sich aus jahrelanger Beschäftigung mit der Produktion von Literatur speist.

Da nun weder in den Werkstätten noch in Gesprächen mit den Expert*innen literarischer Arbeit intuitiv-begriffslos vorgegangen wird, wäre es nicht richtig, eine Didaktik literarischen Schreibens als ‚kreatives' Gegenmodell zur literarischen Textanalyse verstehen zu wollen. Es geht in beiden Fällen um prozedurales Wissen, das zur Anwendung gelangen soll. Im Kontext des vorliegenden Bandes gilt dieses Wissen der Funktionsweise von Erzähltexten; ich klammere hier alle Überlegungen aus, die sich aus dem Entwerfen und

Überarbeiten von Lyrik, von szenischen Dialogen oder Texten für die *spoken word performance* ergäben. Aber auch und gerade in der Beschränkung auf narrative Literatur wird deutlich, dass Beschreibung, Analyse und Reflexion des literarischen Textes (als Erzähl-Werk) im Unterricht gleichsam von innen nach außen gekehrt werden, wenn Lernende nicht ‚fertige' Texte analysieren, sondern eine eigene Erzählung planen, entwerfen, in Werkstattgesprächen diskutieren, weiterschreiben und überarbeiten.

Auch produktionsästhetisches Lernen ist also Erwerb von Wissen und Können, jedoch verschiebt sich der Fokus:

- Aus narratologischen Kategorien gehen *Produktionsverfahren* hervor: zwischen mehreren Erzählerperspektiven im Text *wechseln,* einen Erzähler unzuverlässig *machen,* Zeitsprünge in der Handlung sprachlich und/oder formal *markieren,* erlebte Rede und/oder inneren Monolog zur Darstellung von Bewusstseins- inhalten *nutzen* usw.
- An die Stelle von Beschreibung und Analyse treten beim Planen und Schreiben zu treffende *Entscheidungen:* In welcher *Perspektive* soll der Text begonnen, in welcher fortgesetzt werden? Welches *Tempus* ist (wo, wie lange) angemessen? Welche *narrativen Räume* sollen geschaffen und ausgestaltet werden und wie sind Grenzen und Übergänge zwischen ihnen zu markieren? Usw.

Damit wird deutlich, dass eine solche Didaktik literarischen Arbeitens ver- fahrens- und wissensorientiert ist. Aus meiner Sicht ist die Produktionsperspektive die andere Seite der Medaille, auf die ein Konzept der Kompetenzförderung im Deutschunterricht, wie Leubner und Saupe es prominent vertreten, gleichsam geprägt ist: Erzählwerke aus Rezipient*innensicht betrachten, analysieren und interpretieren zu können, erbringt Einsichten, die literarisches Verstehen anbahnen und vertiefen; das gilt aber gleichermaßen für die Fähigkeit, Erzählwerke aus der Sicht ihrer Produzent*innen zu betrachten und zu durchschauen.

3.2   Produktionsästhetik aus der Sicht einer Soziologie der literarischen Arbeit

Eine solche Sicht auf narratologische Begriffsbildung ‚von innen heraus' stößt, wie ein Blick auf die Studie von Matz (2021) gezeigt hat, bei manchen Deutsch- lehrkräften offenbar auf ein grundständiges Interesse an produktionsästhetischen Zusammenhängen; diese sollten allerdings im Unterricht nicht mit der Frage ‚Was wollte die Autor*in uns sagen?' angezielt werden, sondern mit einer anderen: ‚Wie hat der/die Autor*in das gemacht?' Die Fokussierung der sprachlichen Beschaffenheit und strukturellen sowie formalen Gemachtheit des Textes schließt freilich nicht aus, dass die Frage nach der Autorintention sinnvoll verhandelt werden könnte, insofern nämlich der/die Autor*in mit am Tisch sitzt.

Eine wissens- und verfahrensorientierte Didaktik literarischen Arbeitens wird über den genauen Blick auf die für ein Erzählwerk verwendeten Verfahren hinaus aber auch die Arbeits- und Publikationsbedingungen der Literaturschaffenden in den Blick nehmen. In diesem Anliegen wird sie aktuell unterstützt nicht nur von den erwähnten Essays der Gäste des Stuttgarter Weiterbildungsprogramms „LSiID", sondern viel systematischer durch die Außensicht einer Soziologie der literarischen Arbeit (vgl. Amlinger 2021, bes. S. 480–555): Aus dieser Perspektive erscheint bedeutsam, literarisches Arbeiten als eine soziale Tätigkeit wahrzunehmen, die eingebettet ist in gesellschaftliche Beziehungen und Strukturen und auf diese rückbezogen werden muss, wenn sie verstanden werden soll.

Die Rede vom Schreiben als literarischer Arbeit soll im Folgenden dazu dienen, das literarische Tun in einem umfassenden Sinn als einen Produktionsprozess von sozialer Realität und Subjektivität zu verstehen. Autor*innen formulieren nicht nur fiktionale Wirklichkeiten, die dazu einladen, sich in erzählten Welten zu verlieren, sondern sie schreiben sich bei ihrem Tun immer schon in eine vorstrukturierte soziale Realität ein (vgl. Amlinger 2021, S. 8).

Carolin Amlinger, die für ihre Studie zahlreiche Schriftsteller*innen befragt hat, verfolgt damit das Ziel, Literaturproduktion aus ihrem scheinbaren Elfenbeinturm herauszuholen und mit der sie umgebenden Wirklichkeit in Beziehung zu setzen. Gleichzeitig gelingt es ihr, jenen Mythos des genialen Schöpfertums zu dekonstruieren, der weite Teile der Schreibdidaktik lange genug davon abgehalten hat, sich auf eine literarische Produktionsästhetik einzulassen:

> „Die Erschaffung von Neuem ist in der literarischen Praxis keine *creatio ex nihilo*, die sozial voraussetzungslos davor Nichtexistentes fabriziert, sondern eine innovative Neukomposition des schon Vorhandenen." (Amlinger 2021, S. 23)

Literarisch schreiben kann man (besser) in Kenntnis schon vorhandener Texte, von denen zu lernen ist: Zu erkennen, wie sie ein Thema behandeln, einen Zeitrahmen aufspannen und ausfüllen oder Handlungsräume gleichsam möblieren, gibt Lernenden Möglichkeiten der Imitation, Adaption und Innovation.

Aus demselben Grund interessant sind die Beiträge zu einem von Evi Zemanek und Susanne Krones (2008) herausgegebenen Sammelband über die Literaturproduktion der ‚Jahrtausendwende'. Literarische Textproduktion um das Jahr 2000 thematisiert vornehmlich die soziopolitischen, kulturellen oder ökonomischen Ereignisse der Jahrtausendwende und entwickelt dafür spezifische Darstellungsverfahren. Auch in Bezug auf solche Beschreibungen literarischen Verfahrenswissens ist zu betonen, dass sie nur teilweise narratologisch arbeiten; aber in didaktischem Interesse gelesen und ausgewertet (vgl. dazu Abraham 2021a, S. 14) können sie dabei helfen, das Erzählen prozedural zu erfassen und u. a. narratologische Basisbegriffe auf eine Praxis zu beziehen, die nicht nur eine Unterrichtspraxis ist, sondern auch eine Praxis literarischer Arbeit.

Einer Gefahr, der Textanalyse im Unterricht aus didaktischer Sicht stets ausgesetzt ist, nämlich den Text gegenüber seinen Entstehungsbedingungen und intertextuellen Verflechtungen gleichsam abzudichten, arbeitet ein Konzept entgegen, das die Auskunft und den Rat von Expert*innen literarischer Arbeit sucht und deren prozedurales Wissen in den Unterricht einbringt.

Literatur

Abraham, Ulf. 2016. Erzählen lehren lernen. Überlegungen zu einer produktionsorientierten Didaktik literarischen Erzählens. *Mitteilungen des Deutschen Germanistenverbandes 63, H. 3*, 263–274.

Abraham, Ulf. 2021a. *Literarisches Schreiben. Didaktische Grundlagen für den Unterricht.* Ditzingen: Reclam.

Abraham, Ulf. 2021b. *Literarisches Wissen materialgestützt erarbeiten. Wissensbasiertes Verstehen und Gestalten von Literatur im Deutschunterricht.* Hannover: Klett/Kallmeyer.

Abraham, Ulf, und Ina Brendel-Perpina. 2021. *Literarisches Schreiben im Deutschunterricht. Produktionsorientierte Literaturpädagogik in der Aus- und Weiterbildung,* 2. Aufl. Seelze: Klett/Kallmeyer.

Abraham, Ulf. 2022. Integrativer Deutschunterricht. In *Basiswissen Lehrerbildung. Deutsch unterrichten,* Hrsg. Tilman von Brand, Jörg Kilian, Anette Sosna, und Thomas Riecke-Baulecke, 348–360. Hannover: Klett/Kallmeyer.

Abraham, Ulf, Christoph Bräuer, und Tilman von Brand. 2022. Literarisches Schreiben. In *Praxis Deutsch* 293:4–12.

Amlinger, Carolin. 2021. *Schreiben. Eine Soziologie literarischer Arbeit.* Berlin: Suhrkamp.

Bekes, Peter. 2016. Dichterisches Schreiben – literarisches Verstehen. *Deutschunterricht* 69(2):4–12.

Bildungsstandards für das Fach Deutsch: Erster Schulabschluss (ESA) und Mittlerer Schulabschluss (MSA), i.d.F. vom 23.06.2022, Hrsg. v. d. ständigen Konferenz der Kultusminister (KMK). https://www.kmk.org/fileadmin/Dateien/veroeffentlichungen_beschluesse/2022/2022_06_23-Bista-ESA-MSA-Deutsch.pdf. Zugegriffen: 28. Aug. 2022.

Bildungsstandards im Fach Deutsch für die Allgemeine Hochschulreife (BISTA Hochschulreife) i.d.F. vom 18.10.2012, Hrsg. v. d. ständigen Konferenz der Kultusminister (KMK). Berlin. https://www.kmk.org/fileadmin/veroeffentlichungen_beschluesse/2012/2012_10_18-Bildungsstandards-Deutsch-Abi.pdf. Zugegriffen: 28. Aug. 2022.

Bredel, Ursula, und Irene Pieper. 2021. *Integrative Deutschdidaktik,* 2. Aufl. Paderborn: Brill Schöningh.

Brenz, Lydia, und Torsten Pflugmacher, Hrsg. 2020. *Normativität und literarisches Verstehen.* Interdisziplinäre Perspektiven auf Literaturvermittlung. Frankfurt a. M. u.a.: Lang.

Ehlers, Swantje. 2017. *Der Roman im Deutschunterricht.* Stuttgart: UTB.

Frederking, Volker. 2019. Modellierung literarischer Rezeptionskompetenz. In *Deutschunterricht in Theorie und Praxis, Bd. 11: Lese- und Literaturunterricht. Teil 1,* Hrsg. Michael Kämper-van den Boogart, und Kaspar H. Spinner, 3. Aufl. 347–425. Baltmannsweiler: Schneider Hohengehren.

Genette, Gérard. 1994. *Die Erzählung,* 3. Aufl. München: Fink.

Krottenthaler, Erwin, Hrsg. 2013. *Literarisches Schreiben im Deutschunterricht (2011–2013). Erfahrungsberichte aus dem Fortbildungsprogramm aller weiterführenden Schularten in Baden-Württemberg.* Stuttgart: lpz.

Krottenthaler, Erwin, Hrsg. 2020. *Literarisches Schreiben im Deutschunterricht (2017–2019). Erfahrungsberichte aus dem Fortbildungsprogramm aller weiterführenden Schularten in Baden-Württemberg.* Stuttgart: lpz.

Krottenthaler, Erwin, und José F. A Oliver, Hrsg. 2013. *Literatur machen. Literatur und ihre Vermittler I.* Dresden: Voland & Quist.

Krottenthaler, Erwin, und José F. A Oliver, Hrsg. 2015. *Literatur machen. Literatur und ihre Vermittler II.* Dresden: Voland & Quist.

Krottenthaler, Erwin, und José F. A Oliver, Hrsg. 2018. *Literatur machen. Literatur und ihre Vermittler III.* Dresden: Voland & Quist.

Leubner, Martin, und Anja Saupe. 2012. *Erzählungen in Literatur und Medien und ihre Didaktik,* 3. Aufl. Baltmannsweiler: Schneider Hohengehren.

Leubner, Martin, und Anja Saupe. 2016. *Textverstehen im Literaturunterricht und Aufgaben*, 2. Aufl. Baltmannsweiler: Schneider Hohengehren.

Leubner, Martin, und Anja Saupe. 2017. *Erzählende Texte im Literaturunterricht und Textanalyse. Eine Didaktik der Textanalyse mit Sequenzvorschlägen für den Erwerb textanalytischer Kompetenzen (Jahrgangsstufen 5 bis 10)*. Baltmannsweiler: Schneider Hohengehren.

Magirius, Marco. 2020. *Überzeugungen Deutschstudierender zum Interpretieren literarischer Texte. Eine Mixed-Methods-Studie*. Berlin: Metzler.

Matz, Daniela. 2021. *Interpretationskonzepte von Deutschlehrkräften und ihren Schüler*innen. Eine explorative Studie*. Bamberg: University of Bamberg Press.

Rau, Tilman, und Ulrike Wörner. 2016. *Praxismaterial: Erzählendes Schreiben im Unterricht. Klassenroman: Handlungsstränge, Figurenentwicklung, Kapitelplanung*. Seelze: Klett/ Kallmeyer.

Schmid, Wolf. 2014. *Elemente der Narratologie*, 3. Aufl. Berlin: De Gruyter.

Schütz, Julia, Nora Berner, Davin Patrick Akko, und Kristina Ventura. 2020. *Ergebnisbericht zur Evaluation der Lehrer*innenweiterbildung „Literarisches Schreiben im Deutschunterricht"*. Fernuniversität Hagen.

Stanzel, Franz K. 1979. *Theorie des Erzählens*. Göttingen: Vandenhoeck & Ruprecht.

Surkamp, Carola. 2008. Perspektive. In *Metzler-Lexikon Literatur- und Kulturtheorie*, Hrsg. Ansgar Nünning, 566–567. Stuttgart: Metzler.

Vogt, Jochen. 2014. *Aspekte erzählender Prosa. Eine Einführung in Erzähltechnik und Romantheorie*, 11. Aufl. München: Fink.

Wörner, Ulrike, Tilman Rau, und Yves Noir. 2012. *Erzählendes Schreiben im Unterricht. Werkstätten für Skizzen, Prosatexte, Fotografie*. Seelze: Klett/Kallmeyer.

Zemanek, Evi, und Susanne Krones. 2008. Eine Topographie der Literatur um 2000. Einleitung. In *Literatur der Jahrtausendwende. Themen, Schreibverfahren und Buchmarkt um 2000*, Hrsg. Evi Zemanek und Susanne Krones, 11–26. Bielefeld: transcript.

Zemanek, Evi und Susanne Krones, Hrsg. 2008. *Literatur der Jahrtausendwende. Themen, Schreibverfahren und Buchmarkt um 2000*. Bielefeld: transcript.

Die Darstellungsanalyse als Freundin der Lernenden

Zu einem möglichen Beitrag formaler Textuntersuchungen für das Textverstehen

Anja Saupe

Zusammenfassung

In diesem Aufsatz wird ein Set von Kategorien bzw. Strategien entwickelt, das für die Darstellungsanalyse epischer Texte in der Sekundarstufe I verwendbar ist. Die entsprechenden Kategorien sollen in hohem Maße funktional sein, indem sie den Schüler*innen helfen, Verstehensschwierigkeiten auf der Ebene der Handlung zu überwinden. Insbesondere wird dazu aufgezeigt, inwiefern die Darstellungsanalyse zu einem Erkennen ‚verdeckter‘ Handlungselemente beitragen kann.

1   Fragestellung

Martin Leubner und ich haben vor einiger Zeit ein empirisches Projekt zu Strategien für das Textverstehen durchgeführt (vgl. Leubner und Saupe 2014). In diesem Rahmen wurde auch die Kurzgeschichte *Ein netter Kerl* von Gabriele Wohmann verwendet. Sie wurde von 65 Schüler*innen aus zehnten Klassen an brandenburgischen Gymnasien schriftlich bearbeitet, und zwar mit Hilfe unterschiedlicher Strategiesets für die Handlungsanalyse mit anschließender Deutung (vgl. Leubner und Saupe 2014, S. 198–218). Eine Analyse der Darstellung war nicht verlangt. 54 der Schüler*innentexte konnten ausgewertet werden. Die Kurzgeschichte wird im Folgenden in einer gekürzten Fassung zitiert (s. Kasten 1):

A. Saupe (✉)
Institut für Germanistik, Universität Leipzig, Leipzig, Deutschland
E-Mail: asaupe@rz.uni-leipzig.de

© Der/die Autor(en), exklusiv lizenziert an Springer-Verlag GmbH, DE, ein Teil von Springer Nature 2023
S. Bernhardt und I. Henke (Hrsg.), *Erzähltheorie(n) und Literaturunterricht*, Deutschdidaktik, https://doi.org/10.1007/978-3-662-66918-1_3

Kasten 1: Auszug aus Gabriele Wohmann: *Ein netter Kerl*

Ich hab ja so wahnsinnig gelacht, rief Nanni in einer Atempause. Genau wie du ihn beschrieben hast, entsetzlich.

Furchtbar fett für sein Alter, sagte die Mutter. Er sollte vielleicht Diät essen. Übrigens, Rita, weißt du, ob er ganz gesund ist? [...]

Genau wie du es erzählt hast, weich wie ein Molch, wie Schlamm, rief Nanni. Und auch die Hand, so weich.

Aber er hat doch auch wieder was Liebes, sagte Milene, doch, Rita, ich finde, er hat was Liebes, wirklich.

Na ja, sagte die Mutter, beschämt fing auch sie wieder an zu lachen; recht lieb, aber doch gräßlich komisch. [...]

Der Vater kam zurück, schloß die Esszimmertür, brachte kühle nasse Luft herein. Er war ja so ängstlich, daß er seine letzte Bahn noch kriegt, sagte er. So was von ängstlich.

Er lebt mit seiner Mutter zusammen, sagte Rita.

Sie platzten alle heraus, jetzt auch Milene. Das Holz unter Ritas Fingerkuppen wurde klebrig. Sie sagte: Seine Mutter ist nicht ganz gesund, soviel ich weiß.

Das Lachen schwoll an, türmte sich vor ihr auf, wartete und stürzte sich dann herab, es spülte über sie weg und verbarg sie: lang genug für einen kleinen schwachen Frieden. [...]

Ach, sagte Nanni, sie seufzte und rieb sich den kleinen Bauch, ich bin erledigt, du liebe Zeit. Wann kommt die große fette Qualle denn wieder, sag Rita, wann denn? Sie warteten alle ab.

Er kommt von jetzt an oft, sagte Rita. Sie hielt den Kopf aufrecht.

Ich hab mich verlobt mit ihm.

Am Tisch bewegte sich keiner. Rita lachte versuchsweise und dann konnte sie es mit großer Anstrengung lauter als die andern, und sie rief: Stellt euch das doch bloß mal vor: mit ihm verlobt! Ist das nicht zum Lachen!

Sie saßen gesittet und ernst und bewegten vorsichtig Messer und Gabeln.

He, Nanni, bist du mir denn nicht dankbar, mit der Qualle hab ich mich verlobt, stell dir das doch mal vor!

Er ist ja ein netter Kerl, sagte der Vater. Also höflich ist er, das muß man ihm lassen.

Ich könnte mir denken, sagte die Mutter ernst, daß er menschlich angenehm ist, ich meine, als Hausgenosse oder so, als Familienmitglied.

Er hat keinen üblen Eindruck auf mich gemacht, sagte der Vater.

Rita sah alle behutsam dasitzen, sie sah gezähmte Lippen. Die roten Flecken in den Gesichtern blieben noch eine Weile. Sie senkten die Köpfe und aßen den Nachtisch. (Wohmann 1978, S. 68–70)

Das damalige Forschungsanliegen war, herauszufinden, welche Strategiesets der Handlungsanalyse das literarische Textverstehen besonders zu fördern vermögen. Bei einer nochmaligen Betrachtung der Schüler*innentexte fiel dann aber jenseits dieses Anliegens ein Phänomen auf, das zwar aufgrund der geringen Proband*innenzahl nicht statistisch relevant, aber gleichwohl interessant ist. Es wurden in allen Gruppen, unabhängig von den unterschiedlichen Strategien für die Handlungsanalyse, in großer Mehrheit Deutungen einer bestimmten Art produziert, etwa:

- „Die Erzählung will uns sagen, dass man keine Vorurteile gegenüber anderen haben soll, sowie jeden akzeptieren soll." (Leubner und Saupe 2014, S. 201)
- „Ich denke, der Text ist gesellschaftskritisch und möchte/soll ausdrücken, dass viel zu sehr auf äußere Merkmale eines Menschen geachtet wird, anstatt die Menschen näher kennenzulernen und sie nach ihrem Charakter zu beurteilen." (Leubner und Saupe 2014, S. 207)

Es handelt sich um Deutungen, die nicht falsch sind und die zudem pädagogisch wünschenswert erscheinen mögen. Problematisch ist jedoch, dass sie ohnehin schon verbreiteten Lebensweisheiten entsprechen dürften und wohl auch ohne Grundlage des literarischen Textes entstehen könnten. Die Potenziale, die dieser Text für eine neue oder differenziertere Betrachtung der Wirklichkeit bietet, werden damit nicht ausgeschöpft.

Die genannten Deutungen berücksichtigen nur ein zentrales Handlungselement, nämlich die schwierige Lage der Hauptfigur Rita (der mangelnde Respekt ihrer Familie gegenüber dem Mann, mit dem sie sich heimlich verlobt hat). Interessanter wären jedoch Deutungen, die auch weitere Textelemente einbeziehen, vor allem die Mittel für die Auflösung (Ritas Gegenwehr gegen die Familie vor allem durch ihr Bekenntnis zu ihrem Verlobten, außerdem durch eine Spiegelung der familiären Gemeinheiten) sowie die teils-teils Auflösung (das wohl nur äußerliche Einlenken der Familie). Die Auflösung wurde aber tatsächlich nur von drei Schüler*innen für die Deutung berücksichtigt, die Mittel für die Auflösung – fast ausnahmslos in unvollständiger Weise – von acht Schüler*innen (vgl. Leubner und Saupe 2014, S. 203).

Eine monokausale Erklärung für dieses Phänomen gibt es sicherlich nicht. Zum Teil lässt sich die mehrheitliche Nichtberücksichtigung von bedeutsamen Handlungselementen in den Deutungen wohl auf mangelndes Strategiewissen für die Verbindung von Textanalyse und Deutung zurückführen; denn in manchen Fällen wurden die entsprechenden Handlungselemente in der Textuntersuchung erkannt, aber dann nicht weiter beachtet (vgl. Leubner und Saupe 2014, S. 210–216). Zumindest für das Handlungselement ‚Gegenwehr von Rita' lässt sich aber zeigen, dass es von einer Mehrheit der Schüler*innen (33) schon in der Textuntersuchung nicht zur Kenntnis genommen wurde und damit auch kaum für die Deutung genutzt werden konnte (vgl. Leubner und Saupe 2014, S. 210–216).

Im Folgenden soll der Frage nachgegangen werden, woran das vermutlich gelegen hat und welche Hilfen der Deutschunterricht den Schüler*innen zur Verfügung stellen könnte, damit sie derartige zentrale Handlungselemente weniger häufig übersehen.

2   Annahmen und Vorgehen

Grundlegend soll vorausgesetzt werden, dass sich eine Nichtberücksichtigung zentraler Handlungselemente in der Deutung häufig feststellen lässt, wenn Schüler*innen epische Texte erschließen, und dass dem häufig ein Nichterkennen dieser Elemente in der Textuntersuchung zugrunde liegt. Im Anschluss daran wird das Folgende angenommen:

1. Das ‚Übersehen‘ von zentralen Elementen der Handlung ist oftmals auf Besonderheiten der textlichen Darstellung zurückzuführen.
2. Ein Erkennen dieser formalen Besonderheiten kann den Schüler*innen auch ein Erkennen der entsprechenden Handlungselemente erleichtern.
3. Ein solches Erkennen von formalen Besonderheiten ist durch die Nutzung deutlich funktional ausgerichteter Analysekategorien beziehungsweise Strategien zu fördern.

Während formale Analysen epischer Texte in der Schulpraxis bislang weitgehend als ein institutionell geforderter, aber nur mäßig sinnvoller Zusatz für die Texterschließung erscheinen dürften, könnte die Darstellungsanalyse damit von einer eher lästigen Begleiterin zu einer engen und guten Freundin der Lernenden beim literarischen Textverstehen werden.

Eine empirische Untersuchung zur Verifikation der genannten Annahmen kann hier nicht erfolgen, doch sollen die Annahmen anhand von Unterrichtsbeobachtungen, Textuntersuchungen und didaktisch-methodischen Überlegungen plausibilisiert werden.

Zunächst soll das oben dargestellte Beispiel für Verstehensschwierigkeiten der Schüler*innen mit Blick auf die Besonderheiten des Textes näher erläutert und dann durch weitere Beispiele ergänzt werden. Im Anschluss soll jeweils eine zielorientierte Analyse von Darstellungsverfahren als entscheidende Hilfe für das Verstehen epischer Texte vorgeschlagen werden. Insgesamt ist ein Set von Kategorien für die Darstellungsanalyse in der Sekundarstufe I zu entwickeln, die zwar mit vorliegenden erzähltheoretischen Modellen abgeglichen werden, aber grundlegend didaktisch ausgerichtet sind. Zudem sollen die Kategorien so in Strategien integriert werden, dass die Möglichkeiten einer verstehensorientierten Anwendung für die Schüler*innen deutlich werden.

Die Auswahl von Kategorien soll nach den Kriterien der Einfachheit und vor allem der Funktionalität erfolgen. Einfachheit soll bedeuten, dass nur Kategorien genutzt werden, die durch ein einziges zentrales Merkmal definiert sind. Die Funktionalität wird als entscheidende Hilfe für das Textverstehen verstanden und nicht nur – wie es in der Schulpraxis verbreitet ist – als Grundlage für die Feststellung bestimmter Wirkungen auf die Leser*innen oder einer als stimmig bezeichneten ästhetischen Gestaltung.

3 Textbeispiel I: *Ein netter Kerl* von Gabriele Wohmann

Wie in Kap. 1 schon dargelegt, fielen die erhobenen Deutungen von *Ein netter Kerl* zumeist stark verkürzt aus, vor allem weil ein zentrales Handlungselement, die Gegenwehr von Rita gegen die Gemeinheiten ihrer Familie, nur von einer Minderheit der Schüler*innen zur Kenntnis genommen wurde. Das lässt sich damit erklären, dass es sich um ein durch die Darstellung ‚verdecktes‘ Textelement handelt.

Die Bezeichnung ‚verdecktes Textelement‘ ist nur eine bildliche, denn die entsprechenden Elemente der Handlung oder der Figuren sind nicht vollständig verborgen, sondern lassen sich – etwa auf Grundlage von Rede und Verhalten einer Figur – rekonstruieren. Zudem gibt es keine klare Grenze zwischen ‚verdeckten‘ und anderen Textelementen. Auch leichter zu erkennende Elemente der Handlung sind einem literarischen Text nur in seltenen Fällen wörtlich zu entnehmen und müssen in der Regel rekonstruiert werden – für *Ein netter Kerl* gilt das etwa für Ritas Problem, das ja auch nicht ausdrücklich benannt wird. Die Besonderheit der ‚verdeckten‘ Textelemente besteht aber darin, dass die für sie notwendige Rekonstruktion nicht routinemäßig geleistet werden kann; ein ‚verdecktes‘ Textelement ist deshalb immer nur relativ zu den Verstehenskompetenzen der Leser*innen festzustellen. Für die Mittel der Auflösung in *Ein netter Kerl* relativ zu den Fähigkeiten der untersuchten Schüler*innen bietet sich eine solche Feststellung an. Ritas Lachen ist als Spiegelung der familiären Gemeinheiten zu identifizieren, ihre Verkündigung der Verlobung als Solidarisierung mit ihrem Verlobten und beides als Gegenwehr gegen die Familie; aber das können die Schüler*innen in den meisten Fällen spontan offenbar nicht leisten.

Unter Bezugnahme auf die kognitionspsychologische Konzeption des Textverstehens von Monika Schwarz-Friesel (vgl. Schwarz-Friesel und Consten 2014, bes. S. 67–70) lassen sich die ‚verdeckten‘ Handlungselemente den unterspezifizierten Textelementen zuordnen. Unterspezifizierte Textelemente können beispielsweise entstehen, wenn komplexe Sachverhalte und ihre Zusammenhänge nur angedeutet, durch innovative sprachliche Bilder dargestellt oder eben durch bestimmte Darstellungsverfahren ‚verdeckt‘ werden und damit schwer zu erkennen sind. Ein unterspezifiziertes Textelement zeichnet sich dadurch aus, dass die Leser*innen für seine Rekonstruktion eigentlich mehr Textinformationen benötigen würden. Sie können es nicht mit Hilfe von schematisch abruf- und anwendbarem Weltwissen verstehen, sondern müssen weiteres Wissen erwerben oder aktivieren und – eventuell auch erst einmal probeweise – auf den Text anwenden.

Im vorliegenden Fall sind die fehlenden Informationen solche zur Motivation von Ritas Verhalten. Sie wären wohl – in einem modernen Erzähltext, der typischerweise auf Erzählerkommentare verzichtet – durch eine Mitteilung von Gedanken und Gefühlen der Figur zu erwarten. Eben einer solchen Erwartung verweigert sich aber der Text, und zwar durch ein besonderes Darstellungsverfahren. Er beschränkt sich durchgängig auf die Wiedergabe von Außensicht und legt den Leser*innen nahe, die Innensicht der Figuren und insbesondere der Hauptfigur an entscheidenden Stellen zu ergänzen.

Wenn Schüler*innen sich diese Besonderheit der Darstellung mit ihren Funktionen klarmachen würden, wäre das zwar keine Garantie für ein angemessenes Verstehen des ‚verdeckten' Handlungselementes, aber eventuell doch ein wichtiger Anstoß dazu. Denn es könnte eine Aufmerksamkeitslenkung auf das entsprechende Element und eine Aufforderung zu einer Aktivierung und Anwendung von passendem Weltwissen bewirken. Ähnliches gilt nicht nur für *Ein netter Kerl*, sondern auch für eine relativ große Anzahl weiterer moderner Kurzprosatexte, die sich auf die Wiedergabe von Außensicht beschränken, obwohl ihre Figuren komplex angelegt sind und – anders als Figuren in einfachen Formen der Epik – also auch über komplexere Gedanken und Gefühle verfügen müssten.

Die folgende Aufforderung könnte dementsprechend das Textverstehen der Schüler*innen entscheidend unterstützen; es handelt sich um eine strategieorientierte Aufgabe, die aber je nach Bedarf für die Arbeit mit einem bestimmten Text konkretisiert werden kann:

Untersuche, inwiefern die Erzählung Außensicht (Schauplätze, Objekte, Figuren und ihre Rede/ihr Verhalten) und/oder Innensicht (Gedanken und Gefühle von Figuren) darstellt.

a) Falls Außensicht durch Innensicht ergänzt wird, gibt dir die Innensicht häufig wichtige Hinweise für ein Verstehen der Handlung, z. B. indem Gründe für die schwierige Lage einer Figur oder die Auflösung deutlicher werden.

b) Falls sich die Erzählung (weitgehend) auf Außensicht beschränkt, kann es sein, dass sie dir den Eindruck einer unmittelbaren Teilnahme am Geschehen vermittelt. Vielleicht wird dir aber auch nahegelegt, Gedanken und Gefühle einer oder mehrerer Figuren zu ergänzen. Schätze ein, ob das der Fall ist. Finde ggf. Textstellen, für die solche Ergänzungen besonders sinnvoll wären, und nimm passende Ergänzungen vor (z. B. in Stichpunkten).

Verändere/ergänze deine Handlungs- und Figurenanalyse ggf. auf Grundlage der gewonnenen Erkenntnisse.

Der Aufgabe liegen die Kategorien der Innen- beziehungsweise Außensicht zu Grunde, die sich so auch im Modell von Jürgen Petersen finden (vgl. Petersen 1993, S. 67–68), bei Gérard Genette zur Bestimmung der Fokalisierungstypen mit genutzt werden (Genette 2010, S. 134–138) und zumindest in einigen Lehrwerken für die Sekundarstufe I Schüler*innen nahegebracht werden. Insgesamt kann allerdings keinesfalls die Rede davon sein, dass es einen Konsens über Kategorien für die Darstellungsanalyse in Lehrplänen und Lehrwerken gäbe. Während die Bildungsstandards und auch die meisten Lehrpläne hier sehr allgemein bleiben, ist die Auswahl in einzelnen Lehrwerksreihen bislang weitgehend als chaotisch zu bezeichnen. Das dürfte darauf zurückzuführen sein, dass keines der offenbar herangezogenen erzähltheoretischen Modelle – von Franz K. Stanzel (2008), Genette (2010) und Petersen (1993) – insgesamt für die Schule tauglich erscheint, weil sie zu komplex oder zu wenig konsistent sind und sich sinnvolle Mischungen aus den genannten Modellen nicht so einfach erstellen lassen.

4   Textbeispiel II: *Die Kreidestadt* von Gina Ruck-Pauquèt

Ein ähnlicher, aber doch etwas anders gelagerter Fall eines mehrheitlich unzureichenden Textverstehens wie in den Schüler*innentexten zu *Ein netter Kerl* lässt sich in Deutungen zu der Kindererzählung *Die Kreidestadt* von Gina Ruck-Pauquèt feststellen. Allerdings können hier nur zufällige Unterrichtsbeobachtungen und keine systematischen Erhebungen von Daten herangezogen werden.

In der genannten Erzählung wird beschrieben, dass die Kinder Benze und Mandi eine ‚Kreidestadt‘ auf Asphalt erstellen und diese gemeinsame Aktivität sehr wichtig finden. Für den nächsten Tag verabreden sie eine Fortsetzung, doch erscheint Mandi nicht zur festgesetzten Zeit. Benze wird zunehmend ungeduldig. Ein Junge kommt dann mit dem Rad vorbeigefahren und teilt Benze mit, dass Mandi heute „mit den anderen in der Steinstraße" spiele. Benze zerstört daraufhin die Kreidestadt in einem Wutanfall. Als Mandi kurz darauf doch eintrifft, kann sie nur noch weinend weglaufen. Benze kommt dann zu dem Schluss, dass es nicht zu fassen sei, dass „einer so lügt" wie der Junge auf dem Fahrrad (vgl. Ruck-Pauquèt 1987, S. 91).

Die Deutungen, die Lernende vornehmen, fokussieren häufig einseitig den Schluss der Erzählung als Grund für die negative Auflösung. Sie kommen dann etwa zu der Auffassung, die Geschichte würde sagen, dass gemeine Menschen viel Schaden anrichten und Freundschaften zerstören können. Es handelt sich hier aber mindestens um ein zu einseitiges, wohl sogar um ein Fehlverstehen der Erzählung. Denn der Text legt den Leser*innen nahe, auch Benzes Aggressivität und vielleicht ein dahinterliegendes geringes Selbstbewusstsein als entscheidende Gründe für die Auflösung aufzufassen und in der Deutung zu berücksichtigen. Auch für diese Handlungselemente gilt, dass sie vermutlich deshalb kaum in den Deutungen berücksichtigt werden, weil sie als ‚verdeckt‘ gelten müssen. Allerdings ist hier keine ‚Verdeckung‘ durch die Beschränkung auf Außensicht festzustellen. Die Erzählung bietet sogar reichlich Einblicke in die Innensicht der Hauptfigur. Doch wird ausschließlich deren – eingeschränkte – Sicht dargestellt, während die Perspektive Mandis unberücksichtigt bleibt. Ihre Auffassung der Geschehnisse könnte aber Informationen bieten, die wichtig wären, um die Gründe für den negativen Ausgang zu rekonstruieren.

Auch für diesen Text könnte also eine Aufmerksamkeitslenkung auf ein ‚verdecktes' Textelement für das Verstehen hilfreich sein. Weil viele moderne Erzählungen von einer auf eine Figur beschränkten Sicht Gebrauch machen, wäre eine entsprechende Fokussierung sogar von umfassender Bedeutung. Die folgende Aufforderung könnte das Textverstehen der Schüler*innen entscheidend fördern:

> **Untersuche, ob die Erzählung die personale Erzählperspektive nutzt (d. h. nur die Sicht einer Figur auf die Außenwelt und/oder ihre Gedanken und Gefühle wiedergibt) oder die auktoriale Perspektive verwendet (d. h. die äußeren und/oder inneren Wahrnehmungen mehrerer Figuren darstellt).**
>
> a) Die auktoriale Perspektive kann bei dir den Eindruck eines ‚guten Überblicks' über die Handlung erzeugen.
> b) Falls die personale Perspektive genutzt wird, kann es sein, dass die Erzählung dir eine besondere Anteilnahme an der entsprechenden Figur (zumeist: der Hauptfigur) anbietet. Vielleicht legt sie dir aber auch nahe, die Sicht/die Gedanken oder Gefühle weiterer Figuren zu ergänzen. Schätze ein, ob das der Fall ist. Finde ggf. Textstellen, für die solche Ergänzungen besonders sinnvoll wären, und nimm passende Ergänzungen vor (z. B. in Stichpunkten).
>
> Verändere/ergänze deine Handlungs- und Figurenanalyse ggf. auf Grundlage der gewonnenen Erkenntnisse.

Dieser Aufgabe liegen die Kategorien der personalen und auktorialen Erzählperspektive zugrunde, die sich in den vorliegenden erzähltheoretischen Modellen so nicht finden, auch wenn Stanzel und Petersen die Bezeichnungen auktoriale und personale Erzählsituation beziehungsweise auktoriales und personales Erzählverhalten verwenden und die Bezeichnungen auktorial und personal auch in der Schule geläufig sind. Eventuell könnten die Kategorien aber als Vereinfachungen von Genettes Typen der internen Fokalisierung und der Nullfokalisierung gelten (vgl. Genette 2010, S. 134–138).

5   Textbeispiel III: *Das wohlbezahlte Gespenst* von Johann Peter Hebel

Schließlich soll noch ein dritter Fall von unzureichendem Textverstehen vorgestellt werden, der sich von den beiden zuvor genannten Fällen deutlich unterscheidet, weil er nicht auf eine ‚Verdeckung' oder Unterspezifizierung von Handlungselementen zurückzuführen ist, sondern im Gegenteil auf ein ‚Zuviel' an Mitteilungen. Es handelt sich um das – ebenfalls nur zufällig beobachtete – Verstehen der Kalendergeschichte *Das wohlbezahlte Gespenst* von Johann Peter Hebel.

Hier wird erzählt, dass ein Ackerbesitzer von seinen Mitbürgern geschädigt wird. Trotz ständiger Ermahnungen zertreten sie ihm immer wieder sein Gerstenfeld, das neben einem zum Kirchhof führenden Weg gelegen ist. Der Ackerbesitzer hilft sich für einige Zeit, indem er sich als Gespenst verkleidet und durch den Spuk die anderen vom Betreten des Weges abhält. Doch wird diese Täuschung schließlich von einem unerschrockenen und logisch denkenden Mann aufgedeckt, der das angebliche Gespenst aufgrund von ‚gespensteruntypischem' Verhalten entlarvt und verprügelt. Die Erzählung endet mit dem Satz „Denn solche Leute, wie unser handfester Ehrenmann, das sind allein die rechten Geisterbanner, und es wäre zu wünschen, dass jeder andere Betrüger und Gaukelhans ebenso sein Recht und seinen Meister finden möge" (Hebel 1961, S. 91).

Dieses Ende verleitet offenbar viele Lernende dazu, die Erzählung mit Sätzen wie „ehrlich währt am längsten", „Betrug lohnt sich nicht" oder „Betrüger werden am Ende bestraft" zu deuten. Gesamtdeutungen dieser Art setzen den letzten Satz absolut, der die Mittel für eine Problemlösung der Dorfbewohner herausstellt, diese Mittel positiv bewertet und auf ihrer Grundlage eine bestimmte Deutung der gesamten Handlung vorgibt. Auf diese Weise wird jedoch das Deutungspotenzial der Erzählung verengt. Denn sie ist tatsächlich eine auch heute noch spannende Geschichte, die – anhand der schwierigen Lage des Ackerbesitzers und seines scheiternden Lösungsversuches – die Frage stellt, inwiefern Betrug zur Abwehr von Unrecht sinnvoll und zulässig ist, und darauf eigentlich unterschiedliche Antworten ermöglicht. Mit dem letzten Satz aber tritt der Erzähler[1] aus dem Erzählen der Geschichte heraus, offenbar um die Leser*innen von bestimmten Handlungselementen und Deutungsmöglichkeiten abzulenken. Es ist zu vermuten, dass der Autor hier mit Hilfe seines Erzählers eine ‚Notbremse' gegen Deutungen gezogen hat, die aus Sicht der Aufklärung problematisch erscheinen könnten. Doch passt der entsprechende Zusatz höchstens mit Einschränkungen zur Geschichte und sollte durchaus kritisch betrachtet werden. Die Gewichtung, Wertung und Deutung von Handlungselementen durch den Erzähler ist als nur eine von mehreren möglichen anzusehen.

---

[1] Statt der sachlich korrekteren Bezeichnung ‚Erzählinstanz' wird hier und im Folgenden ‚Erzähler' verwendet; es handelt sich um eine Vereinfachung im Sinne einer Konkretisierung, die die vermittelnde Instanz eines epischen Textes leichter fassbar machen soll.

Eine Aufmerksamkeitslenkung auf den letzten Satz des Erzählers könnte deshalb für das Verstehen dieses Textes hilfreich sein. Ähnlich sind aber auch Zusätze zur Handlung in anderen epischen Texten häufig fragwürdig, beispielsweise in manchen Fabelversionen. Die folgende Aufforderung könnte dementsprechend das Textverstehen der Schüler*innen fördern:

Untersuche, ob die Erzählung Erzählerkommentare enthält (zumeist Erläuterungen/Bewertungen von Figuren oder Handlungen, die nicht von Figuren stammen, oder Deutungen der gesamten Handlung).

Falls vorhanden, können dir die Erzählerkommentare evtl. helfen, die Handlung besser zu verstehen. Es kann aber auch sein, dass sie gar nicht so gut zur Handlung passen und kritisch zu betrachten sind. Schätze ein, ob das der Fall ist. Stelle ggf. dar, inwiefern du zu einem anderen Verstehen der Geschichte kommst als der Erzähler (z. B. in Stichpunkten).

Verändere/ergänze deine Handlungs- und Figurenanalyse ggf. mit Hilfe der gewonnenen Erkenntnisse.

Dieser Aufgabe liegt die Kategorie des Erzählerkommentars zu Grunde, die sich so vor allem bei Genette findet; die Kategorie wurde lediglich durch die Fokussierung auf Erklärungen und Bewertungen des Erzählers didaktisch etwas reduziert (vgl. Genette 2010, S. 183–186).

6   Weitere Kategorien zur Ergänzung

Es könnte sich durchaus anbieten, die drei genannten Kategorien bzw. strategieorientierten Aufgaben in der Sekundarstufe I zu nutzen und weitere Kategorien für die Darstellungsanalyse epischer Texte nur nach konkretem Bedarf oder in der Oberstufe einzuführen. Denn vermutlich könnte auf die Weise für Schüler*innen der Mittelstufe eine Lösungshilfe für einen Großteil der Schwierigkeiten geboten werden, die sich beim Textverstehen durch Besonderheiten der Darstellung ergeben. Zugleich würde eine Überforderung durch lange Kataloge von Kategorien vermieden.

Gegen eine solche Reduktion spricht allerdings die Tradition der schulischen Praxis. Zumindest für den Unterricht am Gymnasium und die hier genutzten Lehrwerke müssen weitere Aspekte der Darstellungsanalyse schon für die Sekundarstufe I als fest etabliert gelten. Man könnte hier fast von einem Anspruch auf fachwissenschaftliche Vollständigkeit sprechen, wenn nicht so unklar bliebe, welche Modelle für einen solchen Anspruch denn grundlegend sein sollen. Ein Vorschlag für die Darstellungsanalyse in der Sekundarstufe I, der für die Entwicklung der Praxis in näherer Zukunft tauglich sein soll, sollte deshalb noch einige Ergänzungen berücksichtigen.

Aber auch bei einer entsprechenden Erweiterung kann eine Schwerpunkt-setzung auf die drei zentralen Kategorien beziehungsweise Strategien erfolgen. Denn im Rahmen einer Strategieorientierung ist es nicht nur erforderlich, Aufgaben für die Darstellungsanalyse sinnvoll mit solchen der Handlungs- und Figurenanalyse sowie der Deutung zu verbinden. Den Schüler*innen soll zudem nahegelegt werden, für die Arbeit mit einem konkreten Text nicht einfach alle vorliegenden Strategien automatisch ‚abzuarbeiten‘, sondern eine sinnvolle Auswahl zu treffen. Dazu sollen sie metastrategisches Wissen darüber erwerben und anwenden, welche Strategien sich in der Regel für das Textverstehen besonders anbieten.

Relativ unproblematisch ist es, eine Untersuchung der Zeitgestaltung mit zu berücksichtigen. Für sie zeichnet sich sogar schon seit längerer Zeit ein sinnvoller Konsens der Kategoriennutzung in Lehrplänen, Lehrwerken und Schulpraxis ab, und zwar anhand von grundlegenden Übereinstimmungen mit fachwissenschaft-lichen Modellen. Vor allem die Konzeptionen der Zeitgestaltung von Eberhard Lämmert (1993), Günther Müller (1974) und Genette (2010), die weniger wider-sprüchlich ausfallen als die oben genannten Modelle für eine Bestimmung von Erzähler und Perspektivierung, können herangezogen und in grundlegend sinn-voller Weise miteinander verbunden werden.

Zwar ist anzumerken, dass eine Anwendung dieser Kategorien in den meisten Fällen wenig ertragreich ist. Denn es gibt so etwas wie einen ‚erzähltechnischen Normalfall‘ der Zeitgestaltung, der keine besonderen Funktionen hat. Es handelt sich um ein höchstens von wenigen Rückwendungen unterbrochenes weitgehend chronologisches Erzählen sowie einen Wechsel von zeitraffendem Erzählen für weniger wichtige Geschehnisse und annähernd zeitdeckendem Erzählen für wichtige. Nur wenn Abweichungen von diesem ‚Normalfall‘ vorliegen, hat die Zeitgestaltung besondere Funktionen, so dass dann auch ihre Untersuchung für das Textverstehen sinnvoll wird. Dieser Befund spricht aber nicht gegen die Aufnahme der entsprechenden Kategorien in ein Strategieset, sondern nur dafür, dass die Schüler*innen von Fall zu Fall abwägen können sollen, ob sich eine Untersuchung der Zeitgestaltung lohnt.

Darüber hinaus sind zwei weitere Ergänzungen zu bedenken: zum ersten die Frage nach einer Beteiligung oder Nichtbeteiligung des Erzählers an der Handlung, entsprechend den Kategorien des homo- und heterodiegetischen Erzählers bei Genette (2010), und zum zweiten die nach der Wiedergabe von Rede und Gedanken der Figuren, wie sie in den Modellen von Genette (2010) und von Dorrit Cohn (1978) kategorisiert wird. Interessanterweise sind besonders bedeut-same Phänomene in diesen Bereichen häufig mit der personalen Erzählperspektive oder dem Vorherrschen von Außensicht und den entsprechenden Funktionen ver-bunden. Wenn der Erzähler zugleich als Figur an der Handlung beteiligt ist, ist die Perspektive zumeist auf die Sicht der entsprechenden Figur beschränkt, und die Sicht anderer Figuren muss häufig ergänzt werden. Ähnliches gilt, wenn die Gedankenrede einer Figur großen Raum einnimmt und womöglich noch die Form des inneren Monologes aufweist. Wenn dagegen die Figurenrede, insbesondere die wörtliche Rede, in einer Erzählung vorherrscht, ist häufig die Außensicht maßgeblich und es müssen die Gedanken und Gefühle von Figuren ergänzt werden.

Es erschiene dementsprechend didaktisch reizvoll, die zu ergänzenden Aspekte in die Strategien zum Erkennen von Innen- oder Außensicht und der Perspektivierung zu integrieren. Allerdings wäre das mit Blick auf die Fachwissenschaft dann doch wohl zu problematisch, weil eine entsprechende Vermischung von unterschiedlichen Ebenen des Erzählens in neueren erzähltheoretischen Modellen nicht mehr als zulässig erscheint.

7   Ein Vorschlag für ein Set von Kategorien und Strategien

Der folgende Vorschlag für ein Set von Kategorien und Strategien der Darstellungsanalyse, die in der Sekundarstufe I eingeführt und angewandt werden sollen, ist entsprechend den oben ausgeführten Herleitungen der drei zentralen Kategorien grundlegend didaktisch ausgerichtet. Allerdings stellt er durch die Ergänzungen – auch mit Blick auf schulische Traditionen – einen Kompromiss zwischen didaktischer Funktionalität und fachwissenschaftlicher Korrektheit bzw. Vollständigkeit dar.

Im Fokus sollen Kategorien zur Analyse von Erzähler und Perspektivierung stehen, insbesondere die drei zunächst genannten:

- **Innen- vs. Außensicht**
- **personale vs. auktoriale Erzählperspektive**
- **Erzählerkommentare**
- Beteiligung vs. Nichtbeteiligung des Erzählers an der Handlung

Zudem sollen Kategorien für eine Analyse der Zeitgestaltung und der Wiedergabe von Rede und Gedanken berücksichtigt werden:

- Erzählen nach und nach vs. Rückwendungen/Vorausdeutungen
- Zeitdeckung vs. Zeitraffung
- Darstellung von Geschehnissen vs. Darstellung von Rede und Gedanken
- direkte vs. indirekte Rede
- direkte vs. indirekte Gedankenrede
- innerer Monolog

Weitere Kategorien können nach Bedarf oder in der Oberstufe ergänzt werden (z. B. subjektiv verzerrte Außensicht, zeitlicher/räumlicher Abstand des Erzählers zum Geschehen, Rahmenhandlung/Erzählungen innerhalb der Erzählung, Erzählen

mit Informationsentzug, Erzähler als Haupt-/Nebenfigur der Handlung, erlebendes/
erzählendes Ich, Zeitdehnung, Gedankenbericht, erlebte Rede).

Die genannten Kategorien sollen in Strategien eingebettet werden, die den
Schüler*innen helfen, die Kategorien anzuwenden, und zwar so, dass sie das
Textverstehen entscheidend unterstützen. Das folgende Strategieset zur Darstellungsanalyse epischer Texte soll im Laufe der Sekundarstufe I erworben und
angewandt werden. Vorausgesetzt wird, dass das Set zur Darstellungsanalyse an
eines zur Handlungs- und Figurenanalyse anschließt, dass die Analyse von Textelementen fließende Übergänge zur Deutung aufweisen kann und dass die Textanalyse schließlich für Gesamtdeutungen genutzt wird. Das Strategieset für die
Darstellungsanalyse lautet:

**Untersuche die Darstellung (das ‚Wie' der Erzählung) und verändere
oder ergänze ggf. deine Handlungs- und Figurenanalyse auf Grundlage
der gewonnenen Erkenntnisse.**

Wähle dazu die für den Text wichtigen Aufgaben aus. Häufig ist es sinnvoll,
die Aufgaben 1–3 zu bearbeiten.

1. **Außen-/Innensicht**
**Untersuche, inwiefern die Erzählung Außensicht (Schauplätze, Objekte,
Figuren und ihre Rede/ihr Verhalten) und/oder Innensicht (Gedanken
und Gefühle von Figuren in direkter Weise) darstellt.**

a) Falls Außensicht durch Innensicht ergänzt wird, gibt dir die Innensicht
häufig wichtige Hinweise für ein Verstehen der Handlung, z. B. indem
Gründe für die schwierige Lage einer Figur oder die Auflösung deutlicher
werden.

b) Falls sich die Erzählung (weitgehend) auf Außensicht beschränkt, kann
es sein, dass sie dir den Eindruck einer unmittelbaren Teilnahme am
Geschehen vermittelt. Vielleicht wird dir aber auch nahegelegt, Gedanken
und Gefühle einer oder mehrerer Figuren zu ergänzen. Schätze ein, ob
das der Fall ist. Finde ggf. Textstellen, für die solche Ergänzungen
besonders sinnvoll wären, und nimm passende Ergänzungen vor (z. B. in
Stichpunkten).

2. **Personale/auktoriale Erzählperspektive**
**Untersuche, ob die Erzählung die personale Erzählperspektive nutzt
(d. h. nur die Sicht einer Figur auf die Außenwelt und/oder ihre
Gedanken und Gefühle wiedergibt) oder die auktoriale Perspektive
verwendet (d. h. die äußeren und/oder inneren Wahrnehmungen
mehrerer Figuren darstellt).**

a) Die auktoriale Perspektive kann bei dir den Eindruck eines ‚guten Über-
   blicks' über die Handlung erzeugen.
b) Falls die personale Perspektive genutzt wird, kann es sein, dass die Erzählung
   dir eine besondere Anteilnahme an der entsprechenden Figur (zumeist: der
   Hauptfigur) anbietet. Vielleicht legt sie dir aber auch nahe, die Sicht/die
   Gedanken oder Gefühle weiterer Figuren zu ergänzen. Schätze ein, ob das der
   Fall ist. Finde ggf. Textstellen, für die solche Ergänzungen besonders sinnvoll
   wären, und nimm passende Ergänzungen vor (z. B. in Stichpunkten).

3. Erzählerkommentare
Untersuche, ob die Erzählung Erzählerkommentare enthält (zumeist
Erläuterungen/Bewertungen von Figuren/Handlungen oder Deutungen
der gesamten Handlung, die nicht von Figuren stammen).

Falls vorhanden, können dir die Erzählerkommentare evtl. helfen, die Handlung besser zu verstehen. Es kann aber auch sein, dass sie gar nicht so gut
zur Handlung passen und kritisch zu betrachten sind. Schätze ein, ob das
der Fall ist. Stelle ggf. dar, inwiefern du zu einem anderen Verstehen der
Geschichte kommst als der Erzähler (z. B. in Stichpunkten).

4. Beteiligung/Nichtbeteiligung des Erzählers an der Handlung
Untersuche, ob der Erzähler a) nicht an der Handlung teilnimmt oder
ob er b) zugleich als Figur an der Handlung beteiligt ist.

Wenn er zugleich als Figur an der Handlung teilnimmt, wird diese Figur-
häufig als ‚Ich' bezeichnet und es wird aus ihrer Sicht erzählt. Die
Erzählung kann dich dann in ganz besonderem Maße auffordern, an dieser
Figur Anteil zu nehmen und/oder die Sicht anderer Figuren zu ergänzen (wie
anhand von Strategie 2).

5. Rede- und Gedankenwiedergabe
Untersuche, in welcher Beziehung die Darstellung von Gescheh-
nissen und die Darstellung von Rede (wörtliche/indirekte Rede) oder
Gedanken von Figuren (wörtliche/indirekte Gedankenrede, innerer
Monolog) in der Erzählung stehen.

a) Falls die Wiedergabe von Geschehnissen durch eine Wiedergabe von
   Rede oder Gedanken von Figuren ergänzt wird, geben diese Ergänzungen
   dir häufig wichtige Hinweise für ein Verstehen der Handlung, z. B. indem
   Gründe für die schwierige Lage oder die Auflösung deutlicher werden.
b) Falls die Wiedergabe von Gedanken einer Figur vorherrscht (v.a. in
   Form des inneren Monologes), ist es häufig notwendig, die Sicht anderer
   Figuren zu ergänzen (wie anhand von Strategie 2).
c) Falls die Wiedergabe von Rede vorherrscht (v.a. in Form von wörtlicher
   Rede), ist es häufig notwendig, die Gedanken und Gefühle von Figuren
   zu ergänzen (wie anhand von Strategie 1).

6. Zeitgestaltung

Prüfe, ob sich in der Erzählung Abweichungen vom ‚Normalfall' der Zeitgestaltung (weitgehend Erzählen ‚nach und nach'; Zeitraffung oder Auslassung für weniger wichtige Geschehnisse/Zeitdeckung für wichtige Geschehnisse) finden.

a) Falls die Erzählung häufige Rückwendungen/Vorausdeutungen aufweist: Markiere sie. Finde, falls möglich, die ‚grundlegende' Abfolge der Geschehnisse heraus. Erläutere, welche Funktionen die davon abweichende Darstellung haben könnte.

b) Falls weniger wichtig erscheinende Geschehnisse zeitdeckend oder anscheinend wichtige zeitraffend dargestellt bzw. ausgelassen werden: Erläutere, welche Funktionen diese Besonderheit haben könnte (Sollen die Geschehnisse als gegen unsere Erwartung wichtig/unwichtig erscheinen, soll die Vorstellung der Lesenden angeregt/Spannung erzeugt werden …?).

Literatur

Cohn, Dorrit. 1978. *Transparent Minds. Narrative Modes for Presenting Consciousness in Fiction*. Princeton: Princeton University Press.

Genette, Gérard. 2010. *Die Erzählung*. Übers. Andreas Knop, 3. Aufl. München: UTB.

Hebel, Johann Peter. 1961. Das wohlbezahlte Gespenst. In *Poetische Werke*, Hrsg. Hebel, Johann Peter, 89–91. München. [Erstmals erschienen in: Hebel, Johann Peter: *Schatzkästlein des rheinischen Hausfreundes*. Tübingen 1811].

Lämmert, Eberhard. 1993. *Bauformen des Erzählens*, 12. Aufl. Stuttgart: Metzler.

Leubner, Martin, und Anja Saupe. 2014. *Lesestrategien für die Hypothesenbildung und die Erschließung von Handlungen. Eine empirische Studie für das literarische Textverstehen*. Baltmannsweiler: Schneider Hohengehren.

Leubner, Martin, und Anja Saupe. 2017. *Erzählende Texte im Literaturunterricht und Textanalyse*. Baltmannsweiler: Schneider Hohengehren.

Müller, Günther. 1974. *Morphologische Poetik. Gesammelte Aufsätze*, 2. Aufl. Darmstadt: Max Niemeyer Verlag.

Petersen, Jürgen. 1993. *Erzählsysteme. Eine Poetik epischer Texte*. Stuttgart: Metzler.

Ruck-Pauquèt, Gina. 1987. Die Kreidestadt. In *Die schönsten Freundschaftsgeschichten*, Hrsg. Hannelore Westhoff, 88–91. Ravensburg: Ravensburger Buchverlag Otto Maier.

Schwarz-Friesel, Monika, und Manfred Consten. 2014. *Einführung in die Textlinguistik*. Darmstadt: wbg.

Stanzel, Franz K. 2008. *Theorie des Erzählens*, 8. Aufl. Göttingen: UTB.

Wohmann, Gabriele. 1978. *Ein netter Kerl. In Habgier. Erzählungen*, Hrsg. Wohmann, Gabriele, 68–70. Reinbek bei Hamburg: Rowolth.

Erzähltheorie in der Grundschule?

Explorative Überlegungen zum literarischen Lernen in der Primarstufe

Tobias Gnüchtel

Zusammenfassung

Trotz der beeindruckenden Erfolgsgeschichte narratologischer Forschung in Literaturwissenschaft sowie Geistes- und Kulturwissenschaften, stand Erzähltheorie bisher kaum im Fokus der Literaturdidaktik. Der Beitrag erkundet das Potential von Erzähltheorie für den Deutschunterricht der Primarstufe. Dazu werden proto-narratologische Anknüpfungspunkte im Grundschuldeutschunterricht identifiziert und es wird skizziert, wie sie sich erzähltheoretisch anreichern ließen, um literarisches Lernen zu fördern. Aufgrund der narrativen Struktur vieler Medien auch jenseits von fiktionaler Erzählliteratur wird vorgeschlagen, narrative Kompetenz als wichtigen Bestandteil einer über den Deutschunterricht hinausweisenden, grundlegenden Medienkompetenz zu begreifen, die durch eine kindgerecht didaktisierte narratologische Grundausbildung schon in der Primarstufe gefördert werden könnte.

Nach der beeindruckenden Erfolgsgeschichte narratologischer Forschung in der Literaturwissenschaft sowie den Geistes- und Kulturwissenschaften,[1] rückt Erzähltheorie in jüngerer Zeit auch in den Fokus der Literaturdidaktik. In diesem Beitrag möchte ich das Potential narratologischer Verfahren und Kategorien für den

---

[1] So wurde sogar von einem *narrative turn* der Kultur- und Geisteswissenschaften gesprochen. Geprägt wurde dieser Begriff von Martin Kreiswirth 1992.

T. Gnüchtel (✉)
Institut für Deutsche Philologie, Universität Greifswald, Greifswald, Deutschland
E-Mail: tobias.gnuechtel@uni-greifswald.de

© Der/die Autor(en), exklusiv lizenziert an Springer-Verlag GmbH, DE, ein Teil von Springer Nature 2023
S. Bernhardt und I. Henke (Hrsg.), *Erzähltheorie(n) und Literaturunterricht*, Deutschdidaktik, https://doi.org/10.1007/978-3-662-66918-1_4

Deutschunterricht der Grundschule erkunden und skizzieren. Dazu werde ich versuchen, proto-narratologische Bestandteile des Primarstufendeutschunterrichts zu identifizieren und an diese anzuknüpfen.

Denn auch wenn Erzähltheorie kein systematischer Bestandteil des Grundschuldeutschunterrichts ist, verfügt er doch über eine Art implizite Basal-Narratologie regelpoetischer Prägung, die nur selten thematisiert oder hinterfragt wird. Dieses schon vorhandene didaktische Brauchtum – z. B. narrative Texte stehen im Präteritum und haben eine Einleitung, in der alle ‚W-Fragen‘ beantwortet werden, einen Hauptteil mit Höhepunkt und einen Schluss – ließe sich in Kombination mit anderen schon vorhandenen Elementen des Primarstufendeutschunterrichts narratologisch anreichern.

Mit Hilfe der bekannten *Aspekte literarischen Lernens* von Kaspar Spinner (2006) möchte ich diesen Vorschlag dann untermauern, indem ich den didaktischen Mehrwert von Erzähltheorie für den Deutschunterricht der Grundschule herausarbeite. In einem letzten Schritt werde ich das Feld noch einmal erweitern und für etwas argumentieren, dass ich ‚narrative Kompetenz‘ nennen möchte. Darunter verstehe ich nicht nur eine Teilmenge von literarischer Kompetenz, also Kompetenz im Umgang mit fiktionalen Erzähltexten, sondern eine medienübergreifende[2] Kompetenz im Umgang mit narrativen Phänomenen, unabhängig davon, ob sie sich medial in literarischen Texten, Filmen und Fernsehserien, Computer- und Smartphonespielen oder TikTok-Videos realisieren. Eine solche narrative Kompetenz,[3] die ich im letzten Abschnitt präzisieren werde, ließe sich dann als ein zentraler Baustein einer über den Literaturunterricht hinausweisenden, grundlegenden Medienkompetenz verstehen. Denn, und das ist natürlich eine der Ursachen für die Attraktivität von Erzähltheorie für die Geistes- und Kulturwissenschaften, auch jenseits der Beschäftigung mit Literatur im engeren Sinne: Narrativ strukturiert sind nicht nur fiktionale Erzähltexte, sondern selbstverständlich auch viele faktuale Diskurse. Geschichte, Soziologie, Anthropologie

---

[2] Ich operiere hier und im Folgenden mit einem weiten Begriff von ‚Medien‘, der z. B. auch Sprache, Texte und Bücher mit einschließt, also nicht mit einem verengten ‚Medien‘-Begriff, der vor allem technische Endgeräte – nach der gängigen Klassifikation nach Pross 1972 also *tertiäre* Medien – meint. Zur Unterscheidung zwischen primären, sekundären und tertiären Medien vgl. zusammenfassend Frederking 2018, S. 4, der Pross 1972 referiert. Für eine deutschdidaktisch orientierte Einführung in medienwissenschaftliche Diskurse und ‚Medien‘-Begriffe siehe Staiger 2007, S. 44–69. Narratologie als transmediales und nicht allein auf fiktionale Erzähltexte ausgerichtetes Unternehmen zu betrachten ist dabei schon bei Genette angelegt, dessen Terminologie teilweise – so z. B. die Unterscheidung diegetisch-nichtdiegetisch – aus der Filmwissenschaft kommt. Die Medienindifferenz narratologischer Forschung betont auch schon Roland Barthes 1988, S. 102. In der angloamerikanischen Erzählforschung werden narratologische Verfahren schon seit Beginn der Genette-Rezeption auf filmische Medien angewandt, so z. B. in den beiden einflussreichen Einführungen von Chatman 1978 und Prince 1982.

[3] Aus grundschuldidaktischen Gründen, auf die ich noch eingehen werde, nenne ich die hier skizzierte Kompetenz bewusst nicht wie Christine Garbe „narrative Rezeptionskompetenz" (Garbe et al. 2010, S. 193), auch wenn ich in der Sache auf die gleiche Kompetenz abziele.

und Ökonomie, aber auch empirische Wissenschaften kann man als Geschichten auffassen, die wir über uns erzählen. Unsere Erinnerung, unsere Selbstbeschreibungen und, wie Philosoph*innen schon länger (vgl. z. B. Henning 2009) und manche Kognitionswissenschaftler*innen seit kurzem (vgl. Breithaupt 2022) meinen, sogar unser ganzer Weltzugang sind narrativ strukturiert. Und spezifischer: Vom 30sekündigen TikTok-Video bis zum Spielfilm, über Computer- und Smartphonespiele, von *Bob dem Baumeister* bis zur epischen *high quality*-Serie sind die Medien, die wir und die Schüler*innen tagtäglich rezipieren, zu einem großen Teil narrative Medien.

Bevor wir uns auf diesen Weg machen, noch eine begriffliche Vorbemerkung und eine Präzisierung: Ich verwende die Begriffe ‚Erzähltheorie' und ‚Narratologie' im Weiteren synonym. Dabei ziele ich vor allem auf das, was man heute die ‚klassische' Narratologie strukturalistischer Prägung nennen könnte, exemplifiziert insbesondere durch die Arbeiten Gérard Genettes. Das hat zur Folge, dass ich bestimmte jüngere narratologische Entwicklungen wie eine eher kognitiv ausgerichtete Narratologie (vgl. z. B. Fludernik 1996 oder Herman 2002) ausblende. Der Vorzug der genetteschen Erzähltheorie im Gegensatz zu den kognitiven Ausrichtungen liegt darin, dass sich Narrativität mit klassischen Modellen als objektive Eigenschaft von Texten ausweisen lässt (vgl. dazu Lamarque und Olsen 1994, S. 226 sowie Currie 2012, S. 33–36).[4]

1 Erzähltheoretische Anknüpfungspunkte in der Grundschule[5]

Um gleich Missverständnissen vorzubeugen, ist zu betonen, dass es mir selbstverständlich nicht darum geht, elaborierte fachwissenschaftliche Verfahren und narratologisches Vokabular in die Grundschule zu tragen, sondern vielmehr darum, eine Art Propädeutik narratologischen Wissens und narratologischer Ordnungskategorien anzubahnen und an den Stellen anzudocken, an denen der

---

[4] Außer Acht lassen werde ich hier deswegen auch die im deutschsprachigen Raum viel rezipierten *Elemente der Narratologie* von Wolf Schmid 2014, die den strukturalistischen Rahmen verlassen, um eine Art allgemeiner Literaturtheorie mit Fokus auf fiktionale Erzähltexte zu entwerfen. Einerseits wegen Schmids alleinigem Fokus auf fiktionale Erzähltexte im engeren Sinne, andererseits, weil ich – an dieser Stelle aus didaktischen Erwägungen – für den Transfer in die Schule Genettes Kategorien für ausreichend universell halte. Darüber hinaus kommt Genette – im Gegensatz zu Schmid – ohne ontologisch zumindest rechtfertigungswürdige Entitäten wie abstrakte oder implizite Autor*innen und Leser*innen aus, die einen Transfer in die Schule, besonders in untere Jahrgangsstufen, doch erschweren dürften.

[5] Ich werde mich in diesem Abschnitt auf den engeren Bereich literarischen Lernens anhand von narrativen Texten beschränken und medienübergreifende Überlegungen – Stichwort narrative Kompetenz – erst im letzten Abschnitt wieder aufgreifen. Ich sehe aber kein grundsätzliches Problem darin, die hier skizzierten narratologischen Anknüpfungspunkte auch auf andere narrative Medien wie Hörspiele, Filme oder Serien auszuweiten bzw. sie an nichtliterarischen Medien zu erwerben und zu trainieren.

herkömmliche Grundschulunterricht im Fach Deutsch sich narratologischen Fragestellungen schon von sich aus nähert. Denn, auch wenn Narratologie bisher keine systematische Stellung im Primarstufendeutschunterricht einnimmt, lernen die Kinder Gattungsmerkmale von Erzähltexten, Erzählmuster und Erzählverfahren kennen, wenn auch zumeist im Sinne von normativen, regelpoetischen Vorgaben für die Textproduktion. Insofern existiert an vielen Stellen schon gewissermaßen eine implizite, rudimentäre und nur in seltenen Fällen thematisch werdende ‚Basalnarratologie' ohne Bezug zur literaturwissenschaftlichen Narratologie, die vor allem Schreibvorgaben zu Grunde liegt und die in meinen Augen relativ problemlos auf einen soliden narratologischen Boden gestellt werden kann. Statt also ein narratologisches Curriculum für die Grundschule neu zu entwerfen, werde ich im Folgenden sichten, welche proto-narratologischen Bestandteile der Deutschunterricht der Primarstufe schon besitzt, und nach dieser Bestandsaufnahme prüfen, inwiefern man diese erzähltheoretisch anreichern könnte.[6]

Ohne Anspruch auf Vollständigkeit scheinen sich vor allem die folgenden Punkte aufzudrängen, die gewöhnlich regulärer Bestandteil des Deutschunterrichts ab Jahrgangsstufe 3 sind (dahinter sind die jeweils zugehörigen genetteschen Kategorien vermerkt). Einige von ihnen sind explizit in Bildungsstandards oder Rahmenplänen kodifiziert, andere, wie die Spannungskurve, eher didaktisches Brauchtum, das vor allem in Schulbüchern perpetuiert wird. Manche, wie Erzählinstanzen in der ersten oder dritten Person, sind Bestandteile, die vorhanden sind – die Kinder lesen sicherlich sehr viele erzählende Texte mit solchen Erzählinstanzen –, ohne gewöhnlich aufgegriffen zu werden. Nicht alle Punkte sind explizit mit der Produktion oder Rezeption narrativer Texte verbunden, ließen sich aber – im Sinne eines integrativen Deutschunterrichts – auf diese beziehen:

---

[6] Einen eindeutig proto-narratologischen Bestandteil des Primarstufendeutschunterrichts werde ich dabei ausklammern, weil seine Diskussion hier zu weit führen würde: das mündliche Erzählen in der Schuleingangsphase in ritualisierten Erzählkreisen. In meinen Augen findet hier schon eine Art narratologischer Grundausbildung statt, die man durchaus systematisieren könnte: Hier wird geübt, Zentrales für das Erzählte von Peripherem zu unterscheiden und zu gewichten, rezipient*innenorientiert zu erzählen und das Erzählte zunehmend zu strukturieren. Diese Erzählkreise sind zu Recht in Hinblick auf hierarchische Lehrer*innen/Schüler*innen-Kommunikation und implizite Erwartungen der Lehrkraft, darüber, was eine gelungene Erzählung ist, problematisiert worden (vgl. Becker-Mrotzeck 2011). Auch gibt es in Hinblick auf mündliches Erzählen (von Kindern) eine extensive linguistische Forschung, deren Befunde sich nicht ohne größeren terminologischen Aufwand in narratologisches Vokabular überführen ließen (und umgekehrt) und deren Diskussion den Rahmen dieses Beitrags sprengen würde (vgl. zum alltäglichen mündlichen Erzählen aus sprachdidaktischer Perspektive Bredel und Pieper 2015, S. 117–170). Wenn ich aus diesen Gründen das mündliche Erzählen in diesem Beitrag nicht weiter thematisieren werde, möchte ich an dieser Stelle aber trotzdem zwei Punkte festhalten: Es gibt erstens eine implizite, nicht unbedingt literaturtheoretisch informierte Vorstellung von Lehrkräften über die Eigenschaften von Erzählungen, zweitens exemplifiziert das mündliche Erzählen den Stellenwert, den Erzählen schon in der Grundschule besitzt.

- Zeitformen des Verbs (vgl. BISTA PS, S. 22), die ein Verständnis von Vor- und Nachzeitigkeit voraussetzen → Ordnung
- Erzählinstanzen (Ich-Erzählinstanz, 3. Person Erzählinstanz) → Stimme
- Gedanken und Gefühle von Figuren vs. externe Beschreibungen, ,sich in eine Figur hineinversetzen', ,innere und äußere Handlung'[7]→ Modus/Fokalisierung
- Strukturschemata für Erzähltexte (Einleitung, Spannungssteigerung, Höhepunkt, Schluss)[8]

Was sofort auffällt, ist die Heterogenität der Bereiche, die eben nicht unter dem integrativen Dach der Beschäftigung mit narrativen Texten stehen, sondern über verschiedene Kompetenzbereiche verstreut sind, und, wenn sie auf Erzähltexte abzielen, vor allem die handlungs- und produktionsorientierte Text*produktion* betreffen und nicht explizit auf narrative *Rezeptions*kompetenzen bezogen sind. Trotzdem sind diese Bestandteile schon da und lassen sich in meinen Augen ver-knüpfen, ohne z. B. dezidierte ,narratologische' Unterrichtseinheiten einzubauen. Stattdessen sollte es um eine behutsame, sukzessive Entwicklung narrativer Rezeptionskompetenzen durch den spielerischen Erwerb basal-narratologischer Kategorien gehen.[9] Es geht mir also nicht um Unterrichtseinheiten zu spezifischen, in erzähltheoretischer Hinsicht besonders auffälligen KJL-Texten, sondern um das narratologische Anreichern von Bestandteilen, die der Grundschuldeutschunter-richt sowieso schon hat.

Wie könnte nun eine narratologische Propädeutik in der Primarstufe, anknüpfend an schon vorhandene Bestandteile des Deutschunterrichts, aussehen?

---

[7]Die Begriffe ,innere und äußere Handlung' tauchen gewöhnlich in Deutschbüchern erst ab Klasse 5 auf. In Lehrwerken für untere Klassen finden sich aber immer wieder Aufgaben, die schon auf diese Unterscheidung abzielen, zumeist mit Fokus auf Gedanken und Gefühlen von Figuren, wie ,Was denkt und fühlt die Hauptfigur?', ,Was sieht und hört die Hauptfigur?'. Auch handlungs- und produktionsorientierte Aufgaben wie ,aus der Sicht einer Figur erzählen' oder ,einen Tagebucheintrag einer Figur verfassen' zielen u. a. auf Phänomene ab, die man erzähl-theoretisch Fokalisierungen nennen würde.

[8]Hier bietet sich – aus gutem Grund – offenbar keine der genetteschen Kategorien an, da es einer strukturalistischen Erzähltheorie selbstverständlich nicht darum geht, normative Vorgaben für die Textproduktion zu machen. Auch wenn sowohl in den Bildungsstandards als auch in den Lehrplänen keine Vorgaben bezüglich Strukturschemata von Erzähltexten gemacht werden, findet sich kaum ein Schulbuch für die Grundschule, dass keine normativen Strukturschemata für Erzähltexte für handlungs- und produktionsorientierte Schreibaufgaben enthalten würde. Die klassische Dreiteilung mit jeweiligen Vorgaben für die drei Teile wie z. B. der ,Ausgestaltung des Höhepunkts' findet sich dabei so gut wie immer, teilweise schon ab Klasse 2 (Schulbuch-quellen siehe Literaturverzeichnis). Insbesondere im Bereich ,grauer' Unterrichtsmaterialien, wie Arbeitsblättern aus dem Internet, ist die Spannungskurve, wie eine kurze Google-Suche zeigt, immens verbreitet.

[9]Was nicht ausschließen soll, dass zur Festigung und zum spielerischen Ausprobieren narratologischer Kategorien auch praktische handlungs- und produktionsorientierte Schreib-aufgaben eingesetzt werden. Auch diese gibt es ja schon: Aufgaben wie Tagebucheinträge oder Briefe aus Figurenperspektive sind Alltagsgeschäft und müssen nur reflektiert generalisiert und systematisiert werden.

Sinnvolle Anknüpfungspunkte für die Arbeit mit Kindern können zunächst die Fragen bieten, die Genette zusätzlich zu seiner komplexen, sich aus dem Altgriechischen speisenden Terminologie bereitstellt und die seinen Kategorien zu Grunde liegen, denn sie sind eingängig und intuitiv verständlich.

Bereiche, die ich auch in der Grundschule schon für durchaus thematisierbar halte und die auf den oben skizzierten, bereits vorhandenen Bestandteilen des Grundschuldeutschunterrichts aufsetzen können, möchte ich nun stichwortartig skizzieren. Ich verzichte dabei bewusst auf komplexe Fachterminologie und benenne stattdessen basal-narratologische Themenfelder und Fragerichtungen, deren explorative und induktive[10] Erkundung mir in der Primarstufe schon möglich erscheint.

Ordnung

Anlass: Integrative Behandlung von Zeitformen des Verbs; Erkunden narrativer Texte in Hinblick auf die chronologische Struktur.

Leitfrage: Wann findet etwas statt?
Was können die Kinder entdecken/erkunden? Zeitliche Synchronien und Achronien. Abweichungen von Chronologie und ihre Wirkungen (z. B. *in-medias-res*-Einstiege). Wirkungen narrativer Texte im Präsens, Präteritum, Perfekt. Wechsel der Zeitformen (z. B. Intensitätserhöhung durch Wechsel ins Präsens). Darstellungsweisen von Vor- und Nachzeitigkeit (z. B. hergestellt durch Verbformen oder durch asynchrones Erzählen).

Mögliche Umsetzung: Die Kinder erkunden die chronologische Struktur von Erzähltexten, z. B. indem sie die Ereignisse, die in einem Text vorkommen, chronologisch sortieren, um textliche Abweichungen von der Chronologie festzustellen. Die Wirkungen von Abweichungen von der Chronologie, wie *in-medias-res*-Einstiege, könnten dann diskutiert und in handlungs- oder produktionsorientierten Schreibaufgaben ausprobiert werden. Zielfragen könnten dabei sein: Welche Wirkungen haben auffällige chronologische Strukturen für mich als Leser*in? Ist ein Abweichen von der Chronologie fesselnder oder spannender als chronologisches Erzählen oder verwirren Abweichungen von der Chronologie eher? Fällt es mir schwerer, einer Geschichte zu folgen, wenn sie eine auffällige chronologische Struktur hat, oder sogar leichter? Wichtig scheint mir dabei vor allem zu sein, dass man in der Diskussion der Wirkung chronologischer Phänomene auf den *subjektiven Leseeindruck* der Kinder abzielt, um eine Verbindung zwischen Textphänomenen und dem individuellen Eindruck herzustellen.[11]

Das könnte sinnvollerweise mit kurzen Erzähltexten aus dem Lese- oder Deutschbuch beginnen, bevor man nach etwas Training auch längere Texte in den Blick

---

[10] Letztendlich ist eine strukturalistische Narratologie von sich aus schon ein induktives Geschäft.

[11] Im Sinne von Spinners Aspekt „Subjektive Involviertheit und genaue Wahrnehmung miteinander ins Spiel bringen" (Spinner 2006, S. 8).

nimmt.[12] Dabei geht es mir an dieser Stelle und bei den noch folgenden Punkten dezidiert nicht darum, einen Pool an möglichen kinderliterarischen Texten bereitzustellen. Im Gegenteil: Der Clou einer deskriptiven Theorie narrativer Phänomene ist ja gerade ihre die Singularität des individuellen Werkes überschreitende Universalität. Es geht vielmehr darum, die narrativen Texte, die die Kinder sowieso lesen, seien es kürzere Texte in ihrem Deutsch- oder Lesebuch, aber auch Ganzschriften unterschiedlicher Länge und Komplexität in Hinblick auf ihre chronologische Struktur zu untersuchen und zu beschreiben. Ziel ist also nicht, gezielt Kinderliteratur mit auffälliger achronischer Struktur[13] aufzusuchen, sondern regelmäßig die chronologische Struktur der Erzähltexte, die den Kindern begegnen, mit in den Blick zu nehmen.

Stimme
Anlass: Induktive Erarbeitung an KJL-Texten.

Leitfrage: Wer spricht?
Was können die Kinder entdecken/erkunden? Ich-Erzählinstanz, Erzählinstanz in 3. Person. Ist die Erzählinstanz Teil der erzählten Welt oder nicht? Welche Konsequenzen hat das für die Erzählung? Sind Texte interessanter/spannender/zugänglicher, wenn die Erzählung in der ersten Person erzählt wird? Fühlt man sich als Leser*in dann näher an der Figur/Ist das Identifikationspotential bei homodiegetischen Erzählinstanzen höher? Wirkungsdifferenzen zwischen hetero- und homodiegetischen Erzählinstanzen. Unzuverlässige Erzählinstanzen; allwissende Erzählinstanzen.

Mögliche Umsetzung: Auch wenn die Auseinandersetzung mit unterschiedlichen Erzählinstanzen nicht curricular in Bildungsstandards und Lehrplänen verankert ist, begegnen Kindern selbstverständlich permanent Erzähltexte mit Erzählinstanzen in der ersten oder der dritten Person und sie werden ihnen als die beiden gängigsten Möglichkeiten sehr vertraut sein. Auch hier geht es mir nicht darum, gezielt in dieser Hinsicht besonders komplex oder raffiniert erzählte KJL-Literatur im Unterricht zu behandeln, sondern Beobachtungen an den Texten zu machen, die sowieso gelesen werden und diese explizit zu machen, zu thematisieren und ihre Wirkungen gemeinsam zu reflektieren. Auch hier sollte wieder der individuelle, subjektive Leseeindruck im Vordergrund stehen. Zielfragestellungen solcher Art können sein: Macht es einen Unterschied, wenn der Erzähler in der Geschichte als Figur vorkommt oder nicht? Bin ich dann z. B. ,näher am Geschehen' und kann tiefer in die Geschichte eintauchen? Was gefällt mir besser? Fesseln mich Geschichten mit Ich-Erzählern mehr als solche mit Er/Sie-Erzählern?

---

[12] Während bei kürzeren Texten die Chronologie der erzählten Ereignisse im Fokus stehen sollte, wäre bei längeren Texten und Ganzschriften eine gröbere Skalierung angebracht: Hier könnte man Kapitel oder größere zusammenhängende Abschnitte betrachten.

[13] Wie z. B. *Matti und Sami und die drei größten Fehler des Universums* von Salah Naoura 2011.

Modus/Fokalisierungen
Anlass: Induktive Erarbeitung an KJL-Texten.

Leitfrage: Wer sieht/wer nimmt wahr/wer fühlt?
Was können die Kinder entdecken/erkunden? Kann man ‚in die Köpfe' der Figuren schauen? In alle? Nur in bestimmte? Welche Aussagen/Gedanken/Wahrnehmungen sind Figuren zuzuordnen? Welche Aussagen sind nicht Figuren, sondern der Erzählinstanz zuzuordnen? Die etwas sehr simplifizierenden Begriffe ‚innere Handlung' und ‚äußere Handlung' können auch weiter eingesetzt werden, wenn sie nicht allein auf die Dichotomie objektive Beschreibung/Gedanken und Gefühle von Figuren reduziert bleiben und beispielsweise auch die Möglichkeit beinhalten, dass ‚Äußeres' auch durch die ‚innere' Perspektive einer Figur dargestellt sein kann.

Mögliche Umsetzung: Das Phänomen Fokalisierungen scheint auf den ersten Blick für Kinder möglicherweise etwas zu komplex zu sein. Wenn man es aber auf die genetteschen Fragen ‚Wer sieht?/Wer fühlt?/Wer nimmt wahr?', verbunden mit der Frage ‚Was kann die Figur über die Ereignisse der Geschichte wissen?', verkürzt, denke ich, dass auch Kinder das Phänomen zumindest rudimentär nachvollziehen und von Fragen der Stimme (Wer spricht?) unterscheiden können. Die Vielzahl von gängigen handlungs- und produktionsorientierten Aufgaben, die auf die Übernahme der Perspektive von Figuren abzielen, zeigt, dass diese Kindern durchaus zuzutrauen ist. Solche Aufgaben scheinen mir an dieser Stelle auch die sinnvollste erste Annäherung zu sein, bevor es daran gehen kann, Perspektiven literarischer Figuren an Texten nachzuvollziehen und induktiv Kategorien zu entwickeln, was für Kinder deutlich abstrakter und schwieriger sein sollte, als chronologische Ordnungen oder Erzählinstanzen zu unterscheiden. In Schreibaufgaben hingegen können Kinder die Grenzen und Einschränkungen von starker Perspektivierung (vor allem in Bezug auf Figurenwissen über das erzählte Geschehen) erkunden, ausprobieren und bei der Präsentation der Ergebnisse reflektieren. Hat man sich dem Phänomen Fokalisierungen auf eine solche Weise genähert, kann man behutsam anfangen, sie auch bei der Rezeption von Texten zu thematisieren und zu erkunden. Hier würde ich in der Grundschule vor allen Dingen einfache, eindeutige Fokalisierungen auf Protagonist*innen thematisieren, wie sie in KJL ja relativ häufig sind. Ein anderer Weg, der aber recht spezifische KJL voraussetzen würde, wäre die Erarbeitung über einen Text, der ein identisches Ereignis aus verschiedenen Figurenperspektiven erzählt, wie zum Beispiel Thilo Refferts *Linie 912* (2018), anhand dem man Perspektivierungen besonders augenfällig nachvollziehen kann.

Strukturschemata für Erzähltexte
Anlass: Induktive Erarbeitung an KJL-Texten

Leitfrage: Gibt es wiederkehrende Muster in erzählenden Texten?
Was können die Kinder entdecken/erkunden? Pluralität narrativer Strukturmuster. Vergleiche unterschiedlicher Strukturmuster und ihrer Wirkungen.

Mögliche Umsetzung: Auch hier scheint mir eine induktive Erarbeitung an Erzähltexten das Mittel der Wahl zu sein. Man könnte ergebnisoffen damit beginnen, Strukturschemata für kürzere Erzähltexte zu entwerfen, und die verwendete Terminologie dabei gemeinsam entwickeln. Wichtig scheint mir vor allen Dingen die Offenheit gegenüber pluralen Erzählformen, ohne sie auf ein vermeintliches Standardmodell wie die Spannungskurve zu reduzieren, das dann regelpoetisch gewendet zur Schreibvorgabe wird. Die Spannungskurve könnte dabei durchaus die Entdeckung einer besonders typischen Erzählstruktur sein, sie wäre dann aber ein induktiv erarbeitetes Ergebnis und keine normative Vorgabe.[14] Man könnte zum Beispiel damit beginnen, von der Lehrkraft vorkuratierte Lesebuchtexte[15] auf ihre Anfänge oder Enden hin zu befragen: Gibt es eine klassische Einleitung mit Beantwortung der W-Fragen? Steigt die Geschichte ‚mittendrin' ein? Was gefällt mir besser und warum? Sind Geschichten, die ansatzlos im Geschehen starten, fesselnder, spannender, mitreißender als andere? Was macht ein offenes Ende mit meiner Einschätzung einer Geschichte? Finde ich es z. B. eher unbefriedigend, weil es nicht alle narrativen Fäden auflöst, oder hat ein offenes Ende einen ganz eigenen Reiz, weil ich selbst in meiner Fantasie die Geschichte fortsetzen kann? Gefallen mir Geschichten besser, die nach einem bestimmten Muster erzählt sind? Was daran gefällt mir besser? Gibt es besonders häufig vorkommende Muster?

Noch ein Wort zum Verhältnis von Rezeption und Produktion: Wenn auch der langfristige Zielpunkt einer narratologischen Grundausbildung in der Primarstufe sein sollte, dass Kinder lernen, narrative Strukturphänomene an narrativen Texten (und anderen narrativen Medien) wahrzunehmen, also eine narrative *Rezeptions*kompetenz zu entwickeln, wird man in der Grundschule natürlich nicht ohne produktive Aufgaben auskommen. Narrative Phänomene wie Erzählinstanzen oder Perspektivierungen laden ja förmlich dazu ein, sie in Schreibaufgaben auch praktisch auszuprobieren. Das ist der Grund, warum ich die angestrebte Kompetenz für den Grundschulbereich auch eher *narrative Kompetenz* als „narrative Rezeptionskompetenz" (Garbe 2010) nennen möchte.

Zusammenfassend und diesen Abschnitt abschließend möchte ich noch vier ‚Maximen' für eine narratologische Propädeutik in der Primarstufe festhalten, die sich bei der Behandlung der einzelnen Punkte ergeben haben: 1. Induktive

---

[14] Obwohl ein kurzer Blick in Grundschul-Lesebücher sofort zeigt, dass schon die Lesebuchtexte den Strukturvorgaben für Erzählungen nicht entsprechen. So befinden sich im Lesebuch für Klasse 3 aus Mildenbergers ABC der Tiere-Reihe 23 narrative Texte, von denen maximal sechs eine Einleitung haben, in der die ‚W-Fragen' beantwortet werden, und nur drei Texte, die sich eindeutig auf die Dreiteilung Einleitung, Hauptteil und Schluss herunterbrechen lassen. Dafür haben acht Geschichten einen *in-medias-res*-Einstieg, der die Spannungskurve konterkariert.

[15] Die häufige Erwähnung von Lesebüchern soll dabei kein Urteil über den didaktischen Sinn und Nutzen von Lesebüchern sein. Da aber Schulleitungen meiner Erfahrung nach dazu neigen, Lesebüchersätze anzuschaffen, ob sie genutzt werden oder nicht, verfügen Grundschulen in der Regel über Lesebücher, die sich für das induktive Erarbeiten narratologischer Kategorien förmlich anbieten, weil sie eine Sammlung von unterschiedlichen Erzähltexten bereitstellen, die Lehrkräfte sonst selbst zusammenstellen müssten.

Erarbeitung – also nicht das Lernen von vorgegebenem, rigidem Wissen in Form narratologischer Kategorien, das dann in Rezeption und Produktion geübt würde, sondern ein gemeinsames, induktives Entdecken von Regelmäßigkeiten, aus denen man Kategorien entwickelt; 2. kindgerechte, wenn möglich sogar von den Kindern selbst entwickelte Terminologie;[16] 3. Fokus auf die subjektive Wirkung unterschiedlicher narrativer Phänomene, um die entwickelten Kategorien an den individuellen Leseeindruck der Kinder zurückzubinden (anstatt abstrakte Kategorien auswendig zu lernen); 4. Offenheit gegenüber der Pluralität von Ergebnissen, um simplifizierende Verengungen wie die Spannungskurve zu vermeiden.

2   Erzähltheorie und literarisches Lernen

An dieser Stelle möchte ich die bisherigen Überlegungen mit Kaspar H. Spinners in der Literaturdidaktik sehr einflussreichen Sammlung von ‚Aspekten literarischen Lernens‘ verbinden.[17] Ihren theoretischen Ursprung haben sie in der Debatte um literarisches Lernen und Kompetenzorientierung jenseits kognitivistischer Reduktionismen nach PISA. An der Oberfläche sind sie gewissermaßen theorieindifferent: Spinner macht wenig Aussagen über konkrete (proto-)literaturwissenschaftliche Verfahren, um diese Aspekte zu schulen. Mein Vorschlag wäre, dass eine basal-narratologische ‚Grundausbildung‘, wie ich sie im letzten Abschnitt skizziert habe, diese Rolle zumindest teilweise übernehmen könnte. Welche Aspekte literarischen Lernens würden nun die oben für die Grundschule skizzierten erzähltheoretischen Komponenten unterstützen?

Subjektive Involviertheit und genaue Wahrnehmung miteinander ins Spiel bringen
Narratologische Verfahren und Kategorien können dazu beitragen, „Textorientierung" und „genaue Textwahrnehmung" (Spinner 2006, S. 8) zu ermöglichen, die sonst in der Grundschule auf Handlungsrekonstruktion und die Analyse einzelner Formulierungen beschränkt blieben. Gerade wenn der Fokus

---

[16]Wie es insbesondere in der Sprachdidaktik für die Grundschule auch gängig ist, wo induktiv erarbeitete Kategorien eben nicht mit linguistischen Fachtermini bezeichnet werden, sondern mit eigenen Begriffen der Kinder. So beispielsweise bei der Erarbeitung satzinterner Groß- und Kleinschreibung in Nominalgruppen durch sogenannte Treppengedichte nach dem Muster: das Haus, das große Haus, das große alte Haus, das große alte schöne Haus. Die Wortarten Artikel, Adjektiv und Nomen werden dann nicht semantisch-kategorial erarbeitet, sondern relational: Das letzte Wort einer Nominalgruppe muss ich großschreiben, egal welche Wortart es ursprünglich ist. Das führt dann zu funktionalen Benennungen, die die Kinder selbst entwickeln, wie z. B. „Stufen-", „Binde-" oder „Schiebewort" (vgl. Jaensch 2009).

[17]Ich beziehe mich hier vor allem auf die nicht grundschulspezifischen elf Aspekte von 2006 (vgl. Spinner 2006), da sie mir gehaltvoller erscheinen als die zehn primarstufenspezifischen Aspekte, die Spinner später noch veröffentlicht hat (vgl. Spinner 2007). In meinen Augen kann, bis auf einige Ausnahmen, alles, was Spinner in der ersten Fassung aufführt, relativ problemlos auch schon in der Grundschule angebahnt werden.

auf dem individuellen, subjektiven Leseeindruck liegt, bieten narratologische Beobachtungen die Möglichkeit, diesen mit objektiven Textphänomenen, wie z. B. unterschiedlichen Erzählinstanzen, zu verbinden.

Sprachliche Gestaltung aufmerksam wahrnehmen
Auch wenn Spinner mit diesem Punkt eher auf Poetizität und Literarizität (als Abweichungen literarischer Sprache von pragmatischer Sprachverwendung) abzielt als auf narrative Phänomene, bieten narratologische Verfahren die Möglichkeit, zu erkunden, mit welchen sprachlichen Mitteln narrative Phänomene hergestellt werden.

Perspektiven literarischer Figuren nachvollziehen
Wie werden Perspektiven literarischer Figuren in Erzähltexten hergestellt? Durch Fokalisierungen, Erzählinstanzen und Distanzierungen, also die Phänomene, auf deren Erkundung die Narratologie abzielt. Das Nachvollziehen dieser kann durch ihre Analyse nur gewinnen.

Narrative und dramaturgische Handlungslogik verstehen
Hier könnten induktiv gewonnene Strukturschemata ein tieferes Verständnis als die unterkomplexe Spannungskurve in Mäuseform ermöglichen, gerade in Hinblick auf die Pluralität und Diversität möglicher Erzählformen. So kann eine normative Standardform wie die Spannungskurve beispielsweise den Blick auf genrespezifische Handlungslogiken verstellen: Kriminalgeschichten folgen anderen Handlungslogiken als Märchen oder Fabeln, und diese manifestieren sich auch in ihrer jeweiligen Struktur.

Mit Fiktionalität bewusst umgehen
Hier ist nicht der Ort, um detailliert in die Debatte zwischen Literaturtheorie und Philosophie um Fiktionalität und Faktualität einzusteigen, die gerade in Zeiten von gezielten Desinformationskampagnen, *fake news* und einer Konjunktur von Verschwörungserzählungen auch für den Schulunterricht anschlussfähig wäre. Verkürzt gesagt: Gerade weil Narrativität indifferent gegenüber Fiktionalität und Faktualität ist, ermöglicht die Analyse narrativer Verfahren einen bewussteren Umgang mit Fiktionalität, weil Fiktionsmarker und Narrationsmarker unterschieden werden können und narrative Strukturierung von Texten nicht mit Fiktionalität von Texten gleichgesetzt wird.

Mit dem Literarischen Gespräch vertraut werden
Literarische Gespräche können durch ein einheitliches deskriptives Vokabular, so kindhaft und vorläufig es dann auch noch ist, nur gewinnen. Wird die Beschreibungssprache dabei induktiv von und mit den Kindern entwickelt, kommt noch motivierend dazu, dass die Kinder in Texten Phänomene feststellen, die sie selbst schon entdeckt und beschrieben haben.

Prototypische Vorstellungen von Gattungen/Genres entwickeln
Mit narratologischem Handwerkszeug können die Kinder vielleicht eine realistischere Vorstellung von narrativen Texten und einzelnen Gattungen/Genres entwickeln als ‚sind im Präteritum geschrieben‘, ‚haben eine Einleitung, einen Hauptteil mit Höhepunkt und einen Schluss‘.

Man könnte jetzt sicherlich argumentieren, dass es auch andere Wege gibt, diese Aspekte zu schulen, ohne auf Erzähltheorie zurückgreifen zu müssen. Das will ich auch gar nicht bestreiten. Das Argument für die Narratologie wäre aber, dass sie einen objektiven Beschreibungsapparat bereitstellt, um Formulierungen wie ‚wahrnehmen‘, ‚nachvollziehen‘, ‚verstehen‘, ‚bewusst umgehen‘, ‚Vorstellungen entwickeln‘ mit konkreten Verfahren und Handlungen zu füllen, statt zu hoffen, dass die Beschäftigung mit Literatur, und insbesondere die handlungs- und produktionsorientierte, schon von alleine irgendwie dazu führen wird, dass Schüler*innen etwas wahrnehmen, nachvollziehen etc. Erzähltheoretische Techniken stellen jedenfalls Verfahren bereit, *wie* man z. B. Perspektiven literarischer Figuren nachvollziehen kann.

Um noch einmal auf die Debatte um die Kompetenzorientierung und literarisches Lernen zurückzukommen, die den Hintergrund für Spinners Aspekte bildet: Narratologische Ordnungskategorien erlauben zum Beispiel, präzise über narrative Texte (und Elemente narrativer Texte) zu sprechen, ohne schon eine ‚richtige‘ Interpretation vorauszusetzen. Das narratologische Handwerkszeug unterstützt eine genaue Wahrnehmung des Textes. Und das Verstehens- und Interpretationsgeschäft, aber auch die handlungs- und produktionsorientierte Beschäftigung mit narrativen Texten bekommen eine viel belastbarere Basis: Den Schüler*innen würden so mit erzähltheoretischen Verfahren Hilfsmittel an die Hand gegeben, die sie für Sachtexte zum Beispiel schon zur Verfügung gestellt bekommen.[18]

---

[18] Der Blick auf die Sachtextdidaktik nach PISA ist hier recht instruktiv. Als Reaktion auf die Sachtextleseverständnisprobleme deutschsprachiger Schüler*innen, die durch die erste PISA-Studie offengelegt wurden, rückten Sachtexte als Gegenstand, nicht nur wie vorher als Medien, in den Fokus des Deutschunterrichts. Statt also nur die aus einem Sachtext entnommene Information zu thematisieren und davon auszugehen, dass die Informationsentnahme automatisch erfolgt, ist nun das Entnehmen von Informationen aus Sachtexten durch Lesestrategien selbst Gegenstand des Deutschunterrichts geworden (vgl. dazu die Beiträge in Fix/Roland 2005, insbesondere Gierlich 2005). Mit Hilfe von empirisch gut abgesicherten Methoden wie der von SQ3R (nach Robinson 1948) abgeleiteten 5-Schritte-Lesemethode (vgl. Christmann und Groeben 1999, S. 192), die auch schon im Grundschulbereich eingesetzt wird und in Lehrplänen verankert ist (Rahmenplan Berlin-Brandenburg, S. 25), bekommen die Kinder ein universales Werkzeug an die Hand, um Informationen aus Sachtexten zu gewinnen. Natürlich sind auch Lesestrategien wie SQ3R nicht unumstritten, insbesondere bei Leseproblemen auf der hierarchieniedrigen Ebene des Re- und Dekodierens, bei denen sie natürlich nicht helfen. Ich möchte an dieser Stelle aber auch gar keine Bewertung vornehmen, sondern einfach neutral auf das Faktum Bezug nehmen, dass Lesestrategien für Sachtexte existieren und im Einsatz sind und ich mir analoge, an narratologischen Verfahren orientierte Lesestrategien für narrative Texte und Medien vorstellen könnte, die den Schüler*innen eine wirkliche Hilfe sind.

In meinen Augen könnten erzähltheoretische Grundkenntnisse eine analoge Rolle für narrative Texte einnehmen: Es können objektive Aussagen über narrative Texte getroffen werden, die überprüfbar und, auch wenn ich es im Rahmen dieses Beitrags nicht ausführen kann, auch operationalisierbar sind. Interpretationen, Deutungen und handlungs- und produktionsorientierte Schreibaufgaben können dann auf diesen Analysen aufsetzen und bleiben für die Kinder nicht enigmatisch, weil ihnen keine Verfahren und Techniken zur Verfügung stehen, um von einem individuellen Eindruck zu objektiven Texteigenschaften in eigenen und fremden Texten zu kommen.

3   Schluss und Ausblick: Narrative Kompetenz als Bestandteil von Medienkompetenz

Zum Abschluss möchte ich nun noch in einem kurzen Ausblick den Horizont ein wenig über den Umgang mit fiktionaler Erzählliteratur hinaus ausweiten. Wenn wir uns anschauen, was die jüngeren KIM-Studien an Mediennutzung der Schüler*innen ausweisen, werden wir feststellen, dass ein Großteil der konsumierten Medien, die wir gewöhnlich nach technischen Endgeräten, Rezeptionskanälen oder Medienanbietern unterscheiden, auch und vor allem narrative Medien sind.[19] Wir sortieren sie nur gewöhnlich nicht nach diesem Kriterium: Radio- und Zeitungsreportagen, Spielfilme, Serien, aber auch faktuale Documentaries, Podcasts, ein Großteil von Videoformaten aller Art, ja sogar der schlichteste Ego-Shooter sind narrative Medien und selbst die meisten Tiktok-Videos sind narrative Miniaturen. Insofern ist es nicht verwunderlich, dass eigentlich aus der Literaturwissenschaft stammende narratologische Verfahren in das Standardarsenal der Kulturwissenschaften übergegangen sind. Die Gleichsetzung von Medien mit technischen Endgeräten (zumeist in Differenz- und Konkurrenzstellung zum Lesen oder zum Buch)[20] kann die Sicht auf medienübergreifende

---

[19] Unter ‚Mediennutzung' weist die KIM-Studie 2020 folgende Optionen aus: 1. „Fernsehen", 2. „DVDs/BluRays ansehen", 3. „Online Videos/Filme anschauen", 4. „Spielen an PC/Laptop/ Konsole oder online", 5. „Radio hören", 6. „Im Internet surfen", 7. „Im Internet Sachen für die Schule suchen", 8. „Spiele mit dem Handy oder Smartphone spielen", 9. „Spiele mit dem Tablet spielen." Nimmt man 7., 5. und 6. heraus – obwohl selbst eine Radioreportage eines Fußballspiels narrativ ist und auch „Im Internet surfen" zumindest potentiell narrative Phänomene berühren kann – betreffen alleine sechs von neun Mediennutzungsklassen hauptsächlich narrative Medien.

[20] Vgl. dazu schon Jutta Wermke: „Für die didaktische Diskussion stand lange Zeit nicht die Frage im Vordergrund, was ‚Medien' sind, sondern was sie nicht sind. Medien wurden über Differenzkriterien zur Literatur bestimmt." (Wermke 2003, S. 91) Spuren eines Medienbegriffs, der sich eher über die Abgrenzung zu Literatur und Buch bestimmt und primär auf technische Endgeräte abzielt, finden sich auch noch in der aktuellen KIM-Studie, wo das Lesen von Büchern zwar unter „Freizeitverhalten" erscheint (Medienpädagogischer Forschungsverbund Südwest 2020, S. 14–16), wenige Seiten weiter aber unter „Mediennutzung" verschwunden ist (Medienpädagogischer Forschungsverbund Südwest 2020, S. 18–19).

Phänomene verstellen. Wie schon Richter und Plath in ihrer klassischen Studie zu Lesemotivation in der Grundschule konstatieren, wird „kaum darüber nachgedacht […], inwieweit Kinder im Umgang mit anderen Medien (Film, Fernsehen) Fähigkeiten erworben haben, die es ihnen ermöglichen, (wenn diese bewusst gemacht werden), bereits im frühen Alter literarästhetische Erscheinungen zu fassen: z. B. Genre-Spezifika; Erzählperspektive; Unterschiede Autor-Erzähler; Motive und Symbole." (Richter und Plath 2012, S. 20) Mit Hilfe einer narratologischen Perspektive können wir klarer fassen, wie es denn überhaupt möglich ist, an z. B. audiovisuellen Medien „literarästhetische" Fähigkeiten zu erwerben. Drei der von Richter und Plath skizzierten Punkte – Genre-Spezifika, Erzählperspektive und Unterschiede Autor-Erzähler – sind narrative Phänomene, die einer narratologischen Beschreibung zugänglich sind. Oder wie es Garbe schon vor einiger Zeit formulierte: „Wir haben es heute aufgrund der medialen Entwicklungen viel stärker als früher mit einer Situation zu tun, in der Kinder bereits mit ausgeprägten *literarischen bzw. narrativen Rezeptionskompetenzen* in die Schule kommen: Sie sind durch auditive und audiovisuelle Medien mit komplexen Geschichten, Figuren und Handlungsmustern vertraut." (Garbe 2010, S. 192) Eine narratologische Grundausbildung, wie ich sie in diesem Beitrag skizziert habe, könnte über das literarische Lernen hinaus einen Beitrag leisten, die von Richter und Plath geforderte ‚Bewusstmachung' zu realisieren und die schon an narrativen Medien geschulten narrativen Kompetenzen der Kinder zu systematisieren und explizit zu machen.

Eine solche behutsam aufgebaute *narrative Kompetenz,* in der Grundschule noch eher entdeckend-spielerisch angebahnt und dort auch nicht rein auf Rezeption abzielend, also auch handlungs- und produktionsorientiert erarbeitet, böte die Möglichkeit, die Kompetenzen, die die Kinder im Umgang mit narrativen Medien schon mitbringen, fruchtbar zu machen und sie auch für den Literaturunterricht zu nutzen. Die Allgegenwart narrativer Medienprodukte macht *narrative Kompetenz* zu einem zentralen Baustein von grundlegender Medienkompetenz, die über die engeren Felder der Kompetenz im Umgang mit fiktionalen Erzähltexten und des literarischen Lernens weit hinausgeht und eine – selbstverständlich didaktisch reduzierte und kindgerechte, auf exploratives Erkunden ausgerichtete – erzähltheoretische Grundausbildung schon in der Grundschule durchaus rechtfertigt.

Literatur

Barthes, Roland. 1988. Einführung in die strukturale Analyse von Erzählungen. In *Das Semiologische Abenteuer*, Roland Barthes, 102–143, Frankfurt a. M. u.a.: Suhrkamp.
Becker-Mrotzeck. 2011. Der Erzählkreis als Exempel für die Besonderheiten der Unterrichtskommunikation. *Osnabrücker Beiträge zur Sprachtheorie* 80:31–47.
Bildungsstandards für das Fach Deutsch. Primarbereich (BISTA PS) i.d.F. vom 23.06.2022, Hrsg. v. d. ständigen Konferenz der Kultusminister (KMK). Berlin. https://www.kmk.org/fileadmin/Dateien/veroeffentlichungen_beschluesse/2022/2022_06_23-Bista-Primarbereich-Deutsch.pdf. Zugegriffen 12. Okt. 2022.

Breithaupt, Fritz. 2022. *Das narrative Gehirn: Was unsere Neuronen erzählen*. Berlin: Suhrkamp.

Bredel, Ursula, und Irene Pieper. 2015. *Integrative Deutschdidaktik*. Paderborn: Schöningh.

Chatman, Seymour. 1978. *Story and discourse. Narrative Structure in Fiction and Film*. Ithaca und London: Cornell University Press.

Currie, Gregory. 2012. *Narratives and Narrators. A Philosophy of Stories*. Oxford: Oxford University Press.

Christmann, Ursula, und Norbert Groeben. 1999. Psychologie des Lesens. In *Handbuch Lesen*, Hrsg. Bodo Franzmann, Klaus Hasemann, Dietrich Löffler, und Erich Schön, 145–223. München: Sauer.

Fludernik, Monika. 1996. *Towards a ,Natural' Narratology*. London: Routledge.

Fix, Martin, und Roland Jost, Hrsg. 2005. *Sachtexte im Deutschunterricht*. Baltmannsweiler: Schneider Hohengehren.

Frederking, Volker. 2018. A1. Symmedialität und Synästethik. Die digitale Revolution im medientheoretischen, medienkulturgeschichtlichen und mediendidaktischen Blick. In *Deutschunterricht in Theorie und Praxis, Band 8*, Hrsg. Volker Frederking, Axel Krommer, und Thomas Möbius, 3–49. Baltmannsweiler: Schneider Hohengehren.

Garbe, Christine, Karl Holle, und Tatjana Jesch. 2010. *Texte lesen. Textverstehen, Lesedidaktik, Lesesozialisation*. Paderborn: Schöningh.

Genette, Gerard. 1998 [1972]. *Die Erzählung*. München: Fink.

Gierlich, Heinz. 2005. Sachtexte als Gegenstand des Deutschunterrichts – Einige grundsätzliche Überlegungen. In *Sachtexte im Deutschunterricht*, Hrsg. Martin Fix, und Roland Jost, 25–46. Baltmannsweiler: Schneider Hohengehren.

Henning, Tim. 2009. *Person sein und Geschichten erzählen. Eine Studie über personale Autonomie und narrative Gründe*. Berlin: De Gruyter.

Herman, David. 2002. *Story Logic. Problems and Possibilities of Narrative*. Lincoln: University of Nebraska Press.

Jaensch, Pia. 2009. Durch Treppengedichte zur Groß- und Kleinschreibung. Oder: Wie aus Zweitklässlern Sprachdetektive werden. *Grundschulunterricht Deutsch* 3:20–24.

Kreiswirth, Martin. 1992. Trusting the Tale: The Narrativist Turn in the Human Sciences. *New Literary History* 23(3):629–657.

Lamarque, Peter, und Stein Haugom Olsen. 1994. *Truth, Fiction and Literature*. Oxford: Oxford University Press.

Medienpädagogischer Forschungsverbund Südwest. Hrsg. 2021. *KIM 2020 – Kindheit, Internet, Medien. Basisuntersuchung zum Medienumgang 6- bis 13-Jähriger in Deutschland*. https://www.mpfs.de/fileadmin/files/Studien/KIM/2020/KIM-Studie2020_WEB_final.pdf. Zugegriffen 31. Aug. 2022.

Prince, Gerald. 1982. *Narratology. The Form and Function of Narrative*. Berlin: De Gruyter.

Pross, Harry. 1972. *Medienforschung. Film, Funk, Presse, Medien*. Darmstadt: Habel.

Rahmenlehrplan Berlin-Brandenburg. 2015. Teil C: Deutsch. https://bildungsserver.berlin-brandenburg.de/fileadmin/bbb/unterricht/rahmenlehrplaene/Rahmenlehrplanprojekt/amtliche_Fassung/Teil_C_Deutsch_2015_11_10_WEB.pdf. Zugegriffen: 12. Okt. 2022.

Richter, Karin, und Monika Plath. 2012. *Lesemotivation in der Grundschule. Empirische Befunde und Modelle für den Unterricht*. Weinheim und Basel: Beltz.

Robinson, Francis Pleasent. 1948. *Effective Study*. New York/London: Harper & Brothers.

Schilcher, Anita, und Markus Pissarek, Hrsg. 2013. *Auf dem Weg zur literarischen Kompetenz. Ein Modell literarischen Lernens auf semiotischer Grundlage*. Baltmannsweiler: Schneider Hohengehren.

Schmid, Wolf. 2014. *Elemente der Narratologie*, 3. Aufl. Berlin: De Gruyter.

Spinner, Kaspar H. 2006. Literarisches Lernen. *Praxis Deutsch* 200:6–16.

Spinner, Kaspar H. 2007. Literarisches Lernen in der Grundschule. kjl&m 59(3):3–10.

Staiger, Michael. 2007. *Medienbegriffe, Mediendiskurse, Medienkonzepte: Bausteine einer Deutschdidaktik als Medienkulturdidaktik*. Baltmannsweiler: Schneider Hohengehren.

Wermke, Jutta. 2003. Literatur- und Medienunterricht. In *Grundzüge der Literaturdidaktik*, Hrsg. Klaus-Michael. Bogdal und Hermann Korte, 91–104. München: DTV.

Schulbuchquellen

a) Schulbücher mit normativen Strukturvorgaben für die Produktion narrativer Texte
ABC der Tiere. Sprachbuch 3. 2022. Offenburg: Mildenberger.
Deutsch mit Olli. 2021. *Sprachbuch 2.* Berlin: Cornelsen.
Jo-Jo. Sprachbuch 3. 2019. Berlin: Cornelsen.
Jo-Jo. Sprachbuch 4. 2019a. Berlin: Cornelsen.
Karibu. Sprachbuch 4. Braunschweig: Westermann.
Passwort Lupe. Sprachbuch 3. 2020. Braunschweig: Westermann.
Sprachfreunde 2. Ausgabe Nord: Berlin, Brandenburg, Mecklenburg-Vorpommern. 2019. Berlin: Cornelsen.
Sprachfreunde 3. Ausgabe Nord: Berlin, Brandenburg, Mecklenburg-Vorpommern. 2018. Berlin: Cornelsen.
Sprachfreunde 4. Ausgabe Nord: Berlin, Brandenburg, Mecklenburg-Vorpommern. 2019b. Berlin: Cornelsen.

b) andere Schulbücher
ABC der Tiere. Lesebuch 3. 2019. Offenburg: Mildenberger.

Erwähnte Kinder- und Jugendliteratur

Naoura, Salah. 2011. *Matti und Sami und die drei größten Fehler des Universums.* Weinheim: Gulliver von Beltz & Gelberg.
Reffert, Thilo. 2018. *Linie 912.* Leipzig: Klett Kinderbuch.

„Bunt, teurer Freund, ist alle Theorie."

Theoriebejahende und bildungssprachliche Literaturdidaktik: Ansätze und Perspektiven in der Sekundarstufe II

Martin Blawid

Zusammenfassung

Der Beitrag zeigt literaturdidaktische Perspektiven auf, mit denen narratologische und bildungssprachliche Fragestellungen als Handwerkszeug im Unterricht der Sekundarstufe II systematisch perspektiviert werden können. Dabei werden insbesondere folgende Fragestellungen bearbeitet: Worin unterscheidet sich eine ausschließlich auf subjektive Involviertheit ausgerichtete Beschäftigung mit Literatur in der gymnasialen Oberstufe von einer theoretisch geprägten und auf Fachlichkeit abzielenden Auseinandersetzung? Wie gestaltet sich das Verhältnis zwischen Bildungs- und Fachsprache, vor allem mit Blick auf narratologische Fachbegriffe, und der inhaltlichen Durchdringung der Texte? Worin besteht der Mehrwert eines ,Theoriedesigns' gegenüber einer rein subjektiven Auseinandersetzung mit Literatur? Der Beitrag zeigt Desiderate eines modernen, um eine stärkere theoretische Profilierung bemühten Literaturunterrichts in der gymnasialen Oberstufe auf. Dabei sollen die Lust an der kognitiven Herausforderung mit Literatur und das Interesse an möglichen theoretischen Erklärungsansätzen gemeinsam in den Fokus genommen werden.

M. Blawid (✉)
Hessisches Kultusministerium, Bahnhofstraße, Wiesbaden, Deutschland
E-Mail: Martin.Blawid@kultus.hessen.de

Lange war zu überlegen, ob der Titel dieses Beitrags nicht vielleicht doch anders lauten sollte. In der engeren Wahl befand sich noch folgende Alternative: „Mehr als: ‚Das Buch fand ich ganz gut'. Zur Schlüsselrolle von Literaturtheorie und Bildungssprache im Literaturunterricht". Die Entscheidung fiel schließlich gegen die etwas defizitorientierte und für die theoriebejahende Variante. Trotz der Entscheidung gegen diesen negativ klingenden Titel spiegelt der ursprüngliche Gedanke ein allzu bekanntes Phänomen des Literaturunterrichts wider. Vermutlich spreche ich hier stellvertretend für viele Kolleg*innen[1], die auf eine jahrelange Erfahrung im Deutschunterricht in der gymnasialen Oberstufe zurückblicken. Dabei könnte alles so schön, so unkompliziert sein: motivierte Schüler*innen, die den Deutschunterricht nicht besuchen, weil es die Oberstufenverordnungen der jeweiligen Länder vorgeben, sondern weil sie in einer Mischung aus Wissbegier auf kulturelle Fragestellungen und Lust am Lesen, am Eintauchen in fremde, imaginäre Welten aufgehen.

Dass es dem Deutschunterricht auch in der Oberstufe um die Anregung zur freudvollen Lektüre gehen sollte, spiegeln einige Kerncurricula auch zum aktuellen Zeitpunkt glücklicherweise wider (exemplarisch: Sächsisches Staatsministerium für Kultus 2019, S. 1). In fachdidaktischen Konzeptionen und unterrichtspraktischen Handreichungen findet sich folgerichtig auch seit Jahren eine Fokussierung auf die Bereiche der Rezeptionsästhetik, der kognitionspsychologischen Leseforschung und der Handlungs- und Produktionsorientierung.[2] Um einem Missverständnis gleich vorzubeugen: Dagegen ist prinzipiell nichts einzuwenden. Selbstverständlich sollen Jugendliche und junge Erwachsene zum Interesse an Literatur und Kultur angeregt werden, und selbstverständlich bieten sich beispielsweise handlungs- und produktionsorientierte Verfahren in sinnvollen Maßen und einer den inhaltlichen Zielen dienlichen Weise als ein Baustein der Methodenvielfalt an, mithilfe derer die Annäherung an einen literarischen Text gelingen kann. Eine solche subjektive Annäherung an einen literarischen Text ist insofern wichtig, als es auch eine Aufgabe des Deutschunterrichts darstellt, ein positives Leseselbstkonzept auf Seiten von Schüler*innen zu entwickeln und aufrecht zu erhalten. Allerdings kann Leseanimation bzw. die Förderung von Lesemotivation nicht das alleinige Ziel des Literaturunterrichts sein, der seinem Gegenstand gerecht werden will. Ebenso dringlich ist es, dass Schüler*innen lernen, einem formulierten Werturteil über einen Text eine fachlich-fundierte Begründung zur Seite zu stellen.

---

[1] Die Verwendung von Verkürzungsformen der sogenannten ‚gendergerechten Sprache', die editorisch verlangt wurde, spiegelt ausdrücklich nicht die sprachliche Auffassung von Normengerechtheit der deutschen Schriftsprache des Autors wider, der sich der diesbezüglichen Position des Rats für deutsche Rechtschreibung sowie den zulässigen Möglichkeiten des deutschen Schriftsprachsystems verpflichtet fühlt.

[2] Exemplarisch sei hier auf folgende einschlägige Texte verwiesen: Schuster 2003, S. 88–95; Barsch 2006, S. 101–107; vgl. die Beiträge in Abraham et al. 2012, S. 79–82; die Beiträge in Goer und Köller 2019, S. 240–257 sowie von Brand 2022, S. 126–127.

Der folgende Beitrag versteht sich folglich nicht als Plädoyer *gegen* Leseanimation im Literaturunterricht, sondern vielmehr *für* eine zweite Ebene, auf der die Auseinandersetzung mit literarischen Texten in der Sekundarstufe II ebenfalls ablaufen möge: Den Einbezug einer klaren theoretischen Basis, von der aus analytische Prozesse der Texterschließung und -interpretation (vgl. dazu beispielsweise die Beiträge in Bernhardt und Hardtke Hrsg. 2022) geleistet werden können. Dass dies gemeinhin nicht als Aufgabe des Deutschunterrichts in der Schule wahrgenommen und überdies in einem elitären, eher universitären Bereich verortet wird, mag einige Kolleg*innen erstaunen, ist doch der Einbezug fachwissenschaftlicher Theorien in anderen Unterrichtsfächern durchaus ein gängiges Prinzip. Dort begegnet man möglichen Gegenargumenten vor allem durch einen Verweis auf die Notwendigkeit der sukzessiven Erhöhung von Fachlichkeit in der Sekundarstufe I und später in der Oberstufe in Vorbereitung auf die Hochschulreife.[3] Warum also nicht auch im Deutschunterricht? Welchen Mehrwert hat die Ausbildung eines theoretischen Bewusstseins und dessen bildungssprachliche Umsetzung? Warum ist die Theorie eben manchmal doch bunt?

Aus den genannten Fragen lassen sich vier thesenartige Säulen ableiten, an denen sich der vorliegende Beitrag im Folgenden orientieren wird:

1. Der Deutschunterricht ist ein Fachunterricht. Insbesondere in der Sekundarstufe II verfolgt er den Anspruch, fachlich-komplexe Fragestellungen auf der Basis fachspezifischer Theorien und Begriffe zu klären.
2. Die Kenntnis elementarer Theorien und Begriffe der Fachwissenschaft (u. a. narratologischer Konzepte und Begriffe) ist für einen fachlich anspruchsvollen Deutschunterricht unabdingbar.
3. Prozesse der inhaltlichen Erarbeitung und Anwendung von Theorien verlangen eine sprachliche Durchdringung der Themenbereiche und auf der produktiven Ebene die Fähigkeit zur Versprachlichung komplexer Sachverhalte.
4. Bildungssprachliche Kompetenzen geben morphosyntaktische und lexikalische Rahmenbedingungen zur Ausprägung dieser sprachlichen Durchdringung vor.

1   Deutschunterricht als Fachunterricht

Nun zur ersten Säule – dem Deutschunterricht als Fachunterricht: Dabei empfiehlt es sich, zwei Ebenen voneinander zu unterscheiden: die zu vermittelnden Fachinhalte der Germanistik – insbesondere der literatur- und kulturwissenschaftlichen Germanistik – und die sprachlichen Bereiche des Deutschen, die wiederum zum einen metasprachlich als Unterrichtsgegenstand herangezogen werden und zum anderen ganz pragmatisch das Handwerkszeug zur Bearbeitung der inhaltlichen Komponenten bereitstellen.

---

[3] Beispielhaft sei hier verwiesen auf Gruschka 2008, Terhart 2013, Helmke 2015 und die Beiträge in Martens et al. 2018.

Bleiben wir zunächst auf der inhaltlichen Ebene: Bereits der Blick auf die in der Oberstufe gemeinhin zu bearbeitenden Texte, die in der Regel durch Erlasse der Bildungsbehörden vorgegeben sind, verdeutlicht die Komplexität der Materie.[4] Hier erscheinen Texte aus verschiedenen Gattungen und Genres, epochenspezifische Unterrichtsinhalte mit ihren entsprechenden geistes- und ideengeschichtlichen Entwicklungen, geschichtliche, kunsthistorische, philosophische und anthropologische Denkmuster, Prozesse und Dynamiken. Die sogenannten Bezugswissenschaften liefern dafür nicht nur die zentralen Inhalte, sondern auch die Begriffe und die damit verbundenen sprachlich-stilistischen Wissenschaftstraditionen. Bereits an dieser Stelle offenbart sich eine Besonderheit, die den Deutschunterricht beispielsweise von Naturwissenschaften unterscheidet: das Wesen der Unterrichtsgegenstände.

Literarische Texte sind Kunstwerke und somit polyvalent; sie legen eine pluralistische Lektüre nahe und zeigen sich zudem in ihrer sprachlichen Struktur als extrem verdichtete Materie (vgl. Bernhardt und Hardtke 2022a, b, S. 7–22). Im kompetenten Umgang mit dieser Materie tritt die zuvor genannte sprachliche Ebene hinzu: Zum einen besteht ein Ziel des unterrichtlichen Umgangs mit den Texten in der Erschließung der fiktiven Welt durch eine kritische Lektüre – und die funktioniert zwangsläufig über die sprachliche Ebene des Textes. Bildhaft ausgedrückt müssen die Schüler*innen folglich die passenden Werkzeuge aus der Schublade holen, um sich einen zunächst sprachlichen und später inhaltlichen Zugang zu den Texten zu verschaffen. Zum anderen fragt der Deutschunterricht in der gymnasialen Oberstufe gezielt nach den Fertigkeiten, sich mithilfe einschlägiger bildungs- und fachsprachlicher Wendungen fundiert und stilsicher zu den behandelten Themen äußern zu können (vgl. Hessisches Kultusministerium 2019, S. 8).

Dies soll im Folgenden an zwei kanonischen und häufig behandelten Texten verdeutlicht werden: E.T.A. Hoffmanns *Der Sandmann* und Franz Kafkas *Die Verwandlung*. In der Regel läuft die Behandlung von Hoffmanns Schauererzählung auf eine Auseinandersetzung mit den Bereichen der Ich-Spaltung, der Psychose, des Doppelgängermotivs und des Vater-Sohn-Konflikts hinaus (vgl. Lubkoll und Neumeyer 2015, S. 435–437). Im Fall Kafkas liegt das Augenmerk häufig auf den Familienstrukturen, ebenfalls dem Vater-Sohn-Konflikt und der Problematisierung des ‚Kafkaesken' anhand der Erzählsituation bzw. des *discours* (vgl. zu diesem Status Quo auch Windrich 2022, S. 203–209). Eine typische Aufgabenstellung dazu, die sich in dieser oder einer vergleichbaren Form bevorzugt im Bereich des Grundkurs Deutsch der gymnasialen Oberstufe wiederfindet, lautet: „Diskutieren Sie die Umsetzung des Vater-Sohn-Konflikts anhand der Texte *Der Sandmann* und *Die Verwandlung*!" Erneut gilt: Gegen die Zielrichtung der Aufgabenstellung ist prinzipiell nichts einzuwenden. Allerdings ist problematisch, dass die Fragestellung so offen formuliert ist, dass keinerlei Eingrenzung erfolgt und die Beantwortung daher auch sehr intuitiv erfolgen kann. Die Orientierung an einem Referenzkonzept oder einer Betrachtungsweise von Literatur als Gegenstand ist nicht gegeben. Es ist entsprechend schade, anhand zweier so gut zusammen-

---

[4] Beispielhaft an dieser Stelle: Landesbildungsserver Baden-Württemberg 2022.

passender Texte nicht den Schritt zu wagen, den Schüler*innen die Anwendung einer fachwissenschaftlichen Theorie abzuverlangen. Das könnte beispielsweise durch folgende Fragestellung geschehen: „Diskutieren Sie die Anwendbarkeit von Tzvetan Todorovs Theorie des Fantastischen auf E.T.A. Hoffmanns *Der Sandmann* und Franz Kafkas *Die Verwandlung*!"

Selbstverständlich müsste Todorovs Fantastik-Theorie im Unterricht behandelt worden sein. Wenn dies allerdings geschehen ist, kann eine solche auf den ersten Blick komplexitätssteigernde Herangehensweise den Schüler*innen die Auseinandersetzung mit den Texten erleichtern. Warum? Die Kenntnis der gefragten Theorie bildet den Anker, den Einstieg in die Analyse. Sie lässt die Schüler*innen zugleich kriterienorientiert und fokussiert vorgehen: Als Einstieg bietet sich eine kurze Zusammenfassung der todorovschen Theorie an. Die Unterscheidung, ob ein Ereignis, das im Widerspruch zu den Regeln der bekannten Welt steht, auf eine temporäre Sinnestäuschung oder die tatsächliche Transformation der Welt in eine „wunderbare" zurückgeht (vgl. Todorov 1992, S. 26), lässt sich an beiden Texten ausführlich untersuchen und – wie es der Operator verlangt – diskutieren.[5] Die Stellungnahme muss begründet werden und zwangsläufig sehr eng an der entsprechenden Fachterminologie bleiben. Das bereitet die angehenden Abiturient*innen nicht nur auf ihre Prüfung, sondern im besten Sinne auch auf die Hochschulreife vor. Sie könnten durch eine entsprechende Analyse praktisch nachweisen, dass sie über die Kompetenz verfügen, sich einem Untersuchungsgegenstand – hier einem literarischen Text – kriterienorientiert und fundiert zu nähern. Diese Struktur gibt erfahrungsgemäß nicht nur leistungsstärkeren, sondern insbesondere auch leistungsschwächeren Schüler*innen eine Orientierung. Theorie – so lautet bis hierher das Zwischenergebnis – ist deshalb lohnend, weil sie den Schüler*innen von Anfang an eine hilfreiche Struktur an die Hand gibt, um sich fachlich fundiert literarischen Texten zu nähern.[6]

Nun wäre eine Betrachtung von Todorov und des Fantastischen im Zuge der Behandlung von Hoffmanns oder Kafkas Texten zwar wünschenswert, aber nicht zwingend erforderlich. Anders verhält es sich mit Aufgabenformaten, die einen theoretischen Bezug im Grunde unabdingbar machen, um die eingangs zitierte ‚Das-Buch-fand-ich-gut'-Ebene zu verlassen.

2   Zum Verhältnis von Bezugswissenschaft und Unterrichtspraxis

Auch hier soll eine einschlägige Klausuraufgabe wie die folgende, die in der vorliegenden oder in einer vergleichbaren Form standardmäßig zu Patrick Süskinds Roman *Das Parfüm* gestellt wird, als Einstieg dienen: „Erläutern Sie den Einfluss,

---

[5] Dabei könnte gerade im Schulkontext u. a. auch auf die Erweiterung der todorovschen Theorie durch Durst 2010 eingegangen werden. Zur Problematisierung der Kategorie des ‚unzuverlässigen Erzählens' vgl. Henke 2021.

[6] Vgl. dazu den Beitrag von Anja Saupe im vorliegenden Band.

den der Aufenthalt in der Natur auf Grenouilles Entwicklung hat!" In einer recht einfachen Lesart findet Grenouille heraus, keinen eigenen Geruch zu haben, was oberflächlich sein Verlangen stimuliert, möglichst viele weitere Duftnoten zu erkunden und zu konservieren. Dass Menschen sich in der Natur differenziert wahrnehmen, wird leider in vielen Fällen allzu schnell als typisch romantisches Motiv herausgearbeitet. Der Kurzschluss, der aus der Schüler*innenperspektive unzweifelhaft sehr einprägsam ist, lautet: „Natur – Einsamkeit – Romantik". Das ergibt sich aus der Lektüre und lässt sich anhand eines im Unterricht erarbeiteten Tafelbildes schnell auswendig lernen, beantwortet aber die Aufgabe nur sporadisch und spiegelt keine besonders umfassende Bearbeitung der Thematik wider.

Eine theoriegeleitete Beantwortung verlangt zunächst die Erkenntnis, dass Figuren sich nicht automatisch entwickeln *müssen,* wohl aber *können.* In Grenouilles Fall führt die Einsamkeit in den Bergen des Zentralmassivs auf der Wanderung von Paris in die Provence bekanntlich zur intensiven Auseinandersetzung mit dem eigenen Körper. Die Analyse der Figuren müsste dabei u. a. auf genieästhetische, empirische und anthropologisch-moralistische Merkmale eingehen, die den Schüler*innen inhaltlich und sprachlich geläufig sein sollten. Da Süskinds Roman zwar die europäische Aufklärung in der Form eines opulenten Sittengemäldes thematisiert, sich zugleich aber durch die Charakterisierung der Hauptfigur streng davon abgrenzt, wäre es im Sinne eines historischen Kontextbezugs (vgl. dazu Titzmann 2018, S. 289–318) hilfreich, wenn die Schüler*innen die Abgrenzung gegenüber der Anthropologie der Aufklärung aus der Sicht der *histoire* überzeugend darstellen könnten. Das wiederum kann nur dann geleistet werden, wenn der aufklärerische Dualismus zwischen oberen und unteren Seelenkräften – oder zwischen Verstand und Vernunft und den Leidenschaften und Affekten – im Unterricht thematisiert und sprachbildend behandelt wird. Dabei sollten u. a. folgende Begriffe oder syntaktischen Verknüpfungen sprachbildend herangezogen werden:

Kasten 1: Begriffe und Formulierungshilfen *Das Parfüm*

Anthropologie
Rationalismus/Sensualismus
Seele
Verstand vs. Vernunft
Affekte
obere und untere Seelenkräfte
Influxus physicus

Gemäß den zeitgenössischen Vorstellungen in der zweiten Hälfte des 18. Jahrhunderts… ist die menschliche Seele dualistisch angelegt/in zwei Teilen beschreibbar…
Die Aufklärung setzt die Beherrschung der unteren durch die oberen Seelenkräfte voraus… / … postuliert… / … geht davon aus, dass…

Die im oberen Bereich von Kasten 1 genannten Begriffe destillieren den Forschungsstand zur Theorie der literarischen Aufklärung (vgl. Löffler 2006). Die Auswahl ist selbstverständlich exemplarisch; sie müsste durch entsprechende Formulierungshilfen gestützt werden. Mithilfe der Fachbegriffe lässt sich der Frage nachgehen, welche zeitgenössischen Vorstellungen gegen Mitte des 18. Jahrhunderts rund um die Beschaffenheit und die Wirkungsweise der menschlichen Seele als dominant angesehen werden können. Das mag zunächst sehr kompliziert klingen; allerdings verspricht ein solches Vorgehen eine größere Nachhaltigkeit als die zuvor zitierte, auswendig gelernte Triade. Süskinds Roman nimmt hier als postmoderner, in Teilen selbstreferentieller und sinnverweigernder Text des späten 20. Jahrhunderts sicherlich eine Sonderrolle ein. Die soeben aufgezeigte, zentrale theoretische Fragestellung nach dem Verhältnis der Leidenschaften und Affekte auf der einen und dem Verstand und der Vernunft auf der anderen Seite wird jedoch nicht nur im *Parfüm,* sondern auch in einer ganzen Reihe kanonischer und im Schulalltag immer wieder behandelter Texte virulent: *Emilia Galotti* und die Frage, weshalb Odoardo seine Tochter beschützt oder richtet, Faust, dessen Skrupel im Umgang mit Gretchen unter anderem auf ebendiese Auseinandersetzung zwischen Vernunft und Affekt zurückgehen, Franz Moor, der beide Bereiche in zynischer Weise verknüpft, oder Nathanael, dessen wechselnde Affinität zur Beruhigung durch Clara oder zu den Ammenmärchen rund um Coppelius die Dynamik der Figurenentwicklung maßgeblich bestimmt.

Ein weiteres Beispiel: Um die Entwicklung von literarischen Figuren systematisch zu beschreiben, bieten sich strukturalistische (Erzähl-)Theorien an. Am nachhaltigsten kann dies mit solchen Ansätzen gelingen, deren Anwendungspotenzial ein breites Textkorpus umfasst, wie beispielsweise die Ausführungen zum Zusammenhang zwischen dem Raum und Figurenbewegungen darin, die von Jurij M. Lotman vorgelegt wurden (vgl. dazu Spinner und Feilke 2008). Bekanntermaßen gilt die Bewegung einer literarischen Figur in einem Raum als eine der wesentlichen Bedingungen für die Handlungsprogression. Dabei kommt der Überschreitung einer Grenze zwischen zwei Räumen eine entscheidende Bedeutung zu (vgl. Lotman 1993, S. 346). Die Raumsemantik eines literarischen Textes lässt sich mit Schüler*innen verhältnismäßig einfach anhand ihnen seit langem bekannter Texte erarbeiten. In der Sekundarstufe I bieten sich Märchen an, bevor die Diskussion auf die in der Oberstufe vorgesehenen Texte ausgedehnt wird. So überschreiten Hänsel und Gretel die (magische) Grenze, indem sie das Haus der Hexe betreten; Rotkäppchen wird vor der Grenzüberschreitung explizit gewarnt ('Weiche nicht vom Wege ab!') (vgl. Müller 2018, S. 87–104), und zahlreiche Beispiele fantastischer Texte und Filme, die den Schüler*innen in vielen Fällen bekannt sind, arbeiten mit dem Element der Grenzüberschreitung in eine wundersame Parallelwelt.[7] Das gilt wiederum auch für zahlreiche Texte,

---

[7] Darüber hinaus: Nikolajewa 1988, S. 63–75. Beispielhaft kann hier auf Lewis Carrolls *Alice im Wunderland* (1865), Clive S. Lewis' *Die Chroniken von Narnia* (erschienen 1965), diverse Romane aus Joanne K. Rowlings *Harry-Potter*-Reihe (1997–2007) sowie auf Guillermo del Toros *Pans Labyrinth* (2006) hingewiesen werden.

die typischerweise Gegenstand des Deutschunterrichts in der gymnasialen Oberstufe sind: So überschreitet Faust geografisch und epochal mehrere Grenzen – zwischen der ‚kleinen‘ und der ‚großen‘ Welt, zwischen Antike, Mittelalter und früher Neuzeit, was zum Teil mit deutlichen Veränderungen der Figureneigenschaften einhergeht. Auch ohne den von Durst herausgearbeiteten Systemsprung (vgl. Durst 2010, S. 80) sind Grenzüberschreitungen für literarische Figuren, die typischerweise Gegenstand des Deutschunterrichts in der Oberstufe sind, ein immer wiederkehrendes Element: Effis Entwicklung vom naiven Backfisch zur vereinsamten Ehefrau, die sich nach erfüllter Liebe sehnt, vollzieht sich u. a. auch aufgrund der räumlichen Grenzüberschreitung weg von Hohen-Cremmen hin zu Instettens Haus in Kessin. Von Grenouilles Transformation während seiner Reise in den Süden war bereits die Rede; Gregor Samsas körperliche (und räumliche) Grenzen werden in Kafkas Text ebenso aufgezeigt wie die metaphorischen und geografischen Grenzen des freien Rittertums in Götz von Berlichingen oder die moralischen Grenzen mitsamt ihren räumlichen Implikationen, die Franz Moor strapaziert, wenn er seinen eigenen Vater im Hungerturm gefangen hält.

Die geschilderten Beispiele sind hier selbstverständlich nur exemplarisch – Tatsache ist, dass eine Vielzahl literarischer Texte Transgressionen und eine mehr oder weniger bewusste Grenzüberschreitung der Figuren beinhaltet, die von den Schüler*innen erkannt, als solche dechiffriert und schließlich mit der Figurenentwicklung in Zusammenhang gebracht werden können. Eine solche Herangehensweise verlangt folglich die Kenntnis eines spezifischen Theorieansatzes – hier: eines raumsemiotischen – und dessen Anwendung in der konkreten Prüfungssituation, wodurch der Deutschunterricht den Schüler*innen fachliche Tiefe zunächst vermittelt und dann abverlangt, um allzu simplizistische Schnellschüsse zu vermeiden (vgl. dazu Krah 2018, S. 35–54).

Das könnte auch auf die Behandlung von literarischen Texten in anderen Unterrichtsfächern ausstrahlen: Wie oft müssen Kolleg*innen in Englischklausuren im Hinblick auf Shakespeares *Othello* den Satz – es ist eigentlich nur ein Teilsatz – „because he is black" lesen?[8] Er begegnet denjenigen, die Abiturklausuren in Erst- oder Zweitkorrektur durchsehen, häufig im Zusammenhang mit der Frage, weshalb Othello scheitert. Offenbar war im Unterricht zuvor das Augenmerk hauptsächlich auf eine (post-)kolonialistische Lesart des Dramas gelegt worden, die den argumentativen Kurzschluss nach sich zog: Schwarze Figuren scheitern in der Gesellschaft. Das ist zwar als Einzelargument nicht in jedem literarischen Text per se unzutreffend, wird der Komplexität der Figur Othello allerdings in

---

[8] Dieser oder ein inhaltlich identischer Teilsatz ist dem Autor über viele Jahre hinweg wiederholt in Klausuren – im Kurssystem und im Abitur – vorgelegt worden. Hier ist nicht der geeignete Platz, um die Evidenz einer solchen Äußerung numerisch nachzuweisen, aber die beobachtungsgestützte Vermutung liegt nahe, dass junge Leser*innen wohl zu einem entsprechenden inhaltlichen Kurzschluss neigen, zumal sie durch die Schwerpunktsetzung der Unterrichtsmaterialien offenbar dazu verleitet werden.

keiner Weise gerecht. Vielmehr brauchte es dafür theoretisch zumindest hinterlegte Kenntnisse der Humoralpathologie, die Shakespeare in *Othello* mehrfach direkt thematisiert. Dabei müssten die Schüler*innen zwischen Cholerikern, Phlegmatikern, Melancholikern und Sanguinikern unterscheiden lernen. Sie hätten somit auch eine überzeugende Argumentationslinie dafür, weshalb *Othello* zu den Affektdramen Shakespeares gehört und der rassistische Diskurs, anders als bei *The Merchant of Venice* oder *The Tempest,* zwar auch thematisiert wird, aber mit Bezug auf den Hauptstrang der Handlung eine eher nebengeordnete Funktion innehat, die interessanterweise mehr über Othellos Gegenspieler – Iago – aussagt, als sie es über Othello selbst ermöglichen würde (vgl. Kaminskij 2019, S. 321–339). Erneut lässt sich zusammenfassend festhalten, dass Theorie und Texterschließung keine Gegenpole beschreiben, sondern sich mit steigender Komplexität der literarischen Texte zunehmend gegenseitig bedingen.[9]

3   Sprachliche Durchdringung

Ein vergleichbarer Befund ergibt sich auch für die dritte Säule der eingangs formulierten Thesen: die sprachliche Durchdringung komplexer Unterrichtsgegenstände. Alle bisher herangezogenen Beispiele gehen gemeinhin von der Annahme aus, dass eine kurze Wiedergabe der inhaltlichen Ausgangssituation des Textes als Einstieg in die schriftliche Bearbeitung der Aufgabenstellung erfolgt. Gewöhnlich wird der entsprechende Schritt in der Didaktisierung mit: „Fassen Sie … kurz in eigenen Worten zusammen" begleitet. Eine Zusammenfassung der inhaltlichen Ausgangssituation eines literarischen Textes ist inhaltlich und sprachlich durch einen relativ hohen Grad an Objektivierung gekennzeichnet: Die Ebene der Textanalyse wird dadurch gezielt vorbereitet. Entsprechend wäre es fast schon fahrlässig, diese objektivierte Ebene sogleich wieder zugunsten einer subjektiveren aufzugeben, die durch Ausdrücke wie: „Ich denke, dass…", „Aus meiner Sicht ist…" oder „Meiner Meinung nach…" eingeleitet wird. Vielmehr wäre es sinnvoll, die durch die Aufgabenstellung vorstrukturierte Argumentation systematisch zu nutzen und zu expandieren, wie folgendes musterhaftes Beispiel (s. Kasten 2) zeigt, das mit Schüler*innen der Jahrgangsstufe 11 (Deutsch Grundkurs) erarbeitet wurde:

Kasten 2: Textbeispiel als Musterlösung

Die Erzählung lässt sich vor dem Hintergrund der Theorie des Fantastischen untersuchen, die auf Tzvetan Todorov zurückgeht. Der Ausgangspunkt dafür ist ein Ereignis, das nicht mit den Regeln der bekannten Welt vereinbar ist.

---

[9]Als sehr lohnend im Theoriebezug des Deutschunterrichts der gymnasialen Oberstufe haben sich darüber hinaus beispielsweise Niklas Luhmanns systemtheoretische Konzepte (vgl. Luhmann 2022) oder unterschiedliche Ansätze der Gender Studies (z. B. Connell 2015) erwiesen.

Die sprachliche Umsetzung der Einleitungssequenz spiegelt hier ein tiefes Verständnis des Kontextbezugs der Aufgabenstellung (‚Was wird von mir konkret erwartet?') wider. Wenn dieser oder ein ähnlich gestalteter Einstieg gewählt wird, ist in den meisten Fällen bereits klar, dass einem solchen Schreibprodukt klar vorhandene Kompetenzen zugrunde liegen, mit denen die Dechiffrierung der Aufgabenstellung, das Erkennen der geforderten Textsorte (Analyse) sowie deren praktische Umsetzung unter Beweis gestellt werden. Wenn dieser Weg konsequent weiterverfolgt wird, kann die Analyse im Wesentlichen nur noch gelingen. Das Beispiel verdeutlicht, dass Schüler*innen klare Abfolgen – die Bezeichnung der bildungssprachlichen Algorithmen wäre an dieser Stelle durchaus zutreffend – benötigen, um sich der inhaltlichen Bearbeitung der Aufgabenstellung zu nähern. Genauer gesagt ergibt sich aus einer theoriebejahenden Aufgabenstellung eine grundlegende Musterhaftigkeit in der inhaltlichen Struktur – hier anhand einer Einleitungssequenz verdeutlicht – und in der sprachlichen Umsetzung. Dieses Muster kann zudem immer wieder in neuen Aufgabenkontexten angewendet werden, wie folgendes Schema[10] (s. Kasten 3) vereinfacht darstellt.

Kasten 3: Prozess der Verstetigung zum Theoriebezug in Schüler*innenarbeiten

Phase 1	Phase 2	Phase 3	Phase 4	Phase 5
Erarbeitung der notwendigen theoretischen Voraussetzungen	Erkennen der in der Aufgabenstellung angelegten Musterhaftigkeit zur Anwendung der Theorie	Sprachliche Umsetzung der theoretischen Basis im Hinblick auf die in der Aufgabenstellung geforderte Textsorte	Rückmeldung durch die Korrektur der Lehrkraft; ggf. Überarbeitung des eigenen Texts	Anwendung in einem neuen Aufgabenkontext

Selbstverständlich setzt eine solche Herangehensweise ein Spektrum von lexikalischen und morphosyntaktischen Hilfsmitteln voraus, auf die in der Analyse flexibel zurückgegriffen werden kann: passivische Formen, die Redewiedergabe durch indirekte Rede inklusive des entsprechenden Modusgebrauchs sowie eine klar erkennbare Thema-Rhema-Abfolge, um hier nur einige Beispiele zu nennen (vgl. Feilke 2012, S. 8–9 sowie Noack 2020, S. 8), auf die im folgenden Abschnitt näher eingegangen wird.

---

[10] Dieses Schema sollte als eine unter vielen Möglichkeiten für eine Struktur zur Umsetzung und Anwendung theoretischer Bezüge in der Literaturanalyse verstanden werden. Die ästhetische Auseinandersetzung mit primär poetisch wirkenden Texten, auf der im vorliegenden Beitrag nicht der Fokus liegt, ist damit selbstverständlich nicht per se ausgenommen, sondern sollte im Idealfall unterstützend hinzutreten.

4   Prozess der Versprachlichung

Damit wird der argumentative Bogen zur vierten und letzten Säule geschlagen: den bildungssprachlichen Fertigkeiten.[11] Die durch den Theoriebezug vorbereitete analytische Ebene muss in der Auseinandersetzung mit den Texten schließlich sprachlich umgesetzt werden. Heller und Morek sprechen von der „Vertextung" (Heller und Morek 2021, S. 42) der Äußerung. Dieser Schritt benötigt zum einen das sprachliche Material auf der lexikalischen und der morphosyntaktischen Ebene und zum anderen kontextbezogene, prozedurale Fertigkeiten zur Textgestaltung. Die lexikalischen Besonderheiten sollten mit den Schüler*innen idealerweise bereits in der Erarbeitungsphase der Theorie thematisiert werden. Wenn also beispielsweise Todorovs zitierter Ansatz Gegenstand des Deutschunterrichts sein soll, dann wird die Lehrkraft auf zumindest eine Auswahl folgender theoriebildender Begriffe und Phraseologismen (s. Kasten 4) zurückgreifen (die bei Todorov direkt genannten Begriffe sind kursiv gesetzt).

Kasten 4: Begriffe zur Versprachlichung des Fantastischen nach Todorov (Auswahl)

(singuläres) Ereignis
Regeln bzw. Zustand *der Welt*
Das Ereignis ist *kompatibel/nicht kompatibel* mit dem Zustand der bekannten Welt…
Es wird auf eine *temporäre Bewusstseinstrübung* zurückgeführt…
unheimlich
Es handelt sich um eine permanente oder reversible Änderung der Welt…
märchenhaft
fantastisch
Stadium des *Zweifelns*
…

Vergleichbar verhält es sich mit den erzähltheoretischen Begrifflichkeiten, die auf Genette zurückgehen (s. Kasten 5)[12]

Kasten 5: Begriffe zur Erzähltheorie nach Genette (Auswahl)

Ereignis
Erzähler
Diegese

---

[11] Dazu ausführlich: Riebling 2013, Hessisches Kultusministerium 2019 sowie Noack 2020.
[12] Vgl. dazu der wegweisende Beitrag von Leubner und Saupe 2012, S. 127–142.

intra vs. extra
Fokalisierung
intern vs. extern
...

oder mit semiotischen Theorien – etwa von Lotman – zur Raumsemantik
literarischer Texte entstammenden Termini (s. Kasten 6).

Kasten 6: Begriffe zur Raumbeschreibung in literarischen Texten nach Lotman (Auswahl)

Ereignis
Grenze
Raum (im Zusammenhang mit Texten)
Durchlässigkeit vs. Nicht-Durchlässigkeit
Einmaligkeit vs. Replizierbarkeit
Statik vs. Dynamik
Transformation des Raums

Diese lexikalische Ebene wird von den Schüler*innen zumeist relativ schnell
erfasst – sowohl auf rezeptiver als auch auf produktiver Ebene. Sie kann und sollte
zudem bereits in der Primarstufe (vgl. Bernhardt 2021, S. 7), in jedem Fall aber in
der Sekundarstufe I systematisch vorbereitet werden, wenn z. B. in literarischen
Texten nicht von Personen, sondern von Figuren die Rede ist, oder aber bei der
Unterscheidung der Inhalte von ‚Handlung‘, ‚Geschehen‘, ‚Geschichte‘ und ‚Plot‘.

Etwas langfristiger läuft der Aufbau von Fertigkeiten im morphosyntaktischen
Bereich ab: Hier ist es u. a. eine länger angelegte Aufgabe der Lehrkraft, typisch
fach- und bildungssprachliche Merkmale von der rezeptiven in die produktive
Ebene der Vertextung zu verlagern. Diese Merkmale können sodann als
Strukturierungshilfen in der Tradition des Scaffoldings[13] eine wertvolle Unter-
stützung für die Schüler*innen bieten (s. Kasten 7).

Kasten 7: Strukturierungshilfen auf morphosyntaktischer Ebene (Beispiel)

Die Erzählung lässt sich vor dem Hintergrund/vor der Folie dieser Theorie/
dieses Ansatzes lesen...

---

[13] Der Begriff wird hier in der Tradition Jerome Bruners (1987) verwendet, der die inhaltliche Verbindung zwischen Wygotskis Thesen zur ‚Zone der nächsten Entwicklung‘ und
Sprachfördermaßnahmen im Spracherwerb erstmals direkt herstellte.

> Der Text bestätigt/unterstützt/unterläuft/widerspricht diese(r) Theorie/ diesen(m) Ansatz, indem/da...+*Aktiv* [sie zeigt/darstellt/illustriert, dass...] oder+ *Passiv* [etwas dargestellt wird/gezeigt wird]

Selbstverständlich soll hier nicht der Eindruck erweckt werden, dass diese Prozesse einem Automatismus des Lernens und Könnens unterliegen. Daher soll auch zugestanden werden, dass ihr Erlernen mühsam sein kann und vielleicht auch nicht in jedem Fall gelingt. Allerdings besteht ein großer Vorteil in der Anwendung bildungssprachlicher Formen gerade in ihrer hohen Muster- und Schemenhaftigkeit, die ein ehemaliger Schüler einmal sehr treffend wie folgt zusammenfasste: „Dann kann ich das ja in jeder Analyse wieder ähnlich formulieren.“[14] Um hier der Gefahr vorzubeugen, dem inhaltlichen Anspruch durch eine bloße Replizierbarkeit von theoretischen Versatzstücken nicht mehr gerecht zu werden, ist eine zwar theoriebejahende, aber durchaus auch fundiert skeptische Herangehensweise zu empfehlen. Aus wissenschaftlicher Perspektive klingt das wie folgt: „Bildungssprachliche Praktiken zu nutzen, heißt […], kommunikative Probleme der Wissenskonstruktion, -demonstration und -vermittlung zu erkennen und über Ressourcen für deren Lösung zu verfügen“ (Heller und Morek 2021, S. 42), und es sei unter dem Eindruck der zuvor angeführten Beispiele hinzugefügt: um der theoriegeleiteten Auseinandersetzung mit Literatur durch eine analytische Sprache zu entsprechen.

5 Resümee

Ein Fazit aus den zuvor vorgetragenen Überlegungen scheint zu lauten, dass der Deutschunterricht den Bezug zur Fachlichkeit – als Fachunterricht – nicht nur erforderlich macht, sondern auch verdient. Diese Fachlichkeit setzt voraus, dass der Deutschunterricht fachspezifische Theorien systematisch einführt, sie sprachlich und inhaltlich mit den Schüler*innen erarbeitet und sie ihnen, der Maxime des Forderns und des Förderns folgend, schließlich auch in Prüfungssituationen abverlangt. Die große Chance eines solchen Vorgehens besteht darin, dass sowohl die sprachliche als auch die inhaltliche Ebene der Auseinandersetzung mit Literatur im Kontext der Analyse jeweils mit steigendem Niveau in der gymnasialen Oberstufe von einem erhöhten Abstraktionsgrad gekennzeichnet sind, den es für die Analyse gezielt zu nutzen gilt. Dabei werden bildungssprachliche Fertigkeiten im Bereich der Lexik und der Morphosyntax bereits in der Primar- und Sekundarstufe

---

[14]Vgl. Weinert 2001, S. 27–28, der Kompetenzen als „kognitive Fähigkeiten und Fertigkeiten, um bestimmte Probleme zu lösen […], um die Problemlösungen in variablen Situationen erfolgreich und verantwortungsvoll nutzen zu können“, definiert.

I systematisch vorbereitet und in der Sekundarstufe II jeweils themenspezifisch erweitert.

Das Ergebnis zeigt, und diese Hoffnung sollten all diejenigen, die einen inhaltlich und sprachlich ansprechenden und anspruchsvollen Deutschunterricht anstreben, nicht aufgeben, dass Theorie und Deutschunterricht weder grau noch grausam sein müssen, sondern sich wie alle Trainingsformen verhalten: Je mehr Mühe investiert wird, umso höher ist der Trainingsfortschritt und letztlich die Zufriedenheit, anspruchsvolle Texte mit Genuss zu entschlüsseln und selbst zu verfassen. Dafür, so das Plädoyer, das sich aus diesem Beitrag ergibt, lohnt es sich zu kämpfen.

Literatur

Abraham, Ulf, Ortwin Beisbart, Gerhard Koß, und Dieter Marenbach, Hrsg. 2012. *Praxis des Deutschunterrichts. Arbeitsfelder. Tätigkeiten. Methoden.* Donauwörth: Auer.

Barsch, Achim. 2006. *Mediendidaktik Deutsch.* Paderborn: Schöningh.

Bernhardt, Sebastian. 2021. Fluchtliteratur in der Primarstufe als fiktionaler Weltentwurf – didaktische Überlegungen zur Fokussierung des Konstruktcharakters von Fluchtliteratur in der Grundschule. *Medien im Deutschunterricht* 2:1–16.

Bernhardt, Sebastian, und Thomas Hardtke, Hrsg. 2022a. *Interpretation – Literaturdidaktische Perspektiven.* Berlin: Frank & Timme.

Bernhardt, Sebastian, und Thomas Hardtke. 2022b. Interpretation. Literaturdidaktische Perspektiven. In *Interpretation – Literaturdidaktische Perspektiven*, Hrsg. Sebastian Bernhardt, und Thomas Hardtke, 7–24. Berlin: Frank & Timme.

Bruner, Jerome. 1987. *Actual Minds, Possible Worlds.* Cambridge: Harvard University Press.

Connell, Raewyn. 2015. *Der gemachte Mann. Konstruktion und Krise von Männlichkeiten.* Wiesbaden: Springer.

Durst, Uwe. 2010. *Theorie der phantastischen Literatur.* Berlin: Lit-Verlag.

Feilke, Helmuth. 2012. Bildungssprachliche Kompetenzen fördern und entwickeln. *In Praxis Deutsch* 233:4–13.

Goer, Charis, und Katharina Köller, Hrsg. 2019. *Fachdidaktik Deutsch: Grundzüge der Sprach- und Literaturdidaktik.* Paderborn: Fink.

Gruschka, Andreas. 2008. Die Bedeutung fachlicher Kompetenz für den Unterrichtsprozess – ergänzende Hinweise aus der rekonstruktionslogischen Unterrichtsforschung. *Pädagogische Korrespondenz* 38:44–79.

Helmke, Andreas. 2015. *Unterrichtsqualität und Lehrerprofessionalität. Diagnose, Evaluation und Verbesserung des Unterrichts.* Seelze: Klett/Kallmeyer.

Heller, Vivien, und Miriam Morek. 2021. Der Erwerb der Bildungssprache in Familie und Schule. In *Die Sprache in den Schulen – Eine Sprache im Werden. Dritter Bericht zur Lage der deutschen Sprache*, Hrsg. Deutsche Akademie für Sprache und Dichtung und die Union der deutschen Akademien der Wissenschaften, 37–62. Berlin: Erich Schmidt.

Henke, Ina. 2021. Unzuverlässig erzählte Welten verstehen. Kognitive Operationen von Schüler*innen beim Umgang mit narrativer Unzuverlässigkeit. *Medien im Deutschunterricht* 2:1–19.

Hessisches Kultusministerium. 2019. *Kerncurriculum gymnasiale Oberstufe Deutsch.* https://kultusministerium.hessen.de/sites/kultusministerium.hessen.de/files/2021-07/kcgo-d.pdf. Zugegriffen: 27. Juli 2022.

Kaminskij, Bernice. 2019. Affekte im Drama. In *Grundthemen der Literaturwissenschaft: Drama*, Hrsg. Andreas Englhart, und Franziska Schößler, 321–399. Berlin, Boston: De Gruyter.

Krah, Hans. 2018. Was ist „Literatursemiotik"? In *Auf dem Weg zur literarischen Kompetenz. Ein Modell literarischen Lernens auf semiotischer Grundlage.* Hrsg. Anita Schilcher, und Markus Pissarek, 35–54. Baltmannsweiler: Schneider Hohengehren.

Kultusministerkonferenz der Länder. 2019. *Empfehlung Bildungssprachliche Kompetenzen in der deutschen Sprache stärken.* https://www.kmk.org/fileadmin/Dateien/pdf/PresseUndAktu elles/2019/2019-12-06_Bildungssprache/2019-368-KMK-Bildungssprache-Empfehlung.pdf. Zugegriffen: 27. Juli 2022.

Landesbildungsserver Baden-Württemberg. 2022. *Deutsch Fachportal.* https://www.schule-bw.de/faecher-und-schularten/sprachen-und-literatur/deutsch/pruefungen/abi/abi-2023. Zugegriffen: 27. Juli 2022.

Leubner, Martin, und Anja Saupe. 2012. *Erzählungen in Literatur und Medien und ihre Didaktik,* 3. Aufl. Baltmanznsweiler: Schneider Hohengehren.

Löffler, Katrin. 2006. *Anthropologische Konzeptionen in der Literatur der Aufklärung. Autoren in Leipzig 1730–1760.* Leipzig: Universitätsverlag.

Lotman, Jurij M. 1993. *Die Struktur literarischer Texte.* München und Zürich: Fink.

Lubkoll, Christine, und Harald Neumeyer, Hrsg. 2015. *E.T.A. Hoffmann-Handbuch: Leben – Werk – Wirkung.* Berlin: Springer.

Luhmann, Niklas. 2022. *Liebe als Passion. Zur Codierung von Intimität.* Frankfurt a. M.: Suhrkamp.

Martens, Matthias, Kerstin Rabenstein, Karin Bräu, Marei Fetzer et al. Hrsg. 2018. *Konstruktionen von Fachlichkeit. Ansätze, Erträge und Diskussionen in der empirischen Unterrichtsforschung.* Bad Heilbrunn: Julius Klinkhardt.

Marx, Nicole, Britta Ehrig, und Linda Weiß. 2016. Deutsch (stets) als fremde Bildungssprache. Bildungssprachliche Aufgabenprofilierung in der Sekundarstufe II. In *Deutsch als fremde Bildungssprache. Das Spannungsfeld von Fachwissen, sprachlicher Kompetenz, Diagnostik und Didaktik,* Hrsg. Erwin Tschirner, Olaf Bärenfänger, und Jupp Möhring, 201–222. Tübingen: Stauffenburg.

Müller, Karla. 2018. Grundlegende semantische Ordnungen erkennen. In *Auf dem Weg zur literarischen Kompetenz. Ein Modell literarischen Lernens auf semiotischer Grundlage.* Hrsg. Anita Schilcher, und Markus Pissarek, 87–104. Baltmannsweiler: Schneider Hohengehren.

Nikolajewa, Maria. 1988. *The Magic Code. The Use of Magical Patterns in Fantasy for Children.* Stockholm: Almqvist & Wiksell International.

Noack, Christina. 2020. Was ist Bildungssprache? *Praxis Deutschunterricht* 6:4–10.

Riebling, Linda. 2013. Heuristik der Bildungssprache. In *Herausforderung Bildungssprache – und wie man die meistert.* Hrsg. Ingrid Gogolin, Imke Lange, Ute Michel, und Hans H. Reich, 106–153. Münster: Waxmann.

Schuster, Karl. 2003. *Einführung in die Fachdidaktik Deutsch.* Baltmannsweiler: Schneider Hohengehren.

Spinner, Kaspar H., und Helmuth Feilke. 2008. Raum und Räume. *Praxis Deutsch* 207, 6–13.

Staatsministerium für Kultus des Freistaats Sachsen. 2019. *Lehrplan Gymnasium Deutsch.* http://lpdb.schule-sachsen.de/lpdb/web/downloads/1529_lp_gy_deutsch_2019.pdf. Zugegriffen: 27. Juli 2022.

Terhart, Ewald. 2001. *Lehrerberuf und Lehrerbildung.* Weinheim/Basel: Beltz.

Terhart, Ewald. 2013. *Erziehungswissenschaft und Lehrerbildung.* Münster: Waxmann.

Titzmann, Michael. Kultureller Kontext – Kulturelle Situierung. In *Auf dem Weg zur literarischen Kompetenz. Ein Modell literarischen Lernens auf semiotischer Grundlage.* Hrsg. Anita Schilcher, und Markus Pissarek, 289–317, Baltmannsweiler: Schneider Hohengehren.

Todorov, Tzvetan. 1992. *Einführung in die fantastische Literatur.* Frankfurt a. M. u.a.: Suhrkamp.

von Brand, Tilman. 2022. *Deutsch unterrichten. Einführung in die Planung, Durchführung und Auswertung in den Sekundarstufen.* Seelze: Klett/Kallmeyer.

Weinert, Franz E., Hrsg. 2001. *Leistungsmessungen in Schulen.* Weinheim/Basel: Beltz.

Windrich, Johannes. 2022. Interpretation der Verkörperung. In Interpretation – *Literaturdidaktische Perspektiven,* Hrsg. Sebastian Bernhardt, und Thomas Hardtke, 193–216. Berlin: Frank & Timme

Narratologische Phänomene und Verfahren

Unzuverlässiges Erzählen als Herausforderung der Literaturdidaktik

Konzeptionelle Überlegungen mit Bezug auf Heinrich von Kleists *Verlobung in St. Domingo*

Michael Hofmann

Zusammenfassung

In Kleists Novelle finden sich widersprüchliche Bewertungen der Handlungen und Gesinnungen der ‚schwarzen' Rebellen in Haiti/St. Domingo. Um dieses Phänomen angemessen verstehen zu können, ist narratologisches Wissen notwendig, da sich in der Erzählung ein unzuverlässiger Erzähler erkennen lässt. Dies deutet auf eine Ambiguität in der Auseinandersetzung mit der erzählten Welt hin. Im Hinblick auf die Dimension der Diversität geht es darum, dass rassistische Muster aufgerufen und gleichzeitig in Frage gestellt werden. Die Einsicht in die narratologische Verfasstheit des Textes und in die Ambiguität der durch diese vermittelten Wahrnehmung von Welt bedeutet in der Dimension der Emanzipation ein ‚Verlernen' hegemonialen Denkens und eine Aufforderung an die Rezipient*innen des Textes, eine je eigene Reaktion auf die im Text präsentierte Perspektive auf Welt zu entwickeln.

M. Hofmann (✉)
Intitit für Germanistik und Vergl. Literaturwissenschaft, Universität Paderborn, Paderborn, Deutschland
E-Mail: mhofmann@mail.upb.de

S. Bernhardt und I. Henke (Hrsg.), *Erzähltheorie(n) und Literaturunterricht*, Deutschdidaktik, https://doi.org/10.1007/978-3-662-66918-1_6

Kleists Erzählung, die auf einer Episode aus dem Kontext der haitianischen Revolution am Ende des 18. Jahrhunderts aufbaut, irritiert mit einer Mischung aus (scheinbar?) rassistischen Zuschreibungen und Erklärungsansätzen, die historische Konstellationen und Muster des Kolonialismus in Afrika und der Karibik verdeutlichen. Exemplarisch soll hier der Eingang der Erzählung zitiert werden, der zeigt, wie die Lesenden provoziert werden, im Rahmen widersprüchlicher Zuschreibungen eine eigene Beurteilung des Dargestellten zu entwickeln bzw. eine Metareflexion über die Genese bestimmter Zuschreibungen vorzunehmen. Vorweg sei darauf verwiesen, dass der Text Begriffe enthält, die aus heutiger Sicht einen rassistischen Charakter haben und die deshalb zu Recht heute nicht mehr verwendet werden. In diesem Beitrag werden diese Begriffe im Zitat dennoch ausgeschrieben, da dies dem historischen Textbefund entspricht und da – wie zu zeigen sein wird – der Text selbst auf spezifische Weise die eigene rassistische Sprache dekonstruiert. Der hier vorgeschlagene didaktische Zugang setzt darauf, dass die Schüler*innen als Rezipient*innen des Textes die Fremdheit und das Schockmoment der rassistischen Begriffe erkennen und dadurch für einen kritischen Umgang mit rassistischer Sprache sensibilisiert werden.

Kasten 1: Auszug aus Heinrich von Kleist: *Die Verlobung in St. Domingo*

Zu Port-au-Prince, auf dem französischen Anteil der Insel St. Domingo, lebte, zu Anfange dieses Jahrhunderts, als die Schwarzen die Weißen ermordeten, auf der Pflanzung des Herrn Guillaume von Villeneuve, ein fürchterlicher alter Neger, namens Congo Hoango. Dieser von der Goldküste von Afrika herstammende Mensch, der in seiner Jugend von treuer und rechtschaffener Gemütsart schien, war von seinem Herrn, weil er ihm einst auf einer Überfahrt nach Kuba das Leben gerettet hatte, mit unendlichen Wohltaten überhäuft worden. Nicht nur, dass Herr Guillaume ihm auf der Stelle seine Freiheit schenkte, und ihm, bei seiner Rückkehr nach St. Domingo, Haus und Hof anwies; er machte ihn sogar, einige Jahre darauf, gegen die Gewohnheit des Landes, zum Aufseher seiner beträchtlichen Besitzung, und legte ihm, weil er nicht wieder heiraten wollte, an Weibes statt eine alte Mulattin, namens Babekan, aus seiner Pflanzung bei, mit welcher er durch seine erste verstorbene Frau weitläufig verwandt war. Ja, als der Neger sein sechzigstes Jahr erreicht hatte, setzte er ihn mit einem ansehnlichen Gehalt in den Ruhestand und krönte seine Wohltaten noch damit, dass er ihm in seinem Vermächtnis sogar ein Legat auswarf; und doch konnten alle diese Beweise von Dankbarkeit Herrn Villeneuve vor der Wut dieses grimmigen Menschen nicht schützen. Congo Hoango war, bei dem allgemeinen Taumel der Rache, der auf die unbesonnenen Schritte des National-Konvents in diesen Pflanzungen aufloderte, einer der Ersten, der die Büchse ergriff, und, eingedenk der Tyrannei, die ihn seinem Vaterlande entrissen hatte, seinem Herrn die Kugel durch den Kopf jagte. Er steckte das Haus, worein die Gemahlin desselben mit ihren drei Kindern und den übrigen Weißen der Niederlassung sich geflüchtet hatte, in Brand, verwüstete die ganze Pflanzung, worauf die Erben, die in Port-au-Prince wohnten, hätten Anspruch machen können, und zog, als sämtliche zur Besitzung gehörige Etablissements der Erde gleichgemacht waren, mit den Negern, die er versammelt und bewaffnet hatte, in der Nachbarschaft umher, um seinen Mitbrüdern in dem Kampfe gegen die Weißen beizustehen. Bald lauerte er den Reisenden auf, die in bewaffneten Haufen das Land durchkreuzten; bald fiel er am hellen Tage die in ihren Niederlassungen verschanzten Pflanzer selbst an, und ließ alles, was er darin vorfand, über die Klinge springen. Ja, er forderte, in seiner unmenschlichen Rachsucht, sogar die alte Babekan mit ihrer Tochter, einer jungen fünfzehnjährigen Mestize, namens Toni, auf, an diesem grimmigen Kriege, bei dem er sich ganz verjüngte, Anteil zu nehmen; und weil das Hauptgebäude der Pflanzung, das er jetzt bewohnte, einsam an der Landstraße lag und sich häufig, während seiner Abwesenheit, weiße oder kreolische Flüchtlinge einfanden, welche darin Nahrung oder ein Unterkommen suchten, so unterrichtete er die Weiber, diese weißen Hunde, wie er sie nannte, mit Unterstützungen und Gefälligkeiten bis zu seiner Wiederkehr hinzuhalten. Babekan, welche infolge einer grausamen Strafe, die sie in ihrer Jugend erhalten hatte, an der Schwindsucht litt, pflegte in solchen Fällen die junge Toni, die, wegen ihrer ins Gelbliche gehenden Gesichtsfarbe, zu dieser grässlichen List besonders brauchbar war, mit ihren besten Kleidern auszuputzen; sie ermunterte dieselbe, den Fremden keine Liebkosung zu versagen, bis auf die letzte, die ihr bei Todesstrafe verboten war: und wenn Congo Hoango mit seinem Negertrupp von den Streifereien, die er in der Gegend gemacht hatte, wiederkehrte, war unmittelbarer Tod das Los der Armen, die sich durch diese Künste hatten täuschen lassen. (Kleist 2017, S. 8–9)

Im Sinne einer literaturdidaktischen Reflexion, die im Rückgriff auf Konzepte einer responsiven und dekonstruktivistischen Literaturdidaktik (vgl. Mitterer 2016; Baum 2019) hegemoniekritische Perspektiven zu entwickeln vermag, kann die Erzählung wie folgt eingeordnet werden: Es handelt sich um eine literarische Erzählung mit spannenden Handlungselementen, die als „Novelle" eine ‚unerhörte Begebenheit' schildert, nämlich die Tötung der „Mestizin" Toni durch den Schweizer Gustav von Ried (und dessen anschließenden Freitod). In einem Kontext, der durch Sklaverei und Kolonisation gekennzeichnet ist, lässt sich kein Vertrauen zwischen Menschen verschiedener Herkunft entwickeln, und so finden wir in Bezug auf die Protagonist*innen in der Begegnung des Europäers mit der Frau aus ‚Lateinamerika' (Abya Yala) eine widersprüchliche Geschichte von Misstrauen und Vertrauen, von Liebe, Verrat und *race*. Dabei aktiviert die uneindeutige Erzählperspektive die Reflexion der Lesenden, die auch auf die dargestellten historischen Umstände zu beziehen ist. So zeigt die Erzählung im Hinblick auf geschichtliche und kulturelle Diversität einen Verweis auf die Geschichte der Revolution in Haiti und des Kampfes gegen die Sklaverei, und die konfliktreiche Geschichte der Protagonist*innen ist im Kontext dieser historischen Auseinander-setzungen um *race* und *gender* zu verstehen. Dabei lassen sich Bezüge zu beiden Differenzkategorien in der gegenwärtigen Gesellschaft herstellen.

So ergeben sich Herausforderungen für die lesenden Schüler*innen, historische und aktuelle Perspektiven auf *race* und *gender* reflektieren und auch problematische Bewertungen in ihrer Genese und Wirkung rekonstruieren zu können. Dabei kann die Auseinandersetzung mit Kleists Text dazu beitragen, eigene Positionen im Blick auf *race* und *gender* zu entwickeln und sich darüber mit anderen auszutauschen.

1   Neuere literaturdidaktische Modelle

In literaturdidaktischer Perspektive geht der vorliegende Beitrag aus von neueren Konzepten, die Nicola Mitterer und Michael Baum in profilierten Publikationen entwickelt haben (vgl. Mitterer 2016 und Baum 2019; vgl. auch Brune 2020). Die responsive Literaturdidaktik nach Mitterer sieht die Basis didaktischer Aus-einandersetzung mit literarischen Texten darin, dass deren Fremdheit gegenüber konventionellen und empirischen Erfahrungen und Erwartungen als grundlegend verstanden wird. Die Literatur zeigt uns fremde Welten, damit wir aus der Erfahrung der Fremdheit heraus neue Perspektiven auf das Eigene entwickeln. Literarisches Lernen bedeutet damit eine ganzheitliche Begegnung mit einem Text; dadurch werden die Routinen des Alltags durchbrochen, das normale Ver-ständnis der Welt wird verfremdet und de-automatisiert. Literarisches Lernen bedeutet folglich, die Fremdheit des literarischen Textes anzuerkennen und – zugespitzt formuliert: in wesentlichen Aspekten auch das Nicht-Verstehen anzu-nehmen. Die emotional-affektive Auseinandersetzung mit dem Text ist wichtig; sie wird ergänzt durch eine kognitive Annäherung. Literarisches Lernen hat mit diesen Aspekten eine fundamentale Bedeutung für die Individuation, aber in dem Sinne, dass Identitätsbildung und produktive Verunsicherung eine Verbindung eingehen und eine unterkomplexe Perspektive auf Identität vermieden wird (vgl. Frederking 2013). Mitterer greift auf das Vier-Phasen-Modell von Jürgen Kreft zurück, das eine Phase der bornierten Subjektivität, eine Phase der Objektivierung, eine Phase der Aneignung und der reflektierten Subjektivität und eine Phase der Applikation unterscheidet. Schematisch lässt sich Mitterers Modell folgendermaßen darstellen (vgl. Mitterer 2016, S. 82–95):

1. Phase – Pathos:

- die Konfrontation mit dem Fremden (inhaltlich und formal)
- unvoreingenommene Öffnung gegenüber dem Text
- Distanz gegenüber den alltäglichen Routinen und Automatismen

2. Phase – Utopie und Theorie:

- Eröffnung eines Möglichkeitsraums als Reaktion auf das Fremde
- Formulierung von Theorien und Hypothesen über das Fremde (auch gesellschaftlich/politisch)

3. Phase – Allgemeintheoretische Applikationen und kreatives Antworten:

- Bezug auf eigene Praxis (individuell und gesellschaftlich)
- Betonung der individuellen Reaktion auf das Fremde

Analog postuliert Baum in seinen dekonstruktivistischen Zugängen zur Literaturdidaktik, dass in dieser nicht ein Subjekt konzipiert wird, das eine vermeintlich stabile Identität durch literarische Erfahrungen bestätigt, sondern dass es sich vielmehr in dem unvorhersehbaren Spiel des literarischen Textes einer Gefährdung aussetzt. Damit zeigt sich eine Problematisierung des „Subjekt-Diskurses der Literaturdidaktik" (vgl. Baum 2019, S. 35–52): Das Subjekt bildet sich fragmentarisch im Diskurs und steht nicht souverän als Träger des literarischen Diskurses außerhalb von diesem. „Das lesende Subjekt ist passiv und aktiv zugleich. Wer liest, wird stets auch gelesen. Letztlich geht das lesende Subjekt in der Prozessualität und Differenzialität der Schrift auf. Die funktionale Polyvalenz der Schrift führt stets dazu, dass die Lektüre […] überfordert ist" (Baum 2019, S. 132). Form und Inhalt der Literatur werden demgegenüber oft unterkomplex vermittelt und es bleibt unberücksichtigt, dass der vermeintliche Inhalt des literarischen Diskurses von der Form unterminiert, relativiert, in Frage gestellt wird. In Bezug auf das Verhältnis von Literaturdidaktik und Kulturgeschichte lässt sich insofern formulieren: Literatur vermittelt keine lehrbaren Gehalte, sondern problematisiert historische Erfahrungen. In Anlehnung an Mitterer, Baum und Heizmann (vgl. Heizmann 2014) können wir somit formulieren: Der literarische Text ist *anders* als nicht-literarische Texte:

- in sprachlich-stilistischer Hinsicht: Die Verwendung bestimmter Wörter folgt den Kriterien der übertragenen Rede (Metaphern, Symbole); Wörter werden wegen ihres Klangs verwendet (besonders in der Lyrik).
- in strukturell-formaler Hinsicht: In Versen sind die Wörter in der Logik des Metrums angeordnet; Texte folgen (bis zu einem gewissen Grade) der Logik von Gattung und Genre (Gedicht, Roman, Drama; Sonett, Briefroman, Tragödie), wobei diese Logik im Sinne Derridas und Baums wieder dekonstruiert werden kann.

- in semantisch-thematischer Hinsicht: Das Gesagte erhebt keinen Wahrheitsanspruch; der Text zielt auf eine bestimmte Wirkung bei den Rezipient*innen, die nicht in der Mitteilung aufgeht.
- im Blick auf Komik, Ironie, Groteske, Satire: Normen werden thematisiert und in Frage gestellt.
- im Blick auf Bildlichkeit: Symbole/Allegorien und paradoxe Bilder werden verwendet, die sich einer begrifflichen Explikation verweigern.

Die Komplexität und Fremdheit literarischer Erfahrung finden ihr Pendant in Identitätsentwürfen der postmigrantischen Gesellschaft der Gegenwart (vgl. Foroutan 2019), in der Grenzen zwischen Eigenem und Fremdem verschwimmen und Erfahrungen von Hybridität und schwankenden Identitäten in produktive Entwürfe transkultureller Mehrfachzugehörigkeit umgewandelt werden. Dabei wird der Begriff ‚postmigrantisch' analog zu ‚postkolonial' gebildet: Die Gesellschaft der Gegenwart ist durch Migration geprägt; die kulturelle Diversität der Gesellschaft verlangt eine Aufgabe hegemonialer Diskurse (‚Leitkultur'). Die kritische Kulturwissenschaft wendet sich gegen die hegemoniale Repräsentation, bei der die Migrierten in dem Sinne als die Anderen betrachtet werden, dass sie gegen die ‚herrschende' Erwartung verstoßen und insofern unterlegen sind. Die Aufgabe der postmigrantischen Gesellschaft besteht darin, den hegemonialen Blick zu „verlernen" (vgl. Sternfeld 2017) und in kultureller Perspektive Diversität als Gleichberechtigung aller in der Gesellschaft vertretenen Kulturen bzw. als Einsicht in die umfassende Hybridität der kulturellen Identität(en) zu verstehen (vgl. mit Bezug auf Österreich Nagy 2020).

Wenn historische Alterität als Moment der Diversität verstanden werden kann und wenn Diversität in dem hier relevanten Kontext auf ein Denken und eine Erfahrung verweisen soll, bei der die Vielfalt und die Fülle der historischen Erfahrung hervorgehoben werden, dann müssen kritische und alternative Perspektiven auf konventionelle Konzeptionen entwickelt werden. Die Bedeutung von Literatur für das kulturelle Gedächtnis besteht traditionell darin, dass im Kanon repräsentative Texte gesammelt werden, die eine fundamentale Bedeutung für die Träger*innen dieses kulturellen Gedächtnisses haben und deren Identität stiften oder zumindest stabilisieren. Diese konventionelle Perspektive wird dadurch relativiert, dass zunächst bedacht werden muss, dass Geschichte meistens als Geschichte der Sieger*innen geschrieben wird und die kanonischen Texte insofern häufig solche sind, die sich in einem Wettbewerb um Aufmerksamkeit durchgesetzt und andere Texte verdrängt haben. Kanonische Texte werden zumeist mit bestimmten Konstruktionen der Literaturgeschichte verbunden, bei denen repräsentative ‚Epochen' und ‚Strömungen' als kennzeichnend für das betroffene Kollektiv gelten.

Solche Verfahren der affirmativen Stiftung von Tradition sind aber aus heutiger Perspektive kritisch zu bewerten. Denn zum einen erkennen wir Mechanismen der Exklusion, der Verdrängung von Minderheiten und der Bewahrung konventioneller *Genderkonzepte,* und zum anderen ist der nationale Bezugsrahmen fragwürdig geworden, der in traditionellen Konzepten des kulturellen Gedächtnisses im Blick auf deutschsprachige Kultur und Literatur vorherrschend ist. Wenn wir aber von dem Konzept der postmigrantischen Gesellschaft ausgehen, dann kann es nicht mehr das Ziel des Kanons und der Literaturgeschichte sein, das Narrativ einer homogenen Kulturnation zu bestätigen. Vielmehr muss es darum gehen, problematische Entwicklungen der Geschichte zu reflektieren, den Bezug des deutschen kulturellen Gedächtnisses nach außen im Verhältnis zu anderen kollektiven Gedächtnissen und nach innen dessen Heterogenität zu reflektieren. Kanonische Texte und Strömungen wie Aufklärung, Weimarer Klassik und Romantik, aber auch Realismus, Moderne und Nachkriegsliteratur nach 1945 sollten vor diesem Hintergrund in einer kritischen und dekonstruktiven Perspektive betrachtet werden.[1] Mit der „affirmativen Sabotage" (vgl. Castro Varela und Dhawan 2020, S. 214) der Klassiker (in einem weiten Sinne) kann der mit diesen Texten verbundene normative Anspruch kritisch reflektiert und in seinem emanzipatorischen Potential gewürdigt werden; er muss aber auch in dem jeweiligen literarischen Rezeptionsprozess in seinen Grenzen und Defiziten beschrieben werden.

Das kulturelle Gedächtnis, auf das sich deutschsprachige Literatur und ihre Didaktik beziehen (vgl. Assmann 2018), steht also vor der Herausforderung, Diversität in einem hierarchiekritischen Kontext zu reflektieren und nach innen heterogene und hybride und nach außen transnationale Perspektiven zu entwickeln. Vor diesem Hintergrund sind Bezüge der deutschsprachigen Literatur auf das Gedächtnis des Kolonialismus, der Shoah und der Migration grundlegend für einen kritischen Kanon einer postmigrantischen Gesellschaft.

2 Narratologisches Wissen als Einsicht in literarische Alterität: der unzuverlässige Erzähler – Erzähltheorie und didaktische Implikationen

Narratologisches Wissen ist in didaktischer Perspektive kein Selbstzweck, sondern befähigt zur reflektierten Einsicht in die spezifische Alterität des Literarischen. Der literarische Text wird als ein fiktionaler Text gegenwärtig, in dem eine bestimmte Sicht auf Wirklichkeit inszeniert und gegebenenfalls in ihrer eigenen Problematik entfaltet wird. Die literarische Rezeption bedeutet damit keine kritiklose Übernahme der Wirklichkeitsauffassung eines literarischen Textes, sondern deren kritische Reflexion mit dem Ziel, die Herausforderung des Textes auf die eigene Praxis anzuwenden. Es lässt sich feststellen, dass das konventionelle Alltagsbewusstsein häufig durch ein hegemoniales Denken gekennzeichnet ist, das Eigenes und Fremdes in schematischer Weise unterscheidet und die Überlegenheit eines ‚weißen' europäischen Bewusstseins im Inneren gegen ‚Migranten' und im Äußeren gegen die Länder und Kulturen des Globalen Südens behauptet bzw. voraussetzt. Literatur kann dieses konventionelle Alltagsbewusstsein stabilisieren, aber auch unterminieren und problematische, vermeintlich selbstverständliche Gewissheiten in Frage stellen (vgl. Kißling 2020).

---

[1] Texte E.T.A. Hoffmanns liest beispielsweise Ina Henke in dekonstruktiver Perspektive, vgl. Henke 2020.

Wenn sich jetzt die Frage stellt, auf welche Weise literarische Texte konkret diese Kritik des unreflektierten Alltagsbewusstseins ins Werk setzen, so lässt sich in erzählenden Texten narratologisch argumentieren, das heißt in Bezug auf die Erzählperspektive, durch welche die im Text präsentierte Welt den Lesenden vermittelt wird. Dabei spielt das Konzept des unzuverlässigen Erzählens in seinen verschiedenen Variationen eine besonders wichtige Rolle, weil die Reflexion auf die Unzuverlässigkeit der Erzählinstanz zunächst eine Verunsicherung der Rezipient*innen und dann eine vertiefte Reflexion über die dargestellte Wirklichkeit und deren Bezug zur eigenen Erfahrung bewirkt.

Martínez und Scheffel (2003) zeigen in ihrer *Einführung in die Erzähltheorie*, dass der unzuverlässige Erzähler (der *unreliable narrator* nach Booth 1961) vor allem in der Variante des „mimetisch unentscheidbaren Erzählens" (Martínez und Scheffel 2003, S. 103) eine Fremdheit der real-fiktiven Welt dadurch erzeugt, dass „der Eindruck der Unzuverlässigkeit hier nicht nur teilweise und vorübergehend entsteht, sondern unaufgelöst bestehen bleibt und sich in eine grundsätzliche *Unentscheidbarkeit* bezüglich dessen, was in der erzählten Welt der Fall ist, verwandelt" (Martínez und Scheffel 2003, S. 103). Aus dieser irritierenden Erfahrung kann sich eine produktive literarische Rezeption entwickeln, weil automatisierte Zugänge zur Wirklichkeit problematisiert und konventionelle Begriffe in Frage gestellt werden. Angesichts einer in sich widersprüchlichen literarischen Welt werden die literarischen Rezipient*innen vor die Aufgabe gestellt, in einem mehrdeutigen und ambigen Kontext eine Position im Sinne einer „Artikulation" (vgl. Laclau 2002, S. 92–93) zu entwickeln und damit auf die Problematik der präsentierten erzählten Welt zu reagieren.

Von diesem gewissermaßen umfassenden unzuverlässigen Erzählen, das auf eine ontologische Unsicherheit verweist, mit der ein literarischer Text die Unmöglichkeit indiziert, gesicherte Aussagen über die Welt zu machen und deren grundsätzliche Vieldeutigkeit und damit Rätselhaftigkeit behauptet, kann man mit Kindt und Köppe ein anderes unterscheiden, das sie „axiologisch unzuverlässig" nennen (vgl. Kindt und Köppe 2014, S. 250–256), was meint, dass es in seinen Werthaltungen widersprüchlich ist: „*Der fiktive Erzähler eines fiktionalen Erzähltextes ist genau dann axiologisch unzuverlässig, wenn seine Wertauffassungen den durch den Text im ganzen ausgedrückten Wertauffassungen nicht entsprechen*" (Kindt und Köppe 2014, S. 253, Hervorhebung i. O.). Hier ergeben sich Bezüge zur Dekonstruktion, indem innerhalb eines Textes Positionen aufgebaut und in Frage gestellt werden. Kindt und Köppe verweisen auf „Interpretationen, denen zufolge das unzuverlässige Erzählen ein spezifisch modernes (oder modernistisches) Phänomen ist, mit dem das Erzählen selbst problematisiert wird" (Kindt und Köppe 2014, S. 254).

In didaktischer Perspektive ist dieses Phänomen von besonderer Relevanz, weil Schüler*innen als Rezipient*innen die dargebotene fiktive Welt nicht identifikatorisch und kritiklos einfach aufnehmen, sondern dazu genötigt werden, die Werte und Normen, die in Bezug auf die dargestellte fiktive Welt eingeführt und angewendet werden, kritisch zu reflektieren. Und in der Applikation auf ihre eigene Praxis sind sie ebenfalls aufgefordert, sich mit den präsentierten und problematisierten Normen und Werten kritisch auseinanderzusetzen.

3 Wiederaufnahme: Kleists *Verlobung in St. Domingo*

Der Plot: Eine Gruppe ‚Weißer‘ unter der Führung des Schweizers Gustav von Ried begehrt Schutz bei der „Mulattin“ Babekan und ihrer Tochter Toni, einer „Mestizin“. Diese haben unter der Leitung von Congo Hoango ‚Weiße‘ in das ehemalige Herrenhaus gelockt, woraufhin diese getötet wurden. Gustav wird eingelassen, bleibt über Nacht und verliebt sich in die schöne (und relativ hellhäutige) Toni. Als Congo Hoango und seine Männer überraschend in dem Haus ankommen, fesselt Toni Gustav, in den sie sich ebenfalls verliebt hat, in der Absicht, seine Rettung zu befördern. Gustav glaubt sich von ihr getäuscht, erschießt sie und anschließend sich selbst, als ihn die hinzugekommenen Mitglieder seiner Familie über seinen fatalen Irrtum aufklären. In Gustavs Schweizer Heimat erinnert ein Denkmal an das ungleiche Paar.

Konventionelle Interpretationen, die sich im Literaturunterricht als spontane Zugänge zu dem Text spiegeln können, beschreiben einen problematischen Kampf der ‚Rassen‘ in Sankt Domingo. Dabei kann die Liebe Tonis als die Manifestation einer ‚schönen Seele‘ erscheinen, die den Antagonismus der ‚Rassen‘ überwindet. Wilhelm Grimm erklärte etwa, dass „die Allgewalt der Liebe allen Trug und Lug eines mißleiteten Mädchenherzens durchbricht und die edle Natur aus ihrer Unterdrückung zum höchsten Gipfel der Freiheit hinaufhebt“ (zitiert nach Kleist 2017, S. 65). Wichtig ist die Bedeutung von Parallelgeschichten von der ‚schwarzen‘ Sklavin, die ihren Herrn mit Gelbfieber ansteckt; und von Gustavs ‚weißer‘ Verlobten, die für ihn in den Tod geht. Damit ließen sich die Eigenschaften der Treue und Zuverlässigkeit der ‚weißen‘ und Verrat und Gemeinheit der ‚schwarzen‘ Frau zuordnen. Toni erscheint in diesen Lesarten als eine ‚schöne Seele‘, die eine moralische Wandlung durchmacht und damit sozusagen ‚weißer‘ wird. ‚Vertrauen‘ wird als ein zentrales Motiv identifiziert; Toni sagt: „du hättest mir nicht misstrauen sollen“ (Kleist 2017, S. 41). Solche Deutungen beruhen auf einem unkritischen Beharren auf dem automatisierten ‚Rasse‘-Diskurs der Zeitgenossen Kleists.

Demgegenüber verstehen wir im Kontext der Alterität der Literatur und der Referenz auf narratologisches Wissen die in sich inkonsistente Erzählperspektive als ein zentrales Moment des Textes, der widersprüchliche Einschätzungen und Bewertungen enthält und somit – wie oben dargelegt – als axiologisch unzuverlässig bezeichnet werden kann. Im Folgenden sind die negativen Bewertungen der Rebellen kursiv markiert, während die Verständnis artikulierenden und Ursachen und Motive für deren Verhalten erläuternden Formulierungen durch Unterstreichung gekennzeichnet sind:

- als die Schwarzen die Weißen *ermordeten,* ein *fürchterlicher alter Neger,* namens Congo Hoango.
- Dieser von der Goldküste von Afrika herstammende Mensch, <u>der in seiner Jugend von treuer und rechtschaffener Gemütsart schien,</u> <…> konnten alle

diese Beweise von Dankbarkeit Herrn Villeneuve vor der *Wut dieses grimmigen Menschen* nicht schützen. Congo Hoango war, *bei dem allgemeinen Taumel der Rache, der auf die unbesonnenen Schritte des National-Konvents in diesen Pflanzungen aufloderte,* einer der Ersten, der die Büchse ergriff, und, <u>eingedenk der Tyrannei, die ihn seinem Vaterlande entrissen hatte, seinem Herrn die Kugel durch den Kopf jagte.</u>

- Ja, er forderte, *in seiner unmenschlichen Rachsucht,* sogar die alte Babekan mit ihrer Tochter, einer jungen fünfzehnjährigen Mestize, namens Toni, auf, *an diesem grimmigen Kriege,* bei dem er sich ganz verjüngte, Anteil zu nehmen;
- <u>Babekan, welche infolge einer grausamen Strafe, die sie in ihrer Jugend erhalten hatte, an der Schwindsucht litt,</u> pflegte in solchen Fällen die junge Toni, die, wegen ihrer ins Gelbliche gehenden Gesichtsfarbe, *zu dieser grässlichen List* besonders brauchbar war, mit ihren besten Kleidern auszuputzen; sie ermunterte dieselbe, den Fremden keine Liebkosung zu versagen, bis auf die letzte, die ihr bei Todesstrafe verboten war: und wenn Congo Hoango mit seinem Negertrupp von den Streifereien, die er in der Gegend gemacht hatte, wiederkehrte, war unmittelbarer Tod das Los der Armen, die sich durch diese Künste hatten täuschen lassen. (Kleist 2017, S. 8–9)

Diversität: *race* und *gender*

Weitere Momente der Erzählung stellen die im Oberflächendiskurs vorherrschende binäre Opposition ‚schwarz-weiß' in Frage:

- Gustav fragt Babekan: „seid ihr eine Negerin?" (Kleist 2017, S. 5) – Toni erklärt: „Ich bin eine Weiße" (Kleist 2017, S. 38); Gustav „wechselt die Farbe" (Kleist 2017, S. 39);
- die hybriden Figuren, die im Kontext der rassistischen Zuschreibungen als „Mulattin" und „Mestizin" definiert werden, verunsichern den Rassendiskurs (oft in Verbindung mit der Farbe Gelb);
- Gustav imaginiert ein Zusammenleben mit Toni in der Schweiz: „die Diagnose einer neuen Welt, in der sich neben den Zeichen der Zerstörung <die mit der binären Ordnung verknüpft sind> erste Anzeichen eines friedvollen Zusammenlebens abzeichnen" (Ette in Blänkner 2013, S. 223).
- „Ist Gustav nicht daran gescheitert, dass er die schöne Mulattin entweder den Schwarzen oder den Weißen, nicht aber einer unabschließbaren Bewegung im Dazwischenraum zuordnen wollte?" (Ette in Blänkner 2013, S. 223)
- Auch Toni ist (am Ende) als ‚Kollaborateurin' dem binären Denken verhaftet.
- Im Blick auf eine intersektionale Perspektive erkennen wir eine Verknüpfung von *race* und *gender,* aber ein aktives Verhalten Tonis, das die Klischees von *gender* sprengt.

4   Fazit I: Narratologie, Alterität und Diversität

Die didaktische Funktion des narratologischen Wissens liegt in der kritischen Analyse der Konsistenz des Textes und im Umgang mit widersprüchlichen Inszenierungen von Wirklichkeit. Konkret wird die Einsicht in die Inkonsistenz rassistischer Muster vermittelt, sodass wir von einem „Verlernen" des hegemonialen Blicks (vgl. Sternfeld 2017) sprechen können. Weiterhin ergibt sich in eindrücklicher Weise die Einsicht in die Sinnlosigkeit der Frage nach der Position des Autors; stattdessen wird die systematische Analyse des Funktionierens eines ambigen und mehrdeutigen Textes ermöglicht. Der literarische Text, so können die Schüler*innen erkennen, bietet keine positive Darstellung einer konventionellen, aber auch nicht die einer ,anderen Wahrheit', sondern führt die Notwendigkeit vor Augen, dass die Lesenden aus der Reflexion seiner Widersprüche je eigene Konsequenzen ziehen (vgl. hierzu auch Henke 2022, i. Dr.).

5   Fazit II: Emanzipation – Applikation und Aktualisierung

Literatur wird auf diese Weise zu einem Reflexionsraum grundsätzlicher Fragen von Wahrnehmung und Wirklichkeitsbezug, und die Literaturdidaktik stellt ihrerseits die Frage nach den Funktionen der Auseinandersetzung mit Literatur. Dabei lassen sich Alterität und Diversität als Momente literarischer Erfahrung und didaktischer Reflexion festmachen. Historische Perspektivierung erzeugt eine Entlastung und bietet einen geschützten Reflexionsraum, während narratologisches Wissen eine sachliche Grundlage für eine kritische Textinterpretation bereitstellt. Weiterhin stellt sich die Frage nach Bezügen zwischen dem oberflächlichen *race*-Diskurs von Kleists Text und heutigen Diskursen, wobei konkret eine Auseinandersetzung mit heute noch relevanten rassistischen Zuschreibungen ermöglicht wird. Im Gegenzug erscheint Hybridität, die in Kleists Text als utopische Möglichkeit aufscheint (vgl. Ette in Blänkner 2013), als mögliches Leitkonzept einer postmigrantischen Gesellschaft, sodass eine Positionierung der Schüler*innen innerhalb dieser Diskurse möglich und notwendig wird.

Zusammenfassend veranschauliche ich die verschiedenen Dimensionen der didaktischen Analyse von Kleists Erzählung:

Alterität
   Die Schüler*innen können

- die Fremdheit des literarischen Textes als De-Automatisierung konventioneller Wirklichkeitsauffassungen verstehen;

- die implizite und explizite Dekonstruktion konventioneller Wahr-
nehmungsmuster als Moment der literarästhetischen Erfahrung verstehen;
- narratologische Befunde als Momente analytischer Reflexion der literarästhetischen Erfahrung verstehen;
- das Vorkommen eines unzuverlässigen Erzählers als Ausdruck einer
ambivalenten und widersprüchlichen Wirklichkeitserfahrung verstehen.

Diversität I: Inter- und Transkulturalität
   Die Schüler*innen können

- kulturelle Differenz als Moment literarischer Texte erkennen;
- rassistische binäre Ordnungen als mögliche Elemente literarischer Texte
erkennen;
- Erzählperspektiven als Ausdruck der Inszenierung kultureller Differenz
erkennen.

Diversität II: *gender*
   Die Schüler*innen können

- *gender* als Teil des kulturellen Gedächtnisses und des Weltwissens verstehen;
- literarische Texte als Ausdruck der Spannung von *gender* deuten;
- binäre Geschlechterordnungen als Momente von Herrschaft erkennen.

Emanzipation
   Die Schüler*innen können

- die Möglichkeit eines anderen Zugangs zur Wirklichkeit erkennen und
reflektieren;
- das Denken in binären Ordnungen *(race, gender)* ‚verlernen‘;
- Konsequenzen für die je eigene Haltung und Praxis reflektieren.

Literatur

Assmann, Aleida. 2018. *Der lange Schatten der Vergangenheit. Erinnerungskultur und Geschichtspolitik*, 3. Aufl. München: Beck.
Baum, Michael. 2019. *Der Widerstand gegen Literatur. Dekonstruktive Lektüren zur Literaturdidaktik.* Bielefeld: transcript.
Booth, Wayne C. 1961. *Rhetoric of Fiction.* Chicago, London: The University of Chicago Press.
Brune, Carlo. 2020. *Literarästhetische Literalität. Literaturvermittlung im Spannungsfeld von Kompetenzorientierung und Bildungsideal.* Bielefeld: transcript.
Castro Varela, Maria do Mar, und Nikita Dhawan. 2020. *Postkoloniale Theorie. Eine kritische Einführung*, 3. Aufl. Bielefeld: transcript.
Ette, Ottmar. 2013. Kleist – Karibik – Konvivenz. „Die Verlobung in St. Domingo“ als Erprobungsraum künftigen Zusammenlebens. In *Heinrich von Kleist Novelle Die Verlobung*

in St. Domingo. Literatur und Politik im globalen Kontext um 1800. Hrsg. Reinhard Blänkner, 187–224. Würzburg: Königshausen & Neumann.

Foroutan, Naika. 2019. *Die postmigrantische Gesellschaft: Ein Versprechen der pluralen Demokratie.* Bielefeld: transcript.

Frederking, Volker. 2013. Identitätsorientierter Literaturunterricht. In *Taschenbuch des Deutschunterrichts,* Hrsg. Volker Frederking, Axel Krommer, und Christel Erika Meier. Band 2: Literatur- und Mediendidaktik, 2. Aufl., 427–470. Baltmannsweiler: Schneider Hohengehren.

Henke, Ina. 2020. *Weiblichkeitsentwürfe bei E.T.A. Hoffmann. "Rat Krespel", "Das öde Haus" und "Das Gelübde" im Kontext intersektionaler Narratologie.* Berlin/Boston: De Gruyter.

Henke, Ina. 2022 (i. Dr.). „Man sagt den polnischen Frauen nach, daß ein eignes launisches Wesen sie auszeichne" – Geschlechter- und Fremdheitsbilder in den Texten E.T.A. Hoffmanns und ihre Impulse für eine kulturwissenschaftlich orientierte Literaturdidaktik. In *Neue Perspektiven einer kulturwissenschaftlich orientierten Literaturdidaktik,* Hrsg. Michael Hofmann, Miriam Esau, und Siegrid Thielking. Würzburg: Königshausen & Neumann.

Heizmann, Felix. 2014. „denn alles könnte gar keinen Sinn ergeben". Literarisches Lernen durch Erfahrungen mit Alterität im Gespräch mit Grundschulkindern. In *„Seit ein Gespräch wir sind und hören voneinander". Das Heidelberger Modell des Literarischen Unterrichtsgesprächs in Theorie und Praxis,* Hrsg. Marcus Steinbrenner, Johannes Mayer, Bernhard Rank, und Felix Heizmann, 305–336. Baltmannsweiler: Schneider Hohengehren.

Kindt, Tom Oliver, und Tilmann Arndt Köppe. 2014. *Erzähltheorie. Eine Einführung.* Stuttgart: Reclam.

Kißling, Magdalena. 2020. *Weiße Normalität. Perspektiven einer postkolonialen Literaturdidaktik.* Bielefeld: Aisthesis.

Kleist, Heinrich von. 2017. *Die Verlobung in Sankt Domingo. Textausgabe mit Kommentar und Materialien,* Hrsg. Mario Leis. Stuttgart: Reclam.

Laclau, Ernesto. 2002. *Emanzipation und Differenz.* Aus dem Englischen von Oliver Marchart. Wien: Turia und Kant.

Martínez, Matías, und Michael Scheffel. 2003. *Einführung in die Erzähltheorie,* 4. Aufl. München: Beck.

Mitterer, Nicola. 2016. *Das Fremde in der Literatur. Zur Grundlegung einer responsiven Literaturdidaktik.* Bielefeld: transcript.

Nagy, Hajnalka. 2020. *Erzähl mir Österreich. Transkulturelle Erinnerungsarbeit in kulturwissenschaftlicher Theorie und deutschdidaktischer Praxis.* Klagenfurt: unveröff. Habilitationsschrift.

Sternfeld, Nora. 2017. *Der langsame und zähe Prozess des Verlernens immer schon gewusster Machtverhältnisse.* http://www.migrazine.at/artikel/der-langsame-und-zahe-prozess-des-verlernens-immer-schon-gewusster-machtverhaltnisse. Zugegriffen: 30. August 2022.

Weiterführende Literatur

Bay, Hans-Jörg. 1998. „Als die Schwarzen die Weißen ermordeten": Nachbeben einer Erschütterung des europäischen Diskurses in Kleists *Verlobung in St. Domingo. Kleist Jahrbuch:*87–108.

Bhabha, Homi. 1994. *The Location of Culture.* London und New York: Routledge. Deutsche Ausgabe: Bhaba, Homi. 2000. *Die Verortung der Kultur.* Übers. M. Schiffmann, und J. Freudl. Tübingen: Stauffenberg.

Blänkner, Reinhard, Hrsg. 2013. *Heinrich von Kleists Novelle Die Verlobung in St. Domingo. Literatur und Politik im globalen Kontext um 1800.* Würzburg: Königshausen & Neumann.

Breuer, Ingo, Hrsg. 2013. *Kleist Handbuch. Leben – Werk – Wirkung.* Stuttgart und Weimar: Metzler.

Dürbeck, Gabriele, und Axel Dunker, Hrsg. 2016. *Postkoloniale Germanistik.* Bielefeld: Aisthesis.

Castro Varela, Maria do Mar. 2007. *Verlernen und die Strategie des unsichtbaren Ausbesserns.* Bildung und Postkoloniale Kritik. https://www.linksnet.de/artikel/20768. Zugegriffen: 31. August 2022.

Dunker, Axel. 2007. *Kontrapunktische Lektüren. Koloniale Strukturen in der deutschsprachigen Literatur des 19. Jahrhunderts.* Paderborn: Fink.

Ette, Ottmar. 2017. *WeltFraktale. Wege durch die Literaturen der Welt.* Stuttgart: Metzler.

Göttsche, Dirk, Axel Dunker, und Gabriele Dürbeck, Hrsg. 2017. *Handbuch Postkolonialismus und Literatur.* Stuttgart: J.B. Metzler.

Gribnitz, Barbara. 2002. *Schwarzes Mädchen, weißer Fremder. Studien zur Konstruktion von „Rasse" und Geschlecht in Heinrich von Kleists Erzählung Die Verlobung in St. Domingo.* Würzburg: Königshausen & Neumann.

Hamann, Christof, und Michael Hofmann, Hrsg. 2009. *Kanon heute. Literaturwissenschaftliche und fachdidaktische Perspektiven.* Baltmannsweiler: Schneider Hohengehren.

Hofmann, Michael. 2006. *Interkulturelle Literaturwissenschaft. Eine Einführung.* Paderborn: Fink.

Hofmann, Michael. 2021. Eine literarische Begegnung mit Abya Yala (‚Lateinamerika'). Beispiel einer Global Citizen Education im Deutschunterricht. *ide. Informationen zur Deutschdidaktik* 4:68–80.

Hofmann, Michael, und Iulia-Karin Patrut. 2015. *Einführung in die interkulturelle Literatur.* Darmstadt: wbg.

Holdenried, Michaela. 2022. *Interkulturelle Literaturwissenschaft.* Stuttgart: Metzler.

Knittel, Anton Philipp, und Inka Kording, Hrsg. 2003. *Heinrich von Kleist. Neue Wege der Forschung.* Darmstadt: wbg.

Spinner, Kaspar H. 2022. *Literarisches Lernen. Mit einem Nachwort von Hans Lösener.* Stuttgart: Reclam.

Spivak, Gayatri Chakravorty. 1988. Can the Subaltern speak? In *Marxism and the Interpretation of Culture,* Hrsg. Cary von Nelson und Lawrence Grossberg, 66–111. Chicago: University of Illinois Press.

Spivak, Gayatri Chakravorty. 2012. *An Aesthetic Education in the Era of Globalization.* Cambridge/Massachusetts, London: Harvard University Press.

Uerlings, Herbert. 1991. Preußen in Haiti? Zur interkulturellen Begegnung in Kleists *Verlobung in St. Domingo. Kleist Jahrbuch*:185–201.

Uerlings, Herbert, und Iulia-Karin Patrut, Hrsg. 2012. *Postkolonialismus und Kanon.* Bielefeld: Aisthesis.

Weigel, Sigrid. 1991. Der Körper am Kreuzpunkt von Liebesgeschichte und Rassediskurs in Heinrich von Kleists Erzählung *Die Verlobung in St. Domingo. Kleist Jahrbuch*:202–217.

Wintersteiner, Werner. 2006. *Transkulturelle literarische Bildung. Die „Poetik der Verschiedenheit" in der literaturdidaktischen Praxis.* Innsbruck, Wien und Bozen: Studien Verlag.

Wintersteiner, Werner. 2022. *Poetik der Verschiedenheit. Literatur, Bildung, Globalisierung.* Klagenfurt: Drava.

Wider die Rezeptionsästhetik?

Transmediale und transgenerische Unzuverlässigkeit in den Kinder- und Jugendmedien aus wirkungsästhetischer Perspektive

Stefanie Jakobi

Zusammenfassung

Der Beitrag untersucht erzählerische Unzuverlässigkeit aus wirkungs-ästhetischer Perspektive und diskutiert narratologische Strukturen und narrative Strategien unzuverlässigen Erzählens, die in der unterrichtlichen Auseinandersetzung mit Gegenständen aus dem Bereich der Kinder- und Jugendmedien erarbeitet werden können. Im Beitrag sollen die genannten Strukturen und Strategien exemplarisch an Jutta Bauers *Opas Engel* (2003) und Ulrich Hubs *Füchse lügen nicht* (2015) aufgezeigt werden, um erzählerische Unzuverlässigkeit als transmediales und transgenerisches Phänomen zu bestimmen.

Erich Kästners Ballade *Die Sache mit den Klößen* endet (vermeintlich) mit einer Absage an das Lügen, Renommieren oder – im Duktus dieses Beitrags – unzuverlässige Erzählen, hat doch „das Renommieren […] zu Zeiten auch seine großen Schattenseiten" (Kästner 2014, o. S.). Abgemildert wird diese Absage, da sich die Ballade auf Text- und Bildebene selbst der Erzählstrategie des Renommierens bedient – so quellen die Augen des Klöße-Essers Peter nach dem Verzehr von mehr als zehn Klößen sichtbar aus dem Kopf, so wird sein Körper „langsam kugelrund" (Kästner 2014, o. S.) und so rettet ihm nur eine hohe Krankenhausrechnung das Leben. Ganz ohne Schattenseiten erzählen der lyrische Text und die begleitenden Bilder vor dem Hintergrund dieser ironischen Überspitzung somit unzuverlässig (s. Abb. 1).

S. Jakobi (✉)
FB 10: Sprach- und Literaturwissenschaften, Universität Bremen, Berlin, Deutschland
E-Mail: jakobist@uni-bremen.de

S. Bernhardt und I. Henke (Hrsg.), *Erzähltheorie(n) und Literaturunterricht*,
Deutschdidaktik, https://doi.org/10.1007/978-3-662-66918-1_7

Abb. 1   ‚Unzuverlässiges' Klöße-Essen (Kästner 2014, o. S.)

Erkennbar werden an diesem Beispiel drei Aspekte, die erkenntnisleitend für den Beitrag sein werden: erstens, dass unzuverlässiges Erzählen auch in lyrischen Texten vorkommen kann, somit ein transgenerisches Phänomen darstellt. Zweitens, dass auch über Bilder sowie das intermodale Zusammenspiel von Bild und Text unzuverlässig erzählt werden kann, unzuverlässiges Erzählen sich somit als transmediales Phänomen offenbart, und drittens, dass auch der Bereich der Kinder- und Jugendmedien ein zentrales Feld für die Untersuchung unzuverlässigen Erzählens sein kann. Um diese drei Aspekte aus wirkungsästhetischer[1] Perspektive nachzuverfolgen, wird zunächst mit einer Arbeitsdefinition des unzuverlässigen Erzählens begonnen.

Warum eine Arbeitsdefinition? Begründen lässt sich dies vor dem Hintergrund der von Janina Jacke vorgenommenen Problematisierung des Begriffes. Sie weist aus: „In der Tat ist unzuverlässiges Erzählen ein Konzept, das nicht sonderlich exakt bestimmt ist – und dies ist nicht unproblematisch." (Jacke 2020, S. 2) Mit dieser Ausweisung lässt sich das unzuverlässige Erzählen als ‚typisch' geisteswissenschaftliches Phänomen bestimmen, markiert Werner Wolf doch, dass „Begriffe […] in den Geisteswissenschaften zur Instabilität tendieren" (Wolf 2014, S. 11) und stetig Prozessen der „Neu- und Umbildung" (Wolf 2014, S. 11) unterworfen würden. Die von Jacke ausgewiesene fehlende Exaktheit der Bestimmung ist somit nicht als Negation des durchaus virulenten Forschungsdis-

---

[1] Der Fokus liegt somit auf dem „von konkreter Rezeption unabhängige[n] Wirkungspotential von Kunstwerken als Gesamtheit der ihre Rezeption aktivierenden, steuernden und einschränkenden Elemente" (Böhn 2007, S. 832) und nicht auf den „konkreten, vielerlei historischen Bedingungen und Veränderungen unterliegenden Akten der Rezeption" (Böhn 2007, S, 832).

kurses zum unzuverlässigen Erzählen und der Begriffsarbeit an diesem zu verstehen, sondern vielmehr als Ausdruck eben dieser Virulenz, die gleichermaßen zur Ausweitung und Eingrenzung der mit dem Begriff beschriebenen Gegenstandsbereiche führt.

Um diese Problematik zu umgehen, stützt sich der Beitrag im Folgenden auf eine Minimaldefinition des unzuverlässigen Erzählens. Diese folgt Christoph Bode, der unzuverlässiges Erzählen als Sonderfall des Erzählens definiert, bei dem den Rezipierenden Hinweise gegeben werden, dem Erzählten zu misstrauen (vgl. Bode 2011, S. 261). Als Ausgangsbasis für die Beschäftigung eignet sich Bodes Definition, weil er dezidiert den Fokus auf die Unglaubwürdigkeit der Erzählung legt und weniger – wie es z. B. in der bekannten Begriffsbestimmung von Wayne C. Booth der Fall ist – auf die Unglaubwürdigkeit der Erzählenden.

An diese Arbeitsdefinition schließt sich nunmehr die Bestimmung von Unzuverlässigkeit als transmediales und transgenerisches Phänomen an: Unzuverlässigkeit gehört zu den Phänomenen, die zwar medienunspezifisch sind, deren Inszenierung jedoch wiederum an medienspezifische Mittel gebunden ist (vgl. Rajewsky 2002, S. 12). Eine transmediale sowie transgenerische Erzähltheorie geht Peter Hühn und Jörg Schönert zufolge davon aus, „dass Erzählen als anthropologisch universelle (kulturen- und epochenübergreifende) Praxis im Strukturieren von Erfahrungen, in der Konstitution von Sinn und im Vermitteln von Bedeutung auch als Basisoperation" (Hühn und Schönert 2007, S. 1) für Gattungen über die Epik hinaus angewendet werden kann. Mit dieser Perspektivierung soll unzuverlässiges Erzählen als Phänomen somit für sämtliche kinder- und jugendmediale Inszenierungen über die Gattungsgrenzen hinweg nutzbar gemacht werden.

1 Eine Beschäftigung in ‚Kinderschuhen'?

Zurückgegriffen werden kann in diesem Zusammenhang nur bedingt auf Beiträge zur Unzuverlässigkeit in Kinder- und Jugendmedien, steckt eine transmediale Beschäftigung mit dem Phänomen in der Kinder- und Jugendmedienforschung doch noch in den ‚Kinderschuhen', wie Sonja Klimek konstatiert (vgl. Klimek 2017, S. 44).

Diese Kinderschuhe drücken umso mehr, wenn man sich Klimeks in Ansätzen erfolgende Auseinandersetzung mit unzuverlässigem Erzählen in Bilderbuch und Film anschaut. Bezeichnenderweise betitelt sie ihre Auseinandersetzung selbst als „Übertragung" (Klimek 2017, S. 41). In der Tat offenbaren sich ihre exemplarischen Analysen vorrangig als Übertragungen literarischer Unzuverlässigkeitstopoi auf andere Medien. Damit wird jedoch die Medienspezifik der Inszenierung außer Acht gelassen, wie sie Matthias Brütsch bspw. in seiner vergleichenden Betrachtung von filmischer und literarischer Unzuverlässigkeit herausarbeitet (vgl. Brütsch 2014, S. 61). Die Vernachlässigung der Medienspezifik offenbart das Fehlen einer genuin transmedialen Perspektive im kinder- und jugendmedialen Diskurs.

Ein Blick in die Forschung offenbart zudem, dass transgenerische Unzuverlässigkeit ein Desiderat nicht nur der Kinder- und Jugendmedienforschung, sondern ebenfalls der transmedialen und transgenerischen Narratologie generell darstellt (vgl. Nünning und Schwanecke 2015, S. 318–319). Dieses Desiderat erscheint gerade in Bezug auf das Drama laut Ansgar Nünning und Christine Schwanecke u. a. angesichts der Fülle von unzuverlässigen Instanzen in dramatischen Texten und auf der Bühne (vgl. Nünning und Schwanecke 2015, S. 39) als überraschend. Zu den von Nünning und Schwanecke herausgearbeiteten unzuverlässigen Instanzen zählen sowohl „extra-diegetische Erzähl- oder Fokalisierungsinstanzen" (Nünning und Schwanecke 2015, S. 39) als auch diegetische Figuren (vgl. Nünning und Schwanecke 2015, S. 39). Für die diegetischen Figuren kann diese Einschätzung als unzuverlässig angesichts dramenspezifischer Rederichtungen und Gesprächsformen – wie dem Botenbericht oder der Teichoskopie – genuin dramentheoretisch begründet werden. Für die „extra-diegetischen Erzähl- oder Fokalisierungsinstanzen" (Nünning und Schwanecke 2015, S. 39) hingegen weniger, implizieren Nünning und Schwanecke doch damit die Übertragung der genetteschen Konzepte ,narrative Stellung von Erzählinstanzen' und ,Fokalisierung' vom Erzähl- auf den Dramentext. Sie rütteln damit an der generischen und medialen Differenz zwischen Spielen und Erzählen, die nicht nur gattungstheoretisch Kontinuität besitzt, wie Thomas Boyken in seiner Rezension des *Handbuchs der Kinder- und Jugendmedien* betont. Er führt aus, dass Dramen „auf den Medienwechsel angelegt [sind] und […] im dramatischen Modus [stehen]. Narrative Elemente sind insofern relevant, als Figuren zu Erzählern werden." (Boyken 2021, S. 170) Diese Differenz ist – nach Johannes Mayer – ebenso für die Theaterwissenschaft zentral (vgl. Mayer 2019, S. 124).

Über eine gleichsam transgenerische und transmediale narratologische Perspektive lässt sie sich jedoch auflösen. So argumentiert Alexander Weber für eine Nutzbarmachung narratologischer Konzepte für die Auseinandersetzung mit dramatischen Inszenierungen (vgl. Weber 2017, S. 38) und betont in diesem Zusammenhang das Vorhandensein einer permanenten Erzählinstanz in dramatischen Texten, die sich insbesondere funktional bemerkbar mache (vgl. Weber 2017, S. 171). Ebenso argumentieren Hühn und Schönert für eine Ausweitung narratologischer Konzepte auf die Lyrik (vgl. Hühn und Schönert 2007, S. 3).

Dramatische Unzuverlässigkeit ist bei Nünning und Schwanecke weiterhin an die Diskrepanz zwischen den genannten erzählenden, fokalisierenden und perspektivierenden Instanzen innerhalb der Dramenhandlung und dem Publikum geknüpft (vgl. Nünning und Schwanecke 2015, S. 338). Gleichsam bedarf dramatische Unzuverlässigkeit nach Nünning und Schwanecke eines kognitiven Prozesses seitens der Rezipierenden (vgl. Nünning und Schwanecke 2015, S. 338). Dies knüpft an Nünnings Rekonzeption des unzuverlässigen Erzählens als relationales Phänomen resultierend aus Autor*innenautorität, textuellen Signalen und Leser*innen an (vgl. Nünning 2008, S. 31). Dieser Fokus auf die Rezipierenden prägt auch den kinder- und jugendmedialen Forschungsdiskurs und soll folgend als ursächlich für die bis dato immer noch sehr knappe Beschäftigung mit transmedialer und transgenerischer Unzuverlässigkeit in der Kinder- und Jugendmedienforschung bestimmt werden.

2   Unzuverlässiges Erzählen als (relative) Lücke?

Dieses Urteil lässt sich ein Stück weit auch für literarische Unzuverlässigkeit konstatieren. So bleiben die „Beiträge, die sich mit erzählerischer Unzuverlässigkeit in der Kinder- und Jugendliteratur befassen, bislang überschaubar" (Wallraff 2020, S. 145), wie Nana Wallraff, den Forschungsstand nachzeichnend, postuliert.

Dieses Postulat besitzt Kontinuität, verweist Yvonne Wolf doch bereits 2005 auf die fehlende Auseinandersetzung mit kinder- und jugendliterarischer Unzuverlässigkeit in der Kinder- und Jugendliteraturforschung. Als ursächlich bestimmt sie einerseits deren defizitäre narratologische Untergründung, andererseits jedoch auch das – unterstellte – Überschaubar-Bleiben unzuverlässiger Erzählender in der Kinder- und Jugendliteratur (vgl. Wolf 2005, S. 262). Grund für die stets zuverlässigen kinder- und jugendliterarischen Erzählenden sei – so Wolf –, dass Unzuverlässigkeit die „Fähigkeit zur Distanzierung" (Wolf 2005, S. 262) verlange. Ähnlich argumentiert auch Manja Kürschner: „Das Phänomen des unzuverlässigen Erzählens in fiktionalen Texten ist also das Ergebnis einer Lesestrategie, deren Funktion es ist, Nichtverstehen abzubauen." (Kürschner 2014, S. 29) Über diese Lesekompetenzen und Lesestrategien würden kindliche und auch noch jugendliche Lesende kaum verfügen (vgl. Kürschner 2014, S. 29).[2]

Wenngleich eine literaturwissenschaftlich orientierte Kinder- und Jugendliteraturforschung seit Wolfs These durchaus narratologisch bzw. literaturtheoretisch ,nachgeholt' hat, hält sich der Fokus auf die Kompetenzen der Lesenden in diesem Zusammenhang hartnäckig: So scheint Klimek zwar das Korpus unzuverlässig erzählender kinder- und jugendliterarischer Texte zu erweitern, indem sie Texte für jüngere Lesende aufgreift (vgl. Klimek 2017). Sie grenzt diese Erweiterung jedoch funktional ein. Das ,Problem' der fehlenden kindlichen Lesekompetenz ,löst' sie beispielsweise, indem sie Unzuverlässigkeit an Doppelsinnigkeit im Kontext von realistischem und fantastischem Erzählen knüpft (vgl. Klimek 2017, S. 41). Damit grenzt sie das unzuverlässige kinder- und jugendmediale Korpus ein, stellen doppelsinnige Texte und Medien doch nur einen kleinen Teil des kinder- und jugendmedialen Œuvres dar. Weiterhin löst die Verknüpfung von Doppelsinnigkeit und Unzuverlässigkeit die benannte Spannung zwischen kindlicher Kompetenz und erzählerischer Unzuverlässigkeit nicht auf. Neben dieser funktionalen bemüht sich Klimek um eine normative Grenzziehung: Sie schließt nicht integre Erzählfiguren aus dem Korpus unzuverlässig erzählender kinder- und jugendliterarischer Texte weitgehend aus, bürgen diese doch die Gefahr einer Übernahme problematischer Werte und Normen (vgl. Klimek 2017, S. 44).

---

[2]Eine identische Argumentationsstrategie führt Carsten Gansel an, fordere unzuverlässiges Erzählen doch einen „aufmerksamen Leser" (Gansel 2016, S. 74) ein. Gleichermaßen wirbt Gansel jedoch für eine Beschäftigung mit dem unzuverlässigen Erzählen in der Kinder- und Jugendliteratur (vgl. Gansel 2016, S. 75), ein Auftrag, dem hiermit Folge geleistet wird.

Den von Wolf und Klimek vorgenommenen (unterschiedlich weiten) Eingrenzungen und der vorgenommenen Ursachenbestimmung liegt, so soll hier argumentiert werden, ein rezeptionsästhetischer Ansatz zugrunde: Distanz – als Grundbedingung des Erkennens unzuverlässigen Erzählens – sei eine Fähigkeit der Rezipierenden (vgl. Wolf 2005, S. 262). Ersetzt werden soll dieser rezeptionsästhetische Zugriff auf erzählerische Unzuverlässigkeit durch einen wirkungsästhetischen. Die eingeforderte Distanz soll dementsprechend als Produkt narratologischer Strukturen und narrativer Strategien verstanden werden.

Punktuell wird die Rolle narratologischer Aspekte und narrativer Elemente im Kontext kinder- und jugendliterarischer Unzuverlässigkeit bereits dargestellt. Wallraff verweist diesbezüglich bspw. auf den Einsatz intertextueller und intermedialer Bezüge im Kontext metanarrativer Erzählverfahren (vgl. Wallraff 2021, S. 149). Klimek markiert metaleptische Grenzüberschreitungen und weitere metafiktionale Elemente als Phänomene, die Zweifel am diegetischen Realitätsstatus aufkommen lassen (vgl. Klimek 2017, S. 34, vgl. zur Metalepse auch Wicke in diesem Band). Die Relevanz von narratologischen Strukturen für Unzuverlässigkeit betont ebenso Susanne Helene Becker, wobei sie auf Ebene des *discours* diesbezüglich die „Perspektivierung, Fokalisierung, Polyphonie oder [das Spiel, SJ] mit Eigenschaften der Erzählerfigur" (Becker 2020, S. 31) ausmacht. Das Erkennen dieser „Vermittlungsformen unzuverlässigen Erzählens auf der Ebene des Discours" (Becker 2020, S. 35) traut sie jedoch ebenfalls eher älteren Leser*innen zu (vgl. Becker 2020, S. 35).

Vor diesem Hintergrund lässt sich somit festhalten, dass das Erkennen von erzählerischer Unzuverlässigkeit stets ein Zusammenspiel von Text und Leser*innen erfordert. Dies knüpft an den *cognitive turn* in der Erzähltheorie an, wie Nünnings Neukonzeption des unzuverlässigen Erzählens deutlich macht. Die von ihm benannte „tripartite structure" (Nünning 2008, S. 31) fokussiert neben textuellen Signalen und der Autorität der Autor*in die ‚frames' der Leser*innen (vgl. Nünning 2008, S. 31). Über eine stärkere wirkungsästhetische Fokussierung unzuverlässigen Erzählens sollen die (kindlichen) Rezipierenden folglich nicht aus dem Prozess gebannt werden, sondern vielmehr soll gezeigt werden, über welche narratoästhetischen Mechanismen „Orientierung, Erinnerung, Planung und Aufmerksamkeitslenkung" (Hiergeist 2018, S. 55) in narrative Medien als distanzschaffende Mechanismen eingebaut werden.

3   Unzuverlässige Parameter

Weg von Rezeption und hin zur Wirkung lassen sich demnach folgende Strukturen und Strategien der Distanz als Untersuchungsparameter etablieren: (potenzielle) moralisch-normative Ambiguität, das Etablieren unterschiedlicher Ebenen und Perspektiven, intra- und intermediale Bezüge, metafiktionale, metadramatische und metanarrative Elemente.

Diese Parameter werden folgend scheinwerferhaft in der Beschäftigung mit Jutta Bauers *Opas Engel* (2003) und Ulrich Hubs *Füchse lügen nicht* (2015), wobei sowohl die Dramentextvorlage als auch die Inszenierung von Helge Stradner herangezogen werden, zur Anwendung gebracht.

3.1 Unzuverlässigkeit in *Opas Engel*

Kurz zur Unzuverlässigkeit auf Ebene der *histoire:* Das Bilderbuch erzählt – in Bild und Text – von Enkel und Großvater, genauer von der Lebensgeschichte des Großvaters, die dieser seinem Enkel erzählt und in der er sich zum Helden seiner eigenen Geschichte macht, wobei dieser Heldenstatus auf Bildebene immer wieder hinterfragt wird.

Nun zu den Parametern der Unzuverlässigkeit auf Ebene des *discours:* Begonnen wird mit dem Etablieren unterschiedlicher Ebenen und Perspektiven. Dazu gehört zunächst die Einbettung der intradiegetischen Erzählebene in die extradiegetische Erzählung des Jungen – typografisch über den Schrift-artenwechsel (vgl. Kurwinkel 2017, S. 103) und narratoästhetisch über die Wechsel der Erzählstimmen (vgl. Kurwinkel 2017, S. 102) markiert. Narrative Ebenen mit Genette räumlich begreifend (vgl. Genette 2010, 148) ent-steht zwischen den extrafiktionalen Rezipierenden und der intradiegetischen Erzählerfigur des Großvaters somit (räumliche) Distanz. Gleichzeitig erlaubt die Nullfokalisierung auf Bildebene den Betrachtenden einen ‚anderen‘, distanzierten Blick auf die Erzählungen und reichert sie an, indem die Engel-figur, die Großvater und Enkel gleichermaßen begleitet, für die Betrachtenden sichtbar wird. Die Unterscheidung zwischen den beiden Erzählebenen wird durch den Wechsel des Bild-Text-Verhältnisses noch unterstrichen, ist die Binnenhandlung doch – anders als die Rahmenhandlung – kontrapunktisch gestaltet, wie Tobias Kurwinkel betont (vgl. Kurwinkel 2017, 163), und setzt der Lebenserzählung des Großvaters auf Textebene eine Erzählung dieses Lebens auf Bildebene entgegen, die eine schützend eingreifende Figur in seinen ‚heroischen‘ Taten sichtbar macht. Die kontrapunktische Gestaltung der Binnen-erzählung lässt sich als genuines Inszenierungsmittel von Distanz ausmachen – ein durch Diskrepanzen definiertes und Diskrepanzen sichtbar machendes Text-Bild-Verhältnis. Tatsächlich augenscheinlich wird über die narratologische Gestaltung in *Opas Engel,* dass die narrative Selbstinszenierung des Großvaters als „Mutigste[r] von allen" (Bauer 2003, o. S.), als Bezwinger „gefährlicher Gänse" (Bauer 2003, o. S.) und „großer Hunde" (Bauer 2003, o. S.) nicht als zuverlässig bestimmt werden kann.

Gearbeitet wird zudem mit metanarrativen Elementen, die den Fokus auf den Erzählvorgang legen und die Aufmerksamkeit der Lesenden einfordern. So führt der Enkel seinen Großvater dezidiert als Erzähler ein: „Großvater erzählte gern." (Bauer 2003, o. S.) Die folgende Seite präsentiert nicht nur diese Fabulierlust des Großvaters, sondern inszeniert diese über einen intermedialen Verweis auf den Comic auf Bildebene (s. Abb. 2).

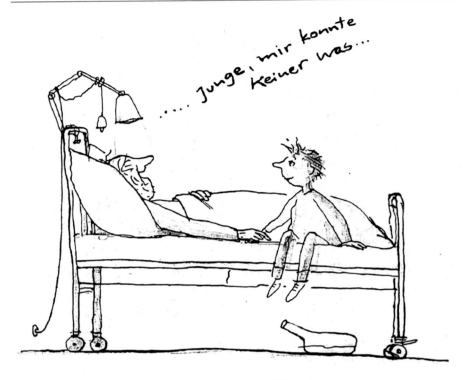

Abb. 2 Metanarrative Elemente in *Opas Engel* (Bauer 2003, o. S.)

Als letzter Punkt sei die moralisch-normative Ambiguität des Großvaters genannt: Dieser inszeniert sich einerseits als Held seines Lebens und andererseits markiert er – ohne sich der Anwesenheit seines Engels bewusst zu sein – die glückliche Hand, die sein Leben gelenkt hat (vgl. Bauer 2003, o. S.). Er ist somit kein bloßer Aufschneider, sondern eine Art Anti-Held in seiner eigenen Geschichte.

3.2   Unzuverlässigkeit in *Füchse lügen nicht*

Auch hier kurz zur Ebene der *histoire:* Das Stück beginnt in der ‚Animal Lounge‘ eines – ansonsten leeren – Flughafens, in der eine Gruppe verschiedener Tiere schon mehrere Tage bewacht von Hund auf ihren Abflug wartet. Zu ihnen gesellt sich ‚Fuchs‘ – das Epitheton offenbart die Figur ebenso wie die anderen Tiere bereits als typisiert. Dieser belügt, betrügt und bestiehlt die Tiere wiederholt, warnt sie jedoch auch vor dem drohenden Einsturz des Flughafengebäudes. Wer einmal lügt, dem glauben die Tiere nicht, vielmehr versuchen sie – exklusive Hund – Fuchs zu ermorden. Nach erfolgreicher Totstellung von Fuchs und einer Standpauke von Hund versöhnen sich die anderen Tiere mit Fuchs und lassen sich von ihm retten.

Gekennzeichnet ist das Stück – so zeigt die kurze Skizze des Inhalts – durch ein Figurenensemble, welches in Bezug auf moralische Werte und Normen in Differenz zu den Rezipierenden zu stehen scheint. Dies gilt einerseits für Fuchs als Protagonisten, der sich zwar zunächst als aufrichtig markiert: „FUCHS: [I]ch habe übrigens noch nie gelogen, in meinem ganzen Leben nicht. Ehrenwort. Denn erstens lügen Füchse nicht und zweitens ist Lügen falsch und böse, aber das ist nur meine persönliche Meinung." (Hub 2015, S. 5) Anschließend bezeichnet er sich jedoch explizit als wenig moralisch integre Figur: „FUCHS: Ist das so schwer zu verstehen? Ich bin ein Lügner, ein Betrüger und ein gesuchter Verbrecher" (Hub 2015, S. 26).

Andererseits ist jedoch das gesamte Figurenensemble in diesem Zusammenhang zu benennen, welches mitwartende Tiere und Zuschauende zunächst gleichermaßen zu täuschen sucht. Auf der Bühne sehen und hören die Zuschauenden eine klugschnäbelnde dumme Gans und zwei auf ihre Einzigartigkeit beharrende, jedoch geklonte Schafe (vgl. Stradner 2013). Die Intimität des Raumes der Wartelounge erlaubt es den Figuren dabei, sich zu demaskieren, und zwingt sie gleichfalls dazu.

Moralisch zweifelhaft erscheinen die Figuren jedoch nicht allein über die Unzuverlässigkeit ihrer Selbstinszenierungen, sondern ebenfalls aufgrund ihrer tatsächlichen Grenzüberschreitungen: dazu gehören der bereits benannte Mordanschlag auf Fuchs oder das versuchte Fälschen von Reisepässen. Die von Klimek ausgemachte Gefahr „axiologischer Unzuverlässigkeit" (Klimek 2017, S. 37) wird in *Füchse lügen nicht* expliziert und gleichsam über eine – mitunter enervierend – auf Wiederholung und überspitzende Typisierung setzende, identifikationsvermeidende Figurencharakterisierung gebannt (vgl. Bodin 2015, 8). So bleibt die spezifische Intonation von Gans (vgl. Stradner 2013) ebenso im Ohr wie ihre paradoxe ‚Catchphrase': „um es kurz zu machen, muss ich ein bisschen ausholen" (Hub 2015, S. 25).

Unterminiert wird diese zunächst sehr augenscheinliche moralische (Ab-) Wertung der Figuren, indem das Stück ihnen ein glückliches Ende erlaubt. Imaginiert wird ein nahezu idyllisches gemeinsames Leben, in dem nicht nur viel gegackert wird, sondern Hund sogar wieder ein bisschen riechen kann (vgl. Hub 2015, S. 38). Das Stück traut einem kindlichen Publikum somit zu, Ambiguität auszuhalten. Wer in Hubs „Geschichte unmoralisch handelt", ist – wie Kristina Bernd im Interview mit Hub betont – wahrlich „nicht leicht zu bestimmen" (Bernd und Hub 2020, S. 16).

Dies gilt umso mehr, da die intradiegetisch unzuverlässigen Erzählungen Fuchsens jeweils durch zuverlässige Erzählungen seinerseits konterkariert werden – seine Warnung der anderen Tiere rettet diesen das Leben (vgl. Hub 2015, S. 38). Er offenbart sich als heldenhafter Lügner und lügender Held bzw. oszilliert zwischen diesen Konzeptionen. Dieses Spiel mit Wahrheit und Lüge zieht sich durch das gesamte Stück. Dekonstruiert wird somit ein absolutes Verständnis von Wahrheit, das als Gradmesser für eine moralisch-normative Bewertung der Figuren fungieren könnte – wer einmal lügt, dem glaubt man besser doch?

Sichtbar wird diese Dekonstruktion von absoluter Wahrheit auch anhand der Gegenüberstellung des emotionalen Bekenntnisses Fuchsens zu den anderen tierischen Figuren und der nachgeschobenen Bewertung der Ereignisse durch die menschliche Welt in Form eines von Gans nacherzählten Zeitungsberichts (vgl. Hub 2015, S. 38). Fuchsens von ihm selbst als ‚unsinnig‘ (vgl. Hub 2015, S. 35) bezeichnetes Bekenntnis wird über seine damit verbundene Rettungs-aktion validiert (vgl. Hub 2015, S. 35), wohingegen der Zeitungsbericht zwar aus menschlicher Perspektive ‚wahr‘ ist, aber der ‚Wahrheit‘ des Zuvor-Gesehenen oder -Gelesenen widerspricht:

> GANS: [D]a hat der Fuchs irgendwo im Abfall eine alte nasse Zeitung gefunden, in riesigen Buchstaben war von der Flughafenkatastrophe zu lesen und dass sich zum Zeit-punkt des Zusammenbruchs keiner mehr auf dem ganzen Gelände befunden habe, aber natürlich kein einziges Wort darüber, dass ein Fuchs ein paar Tiere aus einem brennenden Flughafen gerettet hat. (Hub 2015, S. 38)

Ein solches Vorführen von Gegenerzählungen markieren Nünning und Schwan-ecke als Moment dramatischer Unzuverlässigkeit (vgl. Nünning und Schwan-ecke 2015, S. 328). In *Füchse lügen nicht* ist es eingeflochten in die Verhandlung moralisch-normativer Ambiguität. Mit dem Verweis auf den Botenbericht von Gans und die Widersprüche in den intradiegetischen Erzählungen Fuchsens wurde bereits das Eröffnen verschiedener Ebenen und Perspektiven impliziert, dieses soll folgend expliziert werden. Unter diesen Parametern lassen sich die Klammerung der Dramenhandlung durch Prolog und Epilog und die Inszenierung der Eingeschränktheit individueller (Wahrnehmungs-)Perspektiven ordnen.

Gerahmt wird die dramatische Handlung durch einen – durch Fuchs mono-logisierten – Prolog und einen – durch Gans monologisierten – Epilog, wodurch jeweils eine weitere Ebene eröffnet wird, die Distanz zur eigentlichen Dramen-handlung kreiert. Der Prolog benennt die zentrale Frage des Stückes – können Tiere denn nun lügen? (vgl. Hub 2015, S. 5). Zudem liefert er Hinweise, den Figuren und ihren Erzählungen zu misstrauen: „Natürlich können Tiere lügen! Tiere lügen sogar zweihundertmal am Tag, nur stellen sich die meisten so doof an, dass man sie sofort durchschaut. Sie werden rot, stottern herum und fangen an zu schwitzen." (Hub 2015, S. 5)

Potenziert werden diese distanzschaffenden Mittel über den meta-dramatischen Hinweis Fuchsens, dass es sich beim folgenden Geschehen um ein (fiktionales) Stück handele. Die nach Nünning „illusionsstörende Wirkung" (Nünning 2004, S. 17) solcher Hinweise stellt ihr distanzschaffendes Potenzial aus. Potenziell ‚unwahr‘ sind nicht allein die Äußerungen der „zweihundertmal am Tag" (Hub 2015, S. 5) lügenden Tiere, ‚unwahr‘ im Sinne von fiktional sind auch die folgenden dramatischen Verwicklungen. Über den Verweis auf die Codes Mimik und Gestik bietet Fuchs zudem Ansatzpunkte, die Täuschungsversuche der tierischen Figuren zu erkennen – der Prolog fungiert als ‚Schau‘-Anleitung für das Erkennen unzuverlässiger Erzählversuche auf der Bühne.

Aus der Klammerung der Dramenhandlung durch Prolog und Epilog ergeben sich somit bereits zahlreiche distanzschaffende Elemente, weitergeführt werden diese Distanzierungsmechanismen in *Füchse lügen nicht* über die Inszenierung der Eingeschränktheit individueller (Wahrnehmungs-)Perspektiven. Diese Inszenierung lässt sich in *Füchse lügen nicht* anhand einer Passage des Nebentexts veranschaulichen, in der sich die dramatische – mit Weber extradiegetisch zu verortende – Erzählinstanz Gehör verschafft (vgl. Weber 2017, S. 171):

> Gebannt hocken die Tiere vor dem Fernseher. Ein Spielfilm läuft. Der Ton ist voll aufgedreht. […] Das Gitter der Lüftungsanlage wird zur Seite geschoben und ein Fuchs springt in die Lounge. Im Dunkeln stolpert er über die Handtasche der Gans und stößt einen leisen Fluch aus. Schnell blickt er sich nach den anderen Tieren um, aber die sind vom Fernsehen völlig fasziniert. Der Fuchs knipst eine Taschenlampe an, durchsucht die Handtasche und nimmt den Reisepass heraus. (Hub 2015, S. 11, Kursivierung i. O.)

Von Interesse ist diese auch typografisch hervorgehobene Passage nicht allein aufgrund des erneuten Verflechtens unterschiedlicher diegetischer Ebenen, sondern weil der Text darüber die Fehlbarkeit individueller Wahrnehmung inszeniert. Verstehen lässt sich der Nebentext hier dezidiert als Handlungsanweisung seitens der dramatischen Erzählinstanz für die Aufführung. Hinter dem Rücken der tierischen Figuren offenbart sich in Stradners Inszenierung auf die Bühne gebracht das verbrecherische Verhalten Fuchsens (vgl. Stradner 2013). Die Diskrepanz zwischen dem Wissen der Zuschauenden und dem Wissen der Figuren wird über die räumliche Nähe des zunächst wortwörtlich im Dunkeln bleibenden Handelns eng gezogen und erlaubt es, Fuchsens Handeln zu deuten (vgl. Stradner 2013). Mimik und Gestik Fuchsens lassen sich in dieser Szene ebenfalls als Hinweisgeber bezüglich seiner nicht ganz lauteren Absichten verstehen (vgl. Stradner 2013). Dramatische Ironie ist somit einerseits Resultat der genannten Diskrepanz, andererseits schafft sie auch Distanz – Distanz zur Figur Fuchs.

Diese Distanz wird über die intermedialen Bezüge, die dem Text eingeschrieben sind, noch verstärkt. In ihrer Auseinandersetzung mit dem Bilderbuch *Fox Beware* kennzeichnen Jörg Meibauer und Bettina Kümmerling-Meibauer den dort auftauchenden namenlosen Antagonisten als unzuverlässig agierende Trickster-Figur (vgl. Kümmerling-Meibauer und Meibauer 2015, S. 151). Ihnen zufolge handelt es sich um einen Figurentyp, der häufig über Füchse dargestellt werde (vgl. Kümmerling-Meibauer und Meibauer 2015, S. 151). Diese Bestimmung lässt sich auch auf den ebenfalls namenlosen Fuchs in *Füchse lügen nicht* übertragen. Über die Figur wird somit intermedial auf die Trickster-Figur und ihre unterschiedlichen medialen Inszenierungen Bezug genommen.

Deutlich markiert sieht Marianne Bodin die intermediale Verweisspur auf Johann Wolfgang von Goethes *Reineke Fuchs* (vgl. Bodin 2015, S. 13), wobei der kindliche Erfahrungshorizont diesbezüglich wohl eher durch die kinder- und jugendliterarischen Adaptionen Franz Fühmanns und Janoschs aufgespannt wird. Gleichsam liefern jedoch auch die Fabeltradition mit ihren zahlreichen füchsischen Trickstern und das Kinderlied intermediale Bezugspunkte. Fuchsens intradiegetischer Erzählung seiner heldenhaften Rettung einer Brut Hühner aus einem Stall lässt sich mit *Fuchs, du hast die Gans gestohlen* im Ohr sicherlich nur schwer Glauben schenken. Bestimmen lässt sich dieses Eingebundensein Fuchsens in die kinder- und jugendmediale Tradition als potenziell distanzschaffend. Fuchs erscheint vor diesem Hintergrund weniger als individuell agierende Figur, sondern eher als einer unter vielen Lügenden. Von Fuchs selbst wird diese ihm eigene intermediale Determinierung in eine äußerliche übersetzt: „Oh, das kenne ich schon. Nur wegen meines Aussehens hält mich jeder für kriminell. Kann ich was für mein feuerrotes Fell? So bin ich eben geboren –." (Hub 2015, S. 38) Ob intermedial oder äußerlich – das Ergebnis ist dasselbe: Fuchs kann als unzuverlässig erkannt werden. Und ebenso das Stück.

4   Ausblick

Die vorgeschlagene Verschiebung von Distanz als Fähigkeit zu Distanz als Produkt hat sich im Rahmen der exemplarischen Beschäftigung mit *Opas Engel* und *Füchse lügen nicht* als zielführend erwiesen. Sichtbar gemacht wurden konkrete Parameter der Unzuverlässigkeit, und ihre medien- und gattungsspezifische Umsetzung wurde scheinwerferlichtartig dargestellt. Abschließend soll die benannte wirkungsästhetische Neufokussierung als Grundlage für die (eigene) weiterzuführende, genuin transmedial und transgenerisch perspektivierte Beschäftigung mit Unzuverlässigkeit in den Kinder- und Jugendmedien etabliert und darüber auch für das didaktische Potenzial der Auseinandersetzung mit unzuverlässigem Erzählen geworben werden. So bestimmt Florian Rietz die schulische Auseinandersetzung mit kinder- und jugendliterarischen Texten in seiner Beschäftigung mit *Rico, Oskar und die Tieferschatten* als „Mehr" (Rietz 2021, S. 110) – zur Förderung „komplexere[r] literarische[r] Begegnungen" (Rietz 2021, S. 110).

Die hier vorgeschlagene Perspektivierung, die insbesondere narrative Strukturen und Strategien der Distanz in den Vordergrund rückt und weniger die – wie auch immer zu bestimmende – Unzuverlässigkeit erzählender Figuren, ist für die didaktische Perspektivierung zentral, liegt diese nach Jan Wittmann doch im „Erkennen literarischer Form- und Gestaltungsprinzipien" (Wittmann 2016, S. 29) – über mediale Grenzen hinweg. Insbesondere der transmediale und transgenerische Blick auf Unzuverlässigkeit eignet sich folglich für eine stärkere Gegenstandsfokussierung, rücken in diesem Zusammenhang doch die medienspezifischen Inszenierungsmechanismen explizit in den Blick. Das (wirkungsästhetische) Verständnis von Unzuverlässigkeit weniger als „Persönlichkeitsmerkmal von Erzählern, sondern eine strukturelle Eigenschaft von Erzählungen" (Palmier 2014, S. 193) erweitert somit das kinder- und jugendmediale Korpus und erlaubt eine Vielzahl weiterer Betrachtungen.

Wirkungsästhetisch stellt sich in Bezug auf erzählerische Unzuverlässigkeit somit weniger die Frage nach der Unzuverlässigkeit von Füchsen, Großvätern oder Klöße essenden Petern, sondern eher nach der Unzuverlässigkeit der narrativen medialen Inszenierungen selbst – und diese Unzuverlässigkeit hat dann wahrlich auch im kinder- und jugendmedialen Bereich kaum „Schattenseiten" (Kästner 2014, o. S.).

Literatur

Bauer, Jutta. 2003. *Opas Engel*. Hamburg: Carlsen.

Becker, Susanne Helene. 2020. Wer erzählt, hat recht. *JuLit* 3:30–35.

Bernd, Kristin, und Ulrich Hub. 2020. Totstellen ist erlaubt. *JuLit* 3:14–16.

Bode, Christoph. 2011. *Der Roman. Eine Einführung*, 2. Aufl. Tübingen: A. Francke.

Bodin, Marianne. 2015. Zum Text. In *Ein Unterrichtsmodell zu „Füchse lügen nicht" von Ulrich Hub (Text) und Heike Drewelow (Ill.)*, Hrsg. Gina Weinkauff und Marianne Bodin, 4–13. Heidelberg: Pädagogische Hochschule Heidelberg.

Böhn, Andreas. 2007. Wirkungsästhetik. In *Metzler Lexikon Literatur*, Hrsg. Dieter Burdorf, Christoph Fasbender, und Burkhard Moenninghoff, 832. Stuttgart: Metzler.

Boyken, Thomas. 2021. *Handbuch Kinder- und Jugendliteratur*. Hrsg. Kurwinkel, Tobias, und Schmerheim, Philipp. Unter Mitarbeit von Stefanie Jakobi [Rezension]. In *Jahrbuch der Gesellschaft für Kinder- und Jugendliteraturforschung*, 169–171.

Brütsch, Matthias. 2014. From ironic distance to unexpected plot twists: Unreliable narration in literature and film. In *Beyond classical narration: Transmedial and unnatural challenges*, Hrsg. Jan Alber und Per Krogh, 57–79. Berlin: De Gruyter.

Gansel, Carsten. 2016. Moderne Kinder- und Jugendliteratur. Vorschläge für einen kompetenzorientierten Unterricht, 7. Aufl. Berlin: Cornelsen Scriptor.

Genette, Gerard. 2010. *Die Erzählung*, 3. Aufl. Paderborn: Fink.

Hiergeist, Teresa. 2018. Wie Literatur bewegt. Neuere wirkungsästhetische Ansätze zur Erfassung der emotionalen Beteiligung von Rezipienten. In *Konzepte der Rezeption. Der Leser als Subjekt der ästhetischen Reflexion – Von Kant zur interaktiven Fiktion. (=Band 2)*, Hrsg. Carolin Fischer und Brunhilde Wehinger, 53–63. Tübingen: Stauffenburg.

Hub, Ulrich. 2015. *Füchse lügen nicht*. Frankfurt a. M.: Verlag der Autoren. (UA [unter dem Titel „Animal Lounge"]: Theater Junge Generation, Dresden, 12.5.2012).

Hühn, Peter, und Jörg Schönert. 2007. Einleitung: Theorie und Methodologie narratologischer Lyrik-Analyse. In *Lyrik und Narratologie: Text-Analysen zu deutschsprachigen Gedichten vom 16. bis zum 20. Jahrhundert*, Hrsg. Peter Hühn, Jörg Schönert, und Malte Stein, 1–18. Berlin: De Gruyter.

Jacke, Janina. 2000. *Analytische Aufarbeitung und Explikation einer problematischen Kategorie*. Berlin: De Gruyter.

Kästner, Erich. 2014. Die Sache mit den Klößen. In *Das verhexte Telefon*, Hrsg. Erich Kästner. Hamburg: Dressler Verlag/Zürich: Atrium.

Klimek, Sonja. 2017. Unzuverlässiges Erzählen in Kinder- und Jugendliteratur und -medien? *kids+media „Unzuverlässiges Erzählen"* 2:24–44.

Kümmerling-Meibauer, Bettina, und Jörg Meibauer. 2015. Beware of the fox! Emotion and deception in „Fox" by margaret wild and ron brooks. In *Challenging and controversial picturebooks: Creative and critical responses to visual texts*, Hrsg. Janet Evans, 144–159. London: Routledge.

Kürschner, Manja. 2014. Vom Verstehenwollen und dem Wertschätzen des Nichtverstehens – Unzuverlässiges Erzählen als Naturalisierungsstrategie beim Lesen postmodernistischer Romane. In *Formen des Nicht-Verstehens*, Hrsg. Oliver Niebuhr, 25–44. Frankfurt a. M.: Lang.

Kurwinkel, Tobias. 2017. Bilderbuchanalyse. Narrativik, Ästhetik, Didaktik. Tübingen: Francke.

Mayer, Johannes. 2019. Transmediale Spielformen im Kinder- und Jugendtheater der Gegenwart. In *Schnittstellen der Kinder- und Jugendmedienforschung. Aktuelle Positionen und Perspektiven*, Hrsg. Ute Dettmar, Caroline Roeder, und Ingrid Tomkowiak, 119–134. Stuttgart: J.B. Metzler.

Nünning, Ansgar. 2004. On Metanarrative: Towards a definition, a typology and an outline of the functions of metanarrative commentary. In *The Dynamics of Narrative Form. Studies in Anglo-American Narratology*, Hrsg. John Pier, 11–57. Berlin: De Gruyter.

Nünning, Ansgar. 2008. Reconceptualizing the theory, history and generic scope of unreliable narration: Towards a synthesis of cognitive and rhetorical approaches. In *Narrative*

Unreliability in the Twentieth-Century First-Person Novel, Hrsg. Elke D'hoker und Gunther Martens, 29–76. Berlin: De Gruyter.

Nünning, Ansgar, und Christine Schwanecke. 2015. The performative power of unreliable narration and focalisation in drama and theatre: Conceptualising the specificity of dramatic unreliability. In *Unreliable narration and trustworthiness*, Hrsg. Vera Nünning, 318–369. Berlin: De Gruyter.

Palmier, Jean-Pierre. 2014. Gefühlte Geschichten. *Unentscheidbares Erzählen und emotionales Erleben*. Paderborn: Wilhelm Fink.

Rajewsky, Irina O. 2002. *Intermedialität*. Tübingen: A. Francke.

Rietz, Florian. 2021. Unzuverlässiges Erzählen in Andreas Steinhöfels Rico, Oskar und die Tieferschatten. Überlegungen zur Förderung von Perspektivübernahmekompetenz im Literaturunterricht. In *Andreas Steinhöfel. Texte – Analysen – didaktische Potenziale. Beiträge zur Didaktik der deutschsprachigen Gegenwartsliteratur*, Hrsg. Jan Standke und Dieter Wrobel, 97–110. Trier: WVT.

Stradner, Helge: *Animal Lounge* (EA [unter dem Titel „Animal Lounge"]: Next Liberty, Graz, 04.05.2013).

Wallraff, Nana. 2020. Unzuverlässiges Erählen. In *Handbuch Kinder- und Jugendliteratur*, Hrsg Tobias Kurwinkel und Philipp Schmerheim, 145–150. Stuttgart: Metzler.

Weber, Alexander. 2017. *Episierung im Drama. Ein Beitrag zur transgenerischen Narratologie*. Boston: De Gruyter.

Wittmann, Jan. 2016. Unzuverlässiges Erzählen im Deutschunterricht: Kehlmanns Roman „Ruhm". In *Neue Formen des Poetischen: Didaktische Potenziale von Gegenwartsliteratur*, Hrsg. Irene Pieper und Tobias Stark, 17–34. Frankfurt a. M.: Lang.

Wolf, Werner. 2014. Intermedialität: Konzept, literaturwissenschaftliche Relevanz, Typologie, intermediale Formen. In *Intertextualität, Intermedialität, Transmedialität: Zur Beziehung zwischen Literatur und anderen Medien*, Hrsg. Volker Dörr und Tobias Kurwinkel, 11–45. Würzburg: Königshausen & Neumann.

Wolf, Yvonne. 2005. Unzuverlässigkeit im Kinder- und Jugendbuch. In *Was stimmt denn jetzt? Unzuverlässiges Erzählen in Literatur und Film*, Hrsg. Fabienne Liptay und Yvonne Wolf, 261–279. München: Edition text + Kritik.

Perspektive und Perspektivverstehen narratologisch und empirisch

Befunde aus dem Design-Research-Projekt *PAuLi*

Martina von Heynitz, Birgit Schlachter, Michael Steinmetz und Ricarda Freudenberg

Zusammenfassung

Der Artikel befasst sich mit dem Phänomen des Perspektivverstehens, das narratologisch begründet und literaturdidaktisch profiliert wird. Im Gegensatz zu Konzepten der Perspektivenübernahme, die primär auf die inhaltliche Ebene des Figurenverstehens fokussieren, zielt Perspektivverstehen auf die Erzählperspektive als Darstellungsphänomen. Im empirischen Teil des Beitrags werden Befunde aus dem Forschungsprojekt *PAuLi* vorgestellt, in dem mithilfe des Forschungsformats des Design Research u. a. das Ziel verfolgt wird, Lernprozesse des Perspektivverstehens zu rekonstruieren. Die Befunde bestätigen zum einen theoretische Annahmen, erlauben zum anderen aber deren Ausdifferenzierung und Schärfung sowie die Konturierung der mit dem Perspektivverstehen einhergehenden Anforderungen an die Rezipient*innen. Damit wird sichtbar, welchen Beitrag empirische Forschung zu einer genuin literaturdidaktischen Theoriebildung leisten kann.

Die Originalversion dieses Kapitels wurde revidiert. Ein Erratum ist verfügbar unter https://doi.org/10.1007/978-3-662-66918-1_20

M. von Heynitz · B. Schlachter (✉) · M. Steinmetz · R. Freudenberg
Fach Deutsch mit Sprecherziehung, Pädagogische Hochschule Weingarten, Weingarten, Deutschland
E-Mail: schlachter@ph-weingarten.de

M. von Heynitz
E-Mail: heynitzvon@ph-weingarten.de

M. Steinmetz
E-Mail: steinmetz@ph-weingarten.de

R. Freudenberg
E-Mail: freudenberg@ph-weingarten.de

Bereits Köster und Matuschek (2017) diskutieren in ihren *Elf Thesen zum Literatur-unterricht* das Verhältnis von Literaturwissenschaft und Literaturdidaktik zum Literaturunterricht. Wie auch die Diskussion auf der Tagung, die diesem Band voraus-ging, gezeigt hat, ist eine schlichte didaktische Reduktion theoretischer Konzepte und Modellierungen, etwa im Bereich der Narratologie, nicht hinreichend. Vielmehr ist eine eigene Theoriebildung der Literaturdidaktik hier Desiderat und steht noch aus. Sie ist unseres Erachtens jedoch auf die Empirie angewiesen. Die in diesem Bei-trag vorgestellten Rekonstruktionen von Perspektivverstehen anhand ausgewählter Schüler*innenäußerungen bestätigen zum einen narratologische Annahmen, erlauben zum anderen aber darüber hinaus deren Ausdifferenzierung und Schärfung sowie die Konturierung der mit dem Perspektivverstehen einhergehenden Anforderungen an die Rezipient*innen mitsamt den entsprechenden literaturdidaktischen Implikationen.

Mithilfe des Forschungsformats des Design Research, also fachdidaktischer Entwicklungsforschung, verfolgen wir in unserem Projekt *PAuLi (Perspektive und Aufgaben im Literaturunterricht)* eine doppelte Zielsetzung: Zum einen soll das Lernfeld des Perspektivverstehens strukturiert werden. Auf der Grundlage einer Rekonstruktion der im Feld bedeutsamen Lernprozesse wird zu klären sein, welche literarischen Texte für eine Förderung des Perspektivverstehens geeignet erscheinen und welche Lernprozesse basaler oder schwieriger sind. Auf diesen Bereich der Grundlagenforschung konzentriert sich der vorliegende Beitrag. Zum anderen sollen die Erkenntnisse über Lernprozesse genutzt werden, um evidenzbasierte Lehr-Lern-arrangements zur Förderung des Perspektivverstehens zu entwickeln.

Im ersten Teil wird der Beitrag das Phänomen der Perspektive erzähltheoretisch an einem Beispiel auffalten, um davon ausgehend Komplexität wie Relevanz des Perspektivverstehens didaktisch abzuleiten. Im zweiten Teil wird ein Einblick in den Stand der fachdidaktischen Diskussion gegeben, mit dem Ziel, unser Ver-ständnis von Perspektive und Perspektivverstehen gegenüber anderen Konzepten zu profilieren und Forschungsdesiderate zu benennen. Im dritten und letzten Teil des Beitrags zeigen wir anhand ausgewählten Datenmaterials, welches Verständnis von Perspektive wir aus Schüler*innenäußerungen rekonstruieren konnten.

1   Exemplarische narratologische Betrachtung des Phänomens Perspektive

Neulich im Museum Folkwang in Essen: Ausgestellt war Claude Monets *Le bassin aux nymphéas* (1916). Es lohnt, dieses Gemälde aus verschiedenen Positionen zu betrachten, etwa aus der ‚Standard-Entfernung' darauf zu blicken, sich viele Meter zu entfernen oder so nah wie möglich an das Bild heranzutreten, um es frontal oder auch von der linken Rahmenseite aus, den Blick beinahe parallel zum Bild gerichtet, anzuschauen. Zu sehen ist je Unterschiedliches: Aus mittlerer Distanz, geleitet durch Vorwissen und Betitelung, wird das Gemälde leicht als das rezipiert, was es zu sein behauptet: die künstlerische Darstellung eines Seerosenteichs. Dessen Gegenständ-lichkeit in all seinen Details wird umso klarer, je weiter man sich entfernt. Tritt man hingegen nah heran, so verschwimmt der Eindruck des Dargestellten, und die Art bzw. die Mittel der Darstellung treten in den Vordergrund; am eindrucks-vollsten beim Blick von der Seite: Die pastos aufgetragenen Pinselstriche, beinahe eher Tupfen, an den Stellen, die man von Ferne als Seerosen deutet, treten plastisch hervor, hingegen kann von Seerosen keine Rede mehr sein.

Ein Kunstwerk des indischen Künstlers Anish Kapoor, ausgestellt vor einigen Jahren im Gropiusbau in Berlin, setzt gar darauf, dass man genau dieses Spiel als Betrachter*in betreibt: Seine *When I am pregnant* betitelte Skulptur wird nur sehen, wer sich die Mühe macht, den Standpunkt der Betrachtung zu verändern. Denn wer frontal darauf blickt, sieht nichts außer einer planen weißen Wand. Zu ‚etwas‘ wird die Skulptur erst, wenn man von der Seite auf sie blickt: Je geringer der Winkel, desto mehr wächst der ‚Bauch‘ aus der Wand.

Was folgt aus diesen beiden exemplarisch geschilderten Kunsterfahrungen?

- Je nach Standpunkt sieht bzw. erkennt man Unterschiedliches: Mal tritt das Dargestellte, mal die Darstellung in den Vordergrund, je nach Nähe oder Ferne der Betrachter*innenposition zum betrachteten Gegenstand.
- Erst wer den gewohnten Standort verändert, sieht bzw. erkennt womöglich überhaupt etwas.

Die Renaissancemaler, die die Zentralperspektive erfanden, Monet, der den See-rosenteich malte, Kapoor, der Schöpfer der Skulptur: Sie bilden die Welt nicht ab, wie sie ist, sondern stellen sie dar – Mimesis –, inszenieren sie mit Mitteln der Ästhetik, und zwar von einem ausgewählten Standpunkt, einer bestimmten Perspektive aus. Das ermöglicht wiederum uns, den Betrachtenden, eine eigene Perspektive auf das Dargestellte einzunehmen. Ähnliches gilt für die Literatur. Wie die Bildende Kunst, so bildet auch die Literatur die Welt nicht ab, wie sie ist, sondern stellt sie mit Mitteln der Ästhetik dar (Mimesis), und zwar aus einer bestimmten Perspektive. Denn „[d]ie Literatur zeigt die Welt nicht, wie sie ist, sondern wie sie Menschen vorkommt." (Matuschek 2010, S. 301) Exemplarisch zeigt sie uns das an den Figuren wie an der Position und Haltung des Erzählers als Mittlers, so dass auch wir Rezipient*innen im Lektüreprozess eine neue, eine andere Sicht auf Altbekanntes, Urvertrautes *er*halten und uns dazu *ver*halten können.

Wenn wir also im Rahmen unseres Projekts *PAuLi* das Perspektivverstehen zentral setzen, so tun wir dies in der Annahme, dass damit zugleich ein substantieller Bei-trag zum Verstehen dessen, was Literatur *ist* bzw. was sie *vermag*[1], geleistet wird. Überdies: Literatur ist „eine Kunst der Perspektive, die nicht nur etwas zeigt, sondern zugleich den Blickpunkt deutlich macht, von dem aus etwas so aussieht, wie es sich zeigt" (Matuschek 2013, S. 68). Mehrerlei wird also im Lektüreprozess erfahrbar: Wie Welt jemandem (etwa einer Figur) erscheint und wer dieser Jemand ist; dass es sich um eine perspektivierte Verarbeitung von Welt handelt und von welchem Stand-punkt aus Leser*innen dieses Erscheinen vermittelt wird. Denn Wahrnehmen und

---

[1]Zur Debatte um die Unterscheidung der Fragen, was Literatur ist und was sie vermag, vgl. Matuschek 2010.

Darstellen fallen nicht in eins, und wie etwas einer Figur erscheint, kann, muss aber nicht mit der Erzählperspektive übereinstimmen. Gerade von der Erzählperspektive in ihrem Verhältnis zur Figurenperspektive hängt ab, wie wiederum den Leser*innen das Dargestellte erscheint. Wie bedeutsam diese Ausdifferenzierung von Wahrnehmungs- (und Wertungs-)standort, wahrgenommenem Objekt und seiner Erscheinungsform *für* jemanden ist, dass Perspektive folglich als relationales Phänomen zu begreifen ist, wird im dritten Teil des Beitrags anhand der empirischen Daten zu zeigen sein.

Am Beispiel eines lyrischen Textes, den wir für unsere ersten Datenerhebungen ausgewählt haben, sollen diese Überlegungen konkretisiert werden (s. Kasten 1).

Kasten 1: Josef Guggenmos: *Ein Riese warf einen Stein* (1967)

Ein Riese warf einen Stein

Ein Riese
warf einen Stein.
Gänge und Zimmer stürzten ein.
Hunderte brachen ein Bein.
5   Zwei Dutzend brachen das Genick.
Andere hatten Glück.

Der Stein
hatte wie eine Bombe eingeschlagen.
Zusammengebrochen
10   ist das Werk vieler Wochen.
Doch schon rennen Tausende herbei.
Tote werden weggetragen.
Man zieht, man zerrt, schleppt Trümmer,
baut neu:
15   neue Gänge,
neue Zimmer.

Doch im Getümmel
hört man da und dort einen sagen:
Solch ein Lümmel!
20   Wer war der Verbrecher?
Wer?
Ein Junge.
Was dachte sich der?
Nicht viel.
25   Er warf nur zum Spiel
den Stein
auf den Ameisenhaufen.

Josef Guggenmos: Ein Riese warf einen Stein (1967). Aus: Josef Guggenmos: Was denkt die Maus am Donnerstag. Neuausgabe. 13. Aufl. München: dtv 2018, S. 104–105.

Guggenmos' Gedicht nutzt nicht nur das Phänomen der Perspektive, es erhebt die Perspektive selbst zum Gegenstand, und erst der verhandelte Perspektivwechsel verleiht dem Geschehen seine *tellability* (vgl. Köppe und Kindt 2014, S. 64) – damit sei markiert, dass dieser ohne Zweifel lyrische Text im Folgenden unter narratologischen Vorzeichen betrachtet werden soll. Das zugrunde liegende Ereignis ist vordergründig denkbar banal: Ein Junge wirft einen Stein auf einen Ameisenhaufen. Die Ameisen beseitigen den Schaden und bauen den Haufen wieder auf. Dies wäre an sich nichts Literatur-, nichts Erzählwürdiges. In diesen Rang wird das Geschehen erst dadurch erhoben, dass ein Perspektivwechsel vorgenommen wird: Die Perspektive („Ein Riese warf einen Stein"), die zweieinhalb Strophen lang dominiert, wird am Ende unerwartet durch die ‚tatsächliche', die ‚eigentliche' Perspektive abgelöst: „Ein Junge [...]warf nur zum Spiel". Dadurch wird das aus gewohnter Perspektive banal anmutende Geschehen interessant, wie nun mittels narratologischer Analyse nach Wolf Schmid (2014) gezeigt werden soll.

Schmids Ausdifferenzierung in fünf Parameter der Perspektive[2] bezieht zum einen, anders als Genettes Modellierung, neben Wissen und Wahrnehmen auch Werten ein. Mit Hilfe seines Ansatzes kann zum anderen geklärt werden, ob der Parameter, dem eine Textpassage untersteht, stärker *figural* oder *narratorial* geprägt ist, was den Vorzug hat, zu heuristischen Zwecken präzise zwischen Figuren- und Erzähl(er)perspektive unterscheiden zu können, bevor beide zueinander ins Verhältnis gesetzt werden.

Um das anhand des Beispieltextes zu zeigen, sollen nun drei der fünf Parameter herausgegriffen werden. Der Parameter der *räumlichen Perspektive* ist von Anbeginn dominant *figural* definiert: Die räumlichen Koordinaten, der räumliche Horizont der Betroffenen werden uns gezeigt, ohne dass wir wüssten, dass es sich um einen Mikrokosmos handelt, der im Folgenden *Welt A* genannt wird. Aus *figuraler perzeptiver Perspektive* ist es ein Riese, der den Stein wirft. Ebenso ist aus *figuraler ideologischer Perspektive* der Stein eine „Bombe", die einen ganzen Kosmos zum Einsturz bringt. Das Entscheidende ist jedoch, dass wir Leser*innen dies erst am Ende erkennen und bei der Re-Lektüre mitdenken können: Denn bis in die dritte Strophe hinein nehmen wir an, es handele sich um *narratorial* definierte Parameter. Die strategische Täuschung durch die Erzählinstanz besteht darin, uns glauben zu machen, ihre Perspektive beschränke sich auf die der erzählten *Welt A* – Informationsvorenthalt als Darstellungsstrategie. Dass dem nicht so ist, dass ihre *räumliche* wie *perzeptive Perspektive* weit umfassender ist als die der Figuren von *Welt A*, gibt sie erst gen Ende preis. Durch den Perspektivwechsel wird deutlich, dass eine unzuverlässige Erzählinstanz uns Leser*innen von Anfang an über den tatsächlichen Sachverhalt und damit die Existenz von *Welt B* (einer Welt, in der der Verursacher als „Junge" wahrgenommen wird), über die physischen Größendimensionen der geschilderten *Welt A* und die

---

[2] Neben den drei im Folgenden erläuterten sind dies die zeitliche und sprachliche Perspektive (vgl. dazu auch den Beitrag von Schulte Eickholt in diesem Band).

moralischen Dimensionen des Ereignisses getäuscht hat.[3] Der Übergang von der einen zur anderen Perspektive gelingt durch einen ästhetischen Kniff: Scheint zuerst klar, dass das „Getümmel" Teil der (Ameisen-)welt ist, zweifelt man spätestens bei „Solch ein Lümmel!": Welch unangemessene Bezeichnung angesichts der Dimensionen der Zerstörung! Wenn der Täter als „Lümmel" beurteilt wird, ist auch die Perspektive auf ihn als Riesen obsolet, denn ein Riese kann kein „Lümmel" sein. Hier wird offensichtlich eher aus menschlicher Perspektive geurteilt. Bildet mithin eine um den Ameisenhaufen herumstehende Menschenansammlung das „Getümmel"? Ist das Getümmel also Teil von *Welt B* statt von *Welt A?*

Wie sieht es mit der *ideologischen Perspektive* aus? Der Text macht zwei Angebote zur Beurteilung der Tat und ihres Urhebers: „Lümmel" oder „Verbrecher". Die Einschätzung als „Lümmel" verharmlost die Tat und folgt einer *figuralen ideologischen Perspektive* eines „Getümmel[s]", das Teil von *Welt B* ist, also der menschlichen Welt mit ihrer Wahrnehmung und ihren räumlichen Koordinaten. Die Verurteilung als „Verbrecher" hingegen folgt einer Einschätzung, die sich beinahe zwangsläufig aus der *figuralen ideologischen Perspektive* von *Welt A*, der Ameisenwelt, ergibt. Welche Position bezieht die Erzählinstanz? Welche legt sie uns Leser*innen nahe? Der Schluss scheint dafür zu sprechen, dass sie das Geschehen letztlich doch als einen harmlosen Streich wertet. Wir Rezipient*innen könnten uns ihr anschließen, uns also erleichtert zurücklehnen und aufatmen: alles halb so wild, „nur […] Spiel" eines Jungen, eines „Lümmel[s]".

Doch wozu dann das alles? Um diese Frage zu beantworten, soll das Augenmerk auf die Bemerkung „nur zum Spiel" gerichtet werden. Die Frage nach dem ‚Wozu?' kann auf drei verschiedenen Ebenen beantwortet werden. Ausgespart werden soll dabei eine pädagogisch-intentionale Implikatur, weil sie unseres Erachtens am Text vorbeizielt; in etwa so: Der Text will zeigen, dass man nicht aus bloßer Willkür Ameisenhaufen zerstören soll.

1. Wir Leser*innen erleben beim ersten Lesen ein Wechselbad aus Schauder und Erleichterung, solange wir uns der Darstellung anvertrauen. Bei der Attischen Tragödie spräche man von Katharsis. Der Schrecken fährt einem in die Glieder, doch am Ende bleibt ein erleichtertes Aufseufzen: Es war eben nur ein literarisch-ästhetisches (Schau-)Spiel, letztlich harmlos.
2. Am Anfang wurde die These aufgestellt, dass das Gedicht Perspektive selbst zum Gegenstand erhebt. Der Text führt vor Augen, welche Effekte die absichtsvolle, aber verschleierte Beschränkung der *narratorialen* auf die *figurale räumliche* und *perzeptive Perspektive* zeitigt: Wir Leser*innen übernehmen bereitwillig die Perspektive der Figuren aus *Welt A*, da wir sie für unsere, der Menschen, Perspektive halten. Wie neu, ungewohnt, fremd die dadurch

---

[3] Zum täuschenden unzuverlässigen Erzählen als eine von drei Formen des unzuverlässigen Erzählens vgl. Köppe und Kindt 2014, S. 237–244.

eröffnete Perspektive ist, begreifen wir erst nachträglich. Indem der Text am Schluss entscheidende Informationen nachreicht, wechselt bei der Re-Lektüre die Lesehaltung: Es geht nicht mehr um Perspektivenübernahme, sondern um Perspektivennachvollzug, distanziert statt involviert, rational statt emotional. Quasi aufgeklärt können die Leser*innen nicht mehr hinter dieses Wissen, diese Gesamtperspektive zurück. Insofern muss auch besser als von einem Perspektiv*wechsel* von einer Perspektiv*weitung* gesprochen werden. Doch es geht um deutlich mehr.

3. Mit uns, den Leser*innen, wird auf allen Ebenen ein literarisches Spiel getrieben. Doch ist dieses mitnichten harmlos, sondern bedeutet fortwährende Irritation: Wähnt man sich in Strophe 1 in Sage oder Märchen („Riese"), irritiert der Berichtstil.[4] Empfindet man Empathie angesichts der verheerenden Zerstörung durch die „Bombe", irritieren die nonchalant eingeleiteten Aufräumarbeiten: „Doch schon rennen Tausende herbei." Denkt man, der Täter sei bekannt, wird plötzlich nach ihm und seinem Motiv gefragt: „Wer war der Verbrecher? / Wer? […] Was dachte sich der?" Nicht zuletzt hält uns der Text einen Spiegel vor: Müssten wir, die wir am Ende erleichtert aufseufzen, nicht vor uns selbst erschaudern? Immerhin wurde uns das Geschehen als ein Kriegsszenario perspektiviert. Wie kann es dazu kommen, dass wir uns nur zu bereitwillig verleiten lassen, es als harmlos abzutun?

Ohne Zweifel steht nur eines fest: Dieser Text weitet die Perspektive und provoziert. Er zeigt, was Literatur insgesamt vermag: uns aller Gewissheiten zu entheben, um uns in Bewegung zu versetzen *(ir-ritare)*, so dass wir eine (veränderte) Haltung einnehmen. Insofern ist er autopoetisch und performativ zugleich: Der Riese wirft einen Stein, und kein Stein bleibt auf dem anderen. Perspektivverstehen, wie wir es mit *PAuLi* fassen, reicht – wie zu zeigen sein wird – konsequenterweise weit über Perspektivenübernahme und Perspektivennachvollzug hinaus: Es eröffnet Einsichten in das Wesen und Vermögen von Literatur selbst.

2   Fachdidaktische Sichtung und Verortung

Sichtet man die Konzeptionen zum literarischen Lernen im Bereich der Literaturdidaktik, findet sich allerdings eine starke Konzentration auf den Begriff der *Perspektivenübernahme* oder des *Nachvollzugs von Perspektiven,* der vor allem auf die Ebene der Figuren bzw. des Figurenverstehens, weniger (oder gar nicht aber) auf die Erzählperspektive als Mittel der literarischen Vermittlung fiktionaler Textwelten abhebt. Gefragt wird also kaum: Aus welcher (Erzähl-) Perspektive, von wem also, erfahren wir etwas über die Figuren und die Ereignisse etc. der erzählerisch konstruierten Textwelt; der Fokus liegt meist auf dem

---

[4] Dieser Stil ist in der Literatur aus dem Expressionismus bekannt, etwa bei Jakob van Hoddis Gedicht *Weltende* (1911), oder aus der Neuen Sachlichkeit, so vom Journalisten Erich Kästner.

Inhalt des Erzählten, verbunden mit der Frage nach den Gefühlen, Gedanken und Handlungsmotiven einer oder mehrerer Figuren. Zugleich zeigt die Entwicklung des Begriffs der Perspektivenübernahme in der Literaturdidaktik ein durchaus heterogenes Begriffsverständnis, das insbesondere in jüngeren, aktuellen Arbeiten zum Thema (vgl. Seyler 2020) auf eine begriffliche Verengung und Verkürzung im gerade genannten Sinne hinausläuft und sich als Diskussion um kognitive und affektive Anteile im Nachvollzug von Figurenperspektiven darstellt (vgl. Hurrelmann 2003; Olsen 2017).

Prominent geworden ist der Begriff der Perspektivenübernahme nicht erst, aber doch auch mit Kaspar Spinners theoretischer Modellierung des Aspekts „Perspektiven literarischer Figuren nachvollziehen" in Form eines Stufenmodells im Kontext seines Grundlagenbeitrags zum literarischen Lernen:

Stufe 1:   Verstehen literarischer Texte aus der Sicht einer Figur, meist der Identifikationsfigur.

Stufe 2:   Genaues Erkennen der Unterschiede (Gefühle, Ansichten, Charaktere) zwischen den Figuren.

Stufe 3:   Beziehen der unterschiedlichen Sichtweisen etc. der Figuren aufeinander in der Rückbindung an ihre fiktionale Lebenswelt (Textwelt).

Stufe 4:   Erkennen der Erzählweise und damit der Perspektivierung des Erzählten durch den Erzähler.

Stufe 5:   Verbindung aller Aspekte der Stufen 1–4 (vgl. Spinner 2006, S. 10)

Wir sehen: Die Fähigkeit zur Perspektivenübernahme rekurriert hier in Stufe 4 und 5 auch auf die Ebene der Darstellung der selektiv von einer Erzählinstanz konstruierten Welt; allerdings suggerieren Stufe 1–3, angemessenes literarisches Verstehen käme auch ohne dies aus – Perspektivverstehen als Erkenntnis der perspektivischen Gebundenheit des Erzählens wird eher als ‚surplus' des Verstehens wahrnehmbar.

Die von Spinner formulierte Stufenbildung gründet maßgeblich auf Untersuchungen Els Andringas (1987) zu rezeptionsseitigen Fähigkeiten der literarischen Perspektivenübernahme und -koordination (s. Kasten 2). Andringas Studien wiederum sind stark von entwicklungspsychologischen Arbeiten Piagets und Selmanns zur moralischen Kognition beeinflusst (vgl. Andringa 1987; vgl. auch Hurrelmann 2003), die zeigen, dass Kinder erst ab einem gewissen Alter fähig sind, fremde Perspektiven einzunehmen und verschiedene Perspektiven im Abgleich auch zur eigenen zu koordinieren. Andringa zieht nun die im Rahmen der kognitionspsychologischen Studien entstandene Stufenbildung beider heran, um ihren Transfer auf das Phänomen der Perspektivenübernahme im Rahmen literarischen Verstehens zu erproben (vgl. Andringa 1987, S. 88–89). Die Auswertung ihrer Fragebogenstudie mit Lernenden eines Gymnasiums der Klassenstufen 6–13 zu Rainer Brambachs Kurzgeschichte *Känsterle* bestätigt die Ergebnisse der Entwicklungspsychologie von einer einseitigen Perspektivenübernahme auf Stufe 1 bis hin zur Perspektivenintegration auf Stufe 4, von Andringa ergänzt jeweils um Überlegungen, die auf die Besonderheiten literarischer Lese- und damit verbundener Verstehensprozesse (wie z. B. die Wahrnehmung der

Erzählperspektive und weiterer literarischer Darstellungsmittel) verweisen (vgl. Andringa 1987, S. 93–94):

Kasten 2: Stufen des Perspektivverstehens

Stufe 1: Einseitige Perspektivenübernahme

Stufe 2: Mehrfache, nicht koordinierte Perspektivenübernahme

Stufe 3: Koordinierte Perspektivenübernahme

Stufe 4: Perspektivenintegration

gebunden an:

- Wahrnehmung der Erzählperspektive
- Metasprache; Wahrnehmung von Indirektheit & Aufbau

Dabei zeigt sich, dass nur zwei Lernende – und das in Klassenstufe 13 – die Erzählperspektive wahrnehmen bzw. ansprechen. Andringas Studie verdeutlicht sehr anschaulich, dass Lernende mit zunehmendem Alter zur Perspektivenübernahme und -koordination fähig sind, während sich die Wahrnehmung der Erzählperspektive auf Seiten der Schüler*innen im Grunde gar nicht offenbart. Aus diesem Befund leitet Andringa fachdidaktischen Förderbedarf ab – sowohl mit Blick auf das inhaltsbezogene Figurenverstehen als auch in Bezug auf die Wahrnehmung literarischer Darstellungsmodi: „Hier könnte man […] z. B. tiefer eingehen auf die Art und Weise, wie Standpunkte der Figuren und des Erzählers gestaltet werden" (Andringa 1987, S. 104). Andringas Untersuchung ist der Rezeptionsforschung zuzuordnen, ihre Ergebnisse bilden den Umgang von Lernenden mit Figuren- und Erzählperspektiven in einem literarischen Text in Form von Entwicklungsstufen ab. Diese spiegeln einen Status quo wider, aus dem sich potentiell literaturdidaktischer Handlungsbedarf ergibt; nicht aber formuliert Andringa mit ihren Entwicklungsstufen normative bzw. zielorientierte Setzungen im Bereich literarischen Lernens.

Genau diese Setzungen nimmt aber Spinner in der Adaption der Ergebnisse Andringas vor, die bei ihm nun nicht mehr unter dem ‚Label' *Entwicklungs*stufen, sondern als *Kompetenz*stufen firmieren. Kompetenzstufen aber wollen bzw. meinen etwas anderes als Entwicklungsstufen: Sie sind normativ angelegt, zielorientiert formuliert und beziehen sich auf den notwendigen (didaktisch unterstützten) Ausbau bestimmter Fähigkeiten und Teilkompetenzen.

Diese Inanspruchnahme der Andringa'schen Entwicklungs- als Kompetenzstufen, in denen dann Wahrnehmungen der Erzählperspektive eine höchstens untergeordnete Rolle spielen, muss vor diesem Hintergrund aus literaturdidaktischer Sicht durchaus mit Skepsis betrachtet werden.

Gleichwohl zeigt sich der Einfluss von Spinners Auslegung der Ergebnisse Andringas maßgeblich in der sich daran anschließenden literaturdidaktischen Diskussion bis hin zu aktuellen Arbeiten, in denen eine deutliche Konzentration auf

Spinners Stufen 1–3 und somit rein figurenbezogenes Perspektivverstehen vorliegt. Um hier nur einige Beispiele herauszugreifen: Büker und Vorst legen in ihrer auf die Primarstufe bezogenen Konzeption der literarischen Kompetenzen eine Ausrichtung vor, die sich auch vornehmlich auf Fähigkeiten der Perspektivenübernahme und -koordination bezieht und dabei Überlegungen zu Einsichten in die Erzählperspektive gänzlich außer Acht lässt. Ihre Überlegungen zur Perspektive zielen v. a. darauf ab, Identifikation mit Blick auf leser*innenseitige Prozesse der Assimilation oder Akkommodation beim Figurenverstehen und deren affektive bzw. kognitive Anteile zu bestimmen (vgl. Büker und Vorst 2014, S. 41; vgl. auch Hurrelmann 2003; Olsen 2017). Dass Überlegungen zur Erzählperspektive bei Büker und Vorst nicht zum Tragen kommen, mag insbesondere der Konzentration auf die Primarstufe geschuldet sein, nichtsdestotrotz findet sich diese Schwerpunktsetzung auch weiterhin in aktuellen Forschungsarbeiten, die Fähigkeiten literarischen Verstehens bei Schüler*innen der Sekundarstufe in den Blick nehmen.

Seyler beispielsweise fokussiert in ihrer Dissertation Perspektivenübernahme als Fähigkeit rein auf der Ebene des Figurenverstehens und legt folgende Arbeitsdefinition zugrunde:

> **Perspektivenübernahme** bedeutet das Erkennen des inneren Zustands dieser Figur, also ihrer Empfindungen, Gedanken, Absichten und Erfahrungen – auch in der Beziehung zu anderen Figuren – und das darauf aufbauende Verstehen der Handlungsmotive dieser Figur und ihres Verhaltens. […] Es wird mit Blick aus der Sicht der entsprechenden Figur verstanden, wieso es zu der entsprechenden Handlung kommt, wobei auch die Umstände berücksichtigt werden, in denen die Figur sich befindet. (Seyler 2020, S. 20)

Der mögliche Einfluss der Erzählperspektive auf das Figurenverstehen wird von ihr im Rückgriff auf Arbeiten von beispielsweise van Peer und Pander Maat (2001; vgl. auch Ludwig und Faulstich 1985) zwar bedacht, aber kaum weiter verwertet oder vertieft, wenn Seyler anmerkt:

> Es ist also festzuhalten, dass die **Erzählperspektive** durchaus einen Einfluss auf das Nachvollziehen der Figurenperspektiven haben *kann,* wie sich in den Untersuchungen zeigt, in denen Leser/-innen dazu tendieren, die Perspektive einer als Ich-Erzähler auftretenden Figur zu übernehmen, dass sie aber keineswegs einen Einfluss auf das Nachvollziehen der Figurenperspektiven haben *muss* […]. Teilweise spielen hier andere text- oder leserseitige Faktoren eine viel entscheidendere Rolle als die Erzählperspektive. (Seyler 2020, S. 26)

Auch Rietz (2017) unternimmt den Versuch einer weiteren Konkretisierung und Ausdifferenzierung der Kompetenzstufen Spinners, in die ebenfalls narratologische Überlegungen zur Erzählperspektive in Anlehnung z. B. an Genette einfließen. Trotz dieses Rückgriffs gerät aber auch hier aus dem Blick, welche Rolle die erzählerische Vermitteltheit der Perspektive und deren vielfältige Realisierungsmöglichkeiten in literarischen Texten spielen.

Diese einseitige, verengende Ausrichtung des Perspektivbegriffs (vgl. auch Kloppert 2021; Buhl 2012), die sich in aktuellen Arbeiten zeigt, widerspricht sowohl der narratologischen Bedeutung, die der Erzählperspektive – literaturwissenschaftlich betrachtet – zugeschrieben wird, als auch den Erkenntnissen der jüngeren literatur-didaktischen Rezeptionsforschung zum Zusammenhang von Perspektivverstehen (als Einsicht in die Erzählperspektive) und literarischem Verstehen. So betont beispiels-weise Stark, dass die Vernachlässigung der Perspektivgestaltung zu einseitigem oder reduziertem Textverstehen führen kann:

> Die automatische Übernahme von perspektivgebundenen Elementen für das eigene nicht-perspektivierte mentale Modell wird insbesondere dann zum Verstehensrisiko, wenn beim Lesen reichhaltige und anschauliche Imaginationen mit vielen elaborativen Konkretisierungen gebildet werden und wenn die übernommenen Beschreibungen und Urteile textseitig gefärbt, unausgewogen oder gar unglaubwürdig erscheinen [sollen]. (Stark 2019, S. 80; vgl. auch Stark 2012)

Aus dieser Sichtung resultieren dringende literaturdidaktische Forschungsanliegen zum Perspektivverstehen, die im Projekt *PAuLi,* das eingangs bereits kurz vor-gestellt wurde, bearbeitet werden. Erste Ergebnisse des Projekts werden im folgenden dritten Teil dieses Beitrags vorgestellt.

3   Perspektivverstehen empirisch

Nachdem das Feld des Perspektivverstehens zunächst theoretisch aufgerollt wurde, soll es nun um die Frage gehen, welchen Beitrag empirische Daten zum Verständnis des Phänomens leisten können. Ziel ist es hier, auch angesichts der einseitigen Ausrichtung des didaktischen Diskurses auf Prozesse der Übernahme von Figurenperspektiven, eine Ausschärfung und Differenzierung von Begriff-lichkeiten zum Perspektivverstehen vorzunehmen. Die Daten, die im Folgenden besprochen werden, wurden im Rahmen des *PAuLi*-Projektes in einem Design-Research-Forschungssetting (vgl. Dube und Hußmann 2019; Prediger et al. 2015) erhoben, um bedeutsame Prozesse des schüler*innenseitigen Perspektivver-stehens zu rekonstruieren. In diesem Bereich liegt, wie im vorigen Teil gezeigt, ein Desiderat. Die so gewonnenen Erkenntnisse sollen genutzt werden, um evidenz-basierte Lehr-Lernarrangements zur Förderung des Perspektivverstehens zu ent-wickeln.

Zur Generierung von Daten setzten wir verschiedene literarische Texte ein, die gegenstandsseitig unterschiedliche Phänomene von Perspektivierung beinhalten. Wir beschränken uns im Folgenden auf Lernendenäußerungen zum im ersten Teil dieses Beitrags näher betrachteten Gedicht *Ein Riese warf einen Stein* von Josef Guggenmos. In Zyklus 1 wurden mit zwei mal vier Kindern einer 4. Klasse Labor-experimente durchgeführt, für die die Forschenden gemeinsam mit Grundschullehr-kräften Aufgaben und einen Ablaufplan entwickelt haben. Während dieses Setting einer normalen Unterrichtsstunde ähnelte, wurden in einem stärker forschungs-bezogenen Setting in Zyklus 2 die Daten durch Einzelerhebungen mit zehn Kindern einer 4. Klasse generiert (zu forschungsmethodischen Überlegungen vgl. Freuden-berg et al. 2023). Die Verbaldaten aus den beiden Zyklen wurden inhaltsanalytisch codiert, wobei die Kategorien vorwiegend induktiv am Datenmaterial gewonnen wurden. Auf diese Weise konnten wir ein Instrumentarium für die Analyse von Perspektivverstehen entwickeln, das eine differenzierte Unterscheidung verschiedener Ausprägungen des Phänomens Perspektivverstehen erlaubt (s. Tab. 1).

In der folgenden Tabelle (s. Tab. 1) finden sich Äußerungen versammelt, die unterschiedliche Formen des Perspektivverstehens repräsentieren.[5] Was alle Äußerungen eint und u. E. den Kern perspektivischen Verstehens darstellt, ist die sprachliche Bindung von Objekterscheinungen an subjektive Standpunkte. In allen Äußerungen artikulieren die Lernenden – in unterschiedlichen Spielarten – die Abhängigkeit der Erscheinung eines Objekts auf der Ebene des Geschehens von einem subjektiven Standpunkt. Es lassen sich drei logische Komponenten in den Äußerungen bestimmen: ein Subjekt bzw. Standpunkt der Perspektive (x), ein Objekt der Perspektive (y) und eine Erscheinungsform des Objektes (z).[6] Die Grundrelation äußert sich sprachlich in Formulierungen wie „für x ist y z" oder „aus der Sicht von x ist y z" oder lässt sich formal in diese übersetzen. Die Formulierungen dieser Grundrelation wurden aus den Daten rekonstruiert und sind jeweils mehrfach belegt, z. B.:

(1) […] weil da geht es darum, dass die Ameisen, für die es so eine Riesenwelt ist und halt für unsere Sicht ist, ist es eigentlich gar nicht so riesig. (Zyklus 2_K5, Pos. 77)

(2) Weil, für die Ameisen ist der Junge ja ein Riese […]. (Zyklus 1_Gruppe 2, Pos. 97)

Entsprechend fassen wir perspektivisches Verstehen als ein relationales Verstehen mit den sprachlich expliziten oder impliziten Komponenten Subjekt/Standpunkt, Objekt und Objekterscheinung. Notwendige Bedingung für eine Kodierung von Segmenten als perspektivische Äußerungen ist, dass der relative (d. h. der standpunktabhängige) Geltungsanspruch in Bezug auf mindestens eine Objekterscheinung im Datenmaterial rekonstruiert werden kann (z. B. durch sprachliche Formen wie „für jemanden", „aus meiner Sicht", „erst dachte ich, nun weiß ich"). Wir nehmen an, dass die schüler*innenseitige Artikulation solcher Äußerungen mit der Einsicht subjektabhängiger, d. h. relativer Geltungsansprüche in Bezug auf Erscheinungsformen der Objekte einhergeht.[7] Außerdem nehmen wir an, dass derartige Äußerungen häufig mit der Einsicht verbunden sind, dass verschiedene

---

[5] Die folgende Erläuterung unseres Kategoriensystems greift zum Teil Formulierungen eines früheren Beitrages (vgl. Freudenberg et al. 2023) auf, die dort zur Definition und Interpretation einzelner Kategorien bereits verwendet worden sind. Da es uns auf Kontinuität, Einheitlichkeit und Präzision der Kategorienbeschreibungen ankommt, haben wir diese Passagen zum Teil so belassen. Die Darstellung wird im Folgenden jedoch maßgeblich erweitert sowie ausdifferenziert und stellt den aktuellen Forschungsstand im Projekt dar (Zeitpunkt: Juni 2022).

[6] Damit knüpfen wir an die Überlegungen von Schmid an, der das Subjekt der Wahrnehmung (Wahrnehmungsstandpunkt) klar vom Objekt der Wahrnehmung trennt (vgl. Schmid 2014, S. 126–127), erweitern diese Unterscheidung aber durch die für uns zentrale Komponente der Erscheinungsform des Objekts.

[7] Schmid beschreibt Perspektive als ein „relationales Phänomen" (Schmid 2014, S. 138).

Tab. 1 Kategoriensystem zum Perspektivverstehen (*PAuLi*)

Dominanter Standpunkt der Textbetrachtung: intern				Dominanter Standpunkt der Textbetrachtung: extern			
inhaltliche Thematisierung von Perspektive Verstehen von Perspektive auf Geschehensebene als kognitiv-diskursiver Nachvollzug Erscheinungen von Objekten auf Geschehensebene (Figuren, Handlungen, Gegenstände) werden in Bezug zu einem (fiktions-)internen Betrachtungsstandpunkt gesetzt				Thematisierung von Perspektive als Darstellungsverfahren implizite Wahrnehmung der sprachlichen Gemachtheit des Textes durch die Leser*in: z. B. Wahrnehmung der globalen Erzählstrategie Erscheinungen von Objekten werden von einem (fiktions-)externen Standpunkt thematisiert			
explizite Standpunktdifferenz		ein Standpunkt / implizite Standpunktdifferenz		explizite Standpunktdifferenz		ein Standpunkt / implizite Standpunktdifferenz	
intrasubjektiv	intersubjektiv	intersubjektiv	intrasubjektiv	intrasubjektiv	intersubjektiv	intersubjektiv	intrasubjektiv
-	1) [...] weil da geht es darum, dass die Ameisen, für die es so eine Riesenwelt ist und halt für unsere Sicht ist, ist es eigentlich gar nicht so riesig. (Zyklus 2_K5, Pos. 77)	2) Weil, für die Ameisen ist der Junge ja ein Riese [...]. (Zyklus 1_Gruppe 2, Pos. 97)	3) (Und jetzt hat man ja auch herausgefunden, dass es so gesagt nur ein Spiel war.) weil der Junge, der hat das sich ja bestimmt nur gedacht, dass er jetzt ein Riese ist." (Zyklus 1_Gruppe 1, Pos. 105)	4) Also ich glaube, das ist ein Ameisenhaufen, aber zuerst dachte ich, dass das einfach wie so ein riesiges / so eine riesige Stadt in einem Haus oder so ist und dass da halt ein Riese ist [...] Und dann hab ich halt am Schluss rausgefunden, dass es einfach darum ging, dass es einfach ein Ameisen(...) haufen war und dass da einfach ein Junge ein Stein reingeworfen hat. (Zyklus 2_K5, Pos. 10+12)	5) Weil die Ameisen das ja als Bombe betrachten. [...] Was es eigentlich gar nicht ist, sondern nur ein Stein. (Zyklus 2_K7, Pos. 114-116)	6) Weil der Riese ja gar nicht (...) (unv.) echt ist? (Zyklus 1_Gruppe 2, Pos. 103)	7) Am Anfang dachten wir, dass ein Riese einen großen Stein auf Hochhäuser geworfen hat und dass sich viele Menschen sehr verletzten und starben. (Zyklus 1_Gruppe 2, Pos. 122)

Standpunkte verschiedene Objekterscheinungen bedingen und umgekehrt verschiedene Objekterscheinungen unterschiedliche Standpunkte indizieren. Diese Zusammenhänge werden u. E. von den Lernenden mitgedacht, häufig sogar explizit durch die Erwähnung von Standpunkt- und Erscheinungsdifferenzen benannt, was wir im Folgenden anhand der Erläuterungen der verschiedenen Kategorien veranschaulichen werden.

Als zentrale Unterscheidung lassen sich aus den Daten zwei Grundtypen von Perspektivverstehen rekonstruieren, unter die sich alle weiteren Differenzierungen subsumieren lassen: Während es in den Beispielen 1 und 2 vor allem um die Thematisierung von Perspektive auf der Geschehensebene geht, und zwar als standpunktabhängige Erscheinung von Objekten von einem *internen Standpunkt* aus, wird in Beispiel 4 Perspektive auf der Ebene der Darstellung in den Blick gerückt, nämlich als standpunktabhängige Erscheinung von Objekten von einem *externen Standpunkt* aus:[8]

> (4) Also ich glaube, das ist ein Ameisenhaufen, aber zuerst dachte ich, dass das einfach wie so ein riesiges/so eine riesige Stadt in einem Haus oder so ist und dass da halt ein Riese ist. [...] Und dann hab ich halt am Schluss rausgefunden, dass es einfach darum ging, dass es einfach ein Ameisen(...)haufen war und dass da einfach ein Junge ein Stein reingeworfen hat. (Zyklus 2_K5, Pos. 10 + 12)

Sprachlich markiert wird der externe Standpunkt in Beispiel 4 durch die Formulierung „zuerst dachte ich [...] Und dann habe ich halt am Schluss rausgefunden", die anzeigt, dass hier Perspektive als Darstellungsverfahren thematisiert wird. Werden bei Äußerungen des dominant internen Standpunkts in der Regel Phänomene der Figurenperspektive verhandelt, geraten mit Äußerungen des dominant externen Standpunkts Phänomene der sprachlichen Gemachtheit wie der Erzählperspektive oder der erzählerischen Informationsregulation in den Blick. Es liegen hier also zwei kategorial unterschiedliche Verstehensebenen vor. Festzuhalten bleibt, dass durch den Fokus auf die sprachliche Markierung subjektgebundener Objekterscheinungen nicht nur Perspektive als Geschehens-, sondern auch als Darstellungsphänomen beschrieben werden kann. Denn insbesondere die sprachlichen Markierungen des externen Standpunkts indizieren eine Auseinandersetzung mit der Vermitteltheit des Erzählten. Es werden hier keine subjektiven Perspektiven übernommen, sondern im Vordergrund steht die Einsicht, dass Objekte auf der Geschehensebene als unterschiedliche Erscheinungsformen erzählerisch dargeboten werden.

Die Einsicht in die Standpunktrelativität von Erscheinungsformen spielt beim Perspektivverstehen eine wesentliche Rolle. Unterschiedliche Erscheinungsformen eines Objekts, also *phänomenale Objektdifferenzen,* sind an *Standpunktdifferenzen* gebunden. Solche Standpunktdifferenzen können wir auf der Grundlage unserer

---

[8] Der dominante Standpunkt der thematisierten Perspektive ist also einmal fiktionsintern und einmal fiktionsextern, vgl. hierzu Jeßing und Köhnen 2017, S. 181 und Köppe und Kindt 2014, S. 84 und 116–117.

Daten weiter ausdifferenzieren: Zum einen sind diese sprachlich entweder als *explizite Standpunktdifferenzen* oder nur als *implizite Standpunktdifferenzen* markiert. Zum anderen kann sich die Standpunktdifferenz auf unterschiedliche Subjekte *(intersubjektive Standpunktdifferenz)* oder auf ein Subjekt *(intrasubjektive Standpunktdifferenz)* beziehen. Wichtige Unterscheidungen unseres Kategoriensystems, das wir im Folgenden näher erläutern, sind demnach folgende Oppositionspaare: interner Standpunkt (Beispiele 1–3) vs. externer Standpunkt (Beispiele 4–7); explizite Standpunktdifferenz (Beispiele 1, 4 und 5) vs. implizite Standpunktdifferenz (Beispiele 2, 3, 6 und 7) und intrasubjektive (Beispiele 3, 4 und 7) vs. intersubjektive Standpunktdifferenz (Beispiele 1, 2, 5 und 6). Was diese Unterscheidungen konkret bedeuten, führen wir nachfolgend aus, indem wir die einzelnen Kategorien in Tab. 1 mit den dort befindlichen Beispielen und mithilfe unserer Nomenklatur („für x erscheint y als z") genauer erläutern.

Explizite intersubjektive Standpunktdifferenz (dominanter Standpunkt: intern)

> (1) [...] weil da geht es darum, dass die Ameisen, für die es so eine Riesenwelt ist und halt für unsere Sicht ist, ist es eigentlich gar nicht so riesig. (Zyklus 2_K5, Pos. 77)

Es liegen in Beispiel 1 zwei unterschiedliche subjektive Standpunkte der Perspektivierung vor, nämlich der Standpunkt der „Ameisen" (x_1) und „unsere Sicht" (x_2). Da diese Standpunkte unterschiedlichen Subjekten (bzw. Subjektklassen) entsprechen, sprechen wir von einer *intersubjektiven Standpunktdifferenz*. Das Objekt der Perspektive, das „es" (y), ist die erzählte Welt des Gedichts, insbesondere der Riese/Junge und der Stein. Und dieses Objekt bzw. diese Objektmenge wiederum erscheint den Ameisen (x_1) als „Riesenwelt" (z_1) und „für unsere Sicht" (x_2) als „gar nicht so riesig" (z_2). Artikuliert werden also zwei an unterschiedliche Subjekte gebundene (x_1 und x_2) und somit relative phänomenale Geltungsansprüche (z_1 und z_2) hinsichtlich eines Objekts (y). Der *intersubjektiven Standpunktdifferenz* (x_1 und x_2) entspricht eine *phänomenale Objekttransformation* (z_1 und z_2) hinsichtlich ein und desselben Objekts (y). Der dominante Standpunkt der Betrachtung ist fiktionsintern, weil innerfiktive Relationen verhandelt werden.[9]

Implizite intersubjektive Standpunktdifferenz (dominanter Standpunkt: intern)

> (2) Weil, für die Ameisen ist der Junge ja ein Riese [...]. (Zyklus 1_Erhebung 2, Pos. 97)

---

[9]Auch wenn „unsere Sicht" hier die Rezipient*innenperspektive markiert und damit eine fiktionsexterne Größe meint, begibt sich dieser Standpunkt – quasi als eigene Fiktion – in die Fiktion hinein, um die Gegenstände der erzählten Welt nach eigenen Maßstäben zu vermessen. Der dominante Standpunkt ist entsprechend intern. Dies wird deutlich(er), wenn der Kontext der Äußerung mitberücksichtigt wird: Der Junge wurde hier gefragt, wie die beiden innerfiktiven Welten, die Riesenwelt und die Ameisenwelt, zusammenhängen. Er vollzieht mit dem Standpunkt „für unsere Sicht" die Perspektive der Menschen in der Ameisenwelt nach.

In Beispiel 2 scheint es auf den ersten Blick nur einen Standpunkt zu geben. Ein Objekt (y), hier als „der Junge" bezeichnet, erscheint vom Standpunkt der Ameisen aus (x) als ein „Riese" (z). Artikuliert wird also wieder ein subjektgebundener, also relativer phänomenaler Geltungsanspruch. Zumindest implizit wird mit der Äußerung aber zusätzlich auf einen anderen Standpunkt hingewiesen, für den diese Objekterscheinung nicht gilt oder gelten muss. Tatsächlich lässt sich aus dem Äußerungskontext rekonstruieren, dass die Probandin den Standpunkt der Ameisen (x_1), von dem aus das Objekt (y) als „Riese" (z_1) erscheint, von einem nicht näher bestimmten zweiten Standpunkt (x_2) abgrenzt, von dem aus das Objekt (y) als ein „Junge" (z_2) erscheint. Dieser Standpunkt scheint wie in Beispiel 1 die Rezipientin zu meinen.[10] Eine Standpunktdifferenz wird in Beispiel 2 folglich mitgedacht und kommt als *implizite Standpunktdifferenz* zum Ausweis, während sie in Beispiel 1 explizit artikuliert wird. Wie in Beispiel 1 ist auch in Beispiel 2 der dominante Standpunkt fiktionsintern.

Von einer erkenntnislogischen Warte aus kann der „Junge" in Beispiel 2 u. E. auch als Markierung der Erscheinungsform des Objekts betrachtet werden, und zwar in Abhängigkeit von dem implizierten zweiten Standpunkt (x_2). Das heißt auch, dass das Objekt der Perspektive (y) lediglich eine logische Größe ist, die sprachlich nicht eigenständig realisiert sein muss. Das Objekt ist der Gegenstand der Rede, das Signifikat, hier also der Steinewerfer, der je nach subjektivem Standpunkt als „Riese" (z_1) oder „Junge" (z_2) erscheint.

Implizite intrasubjektive Standpunktdifferenz (dominanter Standpunkt: intern)

(3) (Und jetzt hat man ja auch herausgefunden, dass es so gesagt nur ein Spiel war,) weil der Junge, der hat das sich ja bestimmt nur gedacht, dass er jetzt ein Riese ist. (Zyklus 1_Gruppe 1, Pos. 105)

Das Beispiel ist kompliziert, weil verschiedene perspektivische Relationen vorliegen. Wir konzentrieren uns nur auf die im kausalen Nebensatz geäußerte perspektivische Relation, in der zufälligerweise Subjekt und Objekt zusammenfallen: Für den Jungen (x) ist er selbst (y) in seinen Gedanken ein Riese (z).[11] Es liegt also ein auf einen Standpunkt relativer Geltungsanspruch bzgl. einer Objekterscheinung vor. Das heißt aber auch, und so lässt sich die Äußerung im Äußerungskontext rekonstruieren, dass der Junge in einem anderen mentalen Zustand, nämlich nicht im Spiel, sondern im Ernst, sich nicht als einen Riesen denkt. Das Objekt erscheint also ein und demselben Subjekt mal als Riese und mal als Junge, je nach mentalem Zustand. Die beiden Standpunkte, die mit einer phänomenalen Objekttransformation einhergehen, betreffen ein und dasselbe

---

[10] Denkbar ist aber auch, dass der Standpunkt der fiktiven Menschen in der erzählten Welt gemeint ist.

[11] Genauer könnte man sagen: Für den Jungen (x) ist er selbst (y (=x)) in seinen Gedanken ein Riese (z).

fiktive Subjekt in unterschiedlichen Zuständen. Insofern lässt sich hier von einer impliziten *intrasubjektiven Standpunktdifferenz* sprechen. Dass es auch Äußerungen mit expliziter intrasubjektiver Standpunktdifferenz mit dominant internem Standpunkt gibt, ist naheliegend, allerdings konnten wir diese in unseren Daten (noch) nicht nachweisen, daher ist diese Zelle leer.

Explizite intrasubjektive Standpunktdifferenz (dominanter Standpunkt: extern)

(4) Also ich glaube, das ist ein Ameisenhaufen, aber zuerst dachte ich, dass das einfach wie so ein riesiges/so eine riesige Stadt in einem Haus oder so ist und dass da halt ein Riese ist. [...] Und dann hab ich halt am Schluss rausgefunden, dass es einfach darum ging, dass es einfach ein Ameisen[...]haufen war und dass da einfach ein Junge ein Stein reingeworfen hat. (Zyklus 2_K5, Pos. 10 + 12)

Dieses Beispiel ist von einer anderen Qualität als die Beispiele 1–3, weil hier das Subjekt und auch der Blick dominant fiktionsextern sind. In der Äußerung wird Perspektive als Darstellungsphänomen thematisiert; die geäußerte Relation ist eine Artikulation eines gesteuerten Rezeptionseffekts. Das Subjekt (x) ist der Rezipient selbst, für den das Objekt (y) je nach rezeptivem Standpunkt (x_1 und x_2) mal als „Stadt" (z_1) und mal als „Ameisenhaufen" (z_2) erscheint. Insofern liegt hier eine explizite intrasubjektive Standpunktdifferenz vor, weil zwei Standpunkte ein und desselben Subjekts explizit thematisiert werden, die wiederum mit einer Objekt-transformation einhergehen.

Explizite intersubjektive Standpunktdifferenz (dominanter Standpunkt: extern)

(5) Weil die Ameisen das ja als Bombe betrachten. [...] Was es eigentlich gar nicht ist, sondern nur ein Stein. (Zyklus 2_K7, Pos. 114–116)

Ähnlich wie in Beispiel 1 liegen auch hier zwei unterschiedliche subjektive Stand-punkte vor: die Ameisen (x_1) und die als „eigentlich" markierte Perspektive der Rezipientin (x_2), die einen dominant externen Standpunkt einnimmt, indem sie versucht das Spiel des Textes aufzudecken. Je nach Betrachter*innenstandpunkt erscheint das Objekt (y), in der Äußerung als „das" und „es" bezeichnet, als „Bombe" (z_1) bzw. „nur [als] ein Stein" (z_2).

Implizite intersubjektive Standpunktdifferenz (dominanter Standpunkt: extern)

(6) Weil der Riese ja gar nicht [... unv.] echt ist. (Zyklus 1_Gruppe 2, Pos. 103)

Aus der externen Perspektive der wissenden Leserin (x_1) – so lässt sich die Äußerung im Gesprächskontext verstehen – ist die Riesenerscheinung nicht echt (z_1). Dies impliziert eine andere Perspektive, nämlich – wie sich rekonstruieren lässt – die der Ameisen (x_2), aus der diese Erscheinung eben doch echt ist (z_2). Wie auch bei den Beispielen 4 und 5 ist der dominante Standpunkt fiktionsextern, quasi den Effekt des Plottwists von außen betrachtend.

Implizite intrasubjektive Standpunktdifferenz (dominanter Standpunkt: extern)

(7) Am Anfang dachten wir, dass ein Riese einen großen Stein auf Hochhäuser geworfen hat und dass sich viele Menschen sehr verletzten und starben. (Zyklus 1_Gruppe 2, Pos. 122)

Diese Äußerung legt aufgrund der Formulierung „Am Anfang dachten wir,…“, die den Rezipient*innenstandpunkt (x_1) markiert, nahe, dass es einen zweiten, wissenden Rezipient*innenstandpunkt (x_2) gibt, von dem aus der Text beurteilt werden kann, nachdem der Plottwist verstanden wurde: „Nachdem wir den ganzen Text gelesen haben, ….“. Es liegt hier also eine *implizite intrasubjektive Standpunktdifferenz* vor. Im Äußerungskontext wird klar, dass die Handlung (y) von diesem zweiten subjektiven Standpunkt (x_2) als Steinwurf eines Jungen auf Ameisen (z_2) erscheint und nicht mehr als Steinwurf eines Riesen auf Hochhäuser (z_1). Der Standpunkt, von dem aus auf das Geschehen geblickt wird, ist wiederum dominant extern, was ebenfalls an der eingangs genannten Formulierung deutlich wird.

Wir fassen noch einmal zusammen. Folgende Phänomene perspektivischen Verstehens können ausgehend von unseren Daten analytisch ausdifferenziert werden:

Interner vs. externer Standpunkt: Wir unterscheiden, ob Perspektive als Inhaltsphänomen oder als Darstellungsphänomen thematisiert wird. Ist der dominante Standpunkt, von dem aus Gegenstände als standpunktrelative Erscheinungen artikuliert werden, eher fiktionsextern, bezieht sich das Perspektivverstehen tendenziell auf Perspektive als Darstellung. Ist der dominante Standpunkt intern, bezieht sich das Perspektivverstehen eher auf die Figurenperspektive.

Implizite vs. explizite Standpunktdifferenz: Sobald zwei Standpunkte eingenommen und damit zwei Objekterscheinungen eines Gegenstandes artikuliert werden, liegt eine explizite Standpunktdifferenz vor. Wird nur ein Standpunkt eingenommen und damit nur eine Objekterscheinung artikuliert, reden wir von einer impliziten Standpunktdifferenz. Dies lässt sich deshalb rechtfertigen, weil im Kontext von Äußerungen, in denen nur ein relativer Geltungsanspruch artikuliert wird, in der Regel ein zweiter Standpunkt (logisch) rekonstruiert werden kann, der mitgedacht wird und für den ein anderer relativer Geltungsanspruch erhoben wird. Verbunden ist mit mehreren Standpunkten immer eine phänomenale Objektdifferenz.[12]

Intrasubjektive vs. intersubjektive Standpunktdifferenz: Die Standpunktdifferenz kann sich auf unterschiedliche Subjekte oder auf unterschiedliche Standpunkte innerhalb eines Subjekts beziehen. Perspektivisches Verstehen heißt unserem Verständnis nach, standpunktrelative Geltungsansprüche zu erfassen, die sich von Subjekt zu Subjekt oder aber von Standpunkt zu Standpunkt innerhalb eines Subjekt unterscheiden.

---

[12] Die Differenz der Objekterscheinung kann sich auf ganz unterschiedliche Qualitäten beziehen. In den Lernendenäußerungen zum Guggenmos-Gedicht spielen vor allem entitäre Differenzen (z. B. Riese vs. Junge), aber auch räumliche (groß vs. klein) oder axiologische Differenzen (gut vs. schlecht) eine wesentliche Rolle.

4 Fazit

Nachdem wir anfänglich gezeigt haben, wie reich und heterogen das Spiel mit Perspektiven in Guggenmos' Gedicht *Ein Riese warf einen Stein* ist (s. Abschn. 1) und wie ungenügend es deshalb mit Blick auf schüler*innenseitige Lernprozesse ist, sich allein auf Aspekte von Figurenverstehen zu konzentrieren (s. Abschn. 2), konnten wir abschließend ein Instrumentarium für die Erfassung von Perspektivverstehen vorstellen, das die Inhaltsebene und die Darstellungsebene integriert (s. Abschn. 3).

Mit dem vorgestellten Instrumentarium haben wir alle bisher erhobenen Verbaldaten kodiert. Dass bereits Grundschulkinder in der Lage sind, die im Text angelegten Relationierungen und Perspektivverschiebungen zu artikulieren und Perspektive als Darstellungsphänomen zu reflektieren, bestätigt unseres Erachtens die Notwendigkeit, das beschriebene Feld didaktisch zu strukturieren, zumal, wie in Abschn. 2 des Beitrags deutlich werden sollte, in der Literaturdidaktik bislang keine systematische Modellierung für Perspektivverstehen vorliegt. Dies ist auch deshalb didaktisch geboten, weil sich zeigt, dass die kognitive Verarbeitung und sprachliche Erfassung von Perspektive von einem dominant internen Standpunkt aus mit anderen Verstehensanforderungen verknüpft ist als die von einem dominant externen Standpunkt aus. Mithilfe unseres Instrumentariums können wir außerdem nicht nur gelingende perspektivbezogene Lernprozesse, sondern auch entsprechende Verstehensschwierigkeiten präzise erfassen. So können wir z. B. zeigen, dass manche Lernende im späten Grundschulalter dann Probleme mit der Erfassung von perspektivischen Relationen haben, wenn sie gleichzeitig viele Objekte oder viele Subjekte bzw. Standpunkte der Perspektive in den Blick nehmen und sprachlich zu realisieren versuchen. Das gilt es bei der zukünftigen Erarbeitung von Lehr-Lernarrangements im Projekt *PAuLi* zu berücksichtigen.

Literatur

Andringa, Els. 1987. Wer sieht wen wie? Entwicklungen in der Wahrnehmung fremder Perspektiven. In *Zur Psychologie des Literaturunterrichts. Schülerfähigkeiten – Unterrichtsmethoden – Beispiele*, Hrsg. Heiner Willenberg in Verbindung mit mehreren Fachkollegen, 87–108. Frankfurt a. M. u. a.: Diesterweg.

Buhl, Heike M. 2012. Perspektiven übernehmen. Textverstehen verbessern. In *Literarisches Lernen im Anfangsunterricht. Theoretische Reflexionen. Empirische Befunde. Unterrichtspraktische Entwürfe*, Hrsg. Anja Pompe, 122–135. Baltmannsweiler: Schneider Hohengehren.

Büker, Petra, und Claudia Vorst. 2014. Kompetenzen und Unterrichtsziele im Lese- und Literaturunterricht der Grundschule. In *Lese- und Literaturunterricht, Teil 2*, Hrsg. Michael Kämper-van den Boogaart und Kaspar H. Spinner, 21–48. Baltmannsweiler: Schneider Hohengehren.

Dube, Juliane, und Stephan Hußmann. 2019. Fachdidaktische Entwicklungsforschung (Design Research). Theorie- und empiriegeleitete Gestaltung von Unterrichtspraxis. In *Dialogische Verbindungslinien zwischen Wissenschaft und Schule. Theoretische Grundlagen. Praxisbezogene Anwendungsaspekte. Zielgruppenorientiertes Publizieren*, Hrsg. Claudia Priebe, Christiane Mattisson, und Katrin Sommer, 17–35. Bad Heilbrunn: Klinkhardt.

Freudenberg, Ricarda, Martina von Heynitz, Birgit Schlachter, und Michael Steinmetz. 2023. Perspektivverstehen als Aufgabe der Konstruktion – Einblicke in das Entwicklungsforschungsprojekt PAuLi. In *Die Konstruktion stärken. Ein Handlungsfeld der Deutschdidaktik neu betrachtet.* Hrsg. Michael Steinmetz und Martina von Heynitz, 43–64. Frankfurt a. M.: Peter Lang.

Jeßing, Benedikt und Ralph Köhnen. 2017. *Einführung in die neuere deutsche Literaturwissenschaft.* 4. Aufl. Stuttgart: Metzler.

Hurrelmann, Bettina. 2003. Literarische Figuren. Wirklichkeit und Konstruktion. *Praxis Deutsch* 177:4–12.

Kloppert, Katrin. 2021. *Perspektivgestaltung und Perspektivverstehen in Kurzgeschichten. Literaturwissenschaftliche und literaturdidaktische Überlegungen.* Baltmannsweiler: Schneider Hohengehren.

Köppe, Tillmann, und Tom Kindt. 2014. *Erzähltheorie. Eine Einführung.* Stuttgart: Reclam.

Köster, Juliane, und Stefan Matuschek. 2017. Elf Thesen zum Literaturunterricht. *Didaktik Deutsch* 47:23–27.

Ludwig, Hans-Werner, und Werner Faulstich. 1985. *Erzählperspektive empirisch. Untersuchungen zur Rezeptionsrelevanz narrativer Strukturen.* Tübingen: Narr.

Matuschek, Stefan. 2010. Literatur und Lebenswelt. Zum Verhältnis von wissenschaftlichem und nicht-wissenschaftlichem Literaturverständnis. In *Der Begriff der Literatur. Transdisziplinäre Perspektiven,* Hrsg. Alexander Löck und Jan Urbich. Unter Mitarbeit von Andreas Grimm, 289–308. Berlin/Boston: De Gruyter.

Matuschek, Stefan. 2013. Was heißt „Literatur lesen lernen?" In *Textkompetenzen in der Sekundarstufe II,* Hrsg. Helmuth Feilke, Juliane Köster, und Michael Steinmetz, 63–73. Freiburg: Fillibach.

Olsen, Ralf. 2017. Privileg literarischen Lesens: Empathie. *Der Deutschunterricht* 69(3):48–59.

Prediger, Susanne, Koeno Gravemeijer, und Jere Confrey. 2015. Design research with a focus on learning processes: An overview on achievements and challenges. *ZDM Mathematics Education* 47:877–891.

Rietz, Florian. 2017. *Perspektivenübernahmekompetenzen. Ein literaturdidaktisches Modell.* Baltmannsweiler: Schneider Hohengehren.

Schmid, Wolf. 2014 [2005]. *Elemente der Narratologie,* 3. Aufl. Berlin/Boston: De Gruyter.

Seyler, Daniela. 2020. *Individuelle Textbegegnung und kooperative Aufgabenbearbeitung. Verstehensprozesse beim Nachvollziehen der Perspektiven literarischer Figuren.* Berlin: Metzler.

Spinner, Kaspar H. 2006. Literarisches Lernen. *Praxis Deutsch* 200:6–16.

Stark, Tobias. 2012. Zum Perspektivenverstehen und zum Umgang mit Fiktionalität beim literarischen Verstehen. Ausgewählte Ergebnisse einer qualitativen empirischen Untersuchung. In *Fachliches Wissen und Literarisches Verstehen. Studien zu einer brisanten Relation,* Hrsg. Irene Pieper und Dorothee Wieser, 153–169. Frankfurt a. M. u. a.: Lang.

Stark, Tobias. 2019. *Verstehenshinderliche Prozesse beim Zusammenwirken von Weltwissen, normativen Wertungen und Textverstehen. Ergebnisse einer qualitativen Leseprozessuntersuchung mithilfe von Lautdenkprotokollen.* Didaktik Deutsch 47:65–85.

Van Peer, Willie, und Henk Pander Maat. 2001. Narrative perspectives and the interpretation of character`s motives. *Language and Literature* 10(3):229–241.

Wolf Schmids idealgenetisches Modell der narrativen Ebenen im Kontext eines handlungs- und produktionsorientierten Literaturunterrichts

Swen Schulte Eickholt

Zusammenfassung

Narratologische Konzepte finden aufgrund ihrer fachlichen Differenziert-heit nur langsam Eingang in den literaturdidaktischen Diskurs. Wolf Schmids idealgenetisches Modell der narrativen Ebenen wird hier als eine praxis-orientierte Alternative zu komplexen Analyseinstrumenten vorgestellt, die auch im Literaturunterricht der Primarstufe bereits eingesetzt werden kann. Anhand literarischer Beispiele werden die Ebenen ‚Geschehen', ‚Geschichte', ‚Erzählung' und ‚Präsentation der Erzählung' vorgestellt. Gerade für die Integration in einen handlungs- und produktionsorientierten Unterricht eignet das Modell sich gut, da es die Operationen plausibilisiert, mit denen eine Erzähl-instanz auf die fiktionale Wirklichkeit zugreift, um eine Erzählung präsentieren zu können. So kann das Modell zur Schärfung analytischen Vorgehens ebenso Einsatz finden wie zur Grundierung eigener Schreibprojekte im Kontext von handlungs- und produktionsorientierten Verfahren.

Hatten frühe narratologische Basistexte wie die zentrale Studie *Die Erzählung* von Gérard Genette (2010) oder Jochen Vogts *Aspekte erzählender Prosa* (1998) in der Entfaltung narratologischer Kategorien gleichzeitig fundierte Analysen von Marcel Prousts *Recherche* und Thomas Manns *Zauberberg* geliefert, tendiert gegenwärtige narratologische Forschung in einer fast ironischen Verkehrung ihres Anspruchs, möglichst objektive Analyseinstrumente zur Verfügung zu stellen, zu

S. Schulte Eickholt (✉)
Germanistik, Universität Paderborn, Paderborn, NRW, Deutschland
E-Mail: swense@mail.uni-paderborn.de

S. Bernhardt und I. Henke (Hrsg.), *Erzähltheorie(n) und Literaturunterricht*, Deutschdidaktik, https://doi.org/10.1007/978-3-662-66918-1_9

einem immer differenzierteren und immer selbstbezüglicheren Szientismus, der ihren Kategorien zunehmend die Anwendbarkeit außerhalb des Spezialdiskurses nimmt.[1]

Für die Literaturdidaktik, so zumindest der Konsens auf der diesem Band zugrunde liegenden Fachtagung im virtuellen Münster/Schwäbisch Gmünd, kann es nicht um die selbstzweckhafte Identifizierung immer elaborierterer narratologischer Konzepte gehen, sondern gerade um die Überwindung des durch diese Spezialisierung entstandenen Grabens zwischen Narratologie und Literaturdidaktik – in Übereinstimmung mit Abrahams und Kepsers Postulat, Literaturdidaktik könne nicht das Ziel haben, Schüler*innen auf das Niveau von Literaturwissenschaftler*innen zu bringen, sondern solle zur Partizipation am kulturellen Handlungsfeld ‚Literatur' befähigen (vgl. Kepser und Abraham 2016, S. 25).

Diese Teilhabe scheint nun besonders durch handlungs- und produktionsorientierte Verfahren, wie sie auf den Vorarbeiten aus den 1970er Jahren von Haas, Spinner und Waldmann immer differenzierter ausgebildet werden (vgl. Hofmann und Goer 2014, S. 229), ermöglicht zu werden. Eine mittlerweile nicht selten zu findende Fokussierung auf unklare und vorgeblich für die Identitätsbildung relevante Konzepte wie Empathiebildung[2] und Einfühlung v. a. in Lehrwerken und Handreichungen für Lehrkräfte schwächen den ursprünglich durchaus gegenstandsorientiert konzipierten handlungs- und produktionsorientierten Literaturunterricht, der in notorischen Aufgaben wie ‚Verfasse einen Tagebucheintrag' oder ‚Schreibe aus der Perspektive von X einen Brief an Y' seine ebenso weit verbreitete wie seichte Etablierung im Schulalltag gefunden hat. Dass solche Aufgaben jedoch kaum dazu beitragen können, dass Schüler*innen die Machart von Narrationen erkennen und auf eigene Texte übertragen lernen, liegt auf der Hand. Hierfür wäre eine Ergänzung von handlungs- und produktionsorientierten Verfahren durch narratologische Begriffe und Konzepte notwendig. Gefragt ist dann nicht mehr die bloße Perspektivenübernahme, sondern immer auch das Wissen, wie Perspektive im literarischen Text überhaupt entsteht und vermittelt wird. Als besonders geeignet erscheint hierfür das idealgenetische Modell der narrativen Ebenen des Slawisten Wolf Schmid (2014, S. 223–246), da es trotz seines sperrigen und für die schulische Adaption sicherlich nicht gerade anwendungsfreundlichen Titels sehr anschaulich ist und auch in einer gut nachvollziehbaren Grafik dargestellt wurde.

Ich werde im Folgenden erst kurz und problembezogen auf die Grundlagen des handlungs- und produktionsorientierten Literaturunterrichts eingehen, dessen

---

[1] Deutlich etwa in der notorischen Klage, eine Kategorie wie das unzuverlässige Erzählen wäre zu profillos, um anwendbar zu sein. Das Gegenteil erschwert ihre Anwendbarkeit: eine immer differenziertere Kategorien- und Subkategorienbildung, die zu erarbeiten zu umständlich ist, sollte man nicht ohnehin Teil des narratologischen Fachdiskurses sein. Das hier skizzierte Problem der Differenzierung ist freilich ganz grundsätzlich ein Problem moderner Wissenschaft, aber für einen ursprünglich anwendungsorientierten Fachbereich wie die Narratologie besonders misslich.

[2] Vgl. zur Kritik am Konzept Empathie Olsen 2011.

grundsätzliche Berechtigung schon länger kein Gegenstand der Kritik mehr ist und daher hier auch nicht mehr wortreich verteidigt werden muss. Anschließend stelle ich Schmids Modell vor und komme abschließend auf die Potentiale des Modells in einem handlungs- und produktionsorientierten Literaturunterricht zu sprechen.

1 Koordinaten des handlungs- und produktionsorientierten Literaturunterrichts

In grober Vereinfachung ist die Grundannahme handlungs- und produktions-orientierten Literaturunterrichts (HPU), dass der in den 1970er Jahren konstatierte Frust im Literaturunterricht über eine übertriebene Ausrichtung an der vorgeb-lich hermeneutisch orientierten Frage nach der Autor*innenintention durch einen handelnden Umgang mit Texten überwunden werden kann. War, der Struktur des Schulsystems folgend, hermeneutisch orientierter Unterricht hierarchisch organisiert (die Lehrperson weiß die Antwort und führt die Schüler*innen durch didaktisierte Fragen zur richtigen Lösung), so war dem HPU von Beginn an ein stark egalitärer Impetus eigen. Schüler*innen sollten literarische Sprache ver-wenden und mit literarischen Texten handelnd umgehen (vgl. den knappen Über-blick bei Paefgen 2006, S. 137–148; Hochstadt et al. 2013, S. 134–144). Die Lehrperson wurde zu einer Begleiterin in einem oftmals recht offenen Prozess – zumal *die* literarische Sprache nicht ohne weiteres lern- und lehrbar ist und die Frage nach richtig und falsch obsolet erschien. In der Konzeption nach Waldmann ist allerdings auch der HPU noch hermeneutisch orientiert und die Produktions-orientierung in einen Phasenunterricht eingebettet, der durchaus auf eine Inter-pretation des literarischen Textes abzielt (vgl. Kepser und Abraham 2016, S. 236–238). Ein Einblick in die Produziertheit der Texte soll helfen, diese auch in der Interpretation besser in den Griff zu bekommen. Einige Paradigmenwechsel in Literaturwissenschaft und Literaturdidaktik haben diesen hermeneutischen Impuls allerdings immer stärker in den Hintergrund rücken lassen. Zu nennen wären hier bis zur völligen Ablehnung reichende Angriffe auf die Hermeneutik durch Dekonstruktion und Diskurstheorie sowie eine immer stärkere Orientierung an einem lust- und genussbetonten Lesen in der Literaturdidaktik, die vermehrt auf den Beitrag der Lesesozialisation zu Prozessen der Identitätsbildung und Integration der Schüler*innen in das kulturelle Feld ‚Literatur' abhebt.[3]

So richtig und wichtig viele dieser Einsprüche waren (und sind), stellt sich gerade für den HPU die Frage, woher die Schüler*innen eigentlich ihr Hand-lungswissen über *literarische Sprache* haben. Während die Narratologie, wie oben angeführt, Gefahr läuft, einen von den übrigen Disziplinen abgelösten Dis-

---

[3] Damit sind die durch diese Tendenzen forcierten Probleme einer durch die Kompetenz-orientierung immer stärker auf operationalisierbare Prüfungsformate angewiesenen Schule noch gar nicht berührt, was hier auch nicht geschehen kann. Allerdings scheint die Integration narratologischer Konzepte gerade für Prüfungsformate insofern vielversprechend, als sie operationalisierbares Wissen bereitstellen.

kurs selbstzweckhafter Bestimmung narratologischer Kategorien zu führen, so ist dem HPU die Gefahr inhärent, selbstzweckhafte Handlungen durchführen zu lassen, an die man vage Hoffnungen von implizitem Wissensaufbau, literarischem Lernen und positiver Identitätsentwicklung durch Perspektivenübernahme, Fremd-verstehen und Empathie knüpft – Größen freilich, die sich in keiner Weise messen lassen, so dass der Erfolg einer solchen Didaktik mehr behauptet als bewiesen werden kann.[4] Abgesehen von den elaborierten Vorschlägen Abrahams im vor-liegenden Band, die jedoch eher im Kontext des literarischen Schreibens als des HPU zu verorten sind, und den frühen, differenzierten Konzepten z. B. Waldmanns (u. a. 2013) oder Fingerhuts (u. a. 1997) wurden bisher zumeist Textformen, Schreibanlässe oder konkrete Schreibaufgaben für den HPU vorgestellt, aber wenig anwendungsorientiertes theoretisches Rüstzeug für die Bearbeitung dieser Aufgaben. Das mag an einem zähen, wenn auch mittlerweile säkular gezähmten Weiterleben des Genietopos liegen, der nicht zuletzt mit dem Einzug des Kreativi-tätsbegriffs in den Deutschunterricht eine psychologisch fundierte Basis erfahren hat (vgl. Spinner 2018, S. 108–114), ist aber kritisch zu durchdenken. Wenn Fremd- und Selbstverstehen mittlerweile anerkannte Ziele des Literaturunter-richts sind (vgl. Spinner 2018, S. 171), die bevorzugt über Perspektivenüber-nahme erreicht werden sollen, erscheint es sinnvoll, gerade an diesem Punkt für die *Produziertheit* der Texte zu sensibilisieren und in durchaus auch theoretisch informierten Stunden auf die eigene Schreibhandlung vorzubereiten. Dafür eignet sich Schmids idealgenetisches Modell.

2 Schmids idealgenetisches Modell der narrativen Ebenen

Schmid betont, dass das idealgenetische Modell keineswegs den „realen Schaffens- oder Rezeptionsakt" (Schmid 2014, S. 247) abbildet, sondern ver-schiedene Phasen der Genese eines Erzähltextes in nicht chronologischer Form. Leitend für das Modell ist die Perspektive der Erzählinstanz, nicht das Vorgehen der Autor*in. Damit ist das Modell, was für didaktische Überlegungen relevant ist, in keiner Weise als Anleitung zur Verfertigung literarischer Texte gedacht, sondern dient der Plausibilisierung der Zusammenhänge und Bezüge der vier narrativen Ebenen, die Schmid konstatiert.[5] Dennoch möchte ich zeigen, dass es sehr wohl einen guten Hintergrund liefert, um eigene Texte im Zuge von Schreibaufgaben

---

[4] Das ist kein Grund per se, auf solche Formate zu verzichten. Allerdings ist die Tendenz deut-lich, aufgrund der schlechten Messbarkeit solcher Lernziele Ganzschriften zunehmend aus dem Curriculum herauszunehmen, was nun in keiner Weise Ziel der Literaturdidaktik sein kann.

[5] Schmid weist Parallelen seiner Ebenen zu vorhergehenden Begriffen in seiner Darstellung ausführlich nach. Ich werde mich im Folgenden ausschließlich auf die Terminologie Schmids beziehen. Schmid selbst integriert traditionelle Begriffe wie Fabel/Sujet, *histoire/discours,* deren Unterschiede und Genese ich hier nicht weiter ausführen werde.

zu perspektivieren. Als *ideale* Rekonstruktion der Verfahrensmomente der Erzähl-instanz, bis es zur eigentlichen Erzählung kommt, ist das Modell durchaus in einer stringenten Reihenfolge präsentiert.

Auf unterster Ebene findet sich das Geschehen, das in der Narratologie vielleicht etwas anschaulicher als *textual actual world* (vgl. dazu Surkamp 2002) bezeichnet wird und das Schmid in Form unbegrenzter Geschehensmomente dar-stellt, die wie in einem Koordinatensystem nach Zeit und Raum aufgefächert sind (s. Abb. 1). Das Geschehen, das Schmid der *histoire* oder Fabel zuordnet, umfasst dabei alles, was potentiell in der fiktionalen Welt passiert. Dabei ist das Geschehen zeitlich und räumlich unbegrenzt, da wir als Leser*innen für eine fiktionale Welt dieselben Regeln voraussetzen wie für unsere, es sei denn, Unterschiede sind markiert oder bereits durch das Genre erwartet. Aber auch dann gehen wir in aller Regel davon aus, dass die fiktionale Welt wesentlich mehr Orte enthält, als uns präsentiert werden, und ebenfalls hypothetisch in eine nahezu unend-liche Zeitspanne eingebunden ist. Das Geschehen enthält mithin unendlich mehr Geschehensmomente als den Leser*innen präsentiert werden können.

Das erste, was eine Erzählinstanz nun leisten muss, um am Ende eine Erzählung zu präsentieren, ist, über *Selektion* aus dem bloßen Geschehen eine Geschichte zusammenzustellen (s. Abb. 2). Schmid betont dabei besonders, dass hierfür bereits die Perspektive der Erzählinstanz relevant ist, die somit schon für die Ebene der *histoire* eine Rolle spielt. Auch die Ebene der Geschichte ist noch

Abb. 1 Geschehen

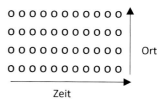

Abb. 2 Vom Geschehen zur Geschichte

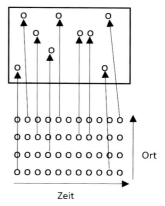

Abb. 3 Von der Geschichte
zur Erzählung

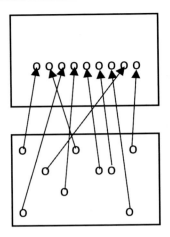

der *histoire* zuzuordnen, da hier noch keine eigentlichen künstlerischen Verfahren Anwendung finden. Gerade der Schritt vom Geschehen zur Geschichte ist, wie ich später ausführen werde, für die Literaturdidaktik von großer Bedeutung und kann mit den herkömmlichen, oft noch stark an der Typologie Stanzels orientierten Instrumenten nicht erfasst werden.

In einem zweiten Schritt wird durch *Komposition* (Linearisierung der ausgewählten Elemente und ggf. zeitliche Umstellung/Permutation) die Geschichte zu einer Erzählung gestaltet, was dann Schmid konsequent dem *discours* zuordnet (s. Abb. 3). Die wichtigsten Verfahren sind hierbei Analepse und Prolepse sowie Raffung und Dehnung.[6] Der letzte Schritt, bei Schmid als „Verbalisierung" (Schmid 2014, S. 242) bezeichnet, ändert nun nichts mehr an der Struktur der Erzählung und verweist vielleicht am deutlichsten darauf, dass es sich hier um ein *ideales* Modell handelt. Die schon abstrakt vorliegenden Erzählmomente werden nun von der Erzählinstanz verbalisiert und damit präsentiert (s. Abb. 4).

---

[6]Es erscheint nicht als notwendig, im Unterricht streng die genettesche Terminologie einzuführen. Vor- und Rückschau beschreiben mit nur wenig Verlust an begrifflicher Genauigkeit denselben Sachverhalt. Auch müsste geklärt werden, wie stark Anachronien auszudifferenzieren sind, da eine differenzierte Analyse hier nur als sinnvoll erscheint, wenn der Text mit Anachronien als Erzählprinzip arbeitet. Schmid argumentiert, dass die Begriffe Raffung und Dehnung im Grunde nicht korrekt seien, da durch die potentielle Unendlichkeit an Geschehensmomenten für jeden Augenblick des Geschehens auch eine Dehnung eine Raffung wäre, nur weniger extensiv (vgl. Schmid 2014, S. 234). Hier werden allerdings räumliche und zeitliche Kategorien etwas unzulässig vermengt. Denn in einer deskriptiven Pause kann die Erzählinstanz ja durchaus ‚länger' von einem Moment berichten, als dieser in der *textual actual world* andauert. Auch wenn dann immer nur Selektion vorliegt, da von nahezu unendlich vielen anderen Orten der Welt nicht berichtet wird, scheint doch der Begriff Dehnung hier angemessen. Schmids Vorschlag, von „hoher Deskriptivität" (Schmid 2014, S. 234) zu sprechen, ist dennoch von Plausibilität. Es ließe sich fragen, ob damit aber nicht eine andere Kategorie greifbar wird, die eben die temporal ausgerichteten Begriffe Raffung und Dehnung gar nicht erfassen sollen.

Abb. 4 Von der Erzählung
zur Präsentation der
Erzählung (Schmid)

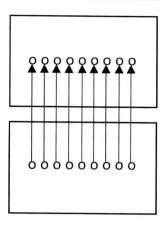

Erst hier entsteht der den Rezipient*innen vorliegende Text. Es ist insofern von großer Plausibilität, nochmals zwischen Erzählung und ihrer Präsentation zu differenzieren, weil dadurch gerade die konnotative Ebene der Sprache in den Blick gerät. Von hier erklärt sich Schmids Position, dass immer eine Erzählinstanz anzunehmen ist (vgl. Schmid 2014, S. 75–76).[7] Soweit die Elemente des idealgenetischen Modells, die Schmid in einer Gesamtgrafik präsentiert. Gerade im Literaturunterricht erscheint es jedoch als sinnvoll, die Ebenen schrittweise einzuführen.

Ein Punkt, der bei Schmid eher implizit abgehandelt wird, ist für die Übertragung des Modells auf Aufgaben des HPU wichtig: Das Modell setzt bereits eine bestimme Erzählinstanz voraus. Im Modell kann aber nicht verortet werden, ob wir etwa einen homo- oder heterodiegetischen Erzähler haben, ob wir eine ausgestaltete exegetische Ebene oder gar einen tierischen Erzähler präsentiert bekommen. Auch liefert das Modell kein Abbild davon, wie ‚der Roman' oder ‚die Erzählung' erzählt werden, sondern ganz konkret, wie eine spezifische Erzählinstanz ihre Rede präsentiert. Bei polyphon angelegten Texten müsste der Verfahrensablauf für jede Erzählinstanz erneut rekonstruiert werden. Das ist für jede Ebene relevant, da – wie Schmid betont – die Perspektive der Erzählinstanz für jegliche Operation entscheidend ist. Besonders deutlich wird das im Fall des homodiegetischen Erzählers im Schritt der Selektion. Auf das potentiell endlose Feld des Geschehens hat der homodiegetische Erzähler selbst schon nur einen äußerst begrenzten Zugriff – und jeder homodiegetische Erzähler in einem Erzähltext einen anderen! Die zentrale Stellung auch des Nicht-Gewählten wird in der Selektion der Geschehensmomente deutlich: „Eine Geschichte als sinnhaftes Ganzes zu erfahren heißt: die *Logik* ihrer *Selektivität* zu erschließen" (Schmid 2014, S. 236). Kaum eine Erzählung lässt sich verstehen, ohne als Leser*in eigene Rekonstruktionsleistungen zu vollbringen.

Hat Wolfgang Iser gezeigt, dass die Unbestimmtheit literarischer Texte die „Grenze der Semantik" (Iser 1991, S. 48) aufzeigt, da Autor*innen Imaginationen

---

[7] Eine Position, der Kindt und Köppe widersprechen (vgl. Kindt und Köppe 2014, S. 86).

in Sprache übersetzen, was nicht ohne Bedeutungsverlust oder -verschiebung möglich ist, so lässt sich das Lesen literarischer Texte begreifen als Rückübersetzung von Sprache in Imagination. Dieser doppelte Transfer von Imagination in Sprache und zurück ist Ausgangspunkt der Einsicht, dass keine zwei Leser*innen denselben Text lesen – was auch für den Literaturunterricht eine unterrichtsleitende Maxime geworden ist.

Gerade die Imaginationsfähigkeit ist es, die durch den Umgang mit Literatur gefördert werden soll. Imagination unterhält allerdings ein komplexes Verhältnis zur Empirie. Einerseits benötigen wir sie, um uns zu erinnern – empirische Erfahrung gleichsam zu transzendieren (mit mittlerweile recht gut erforschter Bedeutungsverschiebung; vgl. Wagner-Egelhaaf 2005, S. 12–15). Andererseits lässt sich Imaginationsfähigkeit tatsächlich trainieren – Dinge zu sehen, die gar nicht da sind. Das gesamte idealgenetische Modell basiert im Grunde auf der Imaginationsfähigkeit, was es für den HPU ertragreich macht. Denn was vorliegt, ist nur der fertige Text, die Stufen davor müssen aus den Textdaten extrahiert und letztlich imaginiert werden. Ganz besonders die Ebene des Geschehens, auf die sich viele Aufgaben des HPU bereits beziehen, bietet reichhaltige Imaginationsanlässe und ist ohne Imaginationsfähigkeit überhaupt nicht zu erschließen.

3   Das idealgenetische Modell im handlungs- und produktionsorientierten Literaturunterricht

Ich möchte nachfolgend gegliedert nach den einzelnen Transformationsschritten aufzeigen, inwiefern schon die unterrichtliche Analysearbeit durch Rückgriff auf das idealgenetische Modell ganz andere Schwerpunkte zu setzen vermag als eine ausschließlich auf Empathiebildung, Perspektivenübernahme und Identifikation abzielende Lektüre. Dafür werde ich bekannte Aufgabenformate mit Textbeispielen mithilfe des Modells narratologisch fundieren – das ist, wie zu zeigen sein wird, auch für den Elementarbereich durchaus möglich und sinnvoll.

3.1   Selektion

Zu Beginn sei hier kurz der Anfang von Peter Weiss' aufsehenerregender Erzählung *Der Schatten des Körpers des Kutschers* anzitiert:

> Durch die halboffene Tür sehe ich den lehmigen, aufgestampften Weg und die morschen Bretter um den Schweinekofen. Der Rüssel des Schweines schnuppert in der breiten Fuge, wenn er nicht schnaufend und grunzend im Schlamm wühlt. Außerdem sehe ich noch ein Stück der Hauswand, mit zersprungenem, teilweise abgebröckeltem gelblichen Putz, ein paar Pfähle, mit Querstangen für die Wäscheleine, und dahinter, bis zum Horizont, feuchte, schwarze Ackererde. (Weiss 1964, S. 7)

Der Text ist offensichtlich schlecht auf identifikatorischer Basis zu erschließen. Im Gegenteil fällt es als Leser*in sogar schwer, mit dem misshandelten Kind im späteren Verlauf der Erzählung Mitleid zu empfinden. Entsprechend erscheint es auch als schwierig, Handlungen probehandelnd mitzuvollziehen und damit im Sinne Odendahls mental zu erfassen (vgl. Odendahl 2021, S. 229). Eine affektiv grundierte Greifbarkeit ist hier nicht gegeben. Das liegt insbesondere am Fehlen der Wertungen durch den homodiegetischen Erzähler – es ist offensichtlich nicht leicht, Empathie aufzubauen (vgl. zum Phänomen der Empathie auch Olsen 2011, S. 7), wenn die Schilderung vollkommen sachlich bleibt und verschiedenste Sinneseindrücke nebeneinander präsentiert werden, ohne sie zu hierarchisieren. Im obigen Textausschnitt wird bereits deutlich, dass der Erzähler offenbar bemüht ist, den Ausschnitt der Welt, den er erblickt, ausführlich zu beschreiben – auf das Modell Schmids bezogen: den Teil des Geschehens, der seiner Perspektive zugänglich ist, darzustellen. Die ‚Grenzen der Semantik' werden schon bald als Problem der Wiedergabe durch konventionalisierte Zeichen deutlich, wenn der Erzähler festhält: „Das Krächzen einer Krähe […] (sie schrie Harm) […]" (Weiss 1964, S. 7). „Harm" kann nur eine sehr ungenaue Wiedergabe eines nicht genau in Sprache zu übertragenden Tierlautes sein. Gerade die Bemühungen, auch alle akustischen Eindrücke aufzunehmen, bringen den Erzähler in seinem um Synchronität bemühten Bericht ständig in erzählerischen Verzug. Es zeigt sich die Unmöglichkeit, auch nur den kleinsten Ausschnitt des Geschehens erzählerisch abzubilden.

Im Kontext des HPU kann es nun ab der siebten Klasse besonders fruchtbar sein, dieses Interpretationsergebnis durch eigene Textproduktion zu erfahren. Eine naheliegende Aufgabe wäre, dass jedeSchüler*in aus ihrer bzw. seiner jetzigen Perspektive denselben Versuch unternimmt, das Geschehen abzubilden. Neben offensichtlicher Sensibilisierung für den sinnlichen Eindruck der Umgebung Schule werden vermutlich sehr unterschiedliche Texte entstehen, die aus einer sehr unterschiedlichen Selektion resultieren, womit der erste Schritt des vier-Ebenen-Modells bereits plausibilisiert werden kann.[8] Ziel eines derart grundierten Literaturunterrichts ist in erster Linie, die Produziertheit der Texte nachvollziehbar zu machen, und das heißt, den Nachvollzug der Perspektive besonders durch eigene kreative Gestaltung zu erfahren. So kann ggf. die Einsicht reifen, dass fast alle Texte, die uns umgeben, erzählt sind. Perspektivische Lenkungen zu erkennen, kann gegenwärtig als neue Schlüsselkompetenz gelten.[9]

---

[8] Natürlich hat jede Schüler*in dann alle drei Transformationsschritte vollzogen, denn der fertige Text setzt ebenso Linearisierung der selektierten Geschehensmomente und natürlich Verbalisierung voraus.

[9] Perspektive ist auch für die Empathiebildung höchst relevant. Gegenüber wem wir demzufolge Empathie empfinden, hängt ganz entschieden von der Lenkung durch die Erzählinstanz ab. Und das beginnt schon mit der Selektion. Olsens differenziertes Stufenmodell literarischer Empathiefähigkeit, das auf den Fähigkeiten Emotionswahrnehmung und -einnahme basiert (vgl. Olsen 2011, S. 10–12), könnte durch eine Metakategorie ergänzt werden, da es auf rein inhaltlicher Ebene verbleibt. Leser*innen können neben inhaltlich kompetenten Formen der Emotionswahrnehmung die Art und Weise erkennen, wie Emotionen vermittelt und gelenkt werden – was erst durch eine Lektüre möglich ist, die auch formale Aspekte registriert und als maßgebliche Ursache der Emotionseinnahme erkennt.

Schon im Anfangsunterricht kann – auch vor dem Schriftspracherwerb – vielfach auf das Geschehen zurückgegriffen werden; und man tut dies auch bereits. Jede Aufgabe, die darauf abzielt, dass die Schüler*innen Elemente der fiktionalen Welt kreativ darstellen, integriert im Grunde die Imagination von Teilen des Geschehens, welche im Text selbst nicht dargestellt werden (siehe vertiefend Schröder 2020). Wenn Schüler*innen Bilder anfertigen, fügen sie den Daten des Textes stets Elemente hinzu, die ihrer Imagination entspringen – was nichts anderes heißt, als dass die Schüler*innen auf das individuell von der Textvorlage aus rekonstruierte Geschehen zurückgreifen. Lehrer*innen können schon anhand von bestimmten Bilderbüchern für die Notwendigkeit sensibilisieren, dass eine Selektion der Geschehensmomente notwendig ist, soll am Ende eine Erzählung präsentiert werden. In Thé Tjong-Khings Bilderbuch *Die Torte ist weg* (Tjong-Khing 2006) wird auf jeder Doppelseite ein breites Panorama präsentiert. In einer auf den ersten Blick schwer zu überblickenden Landschaft tummeln sich unterschiedliche Tiere. Es finden sich für die meisten Tiere handlungsmotivierende Ereignisse[10] (insofern ist freilich auch schon das Bilderbuch in seiner Präsentation eine Selektion möglicher Geschehnisse, die keinen Ereignischarakter haben[11]), jedes Tier präsentiert im Verlauf der visuellen Erzählung eine eigenständige Handlung. Nur durch Selektion und später dann auch Linearisierung können die Kinder die einzelnen Handlungsstränge nachverfolgen, was natürlich ein stetes Hin- und Herblättern benötigt, um übersehene Details zu ergänzen oder einer anderen Handlung zu folgen. ‚Die‘ Handlung des Buches kann also gar nicht – wie es im Unterricht nicht selten verlangt wird – (nach-)erzählt werden. Eine sinnvolle Aufgabe wäre hier viel eher, einen Handlungsstrang herauszusuchen und zu verbalisieren.[12] Auf derart implizit aufgebautes Strukturwissen über literarische Texte lässt sich später zurückgreifen, wenn mithilfe von handlungs- und produktionsorientierten Verfahren versucht wird, die *textual actual world* in ihrer für die jeweilige Erzählung relevanten Form auf unterschiedliche Weise zu repräsentieren.[13]

---

[10] Die Bedeutsamkeit des Ereignisses für eine Geschichte ist in Schmids Modell nicht integriert. Natürlich wäre es aber im HPU eine sinnvolle Ergänzung, möchte man das Geschehen als unmarkierten Raum integrieren.

[11] Etwas differenzierter als Schmid schlagen Silke Lahn und Christoph Meister noch die Differenzierung zwischen Geschehnis (unmarkierte Veränderung), Ereignis (markierte Veränderung) und Geschehen (Gesamtsequenz aller Geschehnisse und Ereignisse) vor (vgl. Lahn und Meister 2016, S. 218).

[12] Mit dem Tablet etwa ließe sich so bereits in der ersten Klasse eine vollständige Geschichte aufzeichnen. Einsatzmöglichkeiten und Grenzen des Tabletgebrauchs habe ich an anderer Stelle vorgestellt (vgl. Schulte Eickholt 2023, i. Dr.).

[13] Es sei noch darauf hingewiesen, dass sich damit auch die Auseinandersetzung mit Kunstgeschichte und die Sensibilisierung für mediale Unterschiede verknüpfen lassen. So hat die mittelalterliche Malerei etwa regelmäßig Handlungen dargestellt, indem die Protagonisten gleich mehrfach im Bild präsentiert wurden. Eine solche Bildvorstellung, die erst durch die Einführung der Zentralperspektive und die damit veränderte Mimesis-Konzeption bildender Kunst beendet wurde, bietet die Möglichkeit, gerade stark linear erzählte Texte (wie die regelmäßig behandelten Märchen) im vollständigen Handlungsverlauf auf ein solch synchron-seriell verfahrenes Bild zu bringen und damit den Handlungsraum der Geschichte viel umfassender darzustellen als etwa durch Einzelbilder oder Comics.

3.2   Komposition – Permutation und Linearisierung

Ab der ersten Klasse findet sich in Lehrwerken und Unterrichtsmodellen eine auch in der Fremdsprachendidaktik gerne verwendete Aufgabenstellung, die auf dem Rückgängigmachen einer willkürlichen Permutation basiert: ‚Ordne die Bilder in der richtigen Reihenfolge'. Die Aufgabe basiert auf dem Kausalitätswissen der Schüler*innen und setzt den Normalfall des Erzählens voraus: die lineare Abfolge. Dass diese Aufgabenform bereits bekannt ist und in aller Regel sicher beherrscht wird, ermöglicht den kreativen Umgang mit Permutationen. Wenn die lineare Handlungsfolge einer Geschichte erarbeitet wurde, kann gerade nach Einführung der Geschehensebene der bewusste Einsatz von Anachronien Teil einer produktiven Aufgabenstellung sein – insbesondere, wenn man sie mit Perspektiv- oder Erzählerwechseln verbindet. *Hänsel und Gretel* kann etwa aus der Perspektive Gretels im Rückblick erzählt werden. Hier wird eingeübt, wie sowohl Analepsen sinnvoll in die Handlung integriert werden können als auch möglicherweise eine entlastende Prolepse bereits auf das glückliche Ende verweisen kann. Eine Differenzierung von *ordo naturalis* und *ordo artificialis* wird hierbei – je nach Klassenstufe und Lernstand implizit oder explizit – erlernt und verweist nochmals auf die Bedeutsamkeit der Selektion, da die Frage, *was* in einer Anachronie erzählt werden soll, zentral für den Spannungsaufbau der Erzählung ist. Wenn das Geschehen chronologisch rekonstruiert wurde, wird überdies deutlich, welche Textgattungen oder Genres in der Regel mit Anachronien arbeiten. Während (Volks-)Märchen überwiegend linear erzählt sind, setzt eine Kriminalgeschichte häufig nach dem relevanten Ereignis ein, das es aufzuklären gilt.

Ab der Sekundarstufe kann im Kontext eines so verfahrenden Unterrichts auf mediale Spezifika hingewiesen werden. Denn während Literatur nicht anders als nacheinander erzählen kann (experimentelle Sonderfälle einmal ausgeklammert), ist es dem Film möglich, mittels *Splitscreen-Technik* auch parallele Ereignisse aus dem Geschehen gleichzeitig zu erzählen. Gerade repetitives Erzählen oder die Integration von Simullepsen erweitern die Schreibfähigkeit enorm und führen von einem intuitiv (chronologischen) Schreiben zur konkreten Planung von darzustellenden Geschehnissen und auszuwählenden Perspektiven. Mithilfe des Modells von Schmid kann förmlich ein Schreibplan als Planungsphase vor der Niederschrift erstellt werden, der Gewichtung der Geschehenselemente und Reihenfolge festlegt.

3.3   Verbalisierung

Als besondere Stärke des Modells kann erachtet werden, dass die Tätigkeit der Verbalisierung nochmals eigens betont wird. Entgegen einer zumeist immer noch implizit genieästhetisch grundierten Vorstellung eines ‚Drauflosschreibens' zwingt der Schritt der Verbalisierung, bewusst auf die Art und Weise zu achten, *wie* eine Szene erzählt werden soll – mit all den Implikationen, welche die Wahl einer Erzählinstanz mit sich bringt. Da Schüler*innen (und auch noch Studierende) in der Analyse dazu neigen, den Text als natürlich gegeben hinzunehmen, setzen sie sich neben der Benennung vorher gelernter Stilmittel wenig mit der impliziten Wertung durch Erzählinstanzen auseinander.

Zu Illustrationszwecken sei hier der Anfang von Sibylle Bergs Roman *GRM* zitiert:

> Dies ist die Geschichte von
> **Don**
> *Gefährderpotenzial: hoch*
> *Ethnie: unklare Schattierungen von nicht-weiß*
> *Interessen: Grime, Karate, Süßigkeiten*
> *Soziales Verhalten: unsozial*
> *Familienverhältnisse: 1 Bruder, 1 Mutter, Vater – ab und zu, aber eher nicht*
> Sie beginnt in Rochdale.
> Fucking Rochdale. Ein Ort, den man ausstopfen und als Warnung vor unmotivierter Brauttätigkeit in ein Museum stellen müsste. Messingschild: „So leben die Menschen im neuen Jahrtausend, wenn sie sich nicht an die Gegebenheiten der Märkte anpassen."
> Ein Sammelbecken für die Unnützen. Ein Pool nicht-genmodifizierten Ausschusses.
> Also Rochdale. Ein kleines Kaff in der Nähe von Manchester. Bekannt für sein konstantes Wetter. Also schlecht. (Berg 2019, S. 8)

Ohne hier nun einzelne Aspekte der Verbalisierung zu analysieren, sei darauf verwiesen, dass Schmid fünf Dimensionen der Perspektive differenziert, die für die Verbalisierung besonders relevant sind (Raumposition, Ideologie, Zeit, Sprachgebrauch, Perzeption – vgl. Schmid 2014, S. 122–127). Für das Beispiel von Berg ist insbesondere die Dimension ‚Ideologie' wichtig, die sonst bei der Analyse oftmals wenig Berücksichtigung findet. Dass die Steckbrief-Form zu Beginn des Zitats auffällig ist, dürften noch die meisten bemerken, was für eine Wertung das bedeutet, ist schon schwieriger zu bestimmen (und natürlich auch Frage der Interpretation). Die Erzählinstanz wertet gerade durch die sprachliche Ebene im Anschluss stark („Fucking", „unmotivierte Brauttätigkeit", „Unnütze", „Ausschuss[]", „schlecht"). Der Zynismus der ganzen Passage ist erst über den Schritt der Verbalisierung greifbar und sensibilisiert dafür, dass man Geschichten auf ganz unterschiedliche Art und Weise erzählen und, selbst wenn man die ersten beiden Schritte (Selektion, Komposition) vollzogen hat, ganz unterschiedliche Texte generieren kann.

Gerade für Aufgabenformate des HPU, die einen Genrewechsel vorsehen, bietet das Modell eine sinnvolle theoretische Basis; eine noch anspruchsvollere Schreibaufgabe kann es aber sein, wenn ein Text nur um Nuancen verändert werden soll. Gemäß der fünf Kategorien der Perspektive könnte etwa nur der Sprachgebrauch verändert werden (mit kindlichem Vokabular, mit dialektaler Einfärbung, aggressiv etc.) oder die ideologische Ausrichtung (im Beispiel etwa die menschenverachtende Tendenz in eine philanthropische, die pessimistische in eine optimistische ändern). Hier kann es nicht das Ziel sein, Schriftsteller*innen auszubilden, sondern für die rhetorischen Strategien von Texten zu sensibilisieren. Identifikation, das lässt sich durch den Schritt der Verbalisierung lernen, geschieht zumeist mit der Erzählinstanz – unabhängig davon, ob diese figural (und damit zumeist homodiegetisch) – oder heterodiegetisch und fast ‚unsichtbar' ist. Gerade bei Texten ohne erkennbare Erzählinstanz ist die Gefahr groß, die Wertungen, die jeder Text gleichwohl enthält, unreflektiert zu übernehmen. Wie etwa ist der Antagonist geschildert? Die Erzählinstanz kann hier über die der Beschreibung oft implizite Wertung die Rezeption der Leser*innen lenken.

Es zeigt sich also, dass die Integration des idealgenetischen Modells von Schmid die Analysekompetenz im Kontext eines HPU steigern kann. Zieldimension eines derartigen Unterrichts ist dann neben der Befähigung zur Teilhabe am kulturellen Feld ‚Literatur' (s. o.) insbesondere die auch theoretisch fundierte Kompetenz, die Perspektive von Erzählungen und damit nicht zuletzt Strategien der Leser*innenlenkung zu erkennen und selbst einsetzen zu können – im Zeitalter gezielter Desinformation, ideologisch aufgeladener Internettexte und *Fake News* eine kaum zu unterschätzende Schlüsselkompetenz.

4   Fazit

Das idealgenetische Modell der narrativen Ebenen nach Schmid bietet sich in allen Klassenstufen an, um bereits etablierte Aufgabenformate des HPU (und schließlich auch anderer methodischer Zugriffe auf Literatur) theoretisch anschaulich zu fundieren und um andere Facetten zu erweitern. Dabei bietet besonders die Ebene des Geschehens breite Möglichkeiten des gestalterischen Zugriffs und der besseren perspektivischen Verortung und kann Ausgangspunkt für variierende Schreibaufgaben sein. Die sonst für eigene Schreibprojekte für Schüler*innen eher schwierigen Anachronien können mit Schmids Modell anschaulich gemacht und planerisch gut vorbereitet werden. Der Schritt der Verbalisierung, der zumeist in herkömmlichen Analysemodellen für die Schule kaum Berücksichtigung findet, kann besonders auf die Rezeptionslenkung durch die Erzählinstanz aufmerksam machen und für die Wahl einer eigenen Perspektive in Texten sensibilisieren. Es ist hier abschließend nochmals hervorzuheben, dass Schmids Modell die Perspektivierung für alle drei Handlungsoptionen auf den vier narrativen Ebenen betont. Damit wird besonders auf das ‚Nicht-Gezeigte' verwiesen, das als zentrale Kompositionsstrategie sonst zumeist völlig ignoriert wird (so wie auch das Vergessen eine Strategie des Erinnerns ist).

Schmids Modell bietet zudem eine sehr gute Basis, um weitere narratologische Konzepte einzuführen und theoretisch sinnvoll so zu erläutern, dass sie direkt für praktische Anwendungen zur Verfügung stehen. Dass die Wahl einer Erzählinstanz ganz zentrale Bedeutung hat, wird in dem Modell sofort deutlich, wenn man sich klar macht, dass etwa ein homodiegetischer Erzähler nur begrenzten Zugriff auf das Geschehen hat. Schmids eigener Vorschlag für die fünf Dimensionen der Perspektive können den Schritt der Verbalisierung gut ergänzen. Ein besonderer Vorzug des Modells scheint mir, dass hier nicht nur analytische Arbeit anschaulich grundiert wird, sondern auch eigene Textproduktion im Unterricht geplant werden kann. Dies gilt in besonderem Maße für Aufgabenformate, wie sie seit Haas' einflussreichen Vorschlägen zum Repertoire des HPU gehören (Textform variieren, Perspektivenwechsel vollziehen, Gegen- und Zwischentexte entwerfen, etc. – vgl. Haas 1997).

Literatur

Berg, Sibylle. 2019. *GRM*. Köln: Kiepenheuer & Witsch.

Fingerhut, Karl-Heinz. 1997. L-E-S-E-N. Fachdidaktische Anmerkungen zum „produktiven Literaturunterricht" in Schule und Hochschule. In *Das Literatursystem der Gegenwart und die Gegenwart der Schule*, Hrsg. Michael Kämper-van den Boogaart, 98–125. Baltmannsweiler: Schneider Hohengehren.

Genette, Gérard. 2010. *Die Erzählung*, 3. Aufl. Übers. Andreas Knop. Paderborn: Fink.

Haas, Gerhard. 1997. *Handlungs- und produktionsorientierter Literaturunterricht. Theorie und Praxis eines „anderen" Literaturunterrichts für die Primar- und Sekundarstufe*. Seelze: Klett/Kallmeyer.

Hochstadt, Christiane, Andreas Krafft, und Ralph Olsen. 2013. *Deutschdidaktik. Konzeptionen für die Praxis*. Tübingen/Basel: A. Francke.

Hofmann, Michael, und Charis Goer. 2014. Geschichte und Konzepte der Literaturdidaktik. In *Fachdidaktik Deutsch. Grundzüge der Sprach- und Literaturdidaktik*, Hrsg. Charis Goer und Katharina Köller, 219–239. Paderborn: Fink.

Iser, Wolfgang. 1991. *Das Fiktive und das Imaginäre. Perspektiven literarischer Anthropologie*. Frankfurt a. M. u. a.: Suhrkamp.

Kepser, Matthis, und Ulf Abraham. 2016. *Literaturdidaktik Deutsch. Eine Einführung*, 4. Aufl. Berlin: Schmid.

Kindt, Tom, und Tilmann Köppe. 2014. *Erzähltheorie. Eine Einführung*. Stuttgart: Reclam.

Lahn, Silke, und Christoph Meister. 2016. *Einführung in die Erzähltextanalyse*, 3. Aufl. Stuttgart/Weimar: Metzler.

Odendahl, Johannes. 2021. Embodied Cognition, Affekt und Verstehen. Zur Herleitung eines (literaturbezogenen) Verstehensmodells aus der Philosophie der Verkörperung. In *Erfahrungen verstehen – (Nicht-)Verstehen erfahren. Potenzial und Grenzen der Vignetten- und Anekdotenforschung in Annäherung an das Phänomen Verstehen*, Hrsg. Vassileos Symeonidis und Johanna Schwarz, 225–238. Innsbruck: Studien.

Olsen, Ralph. 2011. Das Phänomen Empathie beim Lesen literarischer Texte. Eine didaktisch-kompetenzorientierte Annäherung. *zeitschrift ästhetische bildung* 3(1):1–16. http://zaeb.net/wordpress/wp-content/uploads/2020/12/41-166-1-PB.pdf. Zugegriffen: 9. Sept. 2022.

Paefgen, Elisabeth K. 2006. *Einführung in die Literaturdidaktik*, 2. Aufl. Stuttgart und Weimar: Metzler.

Schmid, Wolf. 2014. *Elemente der Narratologie*, 3. Aufl. Berlin/Boston: De Gruyter.

Schröder, Klarissa. 2020. *„Weil zwischen den Bildern passiert ja auch was.": „Page breaks" im Bilderbuch und ihre Rezeption. Eine qualitativ-empirische Untersuchung zu Inferenzbildungsprozessen bei Grundschulkindern*. Trier: WVT.

Schulte Eickholt, Sven. 2023 (i. Dr.). Digitalisierung und ästhetische Bildung. Ein Vorschlag zur Integration von Tablets in den Märchenunterricht. In *Digitale Medien im (Deutsch-)Unterricht (Arbeitstitel)*, Hrsg. Anna-Carina Dellwing und Maja Römer. Darmstadt: wbg.

Spinner, Kaspar H. 2018. Kreatives Schreiben. In *Kreativer Deutschunterricht. Identität – Imagination – Kognition*, Hrsg. Kaspar H. Spinner. Seelze: Klett/Kallmeyer.

Surkamp, Carola. 2002. Narratologie und possible-worlds theory. Narrative Texte als alternative Welten. In *Neue Ansätze in der Erzähltheorie*, Hrsg. Ansgar Nünning und Vera Nünning, 153–183. Trier: WVT.

Tjong-Khing, Thé. 2006. *Die Torte ist weg*. Frankfurt a. M.: Moritz.

Vogt, Jochen. 1998. *Aspekte erzählender Prosa. Eine Einführung in Erzähltechnik und Romantheorie*, 8. Aufl. Wiesbaden: VS.

Wagner-Egelhaaf, Martina. 2005. *Autobiographie*, 2. Aufl. Stuttgart: Metzler.

Waldmann, Günter. 2013. *Produktiver Umgang mit Literatur im Unterricht. Grundriss einer produktiven Hermeneutik. Theorie – Didaktik – Verfahren – Modelle*. Baltmannsweiler: Schneider Hohengehren.

Weiss, Peter. 1964. *Der Schatten des Körpers des Kutschers*. Frankfurt a. M. u. a.: Suhrkamp.

Narratologie und Lehrpläne/Lehrwerke

Aufnahme universitär gängiger erzähltheoretischer Fachbegriffe in den Lehrplan?

Eine curriculare Betrachtung

Eva Pertzel

Zusammenfassung

Der Beitrag lotet aus, welche Möglichkeiten bestehen, die Inhalte von Lehrplänen um eine dem aktuellen Stand der Literaturwissenschaft angepasste erzähltheoretische Terminologie anzureichern. Dazu beginnt das erste Kapitel mit einem Werkstattbericht zum Prozess der Lehrplanentwicklung am Beispiel des Bundeslandes Nordrhein-Westfalen mit Fokus auf die bildungsadministrative Steuerungsperspektive. Aus dem Lehrplankonstrukt selbst und der Notwendigkeit einer schulpraktischen Anwendbarkeit werden im zweiten Kapitel zentrale Voraussetzungen für die Einführung von Neuerungen in Bezug auf die erzähltheoretische Terminologie im Lehrplan Deutsch abgeleitet. Im dritten Kapitel wird von einer selbst durchgeführten explorativen Studie ($n = 11$) berichtet, die einen ersten empirischen Eindruck zu der Vertrautheit junger Lehrkräfte mit erzähltheoretischen Termini und deren schulbezogenen Erfahrungen mit Erzähltheorie vermittelt.

Ausgangspunkt für die folgenden Ausführungen bilden die Fragen und Diskussionen während der diesem Sammelband vorausgegangenen Tagung, die das nicht genutzte Innovationspotential von Lehrplänen thematisierten. Um die Möglichkeiten und Limitationen bei der Entwicklung von Lehrplänen aufzuzeigen, wird zunächst in einem Werkstattbericht der Prozess der Lehrplanentwicklung am Beispiel des Bundeslandes Nordrhein-Westfalen mit Fokus auf die bildungsadministrative Perspektive skizziert. Die Ausführungen zur Lehrplanent-

E. Pertzel (✉)
Germanistisches Institut, Universität Münster, Münster, Deutschland
E-Mail: pertzel@uni-muenster.de

wicklung sollen dazu dienen, den Ablauf mit den verschiedenen Akteur*innen und
den Möglichkeiten zur Beteiligung von Dritten, also damit auch zum Einbringen
eines Vorschlags zur Aufnahme neuerer erzähltheoretischer Fachbegriffe in den
Lehrplan, darzustellen. Aus den Besonderheiten der Textsorte ‚Lehrplan' und dem
in Nordrhein-Westfalen zugrunde gelegten Lehrplankonstrukt selbst sowie aus der
Notwendigkeit einer schulpraktischen Anwendbarkeit resultieren bei der Lehrplanentwicklung zu beachtende Aspekte, die im zweiten Kapitel als zentrale Voraussetzungen für die Einführung von Neuerungen in Bezug auf die erzähltheoretische
Terminologie[1] im Lehrplan Deutsch erläutert werden. Anschließend wird im
dritten Kapitel der Blick auf Lehrkräfte gerichtet, die etwaige Neuerungen in ihrem
konkreten Deutschunterricht in der Folge umsetzen müssten. Hierbei interessieren
die Fragen, welche lehrer*innenseitigen Voraussetzungen in Bezug auf erzähltheoretische Terminologie vorhanden sind, die hochschulisch und universitär
state-of-the-art ist, und welche schulbezogenen Erfahrungen mit Erzähltheorie vorliegen. Dafür wird von einer selbst durchgeführten explorativen Studie (n = 11) mit
Referendar*innen berichtet, die einen vorsichtigen ersten Eindruck vermittelt.

1   Werkstattbericht zur Lehrplanentwicklung am Beispiel von Nordrhein-Westfalen

Phase eins: Initiierung im bildungspolitischen und bildungsadministrativen Kontext
Der Anstoß für die Entwicklung eines neuen Lehrplans kommt aus dem Schul-
ministerium, oftmals wird diese Entscheidung durch äußere Faktoren wie
neue Beschlüsse der Kultusministerkonferenz oder den Koalitionsvertrag[2]
angeregt. Innerhalb des Schulministeriums wird nach Entscheidung der Hausleitung ein Papier entwickelt – unter Beteiligung verschiedener Referate.
Federführend spricht das Curriculumreferat mit den Fachreferaten und den
Schulformenreferaten. Weiterhin eingebunden sind zumeist noch andere Referate,
die für Querschnittsthemen wie Digitalisierung zuständig sind. Das mit allen
Beteiligten abgestimmte Papier stellt den sogenannten Grundauftrag dar, der für
die beauftragte Lehrplankommission die Basis ihrer Arbeit bildet. In den meisten
Fällen finden sich im Grundauftrag überfachliche Hinweise, fachspezifische Hin-
weise erfolgen eher in allgemein gehaltener Form. Letzteres liegt darin begründet,

---

[1] Da im Folgenden zwischen neueren und traditionellen erzähltheoretischen Fachbegriffen
unterschieden wird, noch ein Hinweis zur Verwendung in diesem Beitrag: Im Sinne einer
Arbeitsdefinition werden unter Ersterem in der heutigen Literaturwissenschaft gebräuch-
liche narratologische Fachbegriffe genettescher Orientierung (z. B. Nullfokalisierung) verstanden, während unter Letzterem diejenigen Begrifflichkeiten (z. B. auktoriale Erzählsituation)
subsummiert werden, wie sie traditionell in Schulbüchern gebräuchlich sind (vgl. bspw. Brenner
et al. 2014; Diekhans et al. 2014), die sich zumeist an Stanzel orientieren.

[2] Vgl. dazu etwa den Koalitionsvertrag 2017–2021, in dem angekündigt wird, dass am
Gymnasium wieder ein neunjähriger Bildungsgang eingeführt werden wird, was die Inkraft-
setzung von neuen Lehrplänen zur Folge hat.

dass fachliche Details nicht überdeterminiert werden sollen, um die im Schulgesetz verbriefte pädagogische Freiheit zu gewährleisten.

Wenn, wie im Lehrplan für die Primarstufe im Fach Deutsch in Nordrhein-Westfalen (Ministerium für Schule und Bildung des Landes NRW 2021), dezidiert eine Liste von unterrichtsrelevanten Fachbegriffen genannt wird, dann ist darauf geachtet worden, dass sie allgemein anerkannt und nicht einseitig einer Wissenschaftsschule zuzuordnen sind. Ein Ausweisen von Fachbegriffen in Listenform ist in den Kernlehrplänen der weiterführenden Schule bisher nicht vorgesehen, wie sich im Prozess gezeigt hat.[3] Fachbegriffe finden sich gegebenenfalls in den Kompetenzerwartungen selbst, die allerdings auf einem mittleren Abstraktionsniveau gehalten sind und demzufolge keinen Überblick über die fachspezifische Terminologie bieten.

Phase zwei: Zusammenstellung der Lehrplankommission
In Zusammenarbeit mit den Bezirksregierungen werden Lehrkräfte rekrutiert, die ausgewiesene Expert*innen in ihrem Fach sind und von den (Fach-) Dezernent*innen empfohlen werden. Zudem wird darauf geachtet, dass Männer und Frauen ausgewogen vertreten sind, dass sowohl das Rheinland als auch Westfalen Berücksichtigung finden und dass ggf. mehrere Schulformen beteiligt sind. In den meisten Fällen hat eine Dezernent*in einer Bezirksregierung den Kommissionsvorsitz. Auch das Landesinstitut QUA-LiS NRW arbeitet in der Kommission mit, indem es eine fachliche Begleitung zur Verfügung stellt. Diese Zusammenstellung soll Folgendes gewährleisten: Die Beteiligung von Lehrkräften aus verschiedenen Schulen soll den Praxisblick stärken, die Beteiligung von einer Person aus der Schulaufsicht soll den fachpolitischen Blickwinkel einbringen, die Beteiligung des Landesinstituts stellt eine fachliche Qualitätssicherung dar. Fachspezifische Versiertheit wird bei allen drei Gruppen vorausgesetzt.

Phase drei: Erarbeitung des Lehrplanentwurfs
In Abhängigkeit der jeweiligen Landesregierung hat das Landesinstitut unterschiedlich viel Zeit für die Entwicklung eines Lehrplanentwurfs. Zwischen eineinhalb und drei Jahren dauert üblicherweise ein solcher Entwicklungszyklus. In dieser Zeit trifft sich die Lehrplankommission regelmäßig und schreibt auf Basis des Grundauftrags an den verschiedenen Kapiteln des Lehrplans. In regelmäßigen Abständen werden diese Kapitel im Ministerium gesichtet und dort mit den verschiedenen Referaten und dem Landesinstitut diskutiert. Das Gespräch stellt die Grundlage für die Überarbeitungshinweise für die Lehrplankommission dar. Dieses Vorgehen hat den Vorteil, dass die Kommission zunächst einen konsistenten Vorschlag erarbeiten kann, der dann von Personen mit unterschiedlichem Background geprüft wird. Diese unterschiedlichen Perspektiven sorgen für einen kritischen Außenblick. Insgesamt soll dies zu einer Vermeidung einer einseitigen Blickrichtung führen.

---

[3] Die Ausführungen innerhalb des Werkstattberichts beruhen auf den Erfahrungen der Verfasserin als Referentin in der nordrhein-westfälischen Bildungsadministration.

Phase vier: Partizipation

Die Impulse aus Phase drei aufzunehmen, ist die Aufgabe der Lehrplankommission, die diese prüft und entsprechend in eine vorläufig finale Abgabeversion einarbeitet. Diese wird von den bisher beteiligten Referaten im Ministerium sowie von weiteren Referaten (z. B. für Gleichstellung, für Schulrecht) geprüft. Die sogenannte Hausbeteiligung mündet in eine überarbeitete Fassung, die der Hausleitung, also der Staatssekretär*in sowie der Minister*in, vorgelegt wird. Nach Freigabe kann die sogenannte Verbändebeteiligung eingeleitet werden. Bei der Verbändebeteiligung können Fachverbände Rückmeldung geben, aber auch interessierte Bürger*innen, Fachkonferenzen einzelner Schulen und Fachdidaktiker*innen. Die Beteiligung der Öffentlichkeit ist gesetzlich geregelt (z. B. Verbändebeteiligung nach § 77 Schulgesetz NRW). Alle Eingaben werden vom Landesinstitut sowie vom Ministerium selbst gesichtet, ausgewertet und nach eingehender Prüfung eingearbeitet bzw. begründet verworfen. Diese Maßnahme ist nicht nur ein demokratischer Akt der Partizipation, sondern auch ein wichtiger Schritt der Qualitätssicherung.

Phase fünf: Finalisierung des Lehrplanentwurfs

Für die letzte Fassung des Lehrplanentwurfs werden die Änderungen der vorherigen Phase noch einmal dem großen Kreis der Beteiligten im Ministerium vorgelegt. Diese Gesamtschau dient dazu, etwaige letzte Unstimmigkeiten zu entdecken. Schlussendlich wird eine Vorlage für die Minister*in vorbereitet, die die Staatssekretär*in auch mitzeichnet. Dass in dieser Schleife noch kleinere Änderungen vorgenommen werden, kommt vor, ist aber nicht üblich. Wenn ein solcher Fall eintritt, dann handelt es sich zumeist um kleine begriffliche Änderungen, die oft mit Formulierungen aus dem Koalitionsvertrag korrespondieren. Das finale Produkt ist die so genannte Inkraftsetzungsfassung, die im ‚Lehrplannavigator', einer Internet-Plattform des Landesinstituts, veröffentlicht wird.[4] Eine Veröffentlichung in Papierform ist in Nordrhein-Westfalen nicht mehr vorgesehen.

Phase sechs: Implementation

Zumeist zeitgleich zu der Online-Stellung des Lehrplans werden dazugehörige Unterstützungsmaterialien im Lehrplannavigator veröffentlicht. Neben den bei Implementationsveranstaltungen gezeigten Präsentationen gehört dazu auch stets ein schulinterner Lehrplan, der Schulen exemplarisch zeigt, wie die curricularen Inhalte an die Gegebenheiten einer in diesem Fall fiktiven Schule angepasst werden können. Die Schulen sind laut Schulgesetz verpflichtet, selbst einen eigenen schulinternen Lehrplan zu entwickeln. Sie können sich dabei am beispielhaften schulinternen Lehrplan orientieren. Ausgehend von den Gegebenheiten der eigenen Schule und den Vorgaben des Lehrplans stellt die Schule

---

[4]Alle aktuell gültigen (Kern-)Lehrpläne nebst Unterstützungs- und Implementationsmaterialien: https://www.schulentwicklung.nrw.de/lehrplaene/ (Zugegriffen: 25. August 2022).

Unterrichtsvorhaben zusammen, die zu den örtlichen Voraussetzungen (beispielsweise zum Theater, zur Stadtbücherei), der Schüler*innenschaft (z. B. Berücksichtigung von Mehrsprachigkeit) und anderen konstitutiven Merkmalen passen. Im schulinternen Lehrplan sind fachliche Verabredungen dokumentiert, die von einem Leistungsbewertungskonzept über Sprachbildungsmaßnahmen bis hin zu einem Spiralcurriculum erzähltheoretischer Begrifflichkeiten reichen können.

Oft finden sich bei den Unterstützungsmaterialien, die das Landesinstitut zur Verfügung stellt, zusätzlich auch illustrierende Lernaufgaben und weitere Hinweise wie kommentierte Linklisten etc. Welchen Inhalt und welche Kompetenzen die Lernaufgaben als Schwerpunkt haben, orientiert sich häufig an den Neuerungen im Lehrplan selbst sowie an bildungspolitischen Präferenzen (beispielsweise Lernaufgaben, die Verbraucher*innenbildung laut Koalitionsvertrag beinhalten).

Fazit zu den Einflussmöglichkeiten auf die konkrete Ausgestaltung des Lehrplans
Wie in dem Aufriss zur Lehrplanentwicklung deutlich geworden ist, können sich Fachdidaktik und die interessierte Öffentlichkeit einbringen. Jede einzelne Stellungnahme und jeder einzelne Vorschlag werden von verschiedenen Personen aus der Bildungsadministration geprüft. Aufgrund der verschiedenen Interessenslagen, die in den Stellungnahmen deutlich werden, kommt es häufig vor, dass die Positionen sich widersprechen. Aus diesen sich widersprechenden Hinweisen muss eine Fassung gestaltet werden, die einerseits die Kritik berücksichtigt und andererseits einen Interessensausgleich herstellt unter Berücksichtigung der Prämisse, ein in sich stimmiges Konzept präsentieren zu müssen.

Die Phase der Partizipation wird von denjenigen, die eine Stellungnahme eingereicht haben, als unbefriedigend erlebt. Als Kritikpunkte werden beispielsweise geäußert, dass Hinweise (teilweise) unberücksichtigt bleiben, Formulierungen nicht eins zu eins übernommen werden, ein zusätzliches Ausweisen von Inhalten nicht umgesetzt wird und keine Rückmeldung an die Adressat*innen erfolgt. Aus der bildungsadministrativen Perspektive ist das wie folgt zu begründen: Nicht alle Hinweise können übernommen werden, wenngleich sie geprüft werden. Formulierungen im Lehrplan unterliegen bestimmten Konventionen (etwa: Formulierungen auf mittlerem Abstraktionsniveau ohne Details) und können daher nicht durch beliebige Formulierungen ersetzt werden. Der Wunsch nach Ausweisen von zusätzlichen Inhalten ist erfahrungsgemäß interessensgeleitet, so ist eine Vereinigung mit einem bestimmten Institutionsziel oft geneigt, die Inhalte einzufordern, die mit ihrem Ziel korrespondieren. Nicht immer sind die eingeforderten Inhalte fachspezifisch, die Bandbreite reicht von Aspekten der Tierethik bis hin zu aus persönlich als bedeutsam erfahrenen Erlebnissen gespeisten Vorschlägen. Der Grund für eine ausbleibende Rückmeldung liegt an der großen Anzahl der Stellungnahmen, die eine Beantwortung oder gar einen Briefwechsel nicht praktikabel macht. Dennoch ist zu konstatieren, dass es durch die Stellungnahmen eine konkrete Möglichkeit zur Mitgestaltung gibt und es in hohem Maße sinnvoll ist, sich einzubringen.

2   Zentrale Voraussetzungen zur Einführung von Neuerungen zur erzähltheoretischen Terminologie in den Lehrplan Deutsch

Bei der Entwicklung eines Lehrplans stehen fachliche, fachdidaktische und pädagogische Überlegungen im Vordergrund. Da Lehrplanarbeit aber im schulischen Gesamtkontext und im Verhältnis zu den Lehrplänen anderer Fächer und Schulformen gesehen werden muss, werden im Folgenden zentrale Voraussetzungen aufgeführt, die bei der Ausgestaltung eines Lehrplans Berücksichtigung finden müssen.

Kompatibilität in Bezug auf die verschiedenen Schulstufen
Will man neue erzähltheoretische Begriffe verbindlich durch den Lehrplan festlegen, muss die Kompatibilität mit den verschiedenen Schulstufen – Primarstufe, Sekundarstufe I und Sekundarstufe II – bedacht werden. Wird dieser Punkt unbeachtet gelassen, stellt sich die Frage des Umlernens beim Wechsel von der Primarstufe in die Sekundarstufe I bzw. von der Sekundarstufe I in die Sekundarstufe II. Fachkonferenzen müssten in einem solchen Fall unterscheiden, welche Begrifflichkeiten durchgehend verwendet werden können, welche einer Präzisierung bedürfen und welche ersetzt werden können. Daher erweist es sich als sinnvoll, ein Konzept zu bevorzugen, das eine Kontinuität zumindest über die Sekundarstufe I bis hin zur Sekundarstufe II ermöglicht.

Handhabbarkeit insbesondere für jüngere Schüler*innen
In der Primarstufe gilt insbesondere zu berücksichtigen, dass Fachbegriffe schüler*innenfreundlich sind, den Deutschunterricht nicht überfrachten und verständlich und funktional sind (vgl. hierzu auch der Beitrag von Saupe in diesem Band). In Analogie zur Grammatikdidaktik (vgl. beispielsweise die in Schulen oft geführte Debatte um die Verwendung der Begriffe ‚Tuwort' und ‚Verb') sollte zudem darauf geachtet werden, dass vereinfachende Begriffe das Weiterlernen in der Sekundarstufe I nicht behindern.

Passung zu den Fremdsprachen
Die Kompatibilität mit der Terminologie in den Fremdsprachen muss gewährleistet sein. Im Blick müssen dabei sowohl die neusprachlichen als auch die altsprachlichen Fächer sein. Eine solche Kompatibilität herzustellen, ist aus schüler*innenbezogenen als auch aus lehrkräftebezogenen Gründen notwendig: Einerseits damit Schüler*innen über die Fächer hinweg ein einheitliches Vokabular nutzen können, andererseits damit Lehrkräfte sowie Schüler*innen auf Vorwissen in einem anderen Fach zurückgreifen können.

Durchlässigkeit zwischen den Schulformen
Einen Unterschied zwischen den Schulformen zu tolerieren, wäre dysfunktional. Dies liegt an den Bildungsstandards für den mittleren Schulabschluss (BISTA

MSA 2022), die festlegen, welche Kompetenzen am Ende des Bildungsganges von allen MSA-Schüler*innen erreicht werden sollen. Diese Schüler*innen besuchen die Gesamtschule, das Gymnasium, die Hauptschule, die Realschule und andere länderspezifische Schulformen, die den mittleren Schulabschluss vergeben. Dadurch dass eine gesetzlich zugesicherte Durchlässigkeit zwischen den Schulformen existieren muss, würden Unterschiede in den Vorgaben zu erzähltheoretischen Fachbegriffen diese Durchlässigkeit behindern.

Mehrwert der neuen Begriffe für Schüler*innen
Werden neue Begrifflichkeiten festgelegt, so sollte sichergestellt sein, dass die neuen Begrifflichkeiten einen so großen Mehrwert aufweisen, dass sie die Einführung rechtfertigen. Das klingt nach einer Selbstverständlichkeit, dennoch sollte dieser Aspekt ein Prüfstein sein. Kann mit dem bisher üblichen Begriffsinventar bereits eine große Menge fachlicher Phänomene beschrieben werden, so ist die Frage, ob wegen besonderer Einzelfälle tatsächlich ein neues Vokabular eingeführt werden muss.

Voraussichtliche Halbwertszeit
Abgeschätzt werden sollte vor der Einführung neuer erzähltheoretischer Begriffe im Lehrplan, wie essentiell die Neuerungen für das Fach insgesamt sind und ob die fachlichen Neuerungen einen Lehrplanzyklus überdauern. Erfahrungsgemäß haben in Nordrhein-Westfalen Lehrpläne eine Gültigkeitsdauer von etwa zehn bis fünfzehn Jahren.

Sprachliche Komplexität der Fachbegriffe
Werden Begrifflichkeiten mit sprechenden Namen verwendet, so erleichtert dies den Umgang. Komplizierte Begriffe erschweren die Handhabbarkeit, wenngleich sie oftmals durch ihre Komplexität präziser sind. Die Notwendigkeit, sich auf Fachausdrücke zu einigen, hat die KMK bei den grammatischen Begriffen gesehen. Das von der KMK herausgegebene Verzeichnis ‚Grundlegender Grammatischer Fachausdrücke‘, das erst seit 2019 in einer überarbeiteten Fassung (Leibniz-Institut für Deutsche Sprache 2019) der ursprünglichen Fassung von 1982 (KMK 1982) vorliegt, obgleich es zuvor jahrelang Bemühungen um eine Weiterentwicklung von Seiten der Fachdidaktik gab, zeigt die Langwierigkeit eines solchen Prozesses. Ein wissenschaftsinterner Konsens konnte schließlich hergestellt werden, der dem verabschiedeten Vorschlag zugrunde liegt. Es ist anzunehmen, dass auch hinsichtlich einer Liste erzähltheoretischer Fachbegriffe ein wissenschaftlicher Konsens existiert, dennoch kann nicht von einer grundsätzlichen Einigkeit im Detail ausgegangen werden.

Anschlussfähigkeit der Begrifflichkeiten
Die ausgewiesene Terminologie und die dahinterstehenden Konzepte dürfen nicht dem aktuellen Forschungsstand widersprechen und müssen zudem an verschiedene Ausprägungen von Erzähltheorie anschlussfähig sein.

3   Explorative Studie zu erzähltheoretischen Fachbegriffen

Schmidt und Schindler betonen die Notwendigkeit einer „Rekonstruktion von Facetten der Lehrer*innenprofessionalität für die Implementation fachdidaktischer Innovationen resp. domänenspezifischer Wissensbestände" (Schmidt und Schindler 2020, S. 9). Vor diesem Hintergrund ist es das Ziel der vorgestellten explorativen Studie, durch eine schriftliche Befragung von Lehrkräften zu ersten empirischen Hinweisen zum erzähltheoretischen Wissen von Lehrkräften sowie zu ihren schulbezogenen Erfahrungen mit dem Thema ‚Erzähltheorie' zu gelangen.

Als „die wesentlichen Gegenstandsbereiche deutschdidaktischer Lehrerforschung" (Lessing-Sattari und Wieser 2021, S. 42) benennen Lessing-Sattari und Wieser die Kategorien ‚Wissen', ‚Überzeugungen' und ‚Handeln'. In dem Fragebogen der durchgeführten Studie konnten die Gegenstandsbereiche ‚Wissen' und ‚Überzeugungen' in den Blick genommen werden, der Gegenstandsbereich des Handelns konnte mittels dieses Erhebungsinstruments nicht untersucht werden.

Das Untersuchungsinteresse der explorativen Fragebogenerhebung lag darin, die Vertrautheit mit erzähltheoretischen Begriffen der Befragten selbst und ihre schulbezogenen Erfahrungen zu ermitteln. Der Fragebogen umfasst daher fünf Inhaltsbereiche: Stellenwert des fachlichen Gegenstands, Erfahrungen mit Schüler*innen, schulische Absprachen, Wünsche und Bedarf sowie die Vertrautheit mit neueren erzähltheoretischen Fachbegriffen. Die Items innerhalb der Inhaltsbereiche decken zwei Kategorien im Sinne der Wissenstaxonomie für Lehrkräfte von Shulman (vgl. Shulman 1986, 1987) ab: Fachwissen und fachdidaktisches Wissen. Darüber hinaus sind Items einbezogen, die nach Überzeugungen – hier in der Definition von Reusser und Pauli als „affektiv aufgeladene, eine Bewertungskomponente beinhaltende Vorstellungen über […] Lerninhalte" (Reusser und Pauli 2014, S. 642–643) verwendet – fragen.

Trotz der Limitationen, die aus der geringen Anzahl der Befragten resultieren, ermöglicht es die Erhebung, erste Hinweise zu erhalten, welche Fragen sich lohnen könnten, bei einer umfangreicheren und systematischen Untersuchung in den Blick genommen zu werden.

Datenerhebung
Die meisten Items des Fragenbogens waren auf einer vierstufigen Likert-Skala von 1 (sehr oft bzw. trifft zu) bis 4 (nie bzw. trifft nicht zu) zu beantworten. Einige Items verfügten über ein binäres Antwortformat oder über Auswahlantworten. Diese Items der Fragebögen wurden deskriptiv-statistisch ausgewertet. Darüber hinaus gab es offene Items, die mittels der strukturierenden qualitativen Inhaltsanalyse nach Mayring (2015) ausgewertet wurden. Die Paper–Pencil-Fragebögen bildeten hierfür den so genannten „Corpus" (Mayring 2015, S. 54) der Inhaltsanalyse. Die dazugehörigen Kategorien wurden induktiv (Mayring 2015, S. 85) aus dem Material entwickelt.

Stichprobe

Die Stichprobe bestand aus zehn Referendarinnen und einem Referendar (n = 11), von denen je fünf angaben, an der Schulform ‚Gesamtschule' bzw. ‚Gymnasium' zu arbeiten, ein Fragebogen hat zwei Schulformen ausgewiesen. Alle befragten Personen, die im Alter von 26–30 Jahren waren, wurden zum Erhebungszeitpunkt an demselben nordrhein-westfälischen Studienseminar (ZfSL) ausgebildet. Als Zweitfächer wurden unterschiedliche Fächer aus dem sprachlich-literarisch-künstlerischen (Chinesisch, Englisch, Kunst, Spanisch), aus dem gesellschaftswissenschaftlichen (Geschichte, Pädagogik) und dem mathematisch-naturwissenschaftlich-technischen Aufgabenfeld (Biologie) angegeben.

Für die Stichprobe wurden Referendar*innen ausgewählt, weil es durch ihre noch nicht lange zurückliegende universitäre Ausbildung wahrscheinlicher als bei älteren Lehrkräften ist, dass sie im Studium mit aktueller Erzähltheorie in Berührung gekommen sind.

Ergebnisse

Der Inhaltsbereich **‚Stellenwert'** bezieht sich auf die Bedeutung der Erzähltheorie im eigenen Studium sowie auf die Einschätzung der Wichtigkeit für Schüler*innen in der Sekundarstufe I sowie der Sekundarstufe II.

Rückblickend auf das eigene Studium empfanden die meisten der befragten Personen das Thema ‚Erzähltheorie' als einen untergeordneten fachlichen Gegenstand (trifft zu/trifft eher zu: 10 von 11), uneinig sind sie sich, ob ihr Germanistikstudium dazu beigetragen hat, dass sie erzähltheoretische Fachbegriffe zielführend für die Textanalyse und -deutung einsetzen. Hingegen zeigt sich ein einheitliches Bild hinsichtlich der Bedeutsamkeit einer Vermittlung erzähltheoretischer Fachbegriffe an Schüler*innen im Deutschunterricht der Sekundarstufe II (trifft zu: 8 /trifft eher zu: 3), erwartungsgemäß ist der Wert für die Oberstufe höher als der für die Sekundarstufe I (trifft zu: 2 /trifft eher zu: 9). Auch die Antworten zu den beiden Items zur Wichtigkeit der Vermittlung erzähltheoretischer Fachbegriffe für literarisches Lernen zeigen ein konsistentes Antwortverhalten, das die Bedeutsamkeit aus Sicht der Befragten bestätigt.

Der Inhaltsbereich **‚Erfahrungen mit Schüler*innen'** fragt nach der Einschätzung der Lehrkräfte, ob Schüler*innen erzähltheoretische Fachbegriffe nutzen und ob bzw. inwiefern sie diese bei der Wahrnehmung der Darstellungsverfahren erzählender Texte, bei der Textanalyse und bei der Deutung von Texten unterstützen.

Bei dem Item, das nach der Nutzung erzähltheoretischer Fachbegriffe zur Beschreibung erzählender Texte durch Schüler*innen fragt, reichen die Angaben von ‚oft' bis ‚selten'. Hinsichtlich der Frage, ob diese sie eher im rezeptiven Bereich nutzen oder sie auch aktiv anwenden, sind sich die Befragten erwartungsgemäß einig: Die rezeptive schüler*innenseitige Nutzung dominiert, nur eine der befragten Personen erklärt, dass erzähltheoretische Fachbegriffe ausschließlich in dem Fall auch produktiv genutzt würden, wenn dies „vorher von der Lehrkraft eingeübt" (R10) worden sei. Die Nützlichkeit erzähltheoretischer Fachbegriffe für Schüler*innen bei der Textanalyse, der Wahrnehmung von Darstellungsverfahren erzählender Texte und auch der Textdeutung wird sehr unterschiedlich eingestuft. Hier wäre wünschenswert gewesen, Nachfragen stellen zu können. Die Möglichkeit bestand allerdings leider nicht.

Im Inhaltsbereich ‚**schulische Absprachen**‘ geht es um die Verabredungen an der eigenen Schule bezüglich erzähltheoretischer Fachbegriffe. Festgeschriebene Vereinbarungen dazu, die im – für Nordrhein-Westfalen verbindlich von allen Schulen zu erstellenden – schulinternen Lehrplan verankert sind, gibt es nur bei etwas mehr als der Hälfte der Schulen. Der schulinterne Lehrplan wird nicht als Bezugsdokument genannt, als die Befragten ihre Quellen für die Auswahl erzähltheoretischer Fachbegriffe benennen sollen. Dies kann allerdings an dem möglicherweise lenkenden Zusatz in Form einer Klammer bei der Itemformulierung liegen, der beispielhaft Schulbuch, Lektürehilfen und wissenschaftliches Fachbuch aufführt. Abgesehen von diesen Beispielen werden zusätzlich Lexika sowie Handreichungen von den Befragten genannt. Insgesamt bilden Schulbücher (8x) und wissenschaftliche Fachbücher (6x) die stärksten Orientierungshilfen. Eine befragte Person erläutert auch, weshalb für sie wissenschaftliche Fachbücher nicht in Frage kommen: Sie „sind zu umfangreich für den Deutschunterricht" (R06).

Die Frage nach einem Konsens innerhalb der Deutsch-Fachschaft einer Schule über das erwartete Wissen und Können zu erzähltheoretischen Fachbegriffen von Schüler*innen verneinen die meisten Befragten (8x). Dies gibt einen Hinweis darauf, dass bei einer größeren Untersuchung nicht nur die Verabredungen in Papierform, sondern auch das konkrete Handeln der Lehrkräfte untersucht werden müsste. Nicht überraschend ist aufgrund des berichteten mangelnden Konsenses das Konstatieren von etwas mehr als der Hälfte der Befragten, dass sie Unterschiede in der Deutsch-Fachschaft im Vokabular in Bezug auf erzähltheoretische Fachbegriffe feststellen. Dass es allerdings laut Angaben in den Fragebögen in den befragten Schulen keinerlei Absprachen mit den Kolleg*innen der fremdsprachlichen Fächer bezüglich grundlegender erzähltheoretischer Fachbegriffe gibt, ist nicht nur aus Lehrplanentwicklungsperspektive bedauerlich, sondern erleichtert den Umgang mit Erzähltexten für Schüler*innen sicherlich nicht.

Im Inhaltsbereich ‚**Wünsche und Bedarf**‘ wird nach eigenen sowie auf Seiten von Deutschlehrkräften vermuteten Wünschen und Bedarf gefragt. Nicht kongruent scheinen die Antworten zu Unterstützungsbedarf bei Lehrkräften zum Thema ‚Erzähltheorie/erzähltheoretische Fachbegriffe‘ (Nein: 8x; Ja: 3x) und der eigenen Bereitschaft zur Teilnahme an einer Fortbildung hierzu (Nein: 2; Ja: 9). Von denjenigen, die Unterstützungsbedarf bei Lehrpersonen sehen, werden folgende Wünsche genannt: Klausuren mit Erwartungshorizont (R01), Übungsaufgaben (R11) sowie Hinweise zur Vermittlung im Unterricht (R11). Die Frage, weshalb die eigene Bereitschaft zur Fortbildung in diesem Bereich besteht, wird beantwortet mit den folgenden Wünschen: Tipps für die Vermittlung (R01), fachdidaktische Thematisierung der Erzähltheorie (R03) und Hoffnung auf standardisierte Fachbegriffe (R06). Die nicht vorhandene Bereitschaft wird mit der Begründung mit aus dem Studium hinlänglich bekannt (R10) legitimiert, was auch mit der Antwort der befragten Person korrespondiert, dass sie sehr versiert im Umgang mit Erzähltheorie sei.

Mehrheitlich wird Handlungsbedarf in Bezug auf das Wissen und Können von Schüler*innen zu erzähltheoretischen Fachbegriffen gesehen (Nein: 4; Ja: 7). Der Handlungsbedarf resultiert nach Angabe der befragten Personen aus folgenden Beobachtungen: „keine Deutung des Erzählstils, oft nur bloßes Benennen" (R03), mangelnde „Korrektheit" (R04), mangelnde Nutzung des Wissens von Schüler*innen in der Sekundarstufe I (R05, R06), Notwendigkeit, grundlegende Fachbegriffe zu erarbeiten (R09), sowie Notwendigkeit der Nachschärfung der bereits in der Sekundarstufe I eingeführten Begrifflichkeiten in der Oberstufe (R11).

Der Inhaltsbereich ,**Fachbegriffe**' unterscheidet zwischen der Kenntnis neuerer erzähltheoretischer Fachbegriffe der Befragten selbst und dem Einsatz dieser Fachbegriffe im eigenen Deutschunterricht. Es ist nach 16 Fachbegriffen bzw. Fachbegriffspaaren gefragt worden, die neben den heutzutage in der Literaturwissenschaft gängigen Begriffen traditionellere Begriffe einschlossen, wie sie auch in Schulbüchern genutzt werden. Es konnten – mit erneutem Hinweis auf die Limitiertheit der Aussagekraft – folgende Tendenzen beobachtet werden, die einer vertieften und breiteren Untersuchung als Vorlage zur Typenbildung dienen könnten: Die Mehrheit der Lehrkräfte weist eine unsystematische Kenntnis auf und vermeidet daher neuere Begriffe (7x). Darüber hinaus gibt es eine Person, die zwar alle Fachbegriffe kennt, sie aber nicht oder kaum – und wenn dann eher traditionellere – nutzt. Eine weitere Person kennt und nutzt fast alle der abgefragten Fachbegriffe. Zwei der Befragten sind die meisten Fachtermini unbekannt, sie können daher auch nur wenige in ihrem Deutschunterricht nutzen.

Limitationen und Diskussion

Limitierend muss zunächst gesagt werden, dass die hier vorgestellte Erhebung aufgrund ihrer geringen Stichprobengröße allenfalls explorativen Charakter hat. Daher kann sie keinerlei repräsentative Aussagen treffen, sondern lediglich als Pretest für eine größere Befragung genutzt werden.

Im Folgenden werden – wenn auch sehr vorsichtig – erste Schlüsse aus der Untersuchung gezogen: Bezogen auf den geringen Stellenwert von Erzähltheorie, den die Referendar*innen nach eigenen Angaben in ihrem Studium erlebt haben, stellt sich die Frage, woran das liegt: Wie kommt es zu solchen Wahrnehmungen? Entsprechen die Wahrnehmungen den tatsächlichen universitären Curricula? Unterscheidet bzw. wie unterscheidet sich das Lehramtsstudium im Fach Deutsch curricular vom Germanistikstudium? Die Beantwortung dieser Fragen könnte eine Grundlage dafür bilden, welche Art von Implementations- und Unterstützungsmaterial entwickelt werden müsste, damit sich Lehrkräfte auf den notwendigen fachlichen Wissensstand bringen könnten.

Die Erfahrungen zur nicht besonders ausgeprägten Nützlichkeit von erzähltheoretischen Fachbegriffen bei der Arbeit mit literarischen Texten für Schüler*innen korrespondieren nicht mit dem konstatierten Handlungsbedarf. Hier bedürfte es eines vertiefenden Blicks, durch welche vorhandenen bzw. nicht vorhandenen schulischen Voraussetzungen diese Erfahrungen bedingt sind.

Im Inhaltsbereich der schulischen Absprachen wäre in einem weiteren Forschungsschritt eine Dokumentenanalyse nützlich, um zu schauen, wie detailliert die Vereinbarungen in den unterschiedlichen schulinternen Lehrplänen ausgeführt werden und ob die Ausführungen bis zur Begriffsebene reichen. Bezogen auf die in den befragten Schulen nicht vorhandene Kooperation zwischen den sprachlichen Fächern bezüglich einer abgestimmten erzähltheoretischen Terminologie wäre interessant, ob bzw. welche Unterschiede zwischen Lehrkräften mit einem sprachlichen Zweitfach und Lehrkräften mit einem Zweitfach, das keine Fremdsprache ist, bestehen. So könnte ggf. in der Folge ermittelt werden, ob die Lehrkräfte mit sprachlichem Zweitfach einen individuellen Plan zum gleichsinnigen Vorgehen bezüglich erzähltheoretischer Terminologie in ihren beiden Fächern besitzen. Daraus könnten wichtige Indizien zu Erfolgsbedingungen für eine fächerübergreifende Terminologie gewonnen werden.

Die Angaben zur eigenen universitären Ausbildung bezüglich Erzähltheorie und die Angaben zu Kenntnissen der im Fragebogen ausgewiesenen erzähltheoretischen Fachbegriffe stimmen überein. Es scheint nicht so zu sein, dass mit Abschluss des Studiums gefestigtes Wissen zur Erzähltheorie und Versiertheit im Umgang mit dieser vorliegen. Dies ist eine wertfreie Aussage und dient lediglich der Analyse der lehrer*innenseitigen Voraussetzungen, zumal durch das Erhebungsinstrument des Fragebogens an sich schon tendenziell vermehrt auf die Schwächen der Befragten geschaut wird, wie Schmelz festgestellt hat (Schmelz 2009, S. 44).

Die ersten vorsichtigen Schlüsse zeigen, dass umfangreichere und methodisch anspruchsvollere Studiendesigns zukünftig notwendig sind. Denn Lessing-Sattari und Wieser weisen auf die zentrale Bedeutung der „Rekonstruktion von Überzeugungen und Praktiken sowie [der] Evaluation von fachlichem Wissen" (Lessing-Sattari und Wieser 2021, S. 41) hin, wenn neue fachdidaktische Impulse für die Unterrichtsentwicklung gegeben werden sollen. Sie warnen davor, dass durch eine mangelnde „Anknüpfung an das bestehende Erfahrungswissen sowie die Überzeugungen der Lehrkräfte [...] didaktische Theorien und Entwürfe ‚Fremdkörper' ohne Handlungswirkung" (Lessing-Sattari und Wieser 2021, S. 41) bleiben.

4   Zusammenschau

Lehrpläne sind „darauf ausgerichtet, die Differenzen in den Handlungen der Adressaten nicht zu groß werden zu lassen" (Scholl 2016, S. 40). Das bedeutet für die Lehrplanentwicklung, dass ihr Produkt genügend Orientierung für Lehrkräfte geben muss. Dies ist in Einklang zu bringen mit dem Abstraktionsniveau von Lehrplänen, denn seit Einführung der Kompetenzorientierung beschreiben Lehrpläne nur noch die zu erreichenden Kompetenzen und Inhalte (vgl. Scholl 2009). Sie werden eben deshalb in Nordrhein-Westfalen als Kernlehrpläne bezeichnet. Scholl konstatiert in der Folge, „der Raum für Freiheit in ihrer Umsetzung ist in den Kernlehrplänen aber ungleich größer als der in den traditionellen Lehrplänen" (Scholl 2016, S. 45). Diesen Raum nicht durch eine listenartige Vorgabe von erzähltheoretischen Fachbegriffen einzuengen, ist insofern für Schulpraktiker*innen wichtig, damit eine solche Vorgabe nicht auf alle anderen Bereiche des Lehrplans übertragen wird. Denn dies würde bedeuten, dass es künftig im Deutschunterricht weniger Zeit für Inhalte zugunsten des Erwerbs und Übens von deklarativem Wissen in Form von erzähltheoretischen und anderen Fachbegriffen geben würde.

Es stellt sich weiterhin die Frage, welche Erzähltheorie(n) einer Lehrplanrevision zugrunde gelegt werden sollten, denn eine einheitliche Theorie gibt es nicht. So führen Lahn und Meister aus: „*Die* Narratologie, *die* Erzähltheorie hat es nie gegeben und gibt es auch *heute* nicht – wie in jeder lebendigen Wissenschaft konkurrieren verschiedene Modelle, Terminologien und methodische Philosophien" (Lahn und Meister 2016, S. XI).

Möglicherweise ist es diesbezüglich hilfreich, weniger zu schauen, was *state-of-the-art* als dem höchsten Stand der Entwicklung in ihren verschiedenen Ausprägungen ist, sondern eher in Richtung *lege artis* als den allgemein anerkannten Regeln der Kunst zu gehen. Damit kann und darf man sich trauen, mehr Fachlichkeit in den Lehrplan aufzunehmen. Dies entspräche auch den Entwicklungen im Zusammenhang mit den neuen Bildungsstandards (vgl. BISTA ESA und MSA sowie BISTA PS), die verstärkt Anknüpfungsmöglichkeiten für erzähltheoretische Fachbegriffe aufgenommen haben.

Wenn es gelingt, eine fachlich-begriffliche Überfrachtung zu vermeiden und Schüler*innen ein fachliches Handwerkszeug mitzugeben, mit dem sie bei Erzähltexten mehr als bisher beobachten können, dann löst man damit auch ein, was die Literaturdidaktik schon lange einfordert: Nämlich die Besonderheit literarischer Rezeptionskompetenz in Abgrenzung zur allgemeinen Lesekompetenz zu berücksichtigen (vgl. beispielsweise Abraham 2005; Kämper-van den Boogaart 2005; Kammler 2006; Frederking 2019).

Dann bliebe für die Implementationsebene die fachliche Notwendigkeit, einschlägige Aufgabenbeispiele zur Verfügung zu stellen (vgl. beispielsweise Leubner und Saupe 2015) bzw. selbst passende illustrierende Beispielaufgaben zu entwickeln und herauszustellen, welche Beobachtungen leichter mit den neuen Fachbegriffen gelingen. Auf der Forschungsseite fehlen Daten zum Umgang von Lehrkräften mit erzähltheoretischen Fachbegriffen. Dies gilt nicht nur für die hochschulisch und universitär gängigen erzähltheoretischen Fachbegriffe, sondern auch für die traditionellen, um eine Vergleichsfolie zu haben.

Literatur

Abraham, Ulf. 2005. Lesekompetenz, literarische Kompetenz, poetische Kompetenz. Fachdidaktische Aufgaben in einer Medienkultur. In *Kompetenzen im Deutschunterricht. Beiträge zur Literatur-, Sprach- und Mediendidaktik*, Hrsg. Heidi Rösch, 13–26. Frankfurt a. M. u. a.: Lang.

Bildungsstandards im Fach Deutsch. Erster Schulabschluss (ESA) und Mittlerer Schulabschluss (MSA) (BISTA ESA und MSA), i.d.F. vom 23.06.2022, Hrsg. v. d. ständigen Konferenz der

Kultusminister (KMK). Berlin. https://www.kmk.org/fileadmin/Dateien/veroeffentlichungen_
beschluesse/2022/2022_06_23-Bista-ESA-MSA-Deutsch.pdf. Zugegriffen: 12. Okt. 2022.

Bildungsstandards für das Fach Deutsch. Primarbereich (BISTA PS), i.d.F. vom 23.06.2022,
Hrsg. v. d. ständigen Konferenz der Kultusminister (KMK). Berlin. https://www.kmk.org/
fileadmin/Dateien/veroeffentlichungen_beschluesse/2022/2022_06_23-Bista-Primarbereich-
Deutsch.pdf. Zugegriffen: 12. Okt. 2022.

Brenner, Gerd, Karlheinz Fingerhut, Hans-Joachim Cornelissen, Bernd Schurf, et al. 2014. *Texte,
Themen und Strukturen. Schülerbuch Nordrhein-Westfalen*. Berlin: Cornelsen.

Diekhans, Johannes, Michael Fuchs, Dietrich Herrmann, Nadja Lamberty-Freckmann, et al.
2014. *P.A.U.L. D. Oberstufe. Schülerband*. Paderborn: Schöningh.

Frederking, Volker. 2019. Modellierung literarischer Rezeptionskompetenz. In *Lese- und
Literaturunterricht. Geschichte und Entwicklung. Konzeptionelle und empirische Grund-
lagen (Deutschunterricht in Theorie und Praxis, Bd. 11.1)*, Hrsg. Michael Kämper-van den
Boogaart und Kaspar H. Spinner, 347–426. Baltmannsweiler: Schneider Hohengehren.

Kammler, Clemens, Hrsg. 2006. *Literarische Kompetenzen – Standards im Literaturunterricht.
Modelle für die Primar- und Sekundarstufe*. Seelze: Klett/Kallmeyer.

Kämper-van den Boogaart, Michael. 2005. Lässt sich normieren, was als literarische Bildung
gelten soll? Eine Problemskizze am Beispiel von Brechts Erzählung ‚Der hilflose Knabe‘.
In *Kompetenzen im Deutschunterricht. Beiträge zur Literatur-, Sprach- und Mediendidaktik*,
Hrsg. Heidi Rösch, 27–50. Frankfurt a. M. u. a.: Lang.

Koalitionsvertrag für Nordrhein-Westfalen. 2017. https://www.cdu-nrw.de/sites/www.
neu.cdu-nrw.de/files/downloads/nrwkoalition_koalitionsvertrag_fuer_nordrhein-
westfalen_2017_-_2022.pdf. Zugegriffen: 12. Okt. 2022.

Kultusministerkonferenz (KMK). 1982. *Verzeichnis grundlegender grammatischer Fachausdrücke* (von der Kultusministerkonferenz zustimmend zur Kenntnis genommen am
26. Februar 1982). https://www.kmk.org/fileadmin/Dateien/pdf/PresseUndAktuelles/
Beschluesse_Veroeffentlichungen/Verzeichn_Grammatischer_Fachausdruecke.pdf.
Zugegriffen: 12. Okt. 2022.

Lahn, Silke, und Jan Christoph Meister. 2016. *Einführung in die Erzähltextanalyse*. Heidelberg:
Metzler.

Leibniz-Institut für Deutsche Sprache, Hrsg. 2019. *Laut, Buchstabe, Wort und Satz. Verzeichnis
grundlegender grammatischer Fachausdrücke (von der Kultusministerkonferenz zustimmend
zur Kenntnis genommen am 7. November 2019)*. https://grammis.ids-mannheim.de/pdf/sgt/
Verzeichnis_grammatischer_Fachausdruecke_180220.pdf. Zugegriffen: 12. Okt. 2022.

Lessing-Sattari, Marie, und Dorothee Wieser. 2021. Lehrkräfte. Systematisierung aktueller
empirischer Studien, ihrer Gegenstandsbereiche und Forschungsansätze. In *Empirische
Forschung in der Deutschdidaktik. Band 3: Forschungsfelder der Deutschdidaktik*, Hrsg. Jan
Boelmann, 41–48. Baltmannsweiler: Schneider Hohengehren.

Leubner, Martin, und Anja Saupe. 2015. *Textverstehen im Literaturunterricht und Aufgaben*.
Baltmannsweiler: Schneider Hohengehren.

Markus Schmelz. 2009. Texte überarbeiten im Deutschunterricht der Hauptschule: *Eine
empirische Untersuchung zur Rezeption schreibdidaktischer Neuerungen*. Baltmannsweiler:
Schneider Hohengehren.

Mayring, Philipp. 2015. *Qualitative Inhaltsanalyse. Grundlagen und Techniken*, 12. Aufl. Weinheim: Beltz.

Ministerium für Schule und Bildung des Landes Nordrhein-Westfalen, Hrsg. 2021. *Lehrplan
Deutsch in der Primarstufe*. https://www.schulentwicklung.nrw.de/lehrplaene/lehrplan-
navigator-primarstufe/primarstufe/deutsch/index.html. Zugegriffen: 12. Okt. 2022.

Reusser, Kurt, und Christine Pauli. 2014. Berufsbezogene Überzeugungen von Lehrerinnen und
Lehrern. In *Handbuch der Forschung zum Lehrerberuf*, Hrsg. Ewald Terhart, Hedda Benne-
witz, und Martin Rothland, 642–661. Münster: Waxmann.

Schmidt, Frederike, und Kirsten Schindler. 2020. Aktuelle Forschung zu Wissen und Überzeugungen von Deutschlehrkräften. Eine Zwischenbilanz. In *Wissen und Überzeugungen*

von Deutschlehrkräften: Aktuelle Befunde in der deutschdidaktischen Professionsforschung (Positionen der Deutschdidaktik 13), Hrsg. Frederike Schmidt und Kirsten Schindler, 8–25. Berlin: Lang.

Scholl, Daniel. 2009. *Sind die traditionellen Lehrpläne überflüssig? Zur lehrplantheoretischen Problematik von Bildungsstandards und Kernlehrplänen.* Wiesbaden: VS.

Scholl, Daniel. 2016. Welche Funktionen erfüllen Lehrpläne? Ein Raster zum Vergleich verschiedener Lehrplantypen. In *Vergleichende Didaktik und Curriculumforschung*, Hrsg. Maria Hallitzky, Anatoli Rakhkochkine, Barbara Koch-Priewe, Jan Christoph Störtländer, und Matthias Trautmann, 39–47. Bad Heilbrunn: Julius Klinkhardt.

Shulman, Lee S. 1986. Those who understand: Knowledge growth in teaching. *Educational Researcher* 15(2):4–14.

Shulman, Lee S. 1987. Knowledge and teaching: Foundations of the new reform. *Harvard Educational Review* 57:1–22.

Erzähltheorie und Literaturunterricht in der österreichischen Primarstufe

Auf welche narratologischen Kategorien wird in gängigen österreichischen Lehrwerken der 4. Schulstufe zurückgegriffen?

Veronika Österbauer und Marcel Illetschko

Zusammenfassung

Der vorliegende Beitrag analysiert mittels qualitativer Inhaltsanalyse gängige österreichische Lehrwerke der Primarstufe hinsichtlich ihrer Bezugnahme auf erzähltheoretische Konzepte. Es wird gezeigt, dass sich die wenigen einschlägigen Fundstellen vor allem auf die *histoire,* aber kaum auf den *discours* beziehen. Insbesondere gilt dies bei der schulischen Auseinandersetzung mit Texten aus Lesebüchern. Des Weiteren ergibt die Analyse, dass Schüler*innen beim Schreiben produktiv Eigenheiten von Texten hervorbringen sollen, die rezeptiv in den Lehrwerken nicht anhand der Analyse von Erzählungen thematisiert werden. Eine Auseinandersetzung mit den österreichischen Lehrplänen und Bildungsstandards zeigt zudem, dass sich in Lehrwerken genau das findet, was die offiziellen Dokumente und deren Begrifflichkeit explizit vorgeben, und – zumindest in Sachen Erzähltheorie – wenig darüber hinaus. Die Ergebnisse werden vor dem Hintergrund aktueller Aufgabenforschung und internationaler Lesestudien diskutiert.

V. Österbauer (✉) · M. Illetschko
Salzburg, Österreich
E-Mail: veronika.oesterbauer@iqs.gv.at

M. Illetschko
E-Mail: marcel.illetschko@iqs.gv.at

S. Bernhardt und I. Henke (Hrsg.), *Erzähltheorie(n) und Literaturunterricht,* Deutschdidaktik, https://doi.org/10.1007/978-3-662-66918-1_11

1   Einleitung

Die Ergebnisse der Lehrer*innenbefragung im Rahmen der *Progress in International Reading Literacy Study* (PIRLS; in Deutschland: Internationale Grundschul-Lese-Untersuchung, IGLU) 2016 haben gezeigt, dass in Österreich – ähnlich wie in Deutschland – bestimmte Aspekte des Literaturunterrichts in der 4. Schulstufe im internationalen Vergleich stark unterrepräsentiert sind: Während im PIRLS-Schnitt 71 % der Schüler*innen von einer Lehrperson unterrichtet werden, die angibt, zumindest wöchentlich die Perspektive oder Absicht der Autor*in zu einem Lesetext ermitteln zu lassen, so sind es in Österreich nur 20 % (Deutschland: 32 %).[1] Ähnlich sehen die Ergebnisse für die Beschreibung von Stil oder Struktur des gelesenen Textes aus: Im PIRLS-Schnitt haben 73 % der Schüler*innen eine Lehrkraft, die sie zumindest wöchentlich den Stil oder die Struktur des gelesenen Textes beschreiben lässt.[2] In Österreich sind es nur 25 % (Deutschland: 24 %). Zirka ein Drittel der österreichischen Schüler*innen hat eine Lehrkraft, die diese Aktivität nie oder fast nie mit ihnen durchführt. (vgl. Bachinger et al. 2019, S. 214–217).

Das hat auch Auswirkungen auf die Lesekompetenz im Allgemeinen, wie sie etwa von Rosebrock und Nix (2020) definiert wird, die „Superstrukturen erkennen" bzw. „Darstellungsstrategien identifizieren" als maßgebliche Kompetenzen der Prozessebene von Lesen ansehen. PIRLS unterscheidet dabei zwischen „Wiedergeben und einfaches Schlussfolgern" sowie „Interpretieren, Verknüpfen und Bewerten". In kaum einem Land der Studie profitiert der Gesamtwert der Lesekompetenz so sehr von dem Aspekt „Wiedergeben und einfaches Schlussfolgern" wie in Österreich (was vice versa bedeutet, dass das „Interpretieren, Verknüpfen und Bewerten" in Österreich eine relative Schwäche der Schüler*innen ist) (vgl. Salchegger et al. 2017). Diese empirischen Befunde deuten an, dass die Darstellungsebene von Texten in der österreichischen Primarstufe wenig thematisiert wird.

Die Auseinandersetzung mit dem Erzählen sowie mit Erzählungen hat allerdings laut dem österreichischen Lehrplan (BGBl. Nr. 134/163 in der Fassung vom 25.08.2021)[3] durchaus einen prominenten Platz in der Schule. Schon für

---

[1] Wortlaut der Fragestellung im PIRLS-Lehrer*innenfragebogen: „Wie oft fordern Sie die Schüler/innen auf, Folgendes zu tun, um sie in ihrer Entwicklung des Leseverständnisses und der Lesestrategien zu unterstützen? […] Die Perspektive oder die Absicht der Autorin/des Autors ermitteln", Antwortmöglichkeiten: „jeden Tag oder fast jeden Tag", „1- bis 2-mal pro Woche", „nie oder fast nie". Eine Definition, was genau unter „Perspektive" zu verstehen ist, gibt es im Lehrer*innenfragebogen von PIRLS/IGLU nicht.

[2] Wortlaut im PIRLS-Lehrer*innenfragebogen: „Den Stil oder die Struktur des gelesenen Textes beschreiben", Antwortmöglichkeiten s. o.

[3] Im Folgenden werden die Lehrpläne aus dem Rechtinformationssystem des Bundes (RIS, https://www.ris.bka.gv.at/default.aspx; zugegriffen: 12. Oktober 2022) zitiert – daher ohne Angabe einer Seitennummer, allerdings mit Erwähnung der jeweiligen Zwischenüberschrift zur Orientierung.

die Grundstufe I der österreichischen Primarschule (1. und 2. Schulstufe) wird auf die Wichtigkeit der „Begegnung mit literarischen Texten in möglichst natürlichen Lesesituationen" hingewiesen. Im Kompetenzbereich „Sprechen" heißt es, Schüler*innen sollen in „einer entspannten Atmosphäre Freude und Bereitschaft zum Erzählen, Mitteilen und Zuhören entwickeln". Auch im Lehrstoff für die 3. und 4. Schulstufe werden literarische Texte explizit angesprochen – etwa in der Formulierung „Erfahren, dass man aus Texten Sinn entnehmen kann: aus literarischen Texten [...]". Im Abschnitt „Allgemeines Bildungsziel" des Lehrplans werden diese Gedanken in einen noch breiteren Kontext gestellt: Wichtig seien die „Entwicklung und Vermittlung grundlegender Kenntnisse, Fertigkeiten, Fähigkeiten, Einsichten und Einstellungen, die dem Erlernen der elementaren Kulturtechniken (einschließlich eines kindgerechten Umganges mit modernen Kommunikations- und Informationstechnologien), einer sachgerechten Begegnung und Auseinandersetzung mit der Umwelt sowie einer breiten Entfaltung im musisch-technischen [...] Bereich dienen". Eine „sachgerechte[] Begegnung und Auseinandersetzung mit der Umwelt sowie [...] Entfaltung im musisch[en] [...] Bereich" setzt im Umgang mit literarischen bzw. narrativen Werken allenfalls einen Einblick in deren ‚Gemachtheit' voraus. Und auch die österreichischen Bildungsstandards für die Primarstufe (BGBl. II Nr. 1/2009 i. d. g. F. BGBl. II Nr. 548/2020) fordern unter der Überschrift „Literarische Angebote und Medien aktiv nutzen", dass Schüler*innen „literarische Angebote zur Erweiterung ihres Selbst- und Weltverständnisses sowie zur Unterhaltung nutzen" können sollen.

Möchte man aber, wie die genannten Dokumente nahelegen, literarische Angebote zur „Erweiterung" des „Weltverständnisses" nutzen oder sich im „musisch-technischen Bereich" „breit[] [e]ntfalt[en]", so ist es vermutlich förderlich, wenn man über ein grundlegendes narratologisches Instrumentarium verfügt, das ermöglicht, sich diesen Bereichen anzunähern. Und auch ein „kindgerechte[r] Umgang[] mit modernen Kommunikations- und Informationstechnologien" kann durch narratologische Herangehensweisen unterstützt werden. In den letzten Jahren zeigt sich zunehmend, dass erzähltheoretische Konzepte neben ihrem Potential für literarisches Verstehen auch hervorragend geeignet sind, um sich mit Phänomenen von *Social Media,* von Computerspielen oder (für die Primarstufe nur in Ansätzen interessant) politischen Narrativen auseinanderzusetzen (vgl. Arnold 2012; Boelmann 2015; Dehn et al. 2014). Und selbstverständlich bietet auch die ‚klassische' und zeitgenössische Kinder- und Jugendliteratur zahllose potentielle Anknüpfungspunkte für die Auseinandersetzung mit erzähltheoretischen Konzepten. Man denke nur an die Unzuverlässigkeit der Erzählinstanz in Mira Lobes *Die Omama im Apfelbaum* (vgl. Illetschko 2014), an das ‚Denkarium' in J. K. Rowlings *Harry-Potter*-Universum (ein narratologisches und ontologisches Spiel v. a. mit den Konzepten Pro- und Analepse) oder an die kunstvoll gebaute Wissensverteilung in Andreas Steinhöfels *Rico-und-Oskar*-Reihe.

Im folgenden Beitrag soll der Blick auf den Zusammenhang von Erzähltheorie und Literaturunterricht in der österreichischen Primarstufe gerichtet werden. Im Mittelpunkt stehen dabei verbreitete österreichische Schulbücher der 4. Schulstufe und die Frage, auf welche narratologischen Kategorien diese zurückgreifen.

2   Forschungsfrage

Die zentrale Frage der vorliegenden Untersuchung lautet: Auf welche narratologischen Kategorien wird in gängigen österreichischen Lehrwerken der 4. Schulstufe zurückgegriffen?

Ziel der Untersuchung ist nicht die Analyse der in Lehrwerken verwendeten Texte hinsichtlich der in ihnen festzustellenden narratologischen Eigenschaften. Im Fokus steht allein das Aufgreifen narratologischer Kategorien in Aufgaben, die die Auseinandersetzung mit Texten beinhalten sowie in Unterrichtsempfehlungen für Lehrer*innen. Erzähltheoretische Begriffe im vorliegenden Beitrag orientieren sich an Lahn und Meister (2016).

3   Grundlegende Dokumente

3.1   Die Lehrpläne

In Österreich wurde vom Bundesministerium für Bildung, Wissenschaft und Forschung (BMBWF) vor einigen Jahren ein Prozess zur Entwicklung neuer Lehrpläne angestoßen. Das parlamentarische Begutachtungsverfahren der Entwürfe ist zum Zeitpunkt des Verfassens des vorliegenden Beitrags noch nicht abgeschlossen.[4] Die im Folgenden vorgestellten Analysen basieren daher auf den zum Zeitpunkt des Verfassens dieses Beitrags gültigen Lehrplänen (Stand Frühjahr 2022) sowie auf den auf ihnen aufbauenden Schulbüchern. Vorgestellt werden die mit Fragen der Erzähltheorie verbundenen Inhalte aus dem Lehrplan der Volksschule, Siebenter Teil, Bildungs- und Lehraufgaben sowie Lehrstoff und didaktische Grundsätze der Pflichtgegenstände der Grundschule und der Volksschuloberstufe, Grundschule – Deutsch, Lesen, Schreiben (BGBl. Nr. 134/163 in der Fassung BGBl. II Nr. 375/2021 vom 25.08.2021). Dabei wird versucht, den Lehrplan auf die Frage hin zu untersuchen, welche narratologischen Konzepte hierin zu erkennen sind, auch wenn diese nicht unbedingt direkt angesprochen sind. Teil der Schulbuchanalyse wird es sein, herauszufinden, ob diese ‚Potentiale‘ des Lehrplans erkennbar in Aufgaben, Unterrichtsempfehlungen etc. einfließen.

In den nachfolgenden Tab. 1 und 2 werden dazu in einem ersten Schritt die relevanten Formulierungen im Wortlaut des Primarstufenlehrplans aus der 3. und aus der 4. Schulstufe gegenübergestellt. In den Spalten zur 4. Schulstufe sind zur besseren Übersichtlichkeit all jene Wörter kursiv markiert, die sich gegenüber der 3. Schulstufe unterscheiden – denn oft sind die Lehrplaninhalte auf der 3. und 4. Schulstufe wortident.

Folgende Inhalte bzw. Begriffe und Konzepte des österreichischen Lehrplans der Primarstufe im Kompetenzbereich „Lesen" sind im weitesten Sinn erzähltheoretisch von Relevanz: „Märchen", „Sagen", „Fabeln", „Erzählungen",

---

[4] Dokumentennummer: BEGUT_29087208_1955_485A_9CB3_25E1CF5935D3.

Tab. 1 Inhalte mit Bezug zu erzähltheoretischen Konzepten aus dem österreichischen Primarstufenlehrplan, Kompetenzbereich „Lesen"

Lesen	
3. Schulstufe	*4. Schulstufe*
Erfahren, dass man aus Texten Sinn entnehmen kann aus literarischen Texten • In Märchen, Sagen, Erzählungen, Umweltgeschichten usw. Handlungszusammenhänge erleben und erkennen; einfache Handlungsabfolgen richtig wiedergeben (z. B. erzählen, spielen); Pointen erfassen • Gemeinsam über Texte und ihre unterschiedliche Wirkung sprechen • Zu Texten die eigene Meinung äußern und begründen, Texte fantasievoll weiterführen	*Ausweitung der Inhaltserschließung und des Textverständnisses* Literarische Texte Märchen, Sagen, Fabeln, Umweltgeschichten, Erzählungen, dialogische Texte usw. lesen, um sich zu unterhalten, um mitzuempfinden, um sich anregen zu lassen usw.* *Den Verlauf einer Handlung, eines Geschehens durch Erzählung, durch spielerische oder pantomimische Darstellung wiedergeben*

„Umweltgeschichten" und „dialogische Texte" (die allesamt die Konzepte *Gattung, Genre* etc. anklingen lassen) sowie die Begriffe „Handlungszusammenhänge", „Handlungsabfolgen" bzw. „Verlauf einer Handlung" und „Pointen" (Anklänge an die Konzepte *discours* und *histoire*).

Der im Folgenden dargestellte Kompetenzbereich „Verfassen von Texten" im österreichischen Primarstufenlehrplan der 3. und 4. Schulstufe ist in zwei Teile gegliedert: „Begleitende Übungen zum Verfassen von Texten" und „Text verfassen".

Deutlich wird, dass keine expliziten Bezugnahmen auf Erzähltheorie erfolgen. Allenfalls sehr implizit und mit einem gewissen Maß an Deutungsleistung lassen sich Anknüpfungspunkte an narratologische Konzepte herausarbeiten: Im weiteren Sinne mit narratologischen Konzepten verwandt sind im ersten Teil die Formulierungen „Wichtiges von weniger Wichtigem bzw. Unwichtigem unterscheiden" (Anklänge an das Konzept *histoire*), „Gedanken ordnen und damit Möglichkeiten des Textaufbaus erkennen und finden", „Anfang, Höhepunkt, Abschluss von Texten erkennen und formulieren" (Anklänge an das Konzept *discours*), „Verwenden der wörtlichen Rede" bzw. „die wörtliche Rede gezielt einsetzen" (Anklänge an das Konzept *Präsentation von Rede und mentalen Prozessen*), „einfache schriftliche Muster funktionsgerecht anwenden" (Anklänge an das Konzept *discours*).

Der zweite Teil ist untergliedert nach vier Intentionen, die mit Texten verbunden werden (im Lehrplan für die 4. Schulstufe „Schreibabsicht[en]" genannt): „andere […] unterhalten oder Anteil nehmen […] lassen", „andere […] informieren", „an andere (und eventuell auch an sich selbst) […] appellieren", „etwas für sich […] notieren". Im weiteren Sinne mit narratologischen Konzepten verwandt sind im zweiten Teil die Formulierungen „einfache Geschichten zu vorgegebenen oder selbst gefertigten Bildern, zu Reizwörtern, zu einem Erzählkern" bzw. „Anfang und Schluss von Erzählfragmenten", „Weitererzählen begonnener

Tab. 2 Inhalte mit Bezug zu erzähltheoretischen Konzepten aus dem österreichischen Primarstufenlehrplan, Kompetenzbereich „Verfassen von Texten"

Verfassen von Texten	
3. Schulstufe	*4. Schulstufe*
Begleitende Übungen zum Verfassen von Texten: – Wichtiges von weniger Wichtigem bzw. Unwichtigem unterscheiden – z. B. passende Überschriften zu Bildern und Texten finden – Gedanken ordnen und damit Möglichkeiten des Textaufbaus erkennen und finden – z. B. vorgegebene Bildfolgen und Textteile ordnen und ergänzen; Anfang, Höhepunkt, Abschluss von Texten erkennen und formulieren – Gedanken möglichst klar, genau anschaulich und folgerichtig ausdrücken – Im Bereich des Wortschatzes und der Satzstrukturen immer situationsbezogen formulieren: treffende Wörter; Aufforderungen, Ausrufe, Fragen; Anrede-, Einleitungs- und Schlussformel in Briefen; Verwenden der wörtlichen Rede – Texte zu einer Erfahrungsgrundlage gemeinsam erarbeiten – Texte zu einem gemeinsamen Erlebnis, zu einem Bild und Ähnliches in kleinen Gruppen oder mit der Klasse erarbeiten – Einfache schriftliche Muster funktionsgerecht anwenden – Einfache Formulare, Tabellen und Ähnliches ausfüllen; Adressen, Listen und Ähnliches schreiben Text verfassen: – Vor allem, um andere zu unterhalten oder Anteil nehmen zu lassen – z. B. durch eigene Erlebnisse, Träume: durch einfache Geschichten zu vorgegebenen oder selbst gefertigten Bildern, zu Reizwörtern, zu einem Erzählkern; durch Weitererzählen begonnener Geschichten; durch Sprechblasentexte, erfundene Geschichten, lustige Verse, Briefe, Karten – Vor allem, um andere zu informieren – z. B. durch einfache Beschreibung, durch Anleitungen; Einladungen, Ankündigungen; Aufgabenpläne, Verlustanzeigen; durch Briefe und Karten – Vor allem, um an andere (und eventuell auch an sich selbst) zu appellieren – z. B. durch Einladungen, einfache Werbetexte (in Prospekt-, Plakat-, Schildform und Ähnliches), Ge- und Verbote – Vor allem, um etwas für sich zu notieren – z. B. (telefonische) Mitteilungen, Einkaufswaren, Kochrezepte; kurze Sachtexte, Liedtexte	Begleitende Übungen zum Verfassen von Texten: – Wichtiges von weniger Wichtigem bzw. Unwichtigem unterscheiden – *z. B. in Texten das Wichtigste unterstreichen; Stichwörter und Sätze zu Gelesenem und Gehörtem aufschreiben* – Gedanken ordnen und damit Möglichkeiten des Textaufbaus erkennen und finden – z. B. vorgegebene Bildfolgen und Textteile ordnen und ergänzen; Anfang, Abschluss, Höhepunkt von Texten erkennen und formulieren; *sich die Reihenfolge und Verknüpfung von Sätzen bewusst machen und diese beim eigenen Schreiben beachten* – Gedanken möglichst klar, genau anschaulich und folgerichtig ausdrücken – z. B. *Dinge, Tätigkeiten, Eigenschaften, Sachverhalte, Situationen usw. immer angemessener sprachlich darstellen:* treffende Wörter *finden, Begründungen formulieren, die entsprechenden Zeitformen wählen,* die wörtliche Rede *gezielt einsetzen* – Texte zu einer Erfahrungsgrundlage gemeinsam erarbeiten – Texte, *z. B.* zu einem gemeinsamen Erlebnis, zu *Bildern, zu einem sachunterrichtlichen Thema* und Ähnlichem in kleinen Gruppen oder *im Klassengespräch* erarbeiten – Schriftliche Muster funktionsgerecht anwenden – z. B. Formulare, *Erlagscheine* und Ähnliches ausfüllen; Listen, *Verzeichnisse* und Ähnliches schreiben; *eine Kartei anlegen, etwa für die Klassenbücherei* Text verfassen: *Die Schüler sollen immer bewusster erkennen, dass die Art der Abfassung eines Textes von der vorwiegenden Schreibabsicht abhängt und davon, an wen sich der Text richtet* – Vor allem, um andere zu unterhalten oder Anteil nehmen zu lassen – z. B. *durch das Erzählen von* eigenen Erlebnissen, Träumen, Geschichten zu vorgegebenen oder selbst gefertigten Bildern, zu Reizwörtern, zu einem Erzählkern; *Anfang und Schluss von Erzählfragmenten;* Sprechblasentexte, erfundene Geschichten, *lustige Collage von Wörtern und Sätzen, Geheimsprache, Witze, Dialoge,* Briefe, Karten – Vor allem, um andere zu informieren – z. B. durch *das Beschreiben von Personen, Tieren, Gegenständen, Handlungsabläufen und Sachverhalten, durch das Nacherzählen einfacher Texte (auch mit verändertem Standpunkt); durch Gebrauchs- und Bastelanleitungen;* Einladungen, *Verkaufs- Tausch-* und Verlustanzeigen; durch Briefe und Karten *zu verschiedenen Anlässen* – Vor allem, um an andere (und eventuell auch an sich selbst) zu appellieren – z. B. *durch Spielregeln, Einladungen, Programme,* Werbetexte (in Prospekt-, Plakat-, Schildform und Ähnlichem), *verschiedene Anzeigen; Flugblätter* – Vor allem, um etwas für sich zu notieren – z. B. Mitteilungen und *Vormerkungen aller Art,* Kochrezepte; *Wissenswertes,* Sachtexte, Liedtexte; *Erlebnisse in einem Tagebuch*

Geschichten; durch Sprechblasentexte, erfundene Geschichten" (Anklänge an die Konzepte *discours* und *histoire*), „das Beschreiben von Personen, Tieren, Gegenständen, Handlungsabläufen und Sachverhalten, durch das Nacherzählen einfacher Texte (auch mit verändertem Standpunkt)". Letzteres ist die am deutlichsten an narratologische Konzepte anknüpfende Formulierung im gesamten österreichischen Primarstufenlehrplan. Im Begriff „Standpunkt" klingen die Konzepte der *Fokalisierung* (Genette) bzw. *Perspektivierung* (Schmid) und *Diegese* an. Das Erzählen ist in dieser Formulierung aber ein bloßes Nacherzählen, außerdem wird die Formulierung der „Schreibabsicht" dem Informieren zugeordnet.

Ein Blick auf die österreichischen Primarstufen-Lehrpläne zeigt also: Narratologische Konzepte werden kaum aufgegriffen. Interessanterweise finden sich allerdings im produktiven Kompetenzbereich „Verfassen von Texten" eher Ansätze, die sich mit der Narratologie assoziieren lassen, als im rezeptiven Kompetenzbereich „Lesen".

3.2 Die Bildungsstandards

Im Folgenden soll der Blick auf grundlegende offizielle Dokumente für die österreichische Primarstufe erweitert werden, indem die seit 2009 gültigen Bildungsstandards analysiert werden. Die Bildungsstandards sind in Österreich als anzustrebende Regelstandards für die 4. und 8. Schulstufe definiert und leiten sich aus den aktuellen Lehrplänen ab (Stand 2022).

Im Kompetenzbereich „Lesen – Umgang mit Texten und Medien" finden sich folgende Formulierungen, die an narratologische Konzepte anschließen: Unter der Überschrift „Den Inhalt von Texten mit Hilfe von Arbeitstechniken und Lesestrategien erschließen" heißt es: „Die Schülerinnen und Schüler können den Verlauf einer Handlung erschließen" und unter der Überschrift „Formale und sprachliche Gegebenheiten in Texten erkennen": „Die Schülerinnen und Schüler können einfache sprachliche und formale Gestaltung sowie den Aufbau von Texten erkennen, Textsorten nach wesentlichen Merkmalen unterscheiden".

Wie auch im Lehrplan finden sich in den Bildungsstandards mehr Anknüpfungspunkte an narratologische Konzepte im Kompetenzbereich „Verfassen von Texten", der insgesamt in Orientierung an der prozessorientierten Schreibdidaktik in die Bereiche „Planen", „Verfassen" und „Überarbeiten" gegliedert ist: Unter der Überschrift „Für das Verfassen von Texten entsprechende Schreibanlässe nutzen; Texte planen" heißt es: „Die Schülerinnen und Schüler können sich sprachliche und gestalterische Mittel überlegen und notieren". Die sehr allgemeine Formulierung „sprachliche und gestalterische Mittel" umfasst potentiell alle Bereiche erzähltheoretischer Konzepte, bleibt aber vage. Unter der Überschrift „Texte strukturiert und für Leserinnen bzw. Leser verständlich verfassen" heißt es „Die Schülerinnen und Schüler können ihre Texte sachlich angemessen bzw. dem Handlungsablauf entsprechend strukturieren". Wie auch schon im Lehrplan und im Kompetenzbereich „Lesen" wird hier auf den Aspekt des „Handlungsablauf[es]" hingewiesen (Anklänge an die Konzepte *discours* bzw. *Ordnung*). Unter der Überschrift „Beim Verfassen von Texten sprachliche Mittel bewusst einsetzen" wird das *Can-Do-Statement* „Die Schülerinnen und Schüler können bei der Wortwahl und der Formulierung von Sätzen bewusst sprachliche Gestaltungsmittel verwenden" angeführt und unter „Texte überprüfen, überarbeiten und berichtigen" heißt es schließlich: „Die Schülerinnen und Schüler können Texte im Hinblick auf Verständlichkeit, Aufbau, sprachliche Gestaltung und Wirkung überprüfen und überarbeiten". Der Verweis auf sprachliche Gestaltungsmittel eröffnet potentiell vielfältige Anknüpfungspunkte an das Konzept des *discours*.

4   Zwischenfazit

Die österreichischen Lehrpläne und Bildungsstandards der Primarstufe formulieren kaum konkrete Anknüpfungspunkte an erzähltheoretische Konzepte. Sehr allgemein wird an verschiedenen Stellen auf die Aspekte des Handlungsverlaufes bzw. der sprachlichen Gestaltung hingewiesen.

Am konkretesten wird Erzähltheoretisches aufgegriffen im Lehrplan der 4. Schulstufe im Kompetenzbereich „Verfassen von Texten" unter der Überschrift „Begleitende Übungen zum Verfassen von Texten", wo festgelegt wird, dass Schüler*innen „die wörtliche Rede gezielt einsetzen" können sollen, und unter der Überschrift „Text verfassen" bzw. „andere […] informieren", wo formuliert ist, dass Schüler*innen „das Beschreiben von Personen, Tieren, Gegenständen, Handlungsabläufen und Sachverhalten, durch das Nacherzählen einfacher Texte (auch mit verändertem Standpunkt)" beherrschen sollen. Rekurriert wird damit potentiell auf Parameter des *discours,* genauer auf die *Fokalisierung* nach Genette (2010) bzw. die *Perspektivierung* nach Schmid (2005) sowie auf *Erzählerrede und Figurenrede*. Die Bildungsstandards konkretisieren diese Bezüge nicht weiter.

5   Methode

Methodisch sollte die vorliegende Studie mittels deduktiv-induktiver Kategorienbildung im Sinn einer qualitativen Inhaltsanalyse nach Mayring (2015) sowie angeschlossener deskriptiv-statistischer Auswertung erfolgen:

1. Deduktion zentraler Kategorien der Erzähltheorie aus Lahn und Meister (2016)
2. Grobe Sichtung des Korpus hinsichtlich der Kategorien der Erzähltheorie
3. Induktive Anpassung des Kategorienschemas auf Basis der Beobachtung
4. Identifizieren jener Passagen in den Lehrwerken, die Aufgaben oder Ausführungen zum Erzählen bzw. Erzähltexte beinhalten
5. Kodierung der Daten (inkl. Anpassung des Kategorienschemas und eventuelles Re-Kodieren)
6. Deskriptiv-statistische Auswertung

Die Sichtung des Korpus hinsichtlich der Kategorien der Erzähltheorie (Pkt. 2) hat allerdings früh dazu geführt, dass auf ein deduktives Kategoriensystem weitgehend verzichtet werden konnte. Es gab so wenige Fundstellen für ein tatsächliches Aufgreifen erzähltheoretischer Konzepte, dass stattdessen primär eine induktive Kategorienbildung vorgenommen wurde, die sich an der Beschaffenheit der Fundstellen orientiert hat. Berücksichtigt wurden dabei Phänomene, die im weitesten Sinn mit Erzähltheorie zu tun haben bzw. zumindest potentiell das Aufgreifen erzähltheoretischer Aspekte vermuten lassen.

Die Kodierung wurde von zwei Personen durchgeführt: Zuerst einzeln, dann wurden Zweifelsfälle diskutiert und schließlich wurde eine gemeinsame Zuordnungsentscheidung getroffen.

5.1 Kodierschema

Literaturunterricht und Narratologie
1. Fragen zu einer Erzählung beantworten: Fokus Inhalt (inkl. Reflexion)
2. Thematisierung der Redesituation in einer Erzählung
3. Thematisierung der Gattung
4. Thematisierung von Kontextinformationen (Autor*in etc.)

Schreibunterricht und Narratologie
Ohne explizite Thematisierung erzähltheoretischer Konzepte

1. Eine Geschichte oder Nacherzählung schreiben (mit Bildunterstützung, Stichwörtern, vorgegebenen Sätzen oder Satzteilen etc.)
2. Eine Geschichte fortsetzen
3. Eine Geschichte planen
4. Eine passende Überschrift für eine Geschichte schreiben

Mit Thematisierung erzähltheoretischer Konzepte

1. Eine Geschichte planen oder fortsetzen
2. Eine Geschichte überarbeiten
3. Eine Geschichte in die richtige Reihenfolge bringen
4. Über Aufbau und Erzähltechnik reflektieren

Empfehlungen zum Erzählen von Geschichten

1. Wörtliche Rede verwenden
2. Passende Wörter verwenden, Wiederholungen bzw. gleiche Satzanfänge vermeiden

3. Innensicht: Gefühle und Gedanken erzählen bzw. beschreiben
4. Hinweise zur Gattung (Erlebniserzählung, Fabel etc.)
5. Aufbau und Textmuster
6. (Passende) Überschrift (soll neugierig machen, aber nicht zu viel verraten)
7. Zeitform (Mitvergangenheit)
8. Syntax (ganze Sätze, kurze Sätze an spannenden Stellen etc.)
9. Kohärenz (roter Faden, zusammenhängend, man soll sich gut auskennen)
10. Informationsvergabe
11. Ich-Form
12. Ordnung (zeitliche Reihenfolge einhalten)
13. Rhetorik (anschauliche Wortwiederholungen)
14. Standpunkt/‚Perspektive‘

5.2   Datengrundlage

Ein möglicher Anknüpfungspunkt für die Auseinandersetzung mit österreichischen Lehrwerken ist die „Schulbuchliste" der „Schulbuchaktion", in der alle
approbierten Lehrwerke aufgelistet sind (Bundeskanzleramt und BMBWF 2021).
Viele der angeführten Lehrwerke sind in größeren Produktlinien gebündelt, die
meist Sprach-, Lese- und Übungsbücher sowie weitere Angebote beinhalten.
    Ziel der vorliegenden Studie war es, nicht alle approbierten, sondern nur weit
verbreitete Lehrwerke zu analysieren. Daher wurde für die Zusammenstellung
des Korpus auf eine Lehrer*innenbefragung zurückgegriffen, die im Rahmen der
Pilotierung der österreichischen Bildungsstandardüberprüfung für die 4. Schulstufe vom BIFIE (Bundesinstitut für Bildungsforschung, Innovation und Entwicklung des österreichischen Schulwesens; nunmehr IQS: Institut des Bundes für
Qualitätssicherung im österreichischen Schulwesen) im April 2018 durchgeführt
wurde (N = 271, repräsentative Stichprobe, freiwillige Teilnahme, Rücklaufquote:
97,5 %; Ergebnisse bisher unveröffentlicht). Die offene Fragestellung lautete:
„Welches Lehrwerk verwenden Sie für Ihren Deutschunterricht?". Für die vorliegende Studie wurden die 6 Lehrwerke mit der häufigsten Nennung gewählt (in
Klammern die Anzahl der Nennungen).

- Deutsch (44)
- Funkelsteine (37)
- Wunderwelt Sprache (27)
- Lilo (20)
- Karibu (19)
- Sprachlichter (18)

Da auch diese Lehrwerke innerhalb einer Produktlinie mehrere Angebote ver-
einen, wurden im nächsten Schritt all jene Lehrwerke identifiziert, die sich mit
den Kompetenzbereichen „Lesen" und „Verfassen von Texten" auseinandersetzen,
sodass sich schließlich folgendes Untersuchungskorpus ergab:

- Deutsch 4. Sprachbuch. Leseheft [D4 L][5]
- Deutsch 4. Sprachbuch mit differenzierten Übungen. Teil A [D4 SA]
- Deutsch 4. Sprachbuch mit differenzierten Übungen. Teil B [D4 SB]
- Deutsch 4. Sprachbuch. Arbeitsheft [D4 A]
- Deutsch 4. Sprachbuch. Begleitband für Lehrerinnen und Lehrer [D4 SB]
- Deutsch 4. Sprachbuch. Arbeitsheft Schularbeiten [D4 AS]

- Funkelsteine 4. Lesebuch [F4 LB]
- Funkelsteine 4. Arbeitsheft zum Lesebuch [F4 AL]
- Funkelsteine 4. Material für Lehrerinnen und Lehrer [F4 M]
- Funkelsteine 4. Leseheft [F4 LH]
- Funkelsteine 4. Arbeitsheft [F4 A]
- Funkelsteine 4. Sprachbuch [F4 S]

- Wunderwelt Sprache 4. Begleitheft für Lehrerinnen und Lehrer [W4 B]
- Wunderwelt Sprache 4. Lesen und Sprechen [W4 LS]
- Wunderwelt Sprache 4. Verfassen von Texten [W4 V]
- Wunderwelt Sprache 4. Sprachbetrachtung [W4 S]
- Wunderwelt Sprache 4. Kartei für die Freiarbeit [W4 K]

- Lilos Lesewelt 4. Kopiervorlagen [L4 K]
- Lilos Lesewelt 4. Lesebuch [L4 L]
- Lilos Sprachbuch 4. Basisteil [L4 B]
- Lilos Sprachbuch 4. Übungsheft [L4 Ü]

- Karibu 4. Leseheft [K4 L]
- Karibu 4. Arbeitsheft [K4 A]
- Karibu 4. Sprachbuch [K4 S]
- Karibu 4. Material für Lehrerinnen und Lehrer [K4 M]

- Sprachlichter 4. Mein Trainingsheft [S4 T]
- Sprachlichter 4. Teil 1 [S4 1]
- Sprachlichter 4. Teil 2 [S4 2]
- Sprachlichter 4. Meine Trainingswörter. Das merke ich mir [S4 TD]

6   Ergebnisse

6.1   Literaturunterricht und Narratologie

Es gab im Korpus insgesamt 55 Fundstellen für die Zusammenführung von Literaturunterricht und einem sehr weit gefassten Verständnis von Erzähltheorie (s. Tab. 3).

---

[5]Die in dieser Auflistung angeführten Abkürzungen dienen weiter unten als kurze Quellenangaben für beispielhafte Formulierungen zu den verschiedenen studieninternen Analysekategorien.

Tab. 3 Art der Auseinandersetzung mit Lesetexten in gängigen Lehrwerken der österreichischen Primarstufe. (Eigene Erhebung)

Art der Auseinandersetzung	Anzahl
Fragen zu einer Erzählung beantworten: Fokus Inhalt (inkl. Reflexion)	53
Thematisierung der Redesituation in einer Erzählung[6]	1
Thematisierung von Kontextinformationen (Autor*in etc.)	1

Meist sollten Fragen zu einer Erzählung beantwortet werden, die auf explizite Informationsentnahme zielten, selten waren Fragen mit einer Aufforderung zur Reflexion zu finden (zu den Prozessebenen des Lesens s. etwa Richter und Christmann 2009). Oft beschränkten sich Letztere darauf, an persönliche Erfahrungen anzuschließen (*Lies den Text. Was machst du gern in der Zeit vor Weihnachten?* D4 L, S. 21). Nur vereinzelt wurden Stellen zur Thematisierung von Redesituation, Kontext oder zu Gattungsspezifika gefunden. Es folgen einige Beispiele:

> Redesituation: *Lies die Geschichte! Überlege, wer was sagt, und unterstreiche [...]* [S4 1, S. 66]
> Kontext: *Wie heißt das Buch? Wie heißt der Autor oder die Autorin? [...] Warum hat es mir gefallen/nicht gefallen? Kann ich das Buch weiterempfehlen?* [W4 LS, S. 6]
> Gattung: *Um welche Art von Text handelt es sich hier? Ein Märchen, ein Brief, ein Sachtext, ein Gedicht* [L4 B, S. 71]

Häufig waren Passagen mit weiterführenden Aktivitäten ausgehend von einer Erzählung zu finden. In der Regel waren diese Aufgaben sehr allgemein und ohne konkrete Anleitung zur vertieften Auseinandersetzung mit dem Text formuliert (*Lest den Text mit verteilten Rollen. Spielt die Geschichte nach!* [K4 L, S. 54]).

Eine intensivere Auseinandersetzung mit der Form, mit dem Wie, mit der Gemachtheit des Textes war im Korpus im Zusammenhang mit dem Kompetenzbereich „Lesen" kaum zu finden. Differenzierter war das Bild im Zusammenhang mit dem Kompetenzbereich „Verfassen von Texten".

6.2 Schreibunterricht und Narratologie

6.2.1 Aufgaben zum Verfassen von Erzählungen ohne explizite Thematisierung erzähltheoretischer Konzepte

Beim Großteil der Fundstellen für die Zusammenführung von Schreibunterricht und Erzähltheorie ist kein expliziter Bezug zu erzähltheoretischen Konzepten

---

[6] Nicht gezählt wurden hier isolierte Übungen zur Redesituation ohne Lesetext.

Tab. 4 Aufgaben zum Verfassen von Erzählungen ohne explizite Thematisierung erzähltheoretischer Konzepte in gängigen Lehrwerken der österreichischen Primarstufe. (Eigene Erhebung)

Art der Auseinandersetzung	Anzahl
Eine Geschichte oder Nacherzählung schreiben (mit Bildunterstützung, Stichwörtern, vorgegebenen Sätzen oder Satzteilen etc.)	62
Eine Geschichte fortsetzen	23
Eine Geschichte planen	5
Eine passende Überschrift für eine Geschichte schreiben	8

festzustellen (s. Tab. 4). Am häufigsten waren Aufgaben zum Verfassen von Geschichten oder Nacherzählungen zu finden (mit Bildunterstützung, Stichwörtern, vorgegebenen Sätzen oder Satzteilen etc.), seltener zum Fortsetzen oder Planen von Geschichten sowie zum Formulieren einer passenden Überschrift. Es folgen einige Beispiele:

Geschichten oder Nacherzählungen schreiben: *Erzähle die Geschichte in eigenen Worten nach. Notiere zuerst wichtige Wörter, die du dann der Reihe nach verwenden kannst.* [D4 AS, S. 26]
Fortsetzen von Geschichten (hier inklusive Formulieren einer passenden Überschrift): *Schreibe die Geschichte von Aufgabe 1 ab! Denke dir einen Schluss aus und finde eine passende Überschrift!* [F4 S, S. 23]
Planen von Geschichten: *Erinnere dich, was du bei einer Wanderung/einem Ausflug erlebt hast. Notiere Stichworte, keinen ganzen Satz.* [D4 SA, S. 33]
Überarbeiten: *Beim Schreiben von Texten passieren oft Fehler mit den Zeiten. Findest du hier solche Fehler? Unterstreiche diese falschen Zeitwörter mit roter Farbe! Schreibe sie richtig in der Mitvergangenheit in die Spalte daneben!* [S4 1, S. 89]

6.2.2 Aufgaben zum Verfassen von Erzählungen mit Thematisierung erzähltheoretischer Konzepte

Zum Teil wurden bei der Zusammenführung von Schreibunterricht und Erzähltheorie zumindest im weitesten Sinn erzähltheoretische Konzepte aufgegriffen bzw. detaillierte Anregungen zur Beschäftigung mit einem Text gegeben (s. Tab. 5). So heißt es etwa zum Planen bzw. Fortsetzen einer Geschichte im Anschluss an das Konzept der Handlungslogik (vgl. Lahn und Meister 2016, S. 224): *Wie könnte die Geschichte weitergehen? Fertigt ein Cluster mit euren Ideen an! Betrachte die Cluster der anderen Gruppen! Entscheide dich für eine Ideenkette! Schreib die Geschichte weiter!* [K4 S, S. 7].

Auch ließen sich mitunter differenzierte Anleitungen zum Überarbeiten mit Anklängen an verschiedene erzähltheoretische Konzepte finden: *Ist die Erzählung für die Leserin oder den Leser verständlich? Beantwortet die Einleitung kurz*

Tab. 5 Aufgaben zum Verfassen von Erzählungen mit Thematisierung erzähltheoretischer Konzepte in gängigen Lehrwerken der österreichischen Primarstufe. (Eigene Erhebung)

Art der Auseinandersetzung	Anzahl
Eine Geschichte planen oder fortsetzen	21
Eine Geschichte überarbeiten	11
Eine Geschichte in die richtige Reihenfolge bringen	6
Über Aufbau und Erzähltechnik reflektieren	5

die Fragen: Wer? Wo? Wann? Wurde im Text die wörtliche Rede verwendet? Ist im Hauptteil alles in der richtigen Reihenfolge erzählt? Ist der Höhepunkt der Geschichte gut ausgearbeitet? Wurden unterschiedliche Satzanfänge verwendet? Hat die Geschichte einen kurzen Schluss, der alles abschließt? Wurden passende Eigenschaftswörter verwendet? [S4 2, S. 66].

Zum Teil werden Fragen der Reihenfolge explizit mit Fragen der Textstruktur verknüpft, ebenfalls im Anschluss an das Konzept der Handlungslogik (vgl. Lahn und Meister 2016, S. 224): *Jede Erzählung braucht einen Anfang (Einleitung), einen Hauptteil und einen Schluss. Welche Sätze gehören zu welchem Teil? Male die Kästchen von Aufgabe 1 in der entsprechenden Farbe an!* [S4 2, S. 50].

Besondere Erwähnung soll allerdings eine Fundstelle finden, die beim Reflektieren über Texte bzw. beim Überarbeiten von Texten auch Fragen zum Aufbau von Erzählungen und zur Erzähltechnik stellt: *Ist die Geschichte gut gegliedert? Welche Teile kann man leicht erkennen? Welche treffenden Ausdrücke verwendet Daniel, sodass man sich sein Erlebnis gut vorstellen kann? Was sind für dich die Höhepunkte in Daniels Geschichte? Wie weckt Daniel die Neugierde der Leser?* [LK 4, S. 104].

6.2.3 Empfehlungen zum Erzählen von Geschichten

An insgesamt 95 Stellen waren im Untersuchungskorpus konkrete Empfehlungen zum Erzählen von Geschichten zu finden (s. Tab. 6; teilweise waren mehrere Empfehlungen auf einmal angeführt, daher die höhere Gesamtanzahl an Stellen-belegen). Auch hierzu sollen einige Beispiele angeführt werden:

Hinweise zur Gattung: *Fabeln sind kurze Geschichten, in denen Tiere meist wie Menschen denken, fühlen, reden oder handeln. […] Am Ende der Fabel steht oft ein Sprichwort als Schlusssatz.* [S4 T, S. 39]

Dabei fällt auf, dass der Begriff ‚Erzählen' teilweise auch für chronologische Darstellungen von Sachtexten verwendet wird: *Die Entwicklung des Fahrrads bis heute: Ordne die Räder dem passenden Bild zu! Erzähle in ganzen Sätzen, wie sich das Fahrrad entwickelt hat!* [S4 2, S. 59]

Informationsvergabe: *Wenn du die Geschichte ausführlich und interessant schreiben möchtest, versetze dich in die Lage des Anglers – was dachte er? Schreibe einige seiner Gedanken auf. So: „Was mache ich mit einer Dose? […] Wohin mit dem Fisch?"* [D4 SA, S. 45]

Tab. 6 Empfehlungen zum Erzählen von Geschichten in gängigen Lehrwerken der österreichischen Primarstufe. (Eigene Erhebung)

Empfehlung	Anzahl
Wörtliche Rede verwenden	45
Passende Wörter verwenden, Wiederholungen/gleiche Satzanfänge vermeiden	29
Innensicht: Gefühle und Gedanken erzählen bzw. beschreiben	24
Hinweise zur Gattung (Erlebniserzählung, Fabel etc.)	14
Aufbau und Textmuster	62
(Passende) Überschrift (soll neugierig machen, aber nicht zu viel verraten)	13
Zeitform (Mitvergangenheit)	18
Syntax (ganze Sätze, kurze Sätze an spannenden Stellen etc.)	8
Kohärenz (roter Faden, zusammenhängend, man soll sich gut auskennen)	3
Informationsvergabe	31
Ich-Form	3
Ordnung (zeitliche Reihenfolge einhalten)	19
Rhetorik (anschauliche Wortwiederholungen)	1
Standpunkt/„Perspektive"	9

Hervorgehoben werden soll, dass in einer Fundstelle die Informationsvergabe explizit in Form einer Vorausdeutung angeleitet wird: *Kündige am Anfang etwas Unerwartetes (Tolles, Trauriges, Wunderbares etc.) an, aber verrate nicht mehr. Das macht die Leser(-innen) neugierig. Beschreibe deine Gedanken und Gefühle, das macht deine Geschichte lebhaft und du erhöhst dadurch die Spannung. Erwähne interessante Einzelheiten, auch das steigert die Spannung.* [L4 K, S. 105]

> Standpunkt / ‚Perspektive': *Wie würde der Maharadscha die Geschichte erzählen? Schreibe aus seiner Sicht!* [K4 L, S. 53]

Der Begriff ‚Perspektive' wird in den Lehrwerken unterschiedlich verwendet, meist wird darunter wie im obigen Beispiel die Sicht einer Figur verstanden, aus der die Geschichte erzählt werden soll. Mit dem Wechsel des Standpunkts ist notwendigerweise ein Wechsel der genetteschen Stimme (‚Wer spricht?'), aber auch des Wissens der Figur (Modus, ‚Wer nimmt wahr?') verbunden. Zweiteres wird in den Lehrwerken jedoch nicht explizit thematisiert. So bleibt etwa auch offen, ob eine der Figuren als Erzähler*in mehr wissen kann als alle Figuren zusammen (Nullfokalisierung) oder ob es sich beim Wechsel der ‚Sicht' um einen Wechsel zwischen zwei Erzähler*innen mit jeweils interner Fokalisierung handeln soll. Zum Teil mischen sich im Begriff ‚Perspektive' oder ‚Sicht' aber auch Fragen nach Stimme und Modus in problematischer Weise: *Ich kann eine Bildgeschichte auf zwei Arten erzählen: Ich bin Erzähler und weiß, was in der Geschichte* *passiert, was die Personen denken, fühlen oder reden. Oder ich schlüpfe in die Rolle einer Person der Geschichte. Dann erzähle ich aus der Ich-Perspektive, wie ich diese Geschichte erlebt habe.* [S4 TD, S. 20].

7 Resümee und Diskussion

An dieser Stelle soll zuerst auf die methodischen Limitationen der vorliegenden Studie hingewiesen werden: Eine Kodierung durch mehr als zwei Personen hätte die Aussagekraft weiter erhöht. Das Untersuchungskorpus war umfangreich, das Kodierschema komplex. Es ist denkbar, dass einzelne Quantifizierungen mit einer größeren Kodierer*innengruppe anders ausgefallen wären, generelle Trends der Analyse sind allerdings von solchen Details unbetroffen.

Die Analyse gängiger Lehrwerke der österreichischen Primarstufe hinsichtlich der Verwendung erzähltheoretischer Konzepte hat vorwiegend Leerstellen zutage gefördert. Bestenfalls gibt es entfernte Anklänge. Der Großteil der (wenigen) einschlägigen Fundstellen bezieht sich auf die *histoire,* kaum auf den *discours.* Das gilt insbesondere für die Auseinandersetzung mit Lesetexten. Tab. 7 zeigt eine Zusammenfassung identifizierter erzähltheoretischer Konzepte bzw. im weitesten

Tab. 7 Zusammenfassung der Erwähnung erzähltheoretischer Konzepte in gängigen Lehrwerken der österreichischen Primarstufe. (Eigene Erhebung)

thematisiert	nicht bzw. kaum thematisiert
☑ Thema (allgemein)	☒ Plot
☑ Handlung	☒ Figurenkonstellation und -zeichnung
☑ Figuren (Innensicht: Gedanken, Gefühle)	☒ Raum(-darstellung)
☑ Titel	☒ variable Möglichkeiten des Aufbaus einer Erzählung
☑ Aufbau (ein Modell: Höhepunkterzählung)	☒ Informationsvergabe / Wissensverteilung
☑ direkte Rede	☒ Fokalisierung
☑ Tempus	☒ Stilistik und Rhetorik
☑ chronologisches Erzählen	☒ Zeit
☑ einzelne Hinweise zu Lexik und Syntax	☒ Arten der Redewiedergabe (außer wörtliche Rede)
☑ Gattung	etc.

Sinne verwandter Kategorien in gängigen Lehrwerken der österreichischen Primarstufe.

Die Beschäftigung mit Lesetexten in gängigen österreichischen Lehrwerken orientiert sich offensichtlich sehr eng an den Formulierungen des österreichischen Lehrplanes. Dort heißt es etwa, wie einleitend schon erwähnt: „Märchen, Sagen, Fabeln, Umweltgeschichten, Erzählungen, dialogische Texte usw. lesen, um sich zu unterhalten, um mitzuempfinden, um sich anregen zu lassen usw." oder „Den Verlauf einer Handlung, eines Geschehens durch Erzählung, durch spielerische oder pantomimische Darstellung wiedergeben". Exakt die genannten Arten von Texten bzw. die genannten Arten der Auseinandersetzung mit Texten dominieren die analysierten Schulbücher. Aspekte des „Mitempfindens" werden häufig an Texte angeschlossen, die im Lehrplan vage formulierten Aspekte des „Unterhaltens" und „Anregen-Lassens" bleiben auch in ihrer Umsetzung in Lehrwerken vage. Ein Instrumentarium zur gezielten Betrachtung von Texten, zu Fragen nach ihrer Gemachtheit spricht der Lehrplan nicht an – und die Lehrwerke greifen es ihrerseits kaum auf. Was der Lehrplan nur implizit und potentiell beinhaltet, findet – zumindest in Sachen Erzähltheorie –, kaum Eingang in gängige Lehrwerke.

Aufgaben zum Inhalt einer Erzählung bzw. zu einer oberflächlichen Reflexion sind indes häufig, erschöpfen sich aber sehr oft in Formulierungen wie: „Was hättest du in dieser Situation getan?" Auch Anregungen für Aktivitäten ausgehend von einer Erzählung, wie die szenische Umsetzung oder das Malen von Bildern, finden sich häufig, bleiben aber wenig instruktiv – und entsprechen damit direkt den Vorgaben im Lehrplan.

Lesetexte werden kaum hinsichtlich ihrer erzählerischen Eigenheiten untersucht, sie dienen neben einer oft trivialen inhaltlichen Auseinandersetzung, die an einfacher Informationsentnahme orientiert ist, vielfach als Grundlage für Grammatikübungen. Außerdem sind die in Lehrwerken gefundenen Lesetexte häufig keine authentischen, sondern didaktisierte Texte und entsprechen oftmals nicht den Empfehlungen, die in den Lehrwerken für das Verfassen von Erzählungen gegeben werden (häufig fehlt etwa der geforderte Schluss, die Syntax ist monoton etc.).

Ein auffälliges Ergebnis der vorliegenden Analyse ist, dass jene Aspekte, die beim eigenständigen, produktiven Verfassen von Erzählungen thematisiert werden, nicht auch anhand von Lesetexten besprochen werden. Kinder sollen also produktiv Eigenheiten von Texten hervorbringen, die rezeptiv nicht anhand der Analyse von Erzählungen thematisiert werden. Die beobachtete Engführung der begrifflichen und gedanklichen Horizonte von Lehrplan bzw. Bildungsstandards und Lehrwerk lassen den Schluss zu, dass sich in österreichischen Lehrwerken der Primarstufe genau das findet, was der Lehrplan explizit vorgibt – zumindest in Sachen Erzähltheorie –, und nichts darüber hinaus. Vier Jahre lang werden Kinder also zu einem sehr wenig reflektierten Umgang mit Texten geführt, die Entwicklung eines Bewusstseins für die Gemachtheit von Texten sowie für die dahinterliegenden (Erzähl-)Techniken – und letztlich auch für die mit solchen Techniken verbundenen Strategien – wird kaum angeleitet unterstützt, eine Vorbereitung auf komplexere mediale Diskurse findet somit ebenfalls kaum statt (zur Problematik wenig instruktiver Aufgabenstellungen im Literaturunterricht s. etwa Heins 2017 und Steinmetz 2020). Und das, obwohl die Kinder- und Jugendliteratur seit jeher spielerisch mit Formen umgeht, das Angebot sowie die Literarizität eigens für Kinder und Jugendliche erstellter Texte zunimmt – und die Beschäftigung mit erzähltheoretischen Inhalten international im Lese- und Literaturunterricht durchaus üblich ist: Im PIRLS-Schnitt haben 73 % der Schüler*innen eine Lehrkraft, die zumindest wöchentlich den Stil oder die Struktur gelesener Texte im Unterricht thematisiert (Österreich: 25 %; s. Einleitung), wobei aus diesen Zahlen freilich kein eindeutiges Kausalverhältnis zwischen Thematisierung im Unterricht und Kompetenz der Schüler*innen herauszulesen ist. Es bleibt allerdings – etwa im Anschluss an das Modell der Lesekompetenz nach Rosebrock und Nix (2020) – anzunehmen, dass die „Gemachtheit" von Texten besser erkannt werden und eine „sachgerechte Begegnung und Auseinandersetzung mit der Umwelt sowie […] Entfaltung im musisch[en] […] Bereich" (BGBl. Nr. 134/163 vom 25.08.2021, Allgemeines Bildungsziel; s. Einleitung) besser erreicht werden kann, wenn sie auch im Unterricht prominenter vertreten ist. So bleibt zu hoffen, dass der sich zum Zeitpunkt des Verfassens in Erstellung befindliche österreichische Primarstufenlehrplan künftig die Potentiale der Erzähltheorie intensiver nutzt.

Literatur

Arnold, Markus. 2012. Erzählen. Die ethisch-politische Funktion narrativer Diskurse. In *Erzählungen im Öffentlichen. Über die Wirkung narrativer Diskurse,* Hrsg. Markus Arnold, Gert Fressen, und Willy Viehöver, 17–63. Wiesbaden: VS.

Bahinger, Antonia, Veronika Österbauer, Daniel Paasch, Martina Kloibhofer, und Marcel Illetschko. 2019. Lesebezogene Aktivitäten im Unterricht und Lesekompetenzen im Zeitverlauf. In *Lesekompetenz der 10-Jährigen im Trend. Vertiefende Analysen zu PIRLS,* Hrsg. Christina Wallner-Paschon, und Ursula Itzlinger-Bruneforth, 199–220. Salzburg: Leykam.

Boelmann, Jan M. 2015. *Literarisches Verstehen mit narrativen Computerspielen. Eine empirische Studie zu den Potenzialen der Vermittlung von literarischer Bildung und literarischer Kompetenz mit einem schüleraffinen Medium.* München: kopaed.

Bundeskanzleramt, und BMBWF. 2021. *Schulbuchaktion 2021/22. Schulbuchliste Anhang. Volksschulen und Sonderschulen* (Stand Jänner 2021). https://www.schulbuchaktion.at/sba_downloads/sba2021/Schulbuchliste_0100_2021_2022.pdf. Zugegriffen: 15. Sept. 2022.

Dehn, Mechthild, Daniela Merklinger, und Lis Schüler. 2014. Narrative Acquisition in Educational Research and Didactics. In *Handbook of Narratology,* Hrsg. Peter Hühn, Jan Christoph Meister, John Pier, und Wolf Schmid, 489–506. Berlin/Boston: De Gruyter.

Genette, Gérard. 2010. [frz. 1972/1983]. *Die Erzählung,* 3. Aufl. München: Fink.

Heins, Jochen. 2017. Lernaufgaben im Literaturunterricht – Zwischen normativer Diskussion, empirischer Wirkungsforschung und (unterrichts)praktischen Konsequenzen. *Leseforum Schweiz* 3:1–17.

Illetschko, Marcel. 2014. Aufbruch in die Fantastik. Realitätskonzepte in der Frühphase der österreichischen Kinder- und Jugendliteratur. In *Ich bin ich. Mira Lobe und Susi Weigel (Katalog der gleichnamigen Ausstellung im Wien-Museum vom 6.11.2014 bis 1.3.2015),* Hrsg. Ernst Seibert, Georg Huemer, und Lisa Noggler, 208–211. Wien: Residenz.

Lahn, Silke, und Jan C. Meister. 2016. *Einführung in die Erzähltextanalyse,* 3. Aufl. Stuttgart: J.B. Metzler.

Mayring, Philipp. 2015. *Qualitative Inhaltsanalyse. Grundlagen und Techniken*, 12. Aufl. Weinheim: Beltz.

Richter, Tobias, und Ursula Christmann. 2009. Lesekompetenz: Prozessebenen und interindividuelle Unterschiede. In *Lesekompetenz: Bedingungen, Dimensionen, Funktionen*, Hrsg. Norbert Groeben und Bettina Hurrelmann, 25–58. Weinheim: Beltz.

Rosebrock, Cornelia, und Daniel Nix. 2020. *Grundlagen der Lesedidaktik und der systematischen schulischen Leseförderung*, 9. Aufl. Baltmannsweiler: Schneider Hohengehren.

Salchegger, Silvia, Birgit Suchań, Katrin Widauer, Iris Höller, Bettina Toferer, Anna Glaeser. 2017. Lesekompetenz im internationalen Vergleich. In *PIRLS 2016. Die Lesekompetenz am Ende der Volksschule. Erste Ergebnisse,* Hrsg. Christina Wallner-Paschon, Ursula Itzlinger-Bruneforth, und Claudia Schreiner, 35–56. Salzburg: Leykam.

Schmid, Wolf. 2005. *Elemente der Narratologie*. Berlin/New York: De Gruyter.

Steinmetz, Michael. 2020. *Verstehenssupport im Literaturunterricht. Theoretische und empirische Fundierung einer literaturdidaktischen Aufgabenorientierung.* Wiesbaden: VS.

Schulbücher

Funkelsteine

Buck, Siegfried, Elisabeth Groihofer-Steidl, und Christine Höfer. 2013. *Funkelsteine 4. Lesebuch für die 4. Schulstufe.* Wien: Dorner.

Groihofer-Steidl, Elisabeth, und Christine Höfer. 2013. *Funkelsteine 4. Arbeitsheft zum Lesebuch.* Wien: Dorner.

Groihofer-Steidl, Elisabeth, und Christine Höfer. 2016a. *Funkelsteine 4. Material für Lehrerinnen und Lehrer.* Wien: Dorner.

Groihofer-Steidl, Elisabeth, und Christine Höfer. 2016b. *Funkelsteine 4. Leseheft.* Wien: Dorner.

Groihofer-Steidl, Elisabeth, und Christine Höfer. 2016c. *Funkelsteine 4. Arbeitsheft.* Wien: Dorner.

Groihofer-Steidl, Elisabeth, und Christine Höfer. 2016d. *Funkelsteine 4. Sprachbuch.* Wien: Dorner.

Karibu

Berg, Katharina et al. 2015. *Karibu 4. Leseheft.* Bearb. von Gabriele Zoltan. Wien: Dorner.

Eichmeyer, Astrid et al. 2015a. *Karibu 4. Arbeitsheft.* Bearb. von Gabriele Zoltan. Wien: Dorner.

Eichmeyer, Astrid et al. 2015b. *Karibu 4. Sprachbuch.* Bearb. von Gabriele Zoltan. Wien: Dorner.

Eichmeyer, Astrid, und Gabriele Zoltan. 2018. *Karibu 4. Material für Lehrerinnen und Lehrer.* Wien: Dorner.

Lilos Lesewelt

Puchta, Herbert, und Renate Welsh. 2016. *Lilos Lesewelt 4. Kopiervorlagen.* 2. Aufl. Rum b. Innsbruck: Helbling.

Puchta, Herbert, Hrsg. 2020. *Lilos Lesewelt 4. Lesebuch.* Rum b. Innsbruck: Helbling.

Puchta, Herbert, und Renate Welsh. 2021a. *Lilos Sprachbuch 4. Basisteil.* Akt. Fassung. Rum b. Innsbruck: Helbling.

Puchta, Herbert, und Renate Welsh. 2021b. *Lilos Sprachbuch 4. Übungsheft.* Akt. Fassung. Rum b. Innsbruck: Helbling.

Sprachbuch

Bailicz, Ilse, und Ingrid Plank. 2021. *Deutsch 4. Sprachbuch. Leseheft.* Wien: öbv.

Freund, Josef, und Martina Müller. 2021a. *Deutsch 4. Sprachbuch mit differenzierten Übungen. Teil A.* Wien: öbv.

Freund, Josef, und Martina Müller. 2021b. *Deutsch 4. Sprachbuch mit differenzierten Übungen. Teil B.* Wien: öbv.

Freund, Josef, und Martina Müller. 2021c. *Deutsch 4. Sprachbuch. Arbeitsheft.* Wien: öbv.

Freund, Josef, Martina Müller, Ilse Bailicz, und Ingrid Plank. 2021. *Deutsch 4. Sprachbuch. Begleitband für Lehrerinnen und Lehrer.* Wien: öbv.

Müller, Martina. 2021. *Deutsch 4. Sprachbuch. Arbeitsheft Schularbeiten.* Wien: öbv.

Sprachlichter

Hagler, Christa. 2020. *Sprachlichter 4. Mein Trainingsheft,* 3. Aufl. Linz: Veritas.

Hagler, Christa. 2021a. *Sprachlichter 4. Teil 1,* 7. Aufl. Linz: Veritas.

Hagler, Christa. 2021b. *Sprachlichter 4. Teil 2,* 7. Aufl. Linz: Veritas.

Hagler, Christa. 2021c. *Sprachlichter 4. Meine Trainingswörter. Das merke ich mir,* 7. Aufl. Linz: Veritas.

Wunderwelt Sprache

Henickl, Karin, Michaela Judtmann, Elisabeth Kirschner, und Friederike Schatz. 2015. *Wunderwelt Sprache 4. Begleitheft für Lehrerinnen und Lehrer.* Wien: öbv.

Henickl, Karin, Michaela Judtmann, Elisabeth Kirschner, und Friederike Schatz. 2022a. *Wunderwelt Sprache 4. Lesen und Sprechen.* Wien: öbv.

Henickl, Karin, Michaela Judtmann, Elisabeth Kirschner, und Friederike Schatz. 2022b. *Wunderwelt Sprache 4. Verfassen von Texten.* Wien: öbv.

Henickl, Karin, Michaela Judtmann, Elisabeth Kirschner, und Friederike Schatz. 2022c. *Wunderwelt Sprache 4. Kartei für die Freiarbeit.* Wien: öbv.

Perspektivverstehen als Dispositiv des Literaturunterrichts?

Zur didaktischen Transposition narratologischer Wissenskonzepte im Schulbuch

Helen Lehndorf

Zusammenfassung

Der Beitrag entfaltet vor dem Hintergrund eines kognitiv-linguistischen Verständnisses von Erzählperspektive die Bedeutung perspektivischer Mehrlagigkeit und Ambivalenz für die narrative Sinnkonstruktion und untersucht vor diesem Hintergrund, wie in einem Deutschbuch für das Gymnasium der Klassen 5, 8 und 10 durch Aufgaben zum Perspektivverstehen narratologisches Wissens transformiert wird und Zugänge zu literarischen Erzählungen geformt werden. Dazu wird der Begriff des Dispositivs auf rekurrente Aufgabentypen zum Perspektivverstehen bezogen und im Vergleich der Jahrgangsstufen herausgearbeitet, wie die untersuchten Aufgaben in der Sekundarstufe I literarisches Lesen als Teilhabe etablieren.

1 Perspektivierung und narrative Sinnkonstruktion

Erzählungen liefern unterhaltsame Geschichten, präsentieren ungewöhnliche Ereignisse, eröffnen Zugang zu fremden und vertrauten, fantastischen, unmöglichen und realen Welten, bieten Einblick in Gefühle und Gedanken und vieles mehr. Dabei gehen auch Alltagserzählungen über die reine Darbietung des jeweiligen Inhalts, der jeweiligen „singulären Geschichte" (Hurrelmann 1978) immer schon hinaus, indem Erlebnisse nicht nur vergegenwärtigt und präsentiert, sondern auch bewertet und eingeordnet werden (Quasthoff et al. 2017, S. 94).

Fiktionale Erzählliteratur überschreitet die Möglichkeiten der Alltagskommunikation, Sinnentwürfe und Wertfragen zu verhandeln, insofern ihr eine

H. Lehndorf (✉)
Freie Universität Berlin, Berlin, Deutschland
E-Mail: helen.lehndorf@fu-berlin.de

S. Bernhardt und I. Henke (Hrsg.), *Erzähltheorie(n) und Literaturunterricht,*
Deutschdidaktik, https://doi.org/10.1007/978-3-662-66918-1_12

Struktur eigen ist, die Hurrelmann schon früh als „verdoppelte Kommunikationssituation zwischen Sender und Empfänger" (Hurrelmann 1978, S. 412) bezeichnet
hat und die auch jüngere kognitiv-linguistische Konzeptualisierungen von Erzählliteratur als „diskursive Doppelstruktur" fassen, „bei der die Figurenebene
perspektivisch in die Erzählerebene eingebettet ist" (Igl 2018, S. 129). Dabei
ist die Erzählerebene als abstrakte Funktionsstelle auch dann eine relevante und
linguistisch nachweisbare perspektivierende Ebene, wenn sie im Text selbst nicht
salient wird und sich zu einer greifbaren, gestalthaften Instanz verdichtet.

Die Erzählerebene kann damit in narrativen Texten als diejenige innertextuelle
Sprecherposition gelten, die jeder weiteren, figuralen Sprecherposition vorgelagert
ist. Aus kognitiv-linguistischer Perspektive ist diese hierarchische Struktur von
Narrationen keine reine Beschreibungskonvention oder definitorische Festlegung,
vielmehr entspringt sie einem sprachlichen Grundprinzip, das sich als Subjektsplit
beschreiben lässt und auch in diskursiven, nicht-narrativen sprachlichen Kontexten
zu finden ist[1]. Besonders augenfällig ist es jedoch im Falle von Schicksalsfutur und
freier indirekter Rede als für Narrationen charakteristischen Phänomenen (Zeman
2020, S. 471). Im letzten Satz des folgenden Zitats etwa, der Mirjam Presslers
Roman *Malka Mai* entstammt, ist deutlich die Innenperspektive der Figur Hanna
vordergrundiert, was grammatisch durch das Temporaladverb „jetzt" markiert wird:

> Das ist nicht der richtige Zeitpunkt, darüber nachzudenken, sagte sie sich. Das musste sie
> auf später verschieben. Jetzt war es nur wichtig, nach Ungarn zu kommen, alles andere
> hatte Zeit. (Schurf und Wagner 2007, S. 206)

Auch wenn die Erzählerebene hier semantisch nicht gefüllt ist und hinter die
Figurenperspektive zurücktritt, bleibt sie neben dieser als grammatisches Grund-
gerüst etwa durch das Präteritum präsent. Aus kognitiv-linguistischer Sicht liegt
hier eine Aufspaltung der Sprecherposition in zwei Rollen, eine „speaker"- und
eine „observer"-Rolle, vor (Zeman 2016, S. 25), die nicht zu einer einfachen Verschiebung des Referenzpunktes der Äußerung führt, sondern dazu, dass beide Rollen
gleichzeitig wahrnehmbar bleiben. Zwischen beiden besteht dabei ein Abhängig-
keitsverhältnis, da die zweite Perspektive (mit Zeman hier als *observer* bzw. als
Wahrnehmungssubjekt beschrieben) in der ersten (der *speaker*- bzw. der Sprecher-
rolle) verankert ist.[2] Diese spezifische Form des Subjektsplits ist aus kognitiv-
linguistischer Perspektive ein rekursives Prinzip von Narrationen. In diesem Sinne
kann linguistisch die Erzählerebene als Aufspaltung einer extratextuellen Sprecherposition ,Autor' gefasst werden, die Figurenebene wiederum als Aufspaltung der
textinternen Sprecherposition ,Erzähler' (Vgl. Igl 2018, S. 138; Zeman 2016,

---

[1] Etwa beim simple past, vgl. Zeman 2016, S. 23–24.

[2] Ganz in diesem Sinne erläutert schon Vogt das Prinzip der erlebten Rede am berühmten Bei-
spielsatz „Morgen war Weihnachten" (Vogt 2006, S. 165), wenn er davon spricht, dass das
„deiktische Zeitadverb ,morgen' den […] Satz in die Figurenperspektive setzt" (Vogt 2006,
S. 165).

S. 37–38; Zeman 2020, S. 458). Dieses für Narrationen charakteristische Auseinanderfallen von Aussage- und Wahrnehmungssubjekt und die damit verbundene Verschachtelung von Sprecherpositionen und -perspektiven führt zur Überlagerung mindestens zweier Referenzsysteme, zweier Wissenssysteme und Perspektiven, die für Erzählungen grundsätzlich prägend ist und die das spezifische Potential der Narration ausmacht: „Aus kognitiv-linguistischer Sicht erweist sich perspektivische ‚Mehrlagigkeit' als konstitutiv für den narrativen Diskurs" (Igl 2018, S. 137).

Die perspektivische Mehrlagigkeit und hierarchische Architektonik von Narrationen eröffnen vielfältige Möglichkeiten der Einbindung und Präsentation unterschiedlicher Sprechpositionen und Bezugshorizonte, deren Konturen und Verhältnis zueinander häufig durch eine Unschärferelation gekennzeichnet sind. Diese trägt wesentlich zur Ambivalenz von Erzählungen als Sinnentwurf (Schmid 2005, S. 268; Hurrelmann 1978, S. 412) bei und ist aus Erwerbsperspektive auch als eine Schwierigkeit bei der Kohärenzetablierung zu reflektieren (vgl. Stark 2017, 2012).

Für die Analyse und Interpretation von Erzählungen liegt es auf Grundlage eines derartigen kognitiv-linguistischen, an den Begriff der Deixis angelehnten Perspektivenbegriffs[3] nahe, den jeweiligen Referenzpunkt der Perspektive, die sprachlich-linguistischen, aber auch semantischen Mittel der Perspektivensetzung sowie den semantischen Wert der perspektivischen Relation als relevante Aspekte der Textinterpretation zu fokussieren (Zeman 2019).

Der vorliegende Beitrag geht von der fundamentalen Bedeutung der Perspektivierung und hierarchischen Architektonik von Narrationen als kommunizierten „views and values" (Niederhoff 2009, S. 388) aus und fragt vor diesem Hintergrund, wie Perspektive im Schulbuch[4] zum Gegenstand des schulischen Wissens wird und wie Aufgaben zum Perspektivverstehen dazu beitragen, Literatur als Gegenstand des schulischen Lernens zu konstituieren.

2 Perspektivierung und Perspektive als Dispositiv im Schulbuch: Analyserahmen und methodisches Vorgehen

Der Blick, der hier anhand des Phänomens der Perspektivierung auf die Zugänge zu erzählenden Texten und die Vermittlung von narratologischem Wissen im Schulbuch geworfen werden soll, ist in methodischer Hinsicht geleitet durch

---

[3]Zur Abgrenzung eines kognitiv-linguistischen Perspektivenbegriffs von strukturalistischen Konzeptionen wie etwa Genettes Fokalisierungsbegriffs sowie zur Diskussion der Konzepte aus literaturdidaktischer Perspektive vgl. Lehndorf 2022.

[4]Untersucht wurden exemplarisch die Bände für die 5., 8. und 10. Jahrgangsstufe des Deutschbuchs für das Gymnasium in der in der aktuellen Ausgabe vorausgehenden Fassung („Allgemeine bisherige Ausgabe"): https://www.cornelsen.de/reihen/deutschbuch-gymnasium-220001840000/allgemeine-bisherige-ausgabe-220001840005. (Zugegriffen: 17. November 2022). In einer ersten groben Sichtung unterschiedlicher Schulbücher erwies sich das Deutschbuch als recht differenziert und analytisch anspruchsvoll mit Blick auf die Erarbeitung von Erzählliteratur. Die Analyse soll jedoch auf weitere Schulbücher ausgeweitet werden.

das Konzept der didaktischen Transposition, das in der frankophonen Erst-
sprachendidaktik als Rahmenkonzept fachdidaktischer Forschung etabliert ist
(Schneuwly und Ronveaux 2021). Im deutschsprachigen Raum wurde es insbesondere von Pieper fruchtbar gemacht (Pieper 2017; Reh und Pieper 2018). Es
fußt auf einem Verständnis von Schule als Institution der Weitergabe von Wissen,
die dieses aus seinen gesellschaftlichen Gebrauchskontexten, akademischen und
nichtakademischen, löst und zum Objekt des Unterrichtens und Lernens macht
(Schneuwly 2021, S. 170). Diesen Prozess der Weitergabe von für gesellschaftliche Teilhabe als relevant eingeschätzten Wissensbeständen ‚Transposition' zu
nennen, akzentuiert dabei erstens, dass schulisches Wissen im Vergleich zum
‚Wissen im Vollzug' des Bezugskontextes fixiertes und elementarisiertes Wissen
ist: Es wird im Prozess der didaktischen Bearbeitung in einzelne Bestandteile zer-
gliedert und in eine Reihenfolge gebracht, die der Progressionslogik des Erwerbs
folgt (vgl. Aeby Daghé und Schneuwly 2012, S. 17). Hervorgehoben wird mit
dem Begriff der Transposition zweitens, dass dieses Wissen für die Lernenden,
die darüber noch nicht verfügen, sichtbar werden muss (vgl. Schneuwly und
Ronveaux 2021, S. 4). Es ist auf Anschaulichkeit und Evidenz angewiesen, die
im Prozess der Planung antizipiert und im Verlauf des Unterrichts „in der Interaktion von Schülern, Lehrern und Wissen" (Schneuwly und Ronveaux 2021, S. 7)
immer wieder neu hergestellt werden müssen. Dem schulischen Wissen ist also
ein Entwurf des Lernenden als seinem Adressaten eingeschrieben (vgl. Bredel
und Pieper 2021, S. 69), der dieses Wissen mit formt. Die mit diesen beiden
Richtungen beschriebene Form der schulischen Aneignung und Bearbeitung
gesellschaftlichen Wissens wird im Rahmen des Konzepts der didaktischen
Transposition nicht zuletzt drittens als kreativer Prozess der Umarbeitung verstanden, der einen Bedeutungswandel des Wissens bedingt: schulisches Wissen
gewinnt eine Eigenlogik, die es zu rekonstruieren gilt (vgl. Reh und Pieper 2018;
Bredel und Pieper 2021).

Anhand von Schulbüchern kann dabei insbesondere die externe[5] didaktische
Transposition als „Verschriftlichung von (praxeologischem) Wissen in Lehrplänen,
Lehrmitteln usw." (Aeby Daghé und Schneuwly 2012, S. 16) gut sichtbar gemacht
werden, die neben historischen Perspektiven auf die Gegenstände des Wissens insbesondere die Frage danach berührt, wie das Wissen im Prozess der didaktischen
Transposition „teachable and learnable" (Schneuwly 2021, S. 169) gemacht wird
und welche Transformation es dabei erfährt.

Schneuwly hebt insbesondere zwei Analyseeinheiten hervor, die sich für
das mit dem Konzept der didaktischen Transposition umrissene Forschungs-
programm als fruchtbar erwiesen haben: die Unterrichtseinheit verstanden als
„eine Folge von zeitlich strukturierten und hierarchisch gegliederten didaktischen
Dispositiven" (Schneuwly und Ronveaux 2021, S. 4–5, Übersetzung H.L.), deren

---

[5] In Abgrenzung zur internen didaktischen Transposition, die sich auf die Konstruktion von
Wissen in der Interaktion von Lehrer*innen, Schüler*innen und Wissen im Unterricht bezieht
(vgl. Aeby Daghé und Schneuwly 2012, S. 17).

Einheit und Kohärenz durch den Unterrichtsgegenstand gebildet wird, sowie die Dispositive selbst, die als disziplinspezifische, historisch gewachsene Werkzeuge des Unterrichtens verstanden werden, die für die Ausrichtung des Wissens auf die Lernenden zentral sind (vgl. Schneuwly und Ronveaux 2021, S. 3). Diese Dispositive – Reh und Pieper sprechen mit Ivo von „unterrichtlichem Brauchtum" (Reh und Pieper 2018, S. 30) – umfassen die materiellen Dimensionen der Gegenstandskonstitution (Arbeitsblätter, räumliche Organisation des Klassenzimmers, Projektor oder Tafelanschrieb), die Arbeitsaufträge sowie die Modalitäten ihrer Bearbeitung. Unterrichtsdispositive als tradierte pädagogische Werkzeuge tragen maßgeblich zur ‚disziplinierenden‘ Wirkung des Unterrichts bei und formen etwa im Falle des Literaturunterrichts die Art und Weise des Zugangs, der Schüler*innen zum literarischen Text angeboten wird:

> Quand on enseigne la littérature, on discipline en fait les élèves pour qu'ils adoptent un nouveau rapport aux textes […]. Les élèves apprennent par la médiation de toute une série de dispositifs à réaliser sur les textes, lesquels dispositifs instaurent précisément ce texte en tant que texte littéraire. (Schneuwly und Ronveaux 2021, S. 12)[6]

Diese allgemeinen Überlegungen zum schulischen Wissen und seiner Erforschung weisen auf einen wesentlichen Unterschied zwischen *point of view* als narratologischem Wissen, als *objet de savoir* (Aeby Daghé 2014, S. 20), und Erzählperspektive[7] als unterrichtlichem Wissen, als *objet à enseigner,* hin. Während *point of view* als eine narratologische Grundkategorie und als ein produktiver Gegenstand des aktuellen narratologischen Diskurses gelten kann, der in spezifischen Ausprägungen und Anwendungskontexten Gegenstand von Forschungsaufsätzen und Monographien ist,[8] ist für den schulischen Kontext die narrative Perspektivierung selbst *nicht* der zentrale fachliche Gegenstand, wenn man, wie von Schneuwly angeregt, die Unterrichtseinheit[9] als die Analyseeinheit wählt, die es ermöglicht, den Wissensfluss im Unterricht zu strukturieren und übergeordnete thematische Einheiten zu identifizieren. In keinem der drei

---

[6] Wenn wir Literatur unterrichten, disziplinieren wir die Schülerinnen und Schüler, damit sie ein neues Verhältnis zu Texten entwickeln […]. Die Schülerinnen und Schüler lernen vermittels einer ganzen Reihe von Dispositiven, die am Text zu vollziehen sind, wobei diese Dispositive genau diesen Text als literarischen Text etablieren. (Übersetzung H.L.)

[7] Mit dem Begriff der Erzählperspektive wird Perspektive potentiell als „Gesamtkomplex der erzählerischen Vermittlung" (Zeman 2017, S. 176) und als relationaler Begriff gefasst, der eine zweistellige Beziehung beschreibt und sich von einem Begriff der Erzähler- oder Figurenperspektive abgrenzt, der eher auf die Innenweltdarstellung einer Textfigur oder etwa den Wertungsstandpunkt einer verkörperten Erzählerstimme bezogen und eher einstellig gedacht ist (vgl. Lehndorf 2022).

[8] Um nur ein Beispiel zu nennen: Wolf Schmid (2022) widmete zuletzt allein dem Phänomen der Interferenz von Figuren-und Erzählerstimme eine eigene Monographie.

[9] Schneuwly und Ronveaux (2021, S. 5) beziehen sich beim Begriff der Unterrichtseinheit auf den tatsächlich gehaltenen Unterricht, hier soll der Begriff auf das Schulbuchkapitel bezogen werden.

untersuchten Schulbücher war Perspektive der kohärenzstiftende Gegenstand des Schulbuchkapitels. Dieser Beobachtung soll in der folgenden Analyse dadurch Rechnung getragen werden, dass Aufgaben zum Perspektivverstehen als Unterrichtsdispositive in den Blick genommen werden, die eine spezifische Funktion im Kontext des Kapitels haben, den es mithin ebenfalls zu rekonstruieren gilt.

Für die Analyse wurden dazu zunächst alle Aufgaben zu Erzähltexten gesammelt, die dazu anhalten, die Perspektive einer Erzähltextpassage wahrzunehmen, diese zu benennen, Mittel der *Viewpoint*-Setzung auf narratorialer und figuraler Ebene zu identifizieren und die Perspektivgestaltung für das Textverständnis zu nutzen. Für die Identifikation potentiell für den Gegenstand narrative Perspektivierung relevanter Aufgaben wurden alle Aufgaben gesichtet, die zu erzählenden Texten im jeweiligen Schulbuch gestellt werden, unabhängig davon, ob sie mit Blick auf das *wording* des Schulbuchs explizit als Aufgaben zum Perspektivenverstehen markiert sind. Die Typenbildung erfolgte durch eine Kombination aus induktivem und deduktivem Vorgehen. Zum einen wurden die Aufgaben zu den Erzähltexten daraufhin untersucht, ob sich wiederkehrende Typen identifizieren lassen, die explizit als Aufgaben zum Perspektivverstehen gestellt sind. Dazu wurden die Aufgaben zunächst nach Schlagworten wie Sicht, Auge oder Perspektive durchsucht. In einem zweiten Schritt wurden die durch die derart verschlagworteten Aufgaben angeregten kognitiven Operationen[10] verglichen und geprüft, ob sich strukturgleiche Aufgaben finden lassen. Zum anderen wurde mit Blick auf die angeregten kognitiven Operationen aller Aufgaben zu Erzähltexten gezielt nach Aufgaben gesucht, die die Mittel der Perspektivensetzung akzentuieren[11], indem etwa auf Eigentümlichkeiten der Figurensprache oder Deiktika hingewiesen wird oder indem die Erzählerfunktion bzw. das Diskurswissen des Erzählers durch die Aufgabe akzentuiert wird.

Auf dieser Grundlage konnten vier unterschiedliche Aufgabentypen zum Perspektivverstehen herausgearbeitet werden (s. Abb. 1). Der Aufgabentyp 1 repräsentiert für das Schulbuch typische Aufgaben, die Perspektive eher als stilistisches Gestaltungsmittel bzw. wie in frühen narratologischen Perspektivenkonzeptionen als Element der ‚Rhetorik‘ narrativer Texte behandeln, dem im Sinne einer relativ formelhaften Form-Funktionsbeziehung (vgl. Steinmetz 2012) bestimmte allgemeine Wirkungseigenschaften zugeschrieben werden können und das entsprechend variiert und typologisch klassifiziert werden kann. Diese Aufgaben stehen zu dem vorgestellten Perspektivenbegriff eher in einem Spannungsverhältnis, sind jedoch für die Vermittlung narratologischen Wissens im Schulbuch typisch. Die durch die Aufgabentypen 2 bis 4 akzentuierten Textaspekte und

---

[10]Zur Aufgabenanalyse vgl. Kiper et al. 2010.

[11]Vgl. zu lokalen und globalen Mitteln der *Viewpoint*-Setzung Zeman 2019.

Typ	Aufgabenfokus	Perspektivenkonzept	Operationen
1	Perspektivierungstypus (neutral, personal, auktorial)	Perspektive als Erzähltechnik	• Klassifikation des Perspektivierungstyps, ggf. Benennen des figuralen perspektivischen Referenzpunktes • Variation der Perspektivgestaltung • Beschreibung der Wirkung der Perspektivgestaltung
2	Mittel der Perspektivensetzung (Figur als Referenzpunkt)	Perspektive als Erzähltechnik und sprachlich-linguistisches Phänomen	• Sprachliche Indikatoren für die figurale Perspektivierung identifizieren und benennen (Personaldeixis, Lokaldeixis, Verwendung von Eigennamen und Personenbezeichnungen) • Charakteristika der Sprache der Figur wahrnehmen und beschreiben
3	Mittel der Perspektivensetzung (Erzählebene als Referenzpunkt)	Wird nicht durchgängig dem Konzept Perspektive zugeordnet	• Textstellen benennen, die eine narratoriale Metaperspektive anzeigen oder Diskurswissen indizieren • Erzählerkommentare wahrnehmen • Wertungen des Erzählers benennen • Kommunikationssignale des Erzählers im Text identifizieren
4	Die perspektivische Relation und ihr semantischer Wert	Perspektive als relationales Konzept und bedeutungskonstitutiver Aspekt von Narrationen	• Wertungen, Aussagen und Sinnpositionen Textinstanzen zuordnen • Interpretationshypothesen unter Rückgriff auf die Perspektivgestaltung im Text prüfen • Einfluss der Perspektivierung auf die Kohärenzetablierung und die Konstitution der Geschichte beschreiben

Abb. 1 Aufgabentypen zum Perspektivverstehen im *Deutschbuch 5, 8 und 10*

angeregten kognitiven Operationen orientieren sich am eingangs beschriebenen Perspektivenkonzept.

In einem zweiten Schritt wurde in einer detaillierten Analyse der Aufgabentypen in den unterschiedlichen Jahrgangsstufen nachvollzogen, wie die jeweiligen, durch die Aufgaben fokussierten Aspekte narrativer Perspektivierung durch die Aufgabenstellung den Schüler*innen zugänglich und greifbar gemacht werden im oben beschriebenen Sinne der Herstellung von Anschaulichkeit und Evidenz. In diesem Zusammenhang wurden auch die übergeordneten Kapiteleinheiten und dadurch in den Fokus gesetzten Gegenstände des Wissenserwerbs als relevante Kontexte der Aufgaben zum Perspektivenverstehen betrachtet und auf für die Rahmung des Umgangs mit literarischen Texten wiederkehrende Elemente hin untersucht. In einem dritten Schritt wurde die Verteilung der unterschiedlichen Aufgabentypen und Kontexte über die Jahrgangsstufen betrachtet und auf Veränderungen und Variationen hin befragt, die Aufschluss über die dem Schulbuch zugrunde liegende Progressionslogik im Umgang mit narrativer Perspektivierung geben können.

3 Aufgaben zum Perspektivverstehen im Deutschbuch der Sekundarstufe I: Typen, Verläufe, Kontexte

3.1 Aufgaben zum Perspektivverstehen im *Deutschbuch* der Klasse 5

Eingeführt wird Perspektive im *Deutschbuch* der Jahrgangsstufe 5 neben dem Begriff des Erzählers als ein Fachbegriff zur Klassifikation von erzähltechnischen Verfahren im Rahmen eines Beschreibungsmodells, das zunächst zwischen einem Ich- und einem Er-Erzähler sowie zwischen einer allwissenden und einer figuralen Perspektive unterscheidet. Die Schüler*innen werden dabei aufgefordert, das in einem Informationskasten vermittelte deklarative Beschreibungswissen auf den Text anzuwenden und so die Erzählinstanzen zu klassifizieren (Aufgabentyp 1): „Beschreibt die beiden Erzähler nun möglichst genau. Nutzt dazu die folgenden Informationen." (Schurf und Wagener 2004, S. 56)

Gegenstand des übergeordneten Kapitels ist die Frage danach, wie in Erzähltexten Spannung erzeugt wird. Anhand unterschiedlicher „abenteuerlicher Alltagsgeschichten" (Schurf und Wagener 2004, S. 46) soll Wissen zur Machart von Erzähltexten und insbesondere zum Spannungsaufbau als ein handlungspraktisches Wissen erworben werden. Das eingeführte deklarative Wissen zur (perspektivischen) Gestaltung von Erzähltexten ist sowohl mit Blick auf die Kapiteleinheit als auch durch die Formulierung des Informationstextes („Der Autor einer Geschichte entscheidet sich für…") vor allem in den Kontext der Textproduktion eingerückt (vgl. Schurf und Wagener 2004, S. 56). Perspektive als *objet à enseigner* wird hier als erzähltechnisches Mittel im Werkzeugkasten des Autors behandelt, eine Konzeption, die auch in frühen narratologischen Diskussionen von *point of view* (vgl. Niederhoff 2009) zu finden ist.

Die von den Schulbuchautor*innen gewählte Textgrundlage fügt sich in die thematische Reihe „Spannend erzählen" (Schurf und Wagener 2004, S. 2) ein, sie weist darüber hinaus jedoch eine Besonderheit auf, die auch ohne rahmende Aufgaben die Auseinandersetzung mit der Vermittlungsebene des Textes provoziert. Neben einem abstrakten Erzähler erster Stufe und der Hauptfigur Felix als dominantem Perspektivträger sind kursiv gedruckte Passagen im Erzähltext eingeschoben, in denen die Stimme wechselt und ein Erzähler zweiter Stufe bzw. eine weitere Textfigur als Ich-Erzähler spricht – wie sich später im Roman herausstellt und an dieser Stelle angedeutet wird, handelt es sich hierbei um Felix' Vater. In der im Schulbuch abgedruckten Passage ist noch ungeklärt, welcher Textfigur die Stimme zugeordnet werden kann, dies muss aufgrund von inhaltlichen Hinweisen und sprachlichen Markierungen erschlossen werden. Neben dem handwerklich-produktionsorientierten Zugang zum literarischen Text deutet sich hier auch ein verstehender Zugang zum Text an, indem zur Kohärenzbildung und zur Sicherung des Textverständnisses notwendige Inferenzen durch die Aufgabe explizit eingefordert werden. Die folgende Aufgabe zeigt, wie die Aufmerksamkeit auf die sprachlichen und semantischen Mittel gelenkt wird, die als Mittel der *Viewpoint*-Setzung auf die Identität der Figur hinter der Stimme hinweisen (Aufgabentyp 2). An dieser Stelle gewinnt der literarische Text nicht nur als ein zu produzierender, sondern auch als ein zu verstehender Kontur:

> Bei dieser Geschichte muss man gründlich darüber nachdenken, wer hier etwas erzählt.
> a) Begründet, warum Teile der Erzählung in Schrägschrift geschrieben worden sind. Wer erzählt hier?
> b) Es gibt in der Geschichte noch einen anderen Erzähler. Durch wessen Augen betrachtet dieser Erzähler die Ereignisse? Lest Sätze aus den gerade gedruckten Teilen der Geschichte vor, die eure Vermutung stützen. (Schurf und Wagener 2004, S. 56)

Diese Konstitution des Lerngegenstands ‚Textverstehen' durch die Aufgaben zum Perspektivverstehen bildet sich auf der Ebene der Einheit des Kapitels jedoch weder begrifflich noch hinsichtlich des explizit in den Infokästen vermittelten Wissens oder hinsichtlich des Fokus weiterer Aufgaben ab. Die zwei weiteren Aufgaben zur Perspektive, die sich im Schulbuch der Jahrgangsstufe 5 finden, regen wie für den ersten Aufgabentyp beschrieben die Einordnung und anschließende Variation der Perspektivgestaltung an (vgl. Schurf und Wagener 2004, S. 199, S. 216). Eingerückt ist Perspektive auch hier in den Kontext der Textproduktion und des Erwerbs von Wissen um erzähltechnische Gestaltungsmittel. Markiert wird dies durch die Reflexionsfrage: „Was bewirkt die jeweils eingenommene Erzählerperspektive" (Schurf und Wagener 2004, S. 199) bzw. „Was bewirkt der Wechsel der Erzählperspektive?" (Schurf und Wagener 2004, S. 216). Gerahmt sind die Aufgaben auf der Ebene der Kapiteleinheit durch den Erwerb von Wissen über literarische Gattungen („Unglaubliche Geschichten – Erzählungen lesen und verstehen", „Es war einmal – Auf Märchen trifft man überall", Schurf und Wagener 2004, S. 183–184, S. 201–202), der Aspekt des Textverstehens deutet sich ebenfalls an.

Über diese insgesamt in der Jahrgangsstufe 5 sehr wenigen Aufgaben hinaus, die explizit mit dem Begriff der Perspektive operieren, finden sich vier weitere Aufgaben eines dritten Typs, der die Wahrnehmung von Mitteln der Perspektivensetzung auf Diskursebene unterstützt. Die Aufgabenformulierung ist in drei Fällen nahezu identisch, im vierten Fall ist die Formulierung variiert, in Hinblick auf die zu vollziehenden kognitiven Operationen ist die Aufgabe jedoch strukturgleich: „Welche Schlingen legt der Erzähler in der Einleitung der Geschichte aus, um seine Leserinnen und Leser zu fesseln? Nennt Textstellen und erläutert, warum sie neugierig machen" (Schurf und Wagener 2004, S. 42, S. 48, S. 52, S. 179).

Das Beschreiben des Spannungsaufbaus bzw. der Erzählschlingen erfordert im konkreten Fall den Nachvollzug davon, wie durch die vorzeitige Vermittlung von Informationen bzw. das Andeuten von Ereignissen Diskurswissen indiziert und ein Informationsvorsprung der Leser*innen erzeugt wird. Die Aufgaben lenken damit im Zusammenspiel von Aufgabe und Text die Aufmerksamkeit auf Perspektivierungsindikatoren auf der Diskursebene und regen implizit dazu an, den Erzähler als perspektivischen Referenzpunkt im gewählten Erzählausschnitt wahrzunehmen. Auch hier sind die Aufgaben vor allem im Kontext des Erwerbs von Wissen um die Machart von Texten („Spannend erzählen", Schurf und Wagener 2004, S. 2) und vor dem Horizont der eigenen Textproduktion formuliert, in einem Fall sind sie eingereiht in die analytische und verstehende Durchdringung eines Romanauszugs.

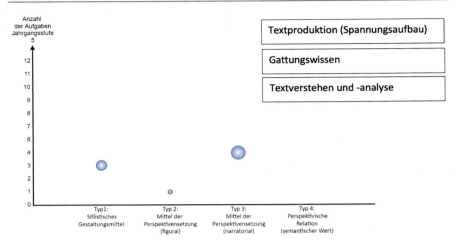

Abb. 2 Aufgaben zum Perspektivverstehen und Kontexte im *Deutschbuch 5*

Im Schulbuch der Klasse 5 dominieren damit zwei charakteristische Konkretionen der oben vorgestellten Aufgabentypen zum Perspektivenverstehen: die Variation der Perspektivgestaltung eines Textes oder Textausschnitts (Aufgabentyp 1, s. Abb. 2) und der Nachvollzug des Legens von „Erzählschlingen" (Aufgabentyp 3, s. Abb. 2). Beide Aufgaben sind auf der Ebene der Kapiteleinheit vor allem über den Erwerb von Textproduktionswissen sowie von Gattungswissen motiviert; für das Textverstehen spielt die Perspektivierung noch eine untergeordnete Rolle.

3.2   Aufgaben zum Perspektivverstehen im *Deutschbuch* der Klasse 8

Im Deutschbuch der Klasse 8 überwiegen deutlich Aufgaben, in denen die Perspektive bestimmt und/oder variiert werden soll, sowie Aufgaben, die die Aufmerksamkeit auf die sprachlichen und semantischen Mittel der Perspektivensetzung in Bezug auf einen figuralen Perspektivträger lenken. Dabei sind die Aufgaben zum Perspektivverstehen insgesamt eng auf die Sinnkonstitution des jeweiligen Textes und die Herstellung von Textkohärenz bezogen. Dies zeigt sich zum einen darin, dass die Mehrheit der Aufgaben des ersten Typs nicht mehr isoliert, sondern meist in Verbindung mit Aufgaben zu weiteren Aspekten narrativer Perspektivierung auftreten, zum anderen sind auch die weiterhin verhältnismäßig häufig verwendeten produktiven Aufgaben auf einen spezifischen Aspekt der Textgestaltung bezogen, der durch die Aufforderung zum Perspektivwechsel akzentuiert wird. Dieser Aspekt lässt sich an folgender Aufgabe beispielhaft illustrieren:

Führt einen Perspektivwechsel durch.
a) Wählt hierfür eine Textpassage von circa 10–15 Zeilen aus und schreibt sie aus der Sicht einer anderen Erzählfigur.
b) Achtet beim Umschreiben auf eindeutige Bezugnahmen der Pronomina.
(Schurf und Wagener 2004, S. 207)

Der Bezugstext *Malka Mai* von Mirjam Pressler (s. Kap. 1) ist von einem hetero-diegetischen Erzähler erster Stufe erzählt, weist dabei jedoch zugleich wechselnde figurale Perspektivträger auf. In Abhängigkeit davon, welche Figur gerade als Perspektivträger fungiert, ändert sich entsprechend auch die Verwendung von Eigennamen sowie der Bezugspunkt für Deiktika wie etwa Personalpronomen. Die Erzählstimme ist dabei ebenfalls in der syntaktischen Struktur präsent (etwa durch die Verwendung der 3. Person Singular, um auf die Protagonist*innen zu verweisen), sie wird jedoch semantisch kaum greifbar. Das jeweilige Verweis-system nachzuvollziehen und Deiktika bei der Kohärenzetablierung korrekt zu prozessieren, ist für den vorliegenden Text also nicht einfach. Diese durch die Perspektivgestaltung bedingte Schwierigkeit der Verarbeitung der Text-informationen wurde schon durch eine vorausgegangene Texterarbeitungsauf-gabe akzentuiert (vgl. Lehndorf 2022), die vorliegende produktive Aufgabe macht der Intention nach nun das Funktionieren der Bezüge und die Notwendig-keit, ein kohärentes Bezugsystem zu etablieren, noch einmal aus der Perspektive der eigenen Textproduktion erfahrbar. Dabei werden die Personalpronomen als zentrale *Viewpoint*-Indikatoren durch die Anforderung, diese anzupassen, besonders akzentuiert.

Während es in dieser Beispielaufgabe vor allem darum geht, textuelle Mittel, die den Perspektivträger indizieren, hervorzuheben und die Eingebunden-heit der Deiktika in ein jeweils durch den Text etabliertes Referenzsystem zu markieren, stehen in anderen Aufgaben die semantischen Aspekte der figuralen Perspektivierung im Fokus, etwa indem auf Aussparungen bei der Informations-vergabe oder auf bestimmte mit der Figur als Perspektivträger verbundene Wertungen hingewiesen wird. So etwa in folgender Aufgabe zu Wolfgang Borcherts *Nachts schlafen die Ratten doch:*

> Das Geschehen ist aus Sicht des Jungen erzählt.
> a) Nennt drei Textstellen, die dies deutlich machen.
> b) Fügt in die Geschichte Gedanken des Mannes ein, z.B. in Z. 35–36., Z. 89–90 und Z. 132–134.
> (Schurf und Wagener 2007, S. 189)

Die Gedanken des Mannes sind konstitutiv nicht Teil der erzählten Geschichte, sie zu ergänzen, kann allerdings auf die Beschränktheit der kindlichen Perspektive hinweisen, die eine Deutung der Handlungen des Mannes erschwert und den Leser*innen überlässt.

Darüber hinaus finden sich auch im Schulbuch der achten Klasse vier Auf-gaben, die Textpassagen und sprachliche Mittel hervorheben, die auf den Erzähler als perspektivierende Instanz verweisen. Zwei dieser Aufgaben beziehen sich dabei auf einen Text, in welchem der Erzähler nicht als Textfigur greifbar wird, jedoch trotzdem sowohl grammatisch als auch semantisch im Text präsent ist. Auf diese abstrakte Erzählfunktion wird im Schulbuch mit dem Autorbegriff verwiesen: „Der Autor hat eine bestimmte Einstellung zum Geschehen. Woran erkennt man sie und wie könnte man sie beschreiben?" (Schurf und Wagener 2007, S. 21).

Die Aufgabe bezieht sich auf eine Nacherzählung einer griechischen Sage, in der die Kommentierung und Wertung einer bekannten Geschichte im Zentrum des Erzählens steht und die damit in didaktischer Hinsicht wohl als besonders geeignet gelten kann, um auf den Erzähler als Perspektivträger zu verweisen, der sich zu dem erzählten Geschehen in ein bestimmtes Verhältnis setzt. Auch die Aufgaben dieses dritten Typs, die auf den Erzähler als perspektivierende Instanz und auf entsprechende Mittel zur *Viewpoint*-Setzung hinweisen, treten in Verbindung mit weiteren Aufgaben zur narrativen Perspektivierung auf. Diese regen dann explizit dazu an, die perspektivische Relation konkret in ihrem Inhalt zu benennen und zu beschreiben und bieten dafür auch Unterstützung, etwa in Form von Hypothesen zur Textdeutung (Typ 4).

Neben der Mehrheit der Aufgaben zum Perspektivverstehen der Jahrgangsstufe 8, die vor allem bei der Etablierung von Textkohärenz durch die Identifikation figuraler Perspektivträger unterstützen (Typ 1 und 2), ist im Schulbuch Perspektive auch als Phänomen auf der Ebene der narrativen Vermittlung thematisch (Typ 3 und 4), auch wenn dies nicht immer als solches benannt wird (s. Abb. 3). Dabei wird die eher punktuelle Rekonstruktion von Figurenperspektiven, die im Schulbuch der Jahrgangsstufe 5 zu beobachten war, in Richtung einer zusammenhängenderen Betrachtung der durch den Text kommunizierten *views and values* überschritten.

Perspektive wird in Klasse 8 damit als ein wesentlicher Aspekt der Sinnkonstitution in Erzähltexten akzentuiert. Gegenstand der den Aufgaben zugeordneten Teilkapiteleinheiten ist die Textanalyse (Schurf und Wagener 2007, S. 19, S. 58–59), die Textinterpretation (Schurf und Wagener 2007, S. 185) oder

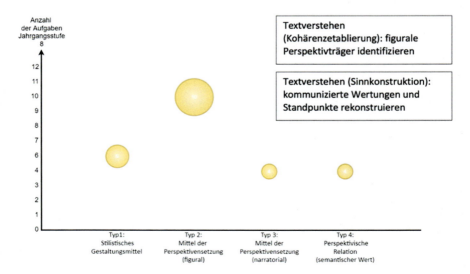

Abb. 3 Aufgaben zum Perspektivverstehen und Kontexte im *Deutschbuch 8*

die Texterarbeitung (Schurf und Wagener 2007, S. 201–202). Dabei geht es vor allem darum, konkreten Textinstanzen konkrete Wertungsstandpunkte zuzuschreiben (Sinnkonstruktion) und Textinformationen (auch grammatische) eindeutig zuzuordnen (Kohärenzetablierung). Überlagerungen von Erzähler- und Figurenperspektiven, die sich in den Texten selbst durchaus finden, werden dabei nicht thematisiert, die Aufgabenstellungen halten hier eher zu Vereindeutigungen der jeweiligen Referenzpunkte an.

Die thematischen Kontexte, in die die Aufgaben durch die übergeordneten Kapiteleinheiten ebenfalls eingebettet sind, liefern dann Anknüpfungspunkte, um die aus den Texten rekonstruierten Erlebnisperspektiven und Standpunkte an den lebensweltlichen Erfahrungsraum der Schüler*innen sowie an Themen von gesellschaftlicher Relevanz anzubinden: „Helden und Vorbilder" (Schurf und Wagener 2007, S. 9–10), „Anstand und Würde – Vom Umgang mit Wertbegriffen" (Schurf und Wagener 2007, S. 85–86). „Nicht ganz alltägliche Situationen" (Schurf und Wagener 2007, S. 185–186), „Leben auf der Flucht – Jüdische Schicksale im Jugendroman" (Schurf und Wagener 2007, S. 201–202).

3.3 Aufgaben zum Perspektivverstehen im *Deutschbuch* der Klasse 10

Der Einsatz von Aufgaben zum Perspektivverstehen ähnelt im Deutschbuch für die Jahrgangsstufe 10 den beschriebenen Zugängen der Klasse 8, ändert sich jedoch in zweifacher Hinsicht. Zum einen nimmt die Anzahl der Aufgaben zum Perspektivverstehen insgesamt leicht ab; dies betrifft insbesondere diejenigen Aufgaben, die im Sinne eines Verstehenssupports auf die Mittel der Setzung von Figurenperspektiven hinweisen und so die Kohärenzbildung unterstützen. Zudem sind insbesondere Klassifikations- und Bestimmungsaufgaben sowie einige Aufgaben, die den semantischen Wert der perspektivischen Relation fokussieren, nun schon häufiger in einem Rahmen von umfangreicheren Aufgaben zur selbstständigen schriftlichen Textinterpretationen gestellt.

Zum anderen ergeben sich deutliche Änderungen in Hinblick auf die übergeordneten Kontexte, in die die Aufgaben eingebettet sind, die nun entsprechend der sich auch in den Aufgabenstellungen selbst abzeichnenden Tendenz zu größeren Analyse- und Interpretationsaufträgen deutlich analytischer geprägt sind. Statt der thematisch-lebensweltlichen Einbettung und Motivierung im Schulbuch der Jahrgangsstufe 8 sind nun Textanalyse und Interpretation sowie Sprachanalyse klar als Gegenstände der übergeordneten Kapiteleinheiten gesetzt (s. Abb. 4).

Darüber hinaus zeigen sich auch mit Blick auf die inhaltliche Ausrichtung der Aufgaben Änderungen. So wurden produktive Aufgaben zur Perspektive in Jahrgangsstufe 5 und 8 als Aufgaben zur Variation von figuralen Perspektiven gestellt: als Variation einer dominierenden figuralen Perspektive oder als Ergänzen einer vom Text ausgesparten figuralen Perspektive. In Klasse 10 tritt eine neue Form

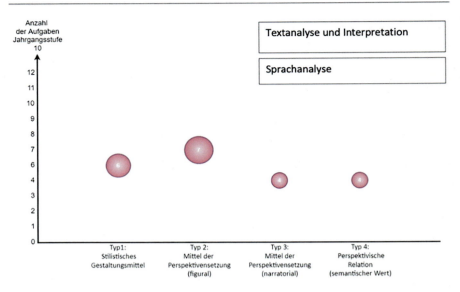

Abb. 4 Aufgaben zum Perspektivverstehen und Kontexte im *Deutschbuch 10*

produktiver Aufgaben zur Perspektivierung auf, in der Briefe unterschiedlicher Textfiguren in einen auktorial erzählten Text integriert werden sollen: „Macht euch aus den drei Briefen ein klares Bild von der dargestellten Szene. Erzählt diese dann aus der Sicht eines distanzierten, allwissenden Erzählers" (Schurf und Wagener 2009, S. 209). Auf diese Weise wird nun auch allgemeines Wissen zur Funktionsweise ‚auktorialen Erzählverhaltens' bzw. der ‚auktorialen Perspektive' in Erzähltexten durch praktische Erfahrung erworben, das ähnlich wie das durch die Perspektivvariationsaufgaben erworbene Wissen eher textunspezifisches Wissen zu literarischen Gestaltungsmitteln ist. Durch die Aufgabe wird die Synthese des zuvor Gelesenen und eine Integration der unterschiedlichen Textperspektiven eingefordert, ohne dass jedoch die jeweilige Perspektivierung der Briefe für die Sinnkonstitution relevant wird.

Zudem wird im Schulbuch der Klasse 10 in zwei Aufgaben des dritten Typs, die die Mittel der Perspektivensetzung auf Erzählerebene akzentuieren, eine abstrakte Erzählstimme als perspektivierende Instanz behandelt, die im Text selbst nicht als Figur ausgeformt ist. Im Vergleich zu den Aufgaben, die in den Bänden für die Jahrgangsstufen 5 und 8 die Aufmerksamkeit auf Indikatoren für die Erzählerebene als Perspektivträger lenken, wird dabei der Begriff des Erzählers verwendet; damit wird eine abstrakte Erzählinstanz auch sprachlich relativ explizit als perspektivierende Instanz nahegelegt. Das ist ein Novum, das mit der Konzeption von Erzählperspektive, die durch das Schulbuch explizit vermittelt wird, nicht kompatibel ist, insofern hier konkrete Textinstanzen als Perspektivträger eingeführt werden. Dass die abstrakte Erzählerfunktion von den Aufgaben zum Text hier auch als perspektivierend für die Erzählung akzentuiert wird, gerät in Widerspruch zu den Erläuterungen zur für diese Erzählung wohl anzusetzenden „neutralen Erzählperspektive"[12], deren distinktives Merkmal ja darin besteht, in semantischer Hinsicht ‚leer' zu sein. Für das Verständnis der Erzählung sind die Akzente, die durch die Aufgaben gesetzt werden, jedoch funktional: Es handelt sich dabei um eine Erzählung einer Familienszene von Gabriele Wohmann, in der sich die Familie über den Gast der Tochter Rita lustig macht, den diese im Laufe des Gesprächs als ihren Verlobten bekannt gibt (vgl. zu diesem Text auch der Beitrag von Saupe in diesem Band). Diese scheint zu Beginn extern fokalisiert und durch einen heterodiegetischen Erzähler erzählt zu sein, es kommen also weder Gedanken, Gefühle oder Kommentare der Figuren noch eines Erzählers vor. Dabei enthalten die scheinbar rein deskriptiven Passagen der Erzählstimme jedoch implizite Informationen zur Gefühlslage, zum Bewusstseinszustand von Rita und zur Wertung des Geschehens, die für die Wirkung der erzählten Szene auf die Leser*innen und die Einordnung des Geschehens etwa als „Mobbing am Familientisch"[13] neben den reinen Äußerungen der Figuren ebenfalls entscheidend sind. Aufgrund der für Narrationen konstitutiven, in dieser Erzählung jedoch kaum greifbaren Überlagerung von Erzähl- und Figurenperspektive lassen sich diese Wertungen und über die reine Deskription äußeren Geschehens hinausgehenden Informationen nicht eindeutig nur der Erzählinstanz zuordnen, die narratoriale Perspektivierung ist jedoch in jedem Fall auch relevant für die Wahrnehmung des Geschehens.

Interessant ist vor dem Hintergrund der bislang am *Deutschbuch* herausgearbeiteten Konzeptionalisierung von Perspektive, wie mit der Schwierigkeit umgegangen wird, die abstrakte Erzählebene als perspektivierenden Faktor in den Blick zu nehmen. In der ersten Aufgabe zur narratorialen Ebene ist die Erzählinstanz selbst als solche nicht benannt, dafür wird auf die „nonverbale[n] Botschaften" (Schurf und Wagener 2009, S. 104) verwiesen, die zwar narratorial dargeboten werden und auf den Erzähler als perspektivierende Instanz verweisen, der durch den Rekurs auf den Begriff „nonverbal" in der Aufgabenformulierung jedoch nicht explizit als Referenzpunkt benannt wird: „2) Wie bei vielen Kurzgeschichten findet sich auch hier ein Wendepunkt […] b) Wie wird dieser Wendepunkt durch nonverbale Botschaften vorbereitet?" (Schurf und Wagener 2009, S. 104). Im Kontext des Kapitels – „Funktion von Sprache und Kommunikation

---

[12] „Die Autorin/der Autor einer Geschichte entscheidet sich für eine Erzählperspektive, aus der der Erzähler/die Erzählerin erzählt. Dabei kann er/sie an der Handlung beteiligt sein oder sie nur beobachten. Er/sie kann nur das erzählen, was gesehen und gehört werden kann, oder auch das, was die handelnden Personen denken und fühlen. Manchmal kann die Erzählerin/der Erzähler das Verhalten der Personen kommentieren." Dies führt zu folgender Erläuterung des neutralen Erzählverhaltens: „Der Erzähler/die Erzählerin tritt nicht in Erscheinung und nimmt einen distanzierten, berichtenden Standpunkt ein, die Darstellung wirkt objektiv." (Schurf und Wagener 2009, S. 361)

[13] So der Hinweis auf einer Website zur Interpretation der Geschichte: https://textaussage.de/watzlawick-axiome-beispiel-kurzgeschichte-ein-netter-kerl-wohmann (Zugegriffen: 10. Oktober 2022).

untersuchen" – wäre jedoch ebenso zu erwarten, dass die nonverbalen Botschaften an dieser Stelle den Figuren selbst zugeschrieben werden.

In einer der folgenden Aufgaben zum Text wird dann jedoch der Erzähler als perspektivierende Instanz eingespielt, indem nach der Rolle gefragt wird, die diesem für die Kommunikationssituation zukommt: „4) Welche Rolle spielt der Erzähler im Hinblick auf die Kommunikationssituation? Nennt konkrete Textbeispiele, die eure Aussagen belegen." (Schurf und Wagener 2009, S. 104) Da hierfür auch konkrete Textbeispiele benannt werden sollen, akzentuiert die Aufgabe die narratoriale Perspektivierung der Szene, ohne dass Perspektive explizit zum Thema gemacht wird. Die Einschränkungen des Klassifikationsschemas zur Erzählperspektive können so umgangen werden. Die Frage danach, wie sich in den betreffenden Textpassagen Deutungen und Wertungen des Erzählers und Empfindungen Ritas überlagern, wird jedoch auch in dieser Aufgabe nicht thematisch.

3.4   Zugänge zu Literatur durch Aufgaben zum Perspektivverstehen: Literarisches Lesen zwischen Teilhabe und Interpretationsaufsatz

In der exemplarischen Betrachtung von Aufgabentypen zur narrativen Perspektivierung im *Deutschbuch* der Jahrgangsstufen 5, 8 und 10 zeigt sich ein vielschichtiges Bild dessen, wie im Schulbuch narratologisches Wissen für den Literaturunterricht aufbereitet und transformiert wird. Neben einer eher stilanalytisch ausgerichteten Fokussierung von Perspektive als Gestaltungsmittel (Aufgabentyp 1) werden ebenso alle der eingangs für die narrative Perspektivierung als Sinnkonstitution in Erzähltexten hervorgehobenen Aspekte in den hier analysierten Schulbüchern fokussiert (Aufgabentypen 2, 3 und 4). Dies geschieht in den unterschiedlichen Jahrgangsstufen nicht im gleichen Ausmaß und ist aufgrund der fehlende Passung des hier angelegten Perspektivenkonzeptes mit den Erläuterungen des Schulbuchs nicht immer begrifflich auf Perspektive bezogen. Perspektivierung wird im *Deutschbuch* als Fähigkeit einer Textfigur oder der Autor*in behandelt und Perspektive in einem dinglich-konkreten Verständnis des Begriffs textintern nur Figuren als verkörperten Textinstanzen zugeordnet. Dabei wird durch die Aufgabenstellungen i. d. R. eine Entweder-Oder-Dichotomie von Erzähler- oder Figurenperspektivierung nahegelegt. Ambivalenzen und Überlagerungen von Perspektiven sowie die hierarchischen Einbettungsverhältnisse von Perspektiven werden nicht thematisch. Insgesamt zeigt sich in den hier analysierten Schulbüchern jedoch weniger eine konsistente Orientierung an einem Perspektivenkonzept als eine Kombination unterschiedlicher etablierter Erarbeitungsformen von Erzähltexten, die in die sich mit den Jahrgangsstufen wandelnden Leitorientierungen für den (Literatur-)Unterricht eingepasst werden, ohne dabei ihre Form grundlegend zu verändern. Anschaulichkeit und Evidenz für die Erzählerebene als perspektivierende Instanz wird im Schulbuch der Jahrgangsstufen 5 und 10 etwa durch die

Thematisierung der handwerklichen Aspekte des Erzählens hergestellt, während im Schulbuch der Jahrgangsstufe 8 an dieser Stelle eher Wertungsfragen thematisch werden, die durch stark wertende Erzähler oder durch auffällige Wertungsdiskrepanzen im Text in den Fokus rücken. Auch durch die Thematisierung ‚nonverbaler‘ Aspekte der Kommunikation in Erzähltexten im Rahmen von sprachanalytisch angelegten Kapiteleinheiten ist es im Schulbuch der Jahrgangsstufe 10 möglich, diesen Aspekt narrativer Perspektivierung zu akzentuieren, ohne explizit über Perspektive als erzählanalytische Kategorie zu sprechen.

Eine Progressionslogik unterschiedlicher Aspekte oder Anwendungsfälle narrativer Perspektivierung zeichnet sich in den hier untersuchten Schulbüchern dabei nur schemenhaft ab. Auffällig ist zum einen das Fehlen der Thematisierung perspektivischer Relationen und ihres semantischen Werts in der Jahrgangsstufe 5 sowie die damit verbundene Nichtthematisierung von Perspektive im Rahmen der Sinnkonstitution von Erzähltexten, zum anderen der starke Anstieg von Aufgaben zur Identifikation und Prozessierung von Textinformationen, die auf einen figuralen Perspektivträger hinweisen, im Sinne der Unterstützung der Kohärenzetablierung in Klasse 8.

In der Zusammenschau des konkreten Umgangs mit Phänomenen narrativer Perspektivierung in den Aufgabenstellungen, des insgesamt zugrunde gelegten Konzepts von Perspektive sowie der Kontextualisierungen, die für die Einbindung der Texte in den Unterricht in den unterschiedlichen Jahrgangsstufen angeboten werden, zeigt sich die Bedeutung, die dem Leseverstehen und der Kohärenzbildung einerseits, der Rückbindung der literarischen Texte an die individuelle und gesellschaftliche Lebensrealität der Schüler*innen andererseits beigemessen wird, bevor dann in der Jahrgangsstufe 10 die schriftliche Textinterpretation und Analyse deutlicher als Horizont der Erarbeitung von Erzählliteratur auf den Plan tritt

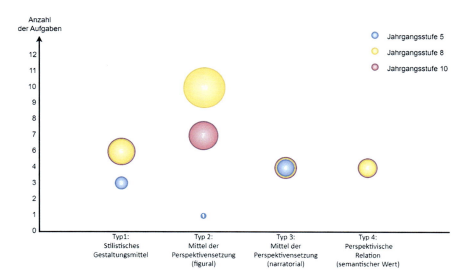

Abb. 5 Aufgaben zum Perspektivverstehen im *Deutschbuch 5, 8* und *10*

(s. Abb. 5). Dieses Bild fügt sich gut in eine didaktische Konzeption literarischer Lektüre, die Aeby Daghé als literarisches Lesen qua Teilhabe bezeichnet:

> la lecture littéraire comme participation privilégie la posture ordinaire du lecteur, fondée sur l'illusion référentielle et l'implication psychoaffective (Pennac, 1992; Poslaniec, 1992). Les valeurs associées à cette conception sont la lisibilité du texte, la conformité aux codes génériques, le rapport à la réalité, la conformité éthique et la référentialité. Place est faite au lecteur, à ses émotions, à son imagination, à ses passions et à sa subjectivité.[14] (Aeby Daghé 2014, S. 10)

Bedeutungsvielfalt und Ambivalenzen, die mit narrativen Perspektivkonstruktionen immer auch gegeben sind, werden hier zunächst zugunsten der Herstellung von Klarheit mit Blick auf die präsentierten Ereignisse, Gedanken und Wertungen sowie eines Einrückens der literarischen Texte in den Horizont der Leser*innen zurückgestellt. Inwiefern diese Aspekte literarischen Lesens, die Aeby Daghé eher einem Lesen als Distanzierung zuordnet, durch Aufgaben zum Perspektivverstehen in der Oberstufe in den Blick geraten oder ob die Textanalyse und Interpretation der Oberstufe auf der Konzeption des literarischen Lesens als Teilhabe der Sekundarstufe I nahtlos aufbaut, wäre in weiteren Analysen zu prüfen.

Literatur

Aeby Daghé, Sandrine. 2014. *Candide, La fée carabine et les autres*. Bern: Lang.
Aeby Daghé, Sandrine, et Bernard Schneuwly. 2012. „De l'horrible danger de la lecture" (Voltaire): Empirische Untersuchung der didaktischen Transposition eines Textes von Voltaire. In *Fachliches Wissen und literarisches Verstehen. Studien zu einer brisanten Relation*, Hrsg. Irene Pieper und Dorothee Wieser, 15–35. Frankfurt a. M. u. a.: Peter Lang.
Bredel, Ursula und Irene Pieper. 2021. Der Fall aus der Perspektive der Fachdidaktik. Fachliche Lernprozesse als Ziel und Ausgangspunkt. In *Kasuistik in Forschung und Lehre. Erziehungswissenschaftliche und fachdidaktische Ordnungsversuche*, Hrsg. Doris Wittek, Thorid Rabe, und Michael Ritter, 65–88. Bad Heilbrunn: Julius Klinkhardt.
Hurrelmann, Bettina. 1978. Überlegungen zur Verarbeitung fiktionaler Erzähltexte durch Kinder im Grundschulalter. *Diskussion Deutsch* 9:406–420.
Igl, Natalia. 2018. Erzähler und Erzählstimme. In *Grundthemen der Literaturwissenschaft: Erzählen*, Hrsg. Martin Huber und Wolf Schmid, 127–149. Berlin: De Gruyter.
Kiper, Hanna, Stefan Schmit, Sebastian Peters, und Schlump Stephanie. 2010. Wie lassen sich Aufgaben aus Schulbüchern analysieren? Ein Überblick. In *Lernaufgaben und Lernmaterialien im kompetenzorientierten Unterricht*, Hrsg. Hanna Kiper, Waltraud Meints, Sebastian Peters, und Stephanie Schlump, 145–154. Stuttgart: Kohlhammer.

---

[14] Das literarische Lesen als Teilhabe privilegiert die gewöhnliche Haltung des Lesers, die auf der referentiellen Illusion und der psychoaffektiven Beteiligung beruht (vgl. Pennac, 1992; Poslaniec, 1992). Die Werte, die mit dieser Konzeption verbunden sind, sind die Lesbarkeit des Textes, die Übereinstimmung mit den generischen Kodes, der Realitätsbezug, die ethische Übereinstimmung und die Referenzialität. Dem Leser, seinen Emotionen, seiner Vorstellungskraft, seinen Leidenschaften und seiner Subjektivität wird Raum gegeben (Übersetzung H.L.).

Lehndorf, Helen. 2022. Aufgabentypen zum Perspektivenverstehen. Eine exemplarische Analyse an Deutschbüchern für den gymnasialen Unterricht in den Klassen 5 und 8. In *Figuren, Räume, Perspektiven. (Re-)Konstruktionen literar- und medienästhetischen Lernens*, Hrsg. Helen Lehndorf und Volker Pietsch, 77–113. Berlin: Peter Lang.

Niederhoff, Burkhard. 2009. Perspective/Point of View. In *Handbook of Narratology*, Hrsg. Peter Hühn, Wolf Schmid, und Jörg Schönert, 384–398. Berlin: De Gruyter.

Pieper, Irene. 2017. Zur Gegenstandskonstitution im Lese- und Deutschbuch am Beispiel von Goethes „Willkommen und Abschied". In *Inszenierungen literalen Lernens. Kulturelle Anforderungen und individueller Kompetenzerwerb*, Hrsg. Daniel Scherf, 62–78. Baltmannsweiler: Schneider Hohengehren.

Quasthoff, Uta, Vivien Heller, und Miriam Morek. 2017. On the sequential organization and genre-orientation of discourse units in interaction. *An analytic framework. Discourse Studies* 19(1):84–110.

Reh, Sabine, und Irene Pieper. 2018. Die Fachlichkeit des Schulfaches. Überlegungen zum Deutschunterricht und seiner Geschichte zwischen Disziplinen und allgemeinen Bildungsansprüchen. In *Konstruktionen von Fachlichkeit. Ansätze, Erträge und Diskussionen in der empirischen Unterrichtsforschung*, Hrsg. Matthias Martens, Kerstin Rabenstein, Karin Bräu, Marei Fetzer, Helge Gresch, Ilonca Hardy, und Carla Schelle, 21–41. Bad Heilbrunn: Julius Klinkhardt.

Schmid, Wolf. 2011. Perspektive. In *Handbuch Erzählliteratur. Theorie, Analyse, Geschichte*, Hrsg. Matías Martínez, 138–145. Stuttgart: J.B. Metzler.

Schmid, Wolf. 2022. *Figurally Colored Narration*. Berlin: De Gruyter.

Schneuwly, Bernard, et Christophe Ronveaux. 2021. *Une approche instrumentale de la transposition didactique. Quelques thèses illustrées par l'analyse de l'einseignmenet de quelques objets de la discipline ‚francais'.* Pratiques [En ligne]. https://journals.openedition.org/pratiques/9515. Zugegriffen: 22. Oktober 2022.

Schneuwly, Bernard. 2021. 'Didactiques' is not (entirely) 'Didaktik': The origin and atmosphere of a recent academic field. In *Didaktik and Curriculum in Ongoing Dialogue*, Hrsg. Ellen Krogh, Ane Qvortrup, und Stefan Ting Graf, 164–185. Routledge: London.

Stark, Tobias. 2012. Zum Perspektivverstehen und zum Umgang mit Fiktionalität beim literarischen Verstehen. Ausgewählte Ergebnisse einer qualitativen empirischen Untersuchung. In *Fachliches Wissen und literarisches Verstehen. Studien zu einer brisanten Relation*, Hrsg. Irene Pieper und Dorothee Wieser, 153–169. Frankfurt a. M. u. a.: Peter Lang.

Stark, Tobias. 2017. Mentale Modellbildung zwischen Stabilität und Vorläufigkeit. Zur Rolle von Vermutungen beim literarischen Lesen. In *Inszenierungen literalen Lernens. Kulturelle Anforderungen und individueller Kompetenzerwerb*, Hrsg. Daniel Scherf, 126–144. Baltmannsweiler: Schneider Hohengehren.

Steinmetz, Michael. 2012. Curriculares Wissen und literarisches Verstehen. In *Fachliches Wissen und literarisches Verstehen. Studien zu einer brisanten Relation*, Hrsg. Irene Pieper und Dorothee Wieser, 113–135. Frankfurt a. M. u. a.: Peter Lang.

Vogt, Jochen. 2006. *Aspekte erzählender Prosa*. Paderborn: Fink.

Zeman, Sonja. 2016b. Perspectivization as a link between narrative micro- and macro-structure. In: *Perspectives on narrativity and narrative perspectivization*, Hrsg. Sonja Zeman und Natalia Igl, 15–42. Amsterdam/Philadelphia: Benjamins.

Zeman, Sonja. 2017. Perspektive/Fokalisierung. In *Grundthemen der Literaturwissenschaft. Erzählen*, Hrsg. Wolf Schmid und Martin Huber, 174–202. Berlin: De Gruyter.

Zeman, Sonja. 2019. Wer spricht? Disambiguierungsfaktoren von Sprecher-, Figuren- und Erzähler- Perspektiven. In *Linguistische Berichte. Sonderband „Rede- und Gedankenwiedergabe in narrativen Strukturen – Ambiguitäten und Varianz"*, Hrsg. Stefan Engelberg und Irene Rapp, 221–251. Hamburg: Buske.

Zeman, Sonja. 2020. Grammatik der Narration. *Zeitschrift für Germanistische Linguistik* 48(3):457–494.

Schulbücher

Schurf, Bernd, und Andrea Wagener, Hrsg. 2004. *Deutschbuch 5. Neue Ausgabe.* Berlin: Cornelsen.

Schurf, Bernd, und Andrea Wagener, Hrsg. 2007. *Deutschbuch 8. Neue Ausgabe.* Berlin: Cornelsen.

Schurf, Bernd, und Andrea Wagener, Hrsg. 2009. *Deutschbuch 10. Neue Ausgabe.* Berlin: Cornelsen.

Schmid, Wolf. 2005. *Elemente der Narratologie.* Berlin: De Gruyter.

Den Tieferschatten auf der Spur

Eine Lektüre von Andreas Steinhöfels
Kinder- und Jugendroman als Modell für eine
integrative Vermittlung erzähltheoretischer
Grundlagen im fünften und sechsten Jahrgang

Ines Theilen

Zusammenfassung

Das Verhältnis von Erzähltheorie und Literaturunterricht ist durch Rahmenrichtlinien und Lehrpläne seit langem im Groben geregelt und man könnte folglich davon ausgehen, es hier mit einer eingespielten Paarbeziehung zu tun zu haben. Tatsächlich gestaltet sich diese Verbindung in der Praxis des (schulischen) Alltags jedoch nicht durchgehend konfliktfrei. Der vorliegende Beitrag zu Andreas Steinhöfels Kinder- und Jugendroman *Rico, Oskar und die Tieferschatten* benennt einerseits anhand einer exemplarischen Analyse der von Lehrkräften in der schulischen Praxis gern genutzten Unterrichtsmaterialen zu diesem Roman die aktuellen Probleme in diesem Verhältnis, andererseits zeigt er basierend auf einer intensiven Lektüre des Textes Möglichkeiten einer alternativen Gestaltung dieser Verbindung auf, indem ein Literaturunterricht skizziert wird, der weitgehend integrativ arbeitet. Dies soll im Rahmen der Überlegungen ein Ineinandergreifen von Lektüre und Theorieentwicklung bedeuten, das darauf zielt, die Schüler*innen verstärkt in die Theoriebildung zu involvieren.

Erzähltheorie und Literaturunterricht sind gemäß institutioneller Vorgaben untrennbar miteinander verbunden. Obwohl ihr genaues Verhältnis in den Rahmenrichtlinien und Lehrplänen eher vage formuliert ist, könnte man aufgrund der expliziten Forderung nach ihrer Verknüpfung in allen Jahrgängen der Sekundarstufe davon ausgehen, es hier mit einer wenn auch nicht im Detail festgelegten, in der Praxis jedoch durchaus eingespielten Paarbeziehung zu tun zu

I. Theilen (✉)
Johannes Kepler Gymnasium Garbsen, Garbsen, Deutschland
E-Mail: theilen@jkggarbsen.de

© Der/die Autor(en), exklusiv lizenziert an Springer-Verlag GmbH, DE, ein Teil von
Springer Nature 2023
S. Bernhardt und I. Henke (Hrsg.), *Erzähltheorie(n) und Literaturunterricht*,
Deutschdidaktik, https://doi.org/10.1007/978-3-662-66918-1_13

haben.[1] Tatsächlich gestaltet sich diese Beziehung im schulischen Alltag jedoch nicht durchgehend konfliktfrei, was sich am besten veranschaulichen lässt, wenn man auf einen etablierten Gegenstand des Literaturunterrichts fokussiert und die verschiedenen Herangehensweisen von Unterrichtstheoretiker*innen und -praktiker*innen an diesen Gegenstand genauer betrachtet. Im Folgenden werden beispielhaft Andreas Steinhöfels Kinderkrimi *Rico, Oskar und die Tieferschatten* sowie dessen Didaktisierungen in Form von Sequenzplanungen und Stundenentwürfen zum Roman in den Blick genommen.

Steinhöfels Kinder- und Jugendroman ist seit einigen Jahren fester Bestandteil des schulischen Kanons, und das aus guten Gründen: Die Geschichte ist spannend, aus der Perspektive des *tiefbegabten* Rico frech und lustig erzählt und aufgrund ihrer moderaten Länge auch für ungeübte Gelegenheitsleser*innen zu bewältigen, die mittlerweile einerseits aufgrund des immensen konkurrierenden Medienangebots und andererseits aufgrund komplexer Verflechtungen familiärer Hintergründe sowie individueller und institutioneller Versäumnisse einen großen Teil der Schülerschaft ausmachen. Die Adelung des Textes durch verschiedene literarische Auszeichnungen rückt ihn ins Blickfeld der Unterrichtsgestaltenden und führt dazu, dass eine Fülle von begleitenden Materialien für diesen Text zur Verfügung steht, was für Lehrer*innen in der Praxis nicht selten ausschlaggebend ist, wenn es um die Auswahl einer Klassenlektüre geht.[2] Belastet durch pädagogische und dokumentarische verwaltungstechnische Sonderaufgaben greifen Lehrende nicht nur in Pandemiezeiten gern auf vorbereitete Unterrichtssequenzen oder einzelne Stundenentwürfe bzw. Arbeitsblätter zurück. Aufgrund dieser häufig unterschätzten Omnipräsenz von Stundenblättern bzw. fertigen Unterrichtsentwürfen und bereits ausgearbeiteten Sequenzen im notorisch zeitknappen Schulalltag kann davon ausgegangen werden, dass eine nähere Betrachtung der Unterrichtsmaterialien zu Steinhöfels Roman durchaus exemplarische Rück-

---

[1] Gemäß den Bildungsstandards sollen Abiturient*innen „Inhalt, Aufbau und sprachliche Gestaltung literarischer Texte analysieren, Sinnzusammenhänge zwischen einzelnen Einheiten dieser Texte herstellen und sie als Geflechte innerer Bezüge und Abhängigkeiten erfassen" (BISTA Hochschulreife 2012 S. 18) können. Für die geforderte strukturelle Durchdringung der Gestaltung eines literarischen Textes ist die Kenntnis narratologischer Strukturen unabdingbar. Die Bildungsstandards für die Allgemeine Hochschulreife lassen allerdings offen, welche Konzepte und Termini erlernt werden sollen. Im Niedersächsischen Kerncurriculum werden dagegen konkrete Konzepte bzw. Strukturen genannt, die in den einzelnen Jahrgangsstufen erworben werden sollen, so z. B. die Unterscheidung von Ich-Erzähler und Er-/Sie-Erzähler in Jahrgang 5 (vgl. Niedersächsisches Kultusministerium 2015, S. 8, S. 19, S. 22).

[2] Die Auswahl von Texten für den Literaturunterricht fällt Lehrkräften vor allem bei Texten aus dem Bereich der Gegenwartsliteratur schwer, weil die Fülle des Angebotes mit der Unsicherheit hinsichtlich der ästhetisch-kulturellen Bedeutsamkeit der Texte zusammenkommt. Aufgrund dieser Unsicherheiten, die mit dem Wunsch nach Optimierung der Vorbereitungszeit einhergehen, werden häufig Texte bevorzugt, für die bereits didaktische Kommentierungen und Unterrichtsvorschläge erhältlich sind (vgl. zu solchen Entscheidungen und ihren Hintergründen z. B. Bernhardt und Standke 2019, S. 323).

schlüsse auf das momentane Verhältnis von Erzähltheorie und Literaturunterricht zulässt – damit wären wir dann schon mitten in der Paartherapie.

Zunächst soll es darum gehen, anhand exemplarischer Analysen des vorhandenen Unterrichtsmaterials Konfliktpotential in der Verbindung von Erzähltheorie und Literaturunterricht zu benennen, um darauf aufbauend den Versuch zu unternehmen, dieses latent angespannte und teilweise von Missverständnissen geprägte Verhältnis zu klären. Dabei wird es sich nicht vermeiden lassen, sich den *Tieferschatten* auszusetzen. Diese ominösen Schatten sind nämlich einerseits der Schlüssel zur Lösung des im Buch konstruierten Kriminalfalls und andererseits ein Beispiel dafür, wie dieser Roman unterschiedliche Wahrnehmungsweisen und Praxen der Bedeutungszuschreibung inszeniert und damit sehr deutlich zeigt, wie (literaturwissenschaftliches) Lesen auch im Unterricht als unterhaltsame Spurensuche funktionieren kann, der Erzähltheorie auf den Fersen. Die *Tieferschatten* liefern ein Modell dafür, wie aus genauer Beobachtung Spuren aufscheinen, die die Leser*innen auf zugrundeliegende narratologische Strukturen führen. Bezeichnenderweise sind diese *Tieferschatten* jedoch der nahezu blinde Fleck des bisher erschienenen Unterrichtsmaterials.

Ziel dieser Überlegungen ist es also, einen Literaturunterricht vorzustellen, der weitgehend *integrativ* arbeitet. Dies soll im Rahmen dieser Überlegungen ein Ineinandergreifen von Lektüre und Theorieentwicklung bedeuten; konkret soll die Theorie von den Schüler*innen aus der Lektüre heraus ggf. mittels gestaltender Aufgaben im Unterrichtsgespräch entwickelt und im weiteren Unterrichtsverlauf angewandt und reflektiert werden. Keinesfalls werden Konzepte in Form von Merkkästen der Lektüre vorausgeschickt.

1 Bestandsaufnahme: Erzähltheorie im Kerncurriculum und in den Unterrichtsmaterialien

Vergleicht man verschiedene Materialien der großen Schulbuchverlage zu Steinhöfels Roman,[3] fällt eine deutliche Leerstelle im Bereich der Erzähltheorie ins Auge. Gemäß dem niedersächsischen Curriculum für die Jahrgänge 5 und 6 wären im Material zu Steinhöfels Jugendbuch Aufgaben im Bereich der Unterscheidung von *innerer* und *äußerer Handlung* sowie in der Untersuchung der *Erzählinstanz* zu erwarten, die jedoch nur vereinzelt vorhanden sind. Tatsächlich fokussieren die Materialien zunächst auf eine Rekonstruktion des Inhaltes z. B. durch als Tagebuch angelegte Inhaltszusammenfassungen sowie durch spielerische Überprüfungen des Lektürewissens mithilfe von Kreuzworträtseln und Quiz-Elementen (vgl. Euringer 2016, S. 8–9; Fenske et al. (2011), S. 6; Hampel 2015, S. 10–13). In diesem Zusammenhang legen sie auch einen Schwerpunkt auf die Beschreibung des Handlungsortes und der Figuren: Das Wohnhaus von Rico wird genauer

---

[3] Verwendet wurden hier folgende Materialien: Euringer 2016; Fenske et al. 2011; Hampel 2015 sowie Wagener 2019.

betrachtet und die Schüler*innen verschaffen sich einen Überblick, wo welche Partei wohnt (vgl. Fenske et al. 2011, S. 9 sowie Hampel 2015, S. 20). Darüber hinaus werden die Handlungsorte auf einem Stadtplan von Berlin eingezeichnet (vgl. Fenske et al. 2011, S. 12–13). Daneben wird die Charakterisierung der Figuren in Form von Steckbriefen oder Vergleichen (hochbegabt/tiefbegabt) ins Zentrum der Romanbetrachtung gestellt (vgl. hierzu beispielsweise Euringer 2016, S. 20, S. 27; Fenske et al. 2011, S. 8, S. 11, S. 18; Hampel 2015, S. 14–19).

Insgesamt dominiert eine stark inhaltliche Ausrichtung die von den Materialien nahegelegte Auseinandersetzung mit dem Text. Es geht vorwiegend um die Entnahme und Wiedergabe spezifischer Informationen über den Handlungsort (Wer wohnt wo?) und die Figuren (Was unterscheidet und verbindet Rico und Oskar?). Literaturunterricht verbleibt damit zunächst auf der Ebene der *histoire*, ohne dass überhaupt das Vorhandensein unterschiedlicher Ebenen thematisiert und in das Bewusstsein der Schüler*innen gerückt wird. Zwischendurch versuchen die Materialien von Ute Fenske, Bernd Schurf und Andrea Wagener sowie von Felicitas Hampel allerdings durchaus, zaghaft die Ebene des *discours* durch die Unterscheidung von *innerer* und *äußerer Handlung* bzw. durch die Frage nach der Erzeugung von Spannung ins Spiel zu bringen (Hampel 2015, S. 26; Fenske et al. 2011, S. 14–15). Die Aufgaben sind dabei so angelegt, dass in einem konkreten Textausschnitt etwa bestimmte Spannungsmerkmale gefunden und nach vorgegebenen Kategorien geordnet werden sollen. Schließlich wagt das *Deutschbuch 5* für das Gymnasium in Niedersachsen des Cornelsen Verlags tatsächlich eine kurze Einführung des *Erzählers* (vgl. Wagener 2019, S. 131), eines in den Kerncurricula 5–10 zentral gesetzten Konzeptes, das die Schüler*innen sowohl als Analysekategorie als auch als eigenes Gestaltungsmittel ihrer Texte kennen und anwenden können sollten (vgl. Niedersächsisches Kultusministerium 2015, S. 24).

Konkret sollen Schüler*innen gemäß dem niedersächsischen Kerncurriculum am Ende des 6. Jahrgangs mit diesem Konzept insoweit vertraut sein, als sie die Erzählform des Ich-Erzählers von der Form des Er-/Sie-Erzählers unterscheiden können. In den Lehrbüchern der Jahrgangsstufen 5 und 6 finden sich folglich Erläuterungen dieser Begrifflichkeiten. Der Ich-Erzähler wird z. B. im *Deutschbuch 5* als Erzähler definiert, „der selbst als handelnde Figur in das Geschehen verwickelt [ist] […] und die Ereignisse aus seiner/ihrer persönlichen Sicht (Ich-Form) [schildert]." (Wagener 2019, S. 131) Dagegen ist der Er-/Sie-Erzähler „nicht am Geschehen beteiligt und erzählt von allen Figuren in der Er-Form bzw. in der Sie-Form." (Wagener 2019, 131). Im nächsten Doppeljahrgang soll dieses Konzept laut Kerncurriculum durch eine Differenzierung von Erzählform (Ich-Erzähler oder Er-/Sie-Erzähler) und Perspektive (auktorial und personal) ergänzt werden (vgl. Niedersächsisches Kultusministerium 2015, S. 26).

Die Analyse der Erzählinstanz beschränkt sich damit in den unteren Jahrgängen auf eine Unterscheidung der Erzählformen Ich-Erzähler und Er-/Sie-Erzähler, die ein sehr grobes Raster für die Beschreibung von Erzählsituationen darstellt.

Die Definitionen lassen es nicht zu, bestimmte Erzählinstanzen differenziert zu fassen, was aber z. B. bereits im achten Jahrgang die Analysen der Erzählsituation in den kanonischen Kurzgeschichten *Brudermord am Altwasser* von

Georg Britting oder *Am Eisweiher* von Peter Stamm erfordern. In Brittings Erzählung tritt zu Beginn ein Ich-Erzähler auf, der jedoch nicht am Geschehen beteiligt ist und mit externer Fokalisierung berichtet, während in Stamms Kurzgeschichte der Ich-Erzähler aus historischer Distanz erzählt. Den Lernenden wird bei der Lektüre und anschließenden Diskussion solcher Texte durchaus bewusst, dass sie die Erzählsituationen nur über die Kategorie der Erzählform nicht befriedigend beschreiben können. Im Gespräch über komplexere Texte werden stets Beobachtungen genannt, die diese Kategorie herausfordern, und es wäre ein Leichtes, aus solchen Gesprächen die Unterscheidung zwischen *Stimme* (,Wer spricht?') und *Modus* (,Wer sieht?' ,Durch welche Figur wird fokalisiert und welche Nähe hat die Figur zu dem, was sie erzählt?') bereits in den unteren Jahrgängen zu erarbeiten.[4] Viele Textbeobachtungen der Lernenden, die nach der ersten Textbegegnung im offenen Gespräch geäußert werden, ließen sich besser verfolgen und terminologisch fassen, wenn vom Curriculum und den Lehrbüchern eine größere Differenziertheit in Bezug auf theoretische Konzepte nahegelegt würde. Bisher wird in der Sekundarstufe I jedoch weitgehend mit den skizzierten reduzierten theoretischen Rastern gearbeitet, die wir ostentativ auch in einem Merkkasten des Unterrichtsmaterials zu *Rico, Oskar und die Tieferschatten* aus dem Cornelsen Verlag finden:

Kasten 1: Merkkasten aus dem Unterrichtsmaterial zu Rico, Oskar und die Tieferschatten (Cornelsen-Verlag)
Der Autor einer Geschichte entscheidet sich für einen **Erzähler.** Dieser kann in der **Ich-Form** oder in der **Er-/Sie-Form** erzählen. Der Erzähler nimmt eine bestimmte Perspektive ein. Er kann entweder **allwissend** sein, dann weiß er über alle Ereignisse Bescheid und kann sogar die Gedanken der Figuren lesen. Er kann aber auch **aus der Sicht nur einer Figur** erzählen, das nennt man dann den **personalen Erzähler**. (Hervorhebungen i. O.; Fenske et al. 2011, S. 20).[5]

Die sich an diesen Merkkasten anschließende Aufgabe lautet: „Lies den folgenden Textauszug und kreuze an, um welche Erzählform und um welche Erzählperspektive es sich handelt." (Fenske et al. 2011, S. 20) Es wird weder ein Nachweis im Text noch eine Erläuterung zur angekreuzten Antwort verlangt; die Schüler*innen werden weder zu einer wiederholten Textlektüre noch zu einer Rechtfertigung ihrer Ergebnisse am Text animiert; eine genauere Auseinandersetzung wird nicht nahegelegt. Zudem wird hier deduktiv vorgegangen, indem eine allgemeine Definition von Erzählertypologie und Erzählhaltungen vorgegeben wird, die dann auf den konkreten Text angewendet werden soll. Was es eigentlich

[4] Zu den Kategorien Modus und Stimme vgl. Genette 1998 sowie Martínez und Scheffel 2009.
[5] Die Satzkonstruktion dieses Zitates ist leider im Original fehlerhaft. Auf das „entweder" ließen die Autor*innen nicht das zu erwartende „oder" folgen. Die Zitation übernimmt den Fehler.

bedeutet bzw. welche Konsequenzen es für das Erzählen bzw. die Wirkung des Erzählten hat, dass ein Erzähler z. B. *auktorial* ist oder aus der *Sicht* einer Figur erzählt, wird für viele Schüler*innen des fünften Jahrgangs anhand des Merksatzes zunächst nicht nachvollziehbar sein. Letztlich dient der kurze Exkurs zum Erzähler im Material des Cornelsen Verlages auch nur dazu, die Auseinandersetzung mit der filmischen Gestaltung vorzubereiten und verschiedene Kameraperspektiven einzuführen.[6]

Der Fokus liegt ebenfalls in den Materialien aus den anderen Verlagen weniger auf einer Analyse der narrativen Strukturen des literarischen Textes als auf dem Medienvergleich. Ein solcher Vergleich bietet jedoch für die Analyse des Romans wenig Mehrwert, wenn der Rückbezug auf die Vorlage fehlt bzw. keine gründliche Analyse der Erzählweise erfolgt ist, deren filmisches Pendant man anschließend diskutieren könnte. Auch wird über den vergleichenden Ansatz keine transmediale Perspektive eingenommen. Die Aufgaben konzentrieren sich auf die Überführung eines Medienproduktes in einen anderen medialen Zusammenhang. Konkret geht es darum, wie der Romantext in Hörspiel oder Film seine Umsetzung findet.

Insgesamt entsteht bei der Materialsichtung der Eindruck, die Herausgeber*innen seien bemüht, das gesamte Kerncurriculum des fünften Jahrgangs hinsichtlich der prozessbezogenen Kompetenzen anhand eines Jugendromans abzuhandeln. So finden sich Aufgabenvorschläge zum Verfassen eines *Polizeiberichts* oder ein Sachtext zum Thema Hochbegabung soll nach der *Fünf-Punkt-Lesemethode* inhaltlich erschlossen und dann in Bezug zu den literarischen Figuren diskutiert werden. (vgl. z. B. Fenske et al. 2011, S. 16, 18, 19; Hampel 2015, S. 18, 34–35; Euringer 2016, S. 22, 25, 40–41, 43) In einem Materialpaket werden sogar der Unterschied von Adjektiv und Adverb, Aktiv und Passiv sowie die Kommasetzung anhand von Romanausschnitten thematisiert (Euringer 2016, S. 30 sowie S. 40–41). Natürlich ist eine fächerübergreifende Aufgabenstellung curricular gewünscht (vgl. Niedersächsisches Kultusministerium 2015, S. 8), es ist jedoch beinahe unnötig zu betonen, dass bei einer solchen Fülle an prozessbezogenen Kompetenzübungen wenig Raum bleibt für eine zunächst nicht zielgerichtete Lektüre des literarischen Textes, bei der die Lernenden auf eine Spur stoßen könnten, der es sich zu folgen lohnt. Ohne Spur wird man jedoch kaum zur Erzählinstanz finden. Anders gesagt: Wenn der Text zum Anwendungsbeispiel eines vorgegebenen Begriffsinstrumentariums degeneriert, dessen Vorhandensein lediglich durch ein Kreuz bestätigt werden muss, dann bleibt Erzähltheorie im Literaturunterricht eine abstrakte Größe, die umstandslos abgehakt wird. Wir haben es hier mit einem *Verhältnis* zu tun, das sowohl der emotionalen als auch der rationalen Basis entbehrt.

Will man dieses Verhältnis verbessern, so muss für eine engere Bindung gesorgt werden. Eine solche entsteht jedoch nur, wenn die Bereitschaft zum Zuhören vorausgesetzt werden kann. Gehört werden muss aber zunächst der Text, der als Gegenstand der Unterrichtsgestaltung ihre didaktischen Dynamiken (mit) bestimmt und als Beobachtungsobjekt die Neugier der Lernenden weckt, um sie

---

[6]Die Aufgaben zum Erzähler stehen unter der Kapitelüberschrift „Die Erzählweise – eine filmische Umsetzung vorbereiten" (vgl. Fenske et al. 2011, S. 21–22), die folgenden Aufgaben beziehen sich auf die Kameraperspektive.

auf die Spur dessen zu bringen, was auch die Bildungsstandards und das Kerncurriculum als ein didaktisches Ziel der Unterrichtsgestaltung ausweisen: des adäquaten Umgangs mit erzähltheoretischen Begrifflichkeiten und Konzepten (vgl. Niedersächsisches Kultusministerium 2015, S. 8, S. 19, S. 22 sowie BISTA Hochschulreife 2012, S. 18–19).

2 Spurensuche im Roman: der Erzähltheorie auf den Fersen

Vor der Theorie steht also die Lektüre. Schüler*innen sollten Raum für ihre eigenen Textbeobachtungen haben, seien es Anmerkungen zur Wirkung, zum Inhalt oder zur Form des Textes. Indem man den Textbeobachtungen der Lernenden Aufmerksamkeit und Raum schenkt, motiviert man ein *close reading* ungleich stärker als durch gelenkte Sammelaufgaben. Während das sinnentnehmende sowie das orientierende Lesen im schulischen Bereich durch Modelle wie die *Fünf-Punkt-Lesemethode* gefördert wird und auch im privaten Bereich z. B. bei der Suche im Internet seinen Raum hat, wird das *intensive Lesen*, das ebenfalls vom Kerncurriculum als Lektürevariante verlangt wird (vgl. Niedersächsisches Kultusministerium 2015, S. 22), zunehmend weniger praktiziert.[7] Statt in Büchern zu blättern, wird auf Tablet und Handy gescrollt. Viele Schüler*innen sind kaum literarisch sozialisiert und haben zunehmend weniger Geduld, sich mit längeren bzw. komplexeren Texten auseinanderzusetzen. Die genaue Lektüre muss bei einigen von ihnen erst (wieder) etabliert werden. Gespräche über die Leseerfahrungen sowie die Wertschätzung der Beobachtungen motivieren diesen Prozess.

Zudem kann ein ausführliches offenes Unterrichtsgespräch während oder im Anschluss an eine Lektüre genutzt werden, um die Schüler*innen erstmals für das Vorhandensein zweier Textebenen (*histoire* und *discours*) zu sensibilisieren, indem man ihre Textbeobachtungen gemeinsam ordnet und überlegt, wie man den Spuren dieser Beobachtungen am besten nachgeht. Natürlich läuft man Gefahr, bei dieser zunächst in alle Richtungen offenen Spurensuche narratologische Aspekte zu entdecken, die nach den curricularen Vorgaben als solche (noch) nicht vorgesehen sind. Dies führt jedoch keineswegs zu Problemen, wenn man Lernende zuvor dafür sensibilisiert, worum es bei der Auseinandersetzung mit Literatur u. a. geht, nämlich darum, ein möglichst gutes Modell dafür zu finden, die strukturelle

---

[7] Intensives Lesen meint eine den alltäglichen Rezeptionsgewohnheiten teilweise entgegenlaufende Form der genauen, textnahen und verlangsamten Lektüre, die verschiedene Bedeutungsebenen des ästhetischen Textes wahrzunehmen imstande ist. Literaturdidaktisch gibt es verschiedene Konzepte, die sich unter dem Oberbegriff des intensiven Lesens fassen lassen, z. B. das verzögerte Lesen bei Frommer, das wiederholte Lesen bei Kremer und Wegemann oder Paefgen oder das textnahe Lesen wiederum bei Paefgen (vgl. Frommer 1981; Kremer und Wegemann 1995 sowie Paefgen 1997, S. 85–87 sowie 1998, S. 14).

Gestaltung eines Textes, d. h. seine narrative Struktur, zu beschreiben. Modelle kennen die Schüler*innen sowohl aus dem täglichen Leben als auch aus dem naturwissenschaftlichen Unterricht und sie haben ein gutes Verständnis dafür, dass diese einfacher oder schwieriger sein bzw. immer wieder verbessert werden können.[8] Viele Lernende sind tatsächlich deutlich motivierter, wenn man ihnen zutraut, etwas zu einem guten Modell beisteuern zu können, anstatt die Modelle anderer schlicht nachzuvollziehen. Ohne hier näher auf konkrete Lernarrangements oder die methodische bzw. soziale Ausgestaltung von Unterrichtssituationen einzugehen, möchte ich im Folgenden kurz beispielhaft einige Angebote darlegen, die sich aus der Lektüre von *Rico, Oskar und die Tieferschatten* ergeben können, um mit den Lernenden über das Erzählen ins Gespräch zu kommen.

Rico, Oskar und die Tieferschatten ist als Ferientagebuch Ricos konzipiert, weshalb die Kapitel im Groben den Wochentagen von Samstag bis Donnerstag entsprechen, wobei es an einigen Tagen mehrere Einträge Ricos gibt, die eigene Kapitel bilden („Immer noch Samstag" [Steinhöfel 2008, S. 27] oder „Fast schon Donnerstag" [Steinhöfel 2008, S. 181]). Die Schüler*innen erfassen bei der Lektüre sehr schnell, dass Rico Erzähler seiner eigenen Geschichte ist, die er in der Ich-Form erzählt. Rico berichtet nämlich ausführlich, wie er dazu gekommen ist, ein Tagebuch zu schreiben. Dieses entsteht als besondere Ferienhausaufgabe, die ihm sein Lehrer im Förderzentrum nahelegt, und der Junge erhofft sich vom Ergebnis seiner Bemühungen den Erlass anderer ungeliebter Aufgaben nach den Ferien (vgl. Steinhöfel 2008, S. 48).

Zentral dafür, nicht nur einen Erzähler benennen zu können, sondern das Konzept zu verstehen, scheint mir vor allem die Erfahrung zu sein, welche Auswirkungen Veränderungen der Erzählerfigur auf die Geschichte haben. Im Zentrum von *Rico, Oskar und die Tieferschatten* steht ein Kriminalfall. Mister 2000 entführt im Berliner Stadtgebiet allein umherlaufende Kinder, die er ihren Eltern gegen eine Zahlung von 2000 Euro wieder zurückgibt. Aufgrund seiner geringen Lösegeldforderung wird Mr. 2000 auch der Aldi-Kidnapper genannt. Als Oskar, Ricos neuer hochbegabter Freund, Opfer des besagten Entführers wird und sich dessen Vater an die Polizei wendet, weil er selbst das geringe Lösegeld nicht aufbringen kann, schaltet sich Rico in die Ermittlungen ein und sucht seinen neuen Freund auf eigene Faust. Die Spannungsentwicklung der Geschichte lebt davon, dass Rico sein Tagebuch ermittlungsbegleitend verfasst und eine beschränkte Sicht auf den Fall hat. Dadurch kommt es zu Missverständnissen, wie etwa, als er den

---

[8] Nach Kaspar H. Spinner kann literarisches Lernen als implizites sowie als explizites Lernen betrachtet werden. Literarische Texte, die im Unterricht oder zu Hause gelesen oder vorgelesen werden, erweitern das implizite Wissen der Schüler*innen, sie bilden Modelle, nach denen sich das implizite Wissen organisiert. Schüler*innen an der theoretischen Modellbildung zu beteiligen, kann zu einer Explikation dieses impliziten Wissens beitragen. Schüler*innen werden dazu angehalten, über die im literarischen Schreiben erfolgte Realisation ihres impliziten Wissens nachzudenken und dieses Wissen zu explizieren (vgl. zum literarischen Lernen Spinner 2022, konkret S. 17–19 sowie S. 35).

neuen Nachbarn Westbühl aufgrund klar erscheinender Indizien für den Entführer Oskars hält. Tatsächlich stellt sich später heraus, dass es sich bei Simon Westbühl um einen verdeckt ermittelnden Polizisten handelt, der ebenfalls auf der Spur des Aldi-Kidnappers ist (vgl. Steinhöfel 2008, S. 217).

Bei der Lektüre dieser Szene bietet es sich an, den Schüler*innen nahezulegen, sich in Westbühl hineinzudenken, und die Szene, in der Rico den Nachbarn fälschlich als Entführer identifiziert, aus der Perspektive des verdeckten Ermittlers erzählen zu lassen. Durch den Vergleich von Umgestaltung und Original lässt sich herausarbeiten, welche Auswirkungen es für die Leser*innen gehabt hätte, an dieser Stelle bereits Westbühls Gedanken zu kennen. Die Lernenden erarbeiten sich schnell ein Verständnis dafür, dass die Entscheidung, aus wessen Perspektive bzw. mit welcher Erzählhaltung erzählt wird, Konsequenzen für die Wirkung der Erzählung auf die Leser*innen hat. Das Konzept der Perspektive, das die Schüler*innen auf diese Weise erschließen und im Verlauf der Auseinandersetzung auch zu benennen lernen, ließe sich im Sinne der curricularen Vorgaben noch dahingehend vertiefen, dass man den Schüler*innen die Aufgabe stellt, eine dritte Variante der Szene zu entwickeln, bei der eine beobachtende Person erzählt, die mit der besonderen Fähigkeit ausgestattet ist, die Gedanken aller in der Szene agierenden Personen zu kennen. Ggf. können die verschiedenen Varianten auch innerhalb der Klasse aufgeteilt oder jeweils von kleinen Gruppen bearbeitet werden. Der anschließende Vergleich der verschiedenen Gestaltungsweisen kann deutlich werden lassen, dass sich die Spannungskurve einer Geschichte stark durch die Wahl der Perspektive beeinflussen lässt, die Attribute ‚personal‘ und ‚auktorial‘ lassen sich nun im Nachhinein den verschiedenen Ausgestaltungen zuschreiben.

Anhand solcher Aufgaben aus dem Bereich der Handlungs- und Produktionsorientierung und anschließender Reflexionsgespräche ließe sich auch die genettesche Unterscheidung von *Modus* und *Stimme* problemlos etablieren, wenn man den Arbeitsauftrag ein wenig modifiziert. Überlässt man die erzählerische Ausgestaltung den Schüler*innen, wird bei den Arbeiten erfahrungsgemäß eine deutliche Präferenz für die Ich-Form des Erzählens auffallen. Dies wird ihnen im konkreten Fall des Romans natürlich auch nahegelegt, weil Rico in dieser Form erzählt und die Schüler*innen ihre Texte in Anlehnung an Ricos Tagebuch verfassen. Das Verständnis dafür, dass man aus dem Blickwinkel einer Figur erzählen kann, ohne ihr direkt eine Stimme zu geben, d. h. Stimme und Modus (Fokalisierung) zu trennen, muss erst entwickelt werden, und selbst in den höheren Jahrgängen wird diese Gestaltungsform von den Schüler*innen selten spontan gewählt. Hier kann es eine Überlegung wert sein, selbst eine Umgestaltung der entsprechenden Szene zu entwerfen und diese in der Lerngruppe gleichwertig diskutieren zu lassen. Die Unterrichtspraxis zeigt, dass die Schüler*innen die veränderte Wirkung in der Regel von selbst bemerken. Gegebenenfalls muss ein Impuls von der Lehrkraft gesetzt werden, der einen genauen Vergleich von Original und Umgestaltung verlangt.

Häufig fallen während der Diskussion in den jüngeren Jahrgängen auch die Begriffe Nähe oder Direktheit, um die wahrgenommenen Unterschiede zu benennen. In den höheren Jahrgängen wäre auch der Begriff der Distanz möglich. Sollten diese Begriffe nicht von den Schüler*innen genannt werden, kann die Lehrkraft auch hier einen vertiefenden Impuls setzen, die Erzählhaltung durch geeignete Adjektive bestimmen zu lassen. Insgesamt lassen sich über solcherlei Fingerübungen und offene Reflexionsgespräche nicht nur die curricular geforderten Begrifflichkeiten des Ich-Erzählers sowie des Er-/Sie-Erzählers, sondern auch andere Aspekte des Erzählens einführen, die von Schüler*innen häufig selbst ins Spiel gebracht werden, wenn sie ihre Textbeobachtungen ungelenkt vorbringen dürfen.

Nach einem Werturteil zu *Rico, Oskar und die Tieferschatten* gefragt, äußern die Schüler*innen häufig, dass der Text witzig oder ungewöhnlich sei, weil Rico so komische Sachen sage. Es ist kaum nur die Tatsache, dass es sich bei dem Erzähler des Romans um ein Kind handelt, denn Kinder sind auch seine Leser*innen, die den Text besonders und komisch finden. Rico ist genau genommen ein ganz besonders Kind:

> Ich sollte an dieser Stelle wohl erklären, dass ich Rico heiße und ein tiefbegabtes Kind bin. Das bedeutet, ich kann zwar sehr viel denken, aber das dauert meistens etwas länger als bei anderen Leuten. An meinem Gehirn liegt es nicht, das ist ganz normal groß. Aber manchmal fallen ein paar Sachen raus und leider weiß ich vorher nie, an welcher Stelle. Außerdem kann ich mich nicht immer gut konzentrieren, wenn ich etwas erzähle. Meistens verliere ich dann den roten Faden, jedenfalls glaube ich, dass er rot ist, er könnte aber auch grün oder blau sein, und genau das ist das Problem. (Steinhöfel 2008, S. 11)

Damit wäre die Poetik dieses Romans auf den Punkt gebracht, denn er zeichnet sich durch regelmäßige Abschweifungen, u. a. daraus resultierende, von den Leser*innen erlebte erzählerische Unzuverlässigkeit[9] und eine ganz besondere Art der Weltbetrachtung aus, die Schüler*innen im Verlauf der Lektüre schnell thematisieren. Von solchen allgemeinen Textbeobachtungen ausgehend bietet sich der genauere Blick auf Ricos Erklärtexte an, die sich immer wieder im Buch eingestreut finden und die einen guten Anlass geben, genauer zu betrachten, was Ricos spezielle Art der Weltdarstellung ausmacht. Die Texte sind durch eine Umrandung klar als Einschub in die Erzählung markiert. Genau genommen handelt es sich um Paratexte, die als solche jedoch mit der Geschichte verbunden sind, weil durch sie Fremdwörter erläutert werden, die Rico in konkreten Handlungssituationen nicht versteht und deshalb für sich zu erklären versucht. So z. B. den Begriff der Schwerkraft:

> Schwerkraft: Wenn was schwerer ist als man selbst, zieht es einen an. Zum Beispiel ist die Erde schwerer als so ziemlich alles, deshalb fällt keiner von ihr runter. Entdeckt hat die Schwerkraft Isaac Newton. Sie ist gefährlich für Busen und Äpfel. Womöglich auch noch für andere runde Sachen. (Steinhöfel 2008, S. 18)

---

[9] Zur Unzuverlässigkeit des Erzählers in Steinhöfels *Rico, Oskar und die Tieferschatten* vgl. auch Henke 2020.

Weil die Schüler*innen in der fünften und sechsten Klasse bereits mit Sachtexten sowie mit Lexikoneinträgen vertraut sind, bemerken sie meiner Erfahrung nach häufig, dass Ricos Art der Worterklärung speziell ist und sich von einem Lexikonartikel deutlich unterscheidet. „In einem echten Lexikon", so eine Schülerin aus einer fünften Klasse, die ich im Schuljahr 2021/2022 selbst unterrichten durfte, „ist alles fachlich erklärt. In Ricos Lexikon ist alles kindlich erklärt." Außerdem, so bemerkt eine andere, verwende er das Beispiel seiner Mutter. Ricos Texte seien also persönlich und nicht neutral. Auch über solche vergleichenden Reflexionen lassen sich zahlreiche Beobachtungen in Bezug auf die narrative Struktur des Textes festhalten. Die Perspektive einer Figur bedeutet kein rein lokales oder geometrisches Verhältnis, sondern wird durch den sozialen Status der Figur ebenso bestimmt wie durch ihr Vorwissen, ihre Erfahrung und ihre Wahrnehmungsmöglichkeiten. Letztere sind bei Rico speziell, weil bestimmte Eindrücke die „Bingo-Kugeln" in seinem Kopf in Bewegung setzen und zu ungewöhnlichen Schlüssen führen (vgl. zum Bild der Bingo-Kugeln Steinhöfel 2008, S. 11). Zur Erzählhaltung gehört auch der Aspekt der Nähe bzw. Distanz, der sich kompliziert in das duale Raster mit eindeutiger Kopplung auktorial = nicht involviert, personal = involviert einordnen lässt. Der Erzähler kann kommentieren (Merkkästen) und die Distanz zum Erzählten variieren, generell können Ereignisse berichtet oder szenisch dargestellt werden.

Das Genre des Detektivromans sowie die detektivische Wahrnehmung sind in Steinhöfels Kinder- und Jugendroman von der ersten Seite an präsent. Ricos Sinne sind durch die vielen Fernsehabende mit Frau Dahling und Miss Marple geschult und immer wieder scheinen Spuren auf, die ihn auf eine wichtige Fährte bringen. Die entscheidende Spur liefern schließlich die Tieferschatten:

> Im dritten Stock vom Hinterhaus marschierte der Tieferschatten von Fräulein Bonhöfer an einem der Fenster ihrer ehemaligen Wohnung vorbei. Ich spuckte die letzte Rigatoni aus und starrte nach drüben, zu geschockt, um wirklich Angst zu bekommen. So deutlich und mit klaren Umrissen hatte ich einen Tieferschatten noch nie gesehen. [...] Der Tieferschatten verschwand. Und in mir klackerte etwas. Erst dachte ich, es wären die Bingo-Kugeln, die sich bisher erstaunlich ruhig verhalten hatten. Aber das hier hörte und fühlte sich anders an. Es hörte und fühlte sich an, als wären ein paar Puzzlesteinchen, die bis jetzt geduldig gewartet hatten, soeben an ihren richtigen Platz gefallen. / Plötzlich wusste ich alles. / Also gut, fast alles." (Steinhöfel 2008, S. 179–180)

So beschreibt Rico den Moment, in dem ihm vermeintlich die Lösung des Rätsels um den Aufenthaltsort seines vom sogenannten Aldi-Kidnapper entführten Freundes Oskar klar wird. Die zitierte Textstelle ist für die Auflösung der spannenden Geschichte zentral und die Tieferschatten sind der Schlüssel zur folgenden Befreiung Oskars, die letztlich allerdings nicht ganz ohne Hindernisse und Überraschungen erfolgt. Über ihre Funktion für die Kriminalhandlung hinaus scheint mir diese Stelle jedoch noch auf andere Weise charakteristisch für diesen vielschichtigen Kinder- und Jugendroman, denn hier wird das Aufscheinen einer Spur verbalisiert. Ein Phänomen, das bisher im Buch verschiedene Ausdeutungen erfahren hat, wird in einer neuen Weise wahrgenommen. Waren die Tieferschatten bisher die Bewegung der Vorhänge in einer leerstehenden Wohnung oder der Geist der alten Frau Bonhöfer, die sich vor längerer Zeit in dieser Wohnung das Leben genommen hat, so werden sie nun zur Spur, die den jungen Detektiv auf die Fährte des Entführers bringt. Ricos Schlüsselmoment erinnert stark an die Erfahrung von Leser*innen, die Beobachtungen sammeln und versuchen, Kohärenz in eine Erzählung zu bringen. Es gelingt, eine Spur scheint auf, ein Puzzle fügt sich zusammen, und es gelingt gleichzeitig nicht: etwas bleibt widerständig.

Das Lesen kennt zwei etymologische Ursprünge: das gothische Verbum *lisan*, das *sammeln* bedeutet, sowie das gothische Verbum *leisan,* das mit der Bedeutung *erfahren* und *einer Spur folgen* wiedergegeben werden kann (vgl. Gross 2000, S. 152). Dieser doppelte Ursprung zeigt, wie eng in einem Literaturunterricht, der von der Lektüre ausgeht, zwei Praxen miteinander verbunden sind, auch wenn sie gelegentlich gegeneinander zu stehen scheinen. Das analytische Sammeln und das erfahrende Spurensuchen sind Tätigkeiten, die sich in der Lektüre verbinden und überkreuzen. Beobachtungen werden gesammelt, Spuren scheinen auf und Kreise schließen sich. Anders gesagt: Wird der Literaturunterricht zum gemeinsamen Lesen, finden sich Spuren zur Erzähltheorie ganz selbstverständlich. Nutzt man dazu noch das implizite Wissen, das alle Schüler*innen durch Mediennutzung, vorangegangene Unterrichtserfahrung oder familiäre Praxen mit dem Erzählen haben, für die kreative (Um-)Gestaltung der Lektüren, so lässt sich in der anschließenden Reflexion trefflich über Erzähltheorie diskutieren und manches Modell entwerfen, das die curricularen Erwartungen deutlich übertrifft.

Literatur

Bernhardt, Sebastian, und Jan Standke. 2019. Gegenwartsliteratur. In *Grundthemen der Literaturwissenschaft. Band 14: Literaturdidaktik*, Hrsg. Christiane Lütge, 319–337. Berlin: De Gruyter.

Bildungsstandards im Fach Deutsch für die Allgemeine Hochschulreife (BISTA Hochschulreife) i. d. F. vom 18.10.2012, Hrsg. v. d. ständigen Konferenz der Kultusminister (KMK). Berlin. https://www.kmk.org/fileadmin/veroeffentlichungen_beschluesse/2012/2012_10_18-Bildungsstandards-Deutsch-Abi.pdf. Zugegriffen: 12. Okt. 2022.

Euringer, Martin. 2016. *Materialien und Kopiervorlagen zu Andreas Steinhöfel: Rico, Oskar und die Tieferschatten*. München: Hase und Igel.

Frommer, Harald. 1981. Statt einer Einführung: Zehn Thesen zum Literaturunterricht. *Deutschunterricht* 33(2):5–9.

Genette, Gérard. 1998. *Die Erzählung*, 2. Aufl. München: Fink.

Gross, Sabine. 2000. Lesen-Körper-Text. In *Zunge und Zeichen*, Hrsg. Eva Kimminich und Claudia Krülls-Hepermann, 151–186. Berlin: Lang.

Henke, Ina. 2020. „Außerdem kann ich mich nicht immer gut konzentrieren, wenn ich etwas erzähle". Zur Integration des Konzepts des unzuverlässigen Erzählens in den schulischen Literaturunterricht am Beispiel von Andreas Steinhöfels *Rico, Oskar und Tieferschatten* und *Der mechanische Prinz*. In *Kontrovers: Literaturdidaktik meets Literaturwissenschaft*, Hrsg. Andreas Grünwald, Meike Hethey, und Karen Struve, 177–192. Trier: WVT.

Kremer, Detlef, und Nikolaus Wegemann. 1995. Wiederholungslektüre(n): Fontanes Effi Briest – Realismus des wirklichen Lebens oder literarischer Text. *Deutschunterricht* 47(6):56–75.

Martínez, Matías, und Michael Scheffel. 2009. *Einführung in die Erzähltheorie*. München: Beck.

Niedersächsisches Kultusministerium. 2015. Kerncurriculum für das Gymnasium. Schuljahrgänge 5–10. Deutsch. Niedersachsen. https://cuvo.nibis.de/index.php?p=search&k0_0=Dokumentenart&v0_0=Kerncurriculum&f0=Kerncurriculum+Deutsch+Gymnasium-Sek.I&. Zugegriffen: 16. Sept. 2022.

Paefgen, Elisabeth. 1997. Kunst oder Wissenschaft. *Deutschunterricht in der Literatur. Wirkendes Wort* 47(1):75–93.

Paefgen, Elisabeth. 1998. Textnahes Lesen. Sechs Thesen aus didaktischer Perspektive. In *Textnahes Lesen. Annäherungen an Literatur im Unterricht*, Hrsg. Jürgen Belgrad und Karlheinz Fingerhut, 14–23. Baltmannsweiler: Schneider Hohengehren.

Spinner, Kaspar H. 2022. Literarisches Lernen. In *Literarisches Lernen. Aufsätze*, Hrsg. Kaspar H. Spinner, 9–37. Stuttgart: Reclam.

Steinhöfel, Andreas. 2008. *Rico, Oskar und die Tieferschatten*. Hamburg: Carlsen.

Schulbücher

Fenske, Ute, Bernd Schurf, und Andrea Wagener, Hrsg. 2011. *Deutschbuch. Ideen zur Jugendliteratur. Andreas Steinhöfel. Rico, Oskar und die Tieferschatten. Kopiervorlagen*. Berlin: Cornelsen.

Hampel, Felicitas. 2015. *Deutsch. kompetent. Stundenblätter. Andreas Steinhöfel: Rico, Oskar und die Tieferschatten*. Stuttgart: Klett.

Wagener, Andrea, Hrsg. 2019. *Deutschbuch 5. Gymnasium Niedersachsen*. Berlin: Cornelsen.

Transmediale und medienspezifische Narratologie

Von Medienverbünden und narrativen Ebenen

Zum Konzept einer transmedialen Lektüre im Deutschunterricht der Grundschule

Tobias Kurwinkel und Kirsten Kumschlies

Zusammenfassung

Mit der transmedialen Lektüre entwerfen wir ein Konzept zur erzähltheoretisch fundierten Didaktisierung von kinderliterarischen Medienverbünden in der Primarstufe und intendieren damit die Ergänzung und Erweiterung der intermedialen Lektüre nach Iris Kruse. Eine transmediale Perspektive möchte alle Medienverbundtypen unterrichtlich verfügbar machen, auch jene, denen transmediales Erzählen eingeschrieben ist. Dabei knüpfen wir unmittelbar an die medialen Erfahrungs- und Erlebniswelten von Grundschulkindern an.

Literatur, so schreiben die Germanisten Jürgen Fohrmann und Harro Müller bereits Mitte der Neunzigerjahre, „ist nicht an das Medium Buch gebunden, und Literatur ist auch kein Medium, sondern lediglich eine Formmöglichkeit eines oder mehrerer Medien" (Fohrmann und Müller 1995, S. 7). Diese Erkenntnis galt und gilt – im Besonderen – für die Kinder- und Jugendliteratur als Teil des literarischen Gesamtangebots, denn ihre Produktion und Rezeption erfolgen zunehmend in Medienverbünden (vgl. Frederking et al. 2012, S. 78). Kinder und Jugendliche rezipieren die unterschiedlichen Medien dieser Verbundsysteme – so genannte alte Medien wie Buch, Film und Hörspiel sowie neue wie Internet, Computerspiele und Apps – lesend, hörend, sehend und spürend.

T. Kurwinkel (✉)
Institut für Germanistik – Literaturdidaktik, Universität Duisburg-Essen, Essen, Deutschland
E-Mail: Tobias@Kurwinkel.de

K. Kumschlies
FB II, Germanistik, Grundschuldidaktik Deutsch Universität Trier, Trier, Deutschland
E-Mail: kumschlies@uni-trier.de

Entsprechend liegt die Erzählung *Rico, Oskar und die Tieferschatten* aus dem Jahr 2008 um den Berliner Jungen Rico, der zwar sehr viel, aber anders denkt, und seinen Freund Oskar, der – komplementär kontrastiv konstruiert – die ersten hundertzehn Primzahlen auswendig kann, nicht nur als Kinderroman von Andreas Steinhöfel mit Illustrationen von Peter Schössow vor (vgl. Steinhöfel 2008). Auch ein Taschenbuch in einfacher Sprache – um im selben Medium zu bleiben – hält der Markt bereit. Über dieses hinaus begegnen dem medienaffinen Kind Rico und Oskar aber auch im Film, im Hörbuch, im Theaterstück und im Musical. Und diese Aufzählung gilt, das sei hinzugefügt, nur für den ersten Roman der fünfbändigen Reihe.

Derartige Medien- und Produktverbünde sind Ausgangspunkt unseres Beitrags.[1] Zunächst erfolgt eine Definition dieser Verbundsysteme, um folgend unter Bezugnahme auf den Rhizombegriff von Gilles Deleuze und Félix Guattari auf deren Struktur einzugehen und eine Typologie zu entwickeln. Anschließend didaktisieren wir diese Systeme mithilfe des Konzepts der transmedialen Lektüre und verdeutlichen unsere Überlegungen exemplarisch an unterrichtspraktischen Beispielen.

1   Zur definitorischen Bestimmung von Medienverbundsystemen

Unter einem (Kinder-)Medienverbund wie *Rico, Oskar und die Tieferschatten* wird „die medienübergreifende Verbreitung populärkultureller Stoffe" (Weinkauff 2014, S. 131) verstanden, die von einem großen Merchandising-Angebot als Produktverbund begleitet werden kann. Medienverbünde formieren mit Maiwald „fiktional-ästhetische Erlebnis- und Konsumzonen" (Maiwald 2007, S. 39).

Ein derartiger Verbund setzt sich aus mindestens drei narrativen Medientexten zusammen; Ausgangspunkt ist ein Originärtext,[2] dem eine als Bilderbuch, Roman, Hörspiel, Film, Computerspiel o. Ä. realisierte Erzählung zugrunde liegt. Dieser originäre Text steht mit den anderen Medientexten in intra- und/oder intermedialen Beziehungen: Auf intramedialer Ebene spielen sich diese Beziehungen innerhalb eines Mediums ab, auf intermedialer Ebene überschreiten sie als Medienwechsel und intermediale Bezüge Mediengrenzen. Unter Medienwechsel wird, Irina Rajewsky folgend, die Transformation eines medienspezifisch fixierten Texts in ein anderes, konventionell als distinkt wahrgenommenes Medium verstanden (vgl. Rajewsky 2002, S. 19); intermediale Bezüge sind hingegen Verfahren der Bedeutungskonstitution eines Texts durch Bezugnahme auf ein anderes Medium (= Einzelreferenz) (vgl. Broich 1985) oder das semiotische System (= System-

---

[1] In diesem Beitrag greifen wir Überlegungen auf und entwickeln diese weiter, die wir in den letzten Jahren bereits zur Theorie von Medienverbünden und ihrer Didaktik veröffentlicht haben, vgl. Kurwinkel 2017; Kumschlies und Kurwinkel 2019; Kurwinkel 2020.

[2] Diesem Beitrag liegt ein medial weit gefasster, semiotischer Textbegriff zugrunde, vgl. beispielsweise Horstmann 2007.

referenz) eines anderen Mediums (vgl. Pfister 1985). Medien verdrängen sich in derartigen Verbundsystemen nicht gegenseitig, stattdessen konvergieren und koexistieren sie, nehmen aufeinander Bezug (vgl. Jenkins 2006).

Übertragen auf den *Rico, Oskar und die Tieferschatten*-Medienverbund ist der Kinderroman aus dem Jahr 2008 der originäre Text. In intramedialer Beziehung zu diesem stehen – auf einer gedachten horizontalen Achse – die Ausgabe in einfacher Sprache von Achim Seiffahrt wie auch die weiteren Bände der Reihe; in intermedialer, die Mediengrenzen der Romane überschreitender Relation stellen sich – auf einer vertikalen Achse – Bilderbuch, Comics, Filme, Hörbücher, Theaterstücke und das Musical dar.

2   Zur Struktur eines Medienverbunds

Ein derartiger Medienverbund ist linear und hierarchisch auf den Originärtext aufgebaut. Im Zuge seiner Entwicklung greifen die Medientexte jedoch immer weniger auf den originären Text zurück – analog zu einem Rhizom. Der Rhizombegriff stammt aus der Botanik, wo er ein meist unterirdisch oder dicht über dem Boden wachsendes Sprossachsensystem, einen Wurzelstock oder ein Wurzelgeflecht bezeichnet. In die Philosophie haben Deleuze und Guattari den Begriff Ende der 1970er Jahre eingebracht (vgl. Deleuze und Guattari 1977). Ihnen dient er als Metapher für ein postmodernes bzw. poststrukturalistisches Modell der Wissensorganisation und Weltbeschreibung, das ältere, durch eine Baum-Metapher dargestellte hierarchische Strukturen ersetzt.

Das Rhizom ist durch verschiedene Merkmale oder Prinzipien gekennzeichnet wie etwa das Prinzip des asignifikanten Bruchs: „Ein Rhizom kann an jeder beliebigen Stelle gebrochen und zerstört werden; es wuchert entlang seinen eigenen oder anderen Linien weiter" (Deleuze und Guattari 1977, S. 16). Als Beispiele für dieses Prinzip können im Medienverbund um Rico und Oskar die kurzen Animationsfilme aus der *Sendung mit der Maus* dienen, für die Steinhöfel seit 2016 als Drehbuchautor und Produzent verantwortlich ist: Die etwa sieben Minuten langen, von Peter Schössow gezeichneten Clips haben mit dem bzw. den Originärtexten wenig gemein – sie greifen zwar auf die Hauptfiguren, auf Räume und auch auf Motive zurück, adressieren aber jüngere Rezipient*innen und sind aufgrund ihrer thematischen Ausgestaltung anderen Genres zuzuordnen. Um im Bild des Rhizoms zu bleiben: Sie sind eine neue Linie, wuchern als eine solche weiter.

Darüber hinaus gibt es seit 2017 vier Kindercomics, die im Carlsen-Verlag erschienen sind, mit einprägsamen Titeln wie beispielsweise *Die Sache mit den Öhrchen* (2019), die sich als direkte Adaptionen dieser Kurzfilme darstellen. In den genannten Filmen stellt Andreas Steinhöfel seinen tief- und hochbegabten Protagonisten neue Freunde zur Seite. Eben diese Hinterhoffreunde waren Anstoß für den Autor, der eigentlich als Trilogie geplanten Roman-Reihe noch zwei weitere Bände hinzuzufügen. Aus den Comicadaptionen der Kurzfilme mit ihrem erweiterten Figurenensemble entwickeln sich folglich die Kinderromane weiter, übernehmen die neuen Figuren und die damit verbundenen Erzählräume: In einem Rhizom, so erläutern Deleuze und Guattari das Prinzip der Konnexion und Heterogenität, kann und muss „jeder beliebige[] Punkt eines Rhizoms […] mit jedem anderen verbunden werden" (Deleuze und Guattari 1977, S. 11).

3   Zur Typologie von Medienverbünden

Grundsätzlich können zwei Typen von Medienverbünden unterschieden werden: Der erste ist, wie im Beispiel, zu Beginn linear und hierarchisch organisiert, basiert auf einem zu identifizierenden originären Text und entwickelt sich zunehmend rhizomatisch. Ihm ist eine intermediale Perspektive eingeschrieben, dem zweiten Typus hingegen eine transmediale. Der zweite Typ ist von Anfang an rhizomatisch strukturiert, ist alinear und ahierarchisch organisiert; auch er setzt sich aus Medientexten zusammen – der Originärtext dieser Systeme ist jedoch keine medial realisierte Erzählung, sondern eine Storyworld (vgl. Ryan 2013, S. 90), ein dynamisches Modell sich entwickelnder Situationen. Die Realisierung dieser Storyworld als Erzählung begründet zwei Subkategorien dieses Typs: Bei der ersten wird die eigentliche Geschichte verteilt über Texte in einem bzw. in mehreren narrationsdarstellenden Medien erzählt. Ein Beispiel, das für derartiges Transmedia-Storytelling oft angeführt wird, ist das Media Franchise *Star Wars*.

Bei der zweiten Kategorie wird die Storyworld des Verbundsystems nicht über narrationsdarstellende, sondern über narrationsindizierende Medientexte entfaltet, und zwar als (Rollen-)Spiel mit Ensembles aus Actionfiguren (wie z. B. *Masters of the Universe, Transformers* u. a.). Mit Steinberg stellen diese Figuren als „character" einen Nukleus dar, „that endlessly allows narratives to emerge" (Steinberg 2012, S. 191); derartige Medienverbünde bezeichnet Steinberg als „character-driven" (Steinberg 2012, S. 19). Abgesehen von Actionfiguren können auch Ensembles aus Sammelkarten als narrationsindizierende, also geschichtenandeutende Medientexte fungieren: Ein Beispiel ist *Magic – The Gathering*, ein 1993 erschienenes Sammelkartenspiel von Richard Garfield. In dem Spiel übernehmen zwei oder mehrere Spieler*innen die Rollen von sich duellierenden Zauberer*innen. Diese reisen, so die Spielgeschichte, durch verschiedene fantastische Welten, wo sie ihr Wissen in Form von u. a. Zaubersprüchen erweitern. Die Karten, mit denen sich die Spieler*innen messen, repräsentieren ihr Wissen als Weltenwanderer.

Nach der ersten Edition der Sammelkarten wurden in kurzer zeitlicher Abfolge immer neue Editionen und Erweiterungen an Sets veröffentlicht, die ständige Anpassungen der Spielregeln erforderten; bis heute sind 14.000 verschiedene Karten erschienen, deren Organisation im Spiel rhizomatischen Prinzipien entspricht. Den Editionen dieser Karten liegen dabei jeweils unterschiedliche Hintergrunderzählungen zugrunde, die sich aus der Storyworld speisen. Bereits ein Jahr nach der Veröffentlichung von *Magic – The Gathering* dienten diese Hintergrunderzählungen als Grundlage für einen Roman. Mittlerweile umfasst das Verbundsystem nicht nur mehr als 30 dieser Romane, sondern auch Comics oder Computerspiele, dazu Actionfiguren und anderes Spielzeug.

Narrationsindizierenden Medientexten wie den erwähnten Sammelkarten oder Actionfiguren ist eine Skalierbarkeit von Narrativät eingeschrieben. Diese Überlegungen basieren auf Wolfs Erzähltheorie (vgl. Wolf 2002), die vom Narrativen als einem kognitiven Schema ausgeht; demzufolge wirkt der jeweilige Medientext durch seine Narreme als Stimulus für die Applikation des Schemas. Die Narrativierung liegt jedoch zu einem großen Teil in der kognitiven, kulturell konditionierten Tätigkeit der Rezipierenden und findet in der Anwendung des prototypengestützten Schemas statt. Dabei werden, innerhalb einer Toleranzgrenze, fehlende oder nicht explizit vorhandene Narreme wie z. B. im Falle der Sammelkarten bzw. der Actionfiguren rezipient*innenseitig ergänzt (vgl. Wolf 2002, S. 52).

4   Zur Didaktisierung von Medienverbünden

Zur Didaktik der Medienverbünde im Deutschunterricht gibt es verschiedene Ansätze und Konzepte. Ein prominentes ist die intermediale Lektüre, die Kruse als „Unterrichtsmodell und zugleich [als] fachdidaktisches Forschungskonzept [versteht], mit dem vor- und außerschulisch medial erworbene literarästhetische Erfahrungen im schulischen Unterricht aufgegriffen und erweitert werden können" (Kruse 2014, S. 180). Das didaktische Potential sieht sie in dem „komplexen intermedialen Verweisnetz" (Kruse 2014, S. 180) der Medienverbünde. Dieses Netz bestehe aus Knotenpunkten, die bei der intermedialen Lektüre im Fokus stehen: So genannte Wechsel fassen „dichotome Änderungen zwischen Wahrnehmungsmodi, die medienspezifisch bedingt sind" (Kruse 2014, S. 181), Übergänge benennen hingegen „die unterschiedlichen Komplexitätsgrade und Anspruchsniveaus" (Kruse 2014, S. 181). In diesem Sinne seien Lernchancen innerhalb von unterrichtlichen Medienverbundarrangements als Chancen auf derartige Übergänge zu betrachten – als Übergänge zu stärker herausfordernder inhaltlicher und formbezogener Alterität ebenso wie zu literarästhetischer Komplexität.

Kruses Konzept nimmt mit den Wechseln und Übergängen an den Knotenpunkten der intermedialen Verweisnetze die Medienwechsel in den Verbundsystemen in den Blick (vgl. Kruse 2018). Damit steht – wie im klassischen medienintegrativen Literaturunterricht – noch immer die Transformation eines medienspezifisch fixierten Stoffs in ein anderes Medium im Zentrum. Mit der intermedialen Lektüre lassen sich Medienverbünde des ersten Typs, lineare und hierarchisch organisierte Medienverbünde, in den Literaturunterricht integrieren und didaktisieren. Derartige Konzepte gelangen jedoch aufgrund ihrer medientheoretischen Rahmung an ihre Grenzen, wenn es um Verbundsysteme des zweiten Typs geht, denen ein transmediales Erzählen eingeschrieben ist.

Ein transmedialer Ansatz hingegen ermöglicht ein basales Verstehen und Verständnis des Erzählens als solches, weil ihm sowohl eine medienunspezifische als

auch eine medienspezifische Dimension inhärent ist. Die Unterscheidung dieser
beiden Dimensionen führt weiter zu einem grundsätzlichen Verständnis der beiden
Ebenen narrativer Medientexte, der *histoire* und des *discours*. Schließlich bezieht
sich die *histoire* als Ereignisfolge auf den Inhalt, der *discours* als Zeichenfolge auf
die Darstellung, welche den Inhalt an die mediale Oberfläche transportiert. Mit
einem transmedialen Ansatz geht folglich immer auch einher, dass Wissen über
das jeweils spezifische Zeichenrepertoire eines Mediums erworben wird.

Wenn beispielsweise ein literarisches Motiv wie das Motiv der Freundschaft in
einer Erzählung transmedial perspektiviert und sein Weg durch verschiedene und
in verschiedenen Medien wie Buch, Film und Hörspiel verfolgt wird, kann erstens
die abstrakte Anlage eines Motivs auf Ebene der *histoire* verstanden und zweitens
nachvollzogen werden, wie es auf Ebene des *discours* in den verschiedenen
Medien über spezifische Zeichen konkretisiert wird. So kann es im Buch beispielsweise durch einen heterodiegetischen Erzähler mit Nullfokalisierung akzentuiert,
im Film durch spezielle Einstellungsgrößen – beispielsweise durch die Detailaufnahme zweier Hände, die sich halten – inszeniert und im Hörspiel durch eine
spezielle Melodie charakterisiert werden. Kenntnisse über diese medienspezifischen Zeichen, diese narrativen Erscheinungen, modellieren differenzierendes
Wissen über Einzelmedien.

Ein transmedialer Ansatz bietet Möglichkeiten des literarischen Lernens sowohl
in Medienverbünden des ersten als auch des zweiten Typs, weil das Erzählen als
solches in den Blick genommen wird. Weiter lassen sich durch den Ansatz aktuelle
Erzählphänomene der Medienkonvergenz wie Transmedia-Storytelling in den
Unterricht integrieren, da dieses Transmedialität als grundsätzlich medienunspezifisches Erzählen voraussetzt.

5   Zur unterrichtspraktischen Umsetzung

Wie kann eine solche transmediale Lektüre nun konkret im Unterricht aussehen? Im Folgenden werden unterrichtspraktische Überlegungen skizziert, die
das Konzept der transmedialen Lektüre für die Praxis des Grundschulunterrichts
ausbuchstabieren und lerntheoretisch begründen. Als Beispiel fungieren Medienfiguren als transmediales Phänomen aus dem (einfachen) Grund, dass Grundschulkindern Zugänge zu Figuren in deren Funktionen als „Türöffner in fiktionale
Welten" (Hurrelmann 2003, S. 6) in der Regel leichter fallen als beispielsweise
jene zu Räumen oder Motiven. Die Kontaktaufnahme zu Figuren bezeichnet schon
Hurrelmann als „Königsweg des motivierten literarischen Lesens" (Hurrelmann
2003, S. 4). Grundsätzlich ist die transmediale Lektüre aber mithilfe aller erzähltheoretischer Kategorien der *histoire* wie u. a. Räume oder Motive realisierbar.[3]

---

[3] Für den Raum am Beispiel des Jahrmarkts vgl. Kumschlies 2022.

Die Unterrichtseinheit wird den Kindern mit dem Titel „Wir werden Medien-forscher und erforschen einzelne Medien" vorgestellt und gliedert sich in folgende Schritte, die nachfolgend im Einzelnen skizziert und auf das Beispiel des Medien-verbunds um Steinhöfels *Rico, Oskar und die Tieferschatten* (vgl. hierzu auch der Beitrag von Theilen in diesem Band) übertragen werden:

1. Einstieg: Perspektivierung der Figur als transmediales Phänomen
2. Erarbeitung I: Medienverbundrezeption
3. Erarbeitung II: Analytische Untersuchung der Figur; Reflexion der ästhetischen Strukturen des Mediums, Übernahme von Figurenperspektiven
4. Abschluss: Auswertung der Medienanalysen, Anschlusskommunikation

Einstieg: Perspektivierung der Figur als transmediales Phänomen
In einem Einstiegsgespräch geht es um die Perspektivierung der Figur als trans-mediales Phänomen: Welche Figuren kennen die Kinder? Aus welchen Medien? Auf einem Wandposter werden diese tabellarisch einander zugeordnet: Figuren in der einen Spalte, die entsprechenden Herkunftsmedien in der anderen. Das Poster bleibt im Klassenraum hängen, damit die Kinder im Verlauf der Unterrichtseinheit darauf Bezug nehmen können.

Welche Figuren werden hier aktuell benannt? In einer nicht-repräsentativen Umfrage, die wir im Februar/März 2022 an verschiedenen Grundschulen in Trier, Mannheim und Hamburg[4] durchgeführt haben, nannten die Kinder vor allem folgende Figuren: Luna Lovegood aus *Harry Potter,* iCarly, Spongebob Schwammkopf, Schneemann Olaf aus *Frozen*, Obelix, Fortnite, Peppa Pig, Tom (von *Tom und Jerry*), Megalodon, Evoli (aus *Pokémon*), Playmobil-Figuren, Ruby Roundhouse, Barbie, My little Pony, die Olchis, Raya und Vaiana aus dem gleich-namigen Disneyfilm – und griffen somit mehrheitlich auf populäre Figuren aus Filmen und Serien zurück. Die Fähigkeit zur Differenzierung zwischen Action-figuren, fiktiven Figuren aus Film- bzw. Serienangeboten, Titeln von letzteren sowie prähistorischen Tieren ist bei diesen Nennungen noch nicht erkennbar.

Auf diesen subjektiven kindlichen Rezeptionserfahrungen baut das Konzept der transmedialen Lektüre auf. Es schließt damit an den unmittelbaren Erfahrungs-bereich der Kinder an und will diesen zugleich erweitern, indem die Fähigkeit zur differenzierten Betrachtung von Figurenkonzeptionen ausgebaut wird. Durch die Zuordnung der Figuren zu ihrem Herkunftsmedium auf dem Wandposter erfolgt eine erste transparente Differenzierung zwischen verschiedenen Figurentypen.

Daran anschließend malen die Schüler*innen ein Bild ihrer Lieblingsfigur (s. Abb. 1), um die Verbindung mit der Figur als narratives Element zu stärken.

---

[4]Wir danken für das Engagement bei der Mitwirkung der Grundschullehrerin Elske Vogt, den Studierenden Magdalena Schmitt, Lea Sausen, Elena Becker, Jule Kreuzer, Sarah Schneider, Professorin Dr. Eva-Kristina Franz und den Grundschulkindern der Klassenstufen 2–4, die ihre favorisierten Medienfiguren gemalt und zu ihnen geschrieben haben.

Abb. 1   Meine Lieblingsfigur: Das Baby Olchi, Archiv Kirsten Kumschlies

Zur Begründung ihrer Auswahlentscheidung schreibt zum Beispiel eine Dritt-klässlerin:

> Ich mag Vaiana, weil sie das Meer mag und nicht zickig ist und schön singen kann und über den Ozean herrscht und trotzdem nicht zu eingebildet wird und gesehen hat, dass im Bösen Gutes steckt.

Und eine Zeitklässlerin, die erst seit kurzem in Deutschland ist, auf eine Grund-schule mit niedrigem Sozialindex in Hamburg geht und bislang wenig Vor-erfahrungen mit offenen Schreibaufgaben gesammelt hat, formuliert zu den *Olchis* von Erhard Dietl:

> Das Olchi Baby: Die Besonderheit ist, dass die Figur sehr gut werfen kann. Die Figur ist gut. Die Figur ist so süß und die Figur kann so gut werden. Ich habe die Figur gewählt, weil die Menschen dachten, die haben den Gestank gemacht, aber die Olchis haben den Gestank nicht gemacht.

Durch die Kinderdokumente wird einmal mehr deutlich, dass gerade das Schreiben und Malen zu Medienfiguren hohe Anreize und Identifikations-potenziale für Kinder bieten: Die Zweitklässlerin zum Beispiel lieferte in diesem offenen Unterrichtssetting einen Text ab, den die Klassenlehrerin als außergewöhnlich betrachtete. Ähnliches haben Dehn und Weinhold schon zu Beginn der 2000er Jahre in ihren Studien zur elementaren Schriftkultur am Schul-anfang gezeigt (vgl. Weinhold 2000). „Die Medienfiguren", so Dehn und Hüttis-Graff in der Rückschau (2018, S. 72), „haben eine große Attraktivität für alle Kinder aus Klasse 1 und sie sind Gegenstand bemerkenswerter Schreibprozesse und -produkte. Gegenstand von Unterricht sind sie bisher kaum." Eben hier setzt die transmediale Lektüre – in Abgrenzung zur intermedialen Lektüre – an, indem der Einstieg in die Medienverbundrezeption über die subjektiven, kindlichen Medienerfahrungen gesucht wird. Auch Schüler (2020) zeigt, dass die Vorstellung einer Storyworld nicht nur für die Rezeption, sondern auch für die Produktion von Bedeutung ist (vgl. Schüler 2020).

Die genannten Studien aus dem Kontext der Forschung zur elementaren Schriftkultur am Schulanfang nutzen Medienfiguren und Storyworlds als Zugänge zu schreibdidaktischen Arrangements und ziehen daraus Befunde über Vertextungsstrategien von Schreibanfänger*innen. Uns hingegen dienen sie als Einstieg in einen transmedialen Lektüreprozess, dessen Ziele im Kontext des medienästhetischen und literarischen Lernens verortet sind. Es geht um die Reflexion der ästhetischen Strukturen des Mediums, Übernahme der Perspektive von Figuren und eine erste Anbahnung transmedial modellierten erzähltheoretischen Wissens. So ist – etwas breiter aufgespannt – ein Rahmen geschaffen für kulturelles Lernen in der Grundschule, das der Grundschul-didaktiker Nießeler (2021, S. 37) als ein Lernen beschreibt, das Teilhabe ermög-licht „am kollektiven Gedächtnis, in dem Wissen über Generationen hinweg mithilfe von Medien der Erinnerung aufbewahrt und tradiert wird". Das kulturelle Lernen in der Primarstufe lässt sich fördern, „wenn vielfältige Angebote und

Medien vorbereitet sind, mit denen und durch die die schulische Umgebung zu einem kulturellen Raum wird und Schüler*innen an Kultur partizipieren können" (Nießeler 2021, S. 40) – in unserem Konzept: an der populären Kindermedienkultur.

Kultur wird im Kontext des kulturellen Lernens in der Grundschuldidaktik mit Reckwitz (2003) als „ein Ensemble von Praktiken bezeichnet. Praktiken wie beispielsweise die des Gehens, des Tanzens, des Regierens und Organisierens, des Versprechens oder des Streitens bilden Kultur" (Leßmann 2019, S. 115 unter Rekurs auf Reckwitz 2003, S. 289). Und: „Kultur ist immer etwas Gewordenes", so formulieren Abraham und Brendel-Perpina (2017, S. 9), „sie hat eine historische Dimension und zeigt sich nicht nur in der Infrastruktur, der Architektur oder den Kunstwerken einer Gesellschaft, sondern auch in ihren Institutionen, und nicht zuletzt den Wissenschaften und ihren Ergebnissen". Kulturelle Kompetenzen formieren sich demnach „im Kontext sozialer Praktiken als Wissen, Fähigkeiten, Haltungen bzw. Einstellungen und Motivation" (Abraham und Bendel-Perpina 2017, S. 117).

So können dann an das Malen und Schreiben auch Verfahren der szenischen Interpretation (vgl. Grenz 2012) anschließen, durch die Kinder einmal mehr unterstützt werden, „selbst und gemeinsam mit anderen produktiv und gestaltend tätig zu werden, sodass der Eindruck und Ausdruck konstruktiv zusammenwirken und Gelegenheit besteht, die eigene Kultur zu gestalten" (Nießeler 2021, S. 40). Zu nennen sind hier etwa die pantomimische Darstellung der Lieblingsbeschäftigung der Figuren, die durch Ein- und Ausfühlungsfragen begleitet wird. Zentral ist in diesem Unterrichtsschritt die Frage danach, aus welchem Medium die gewählte Figur stammt und wie sich die jeweilige Darstellung eventuell an das Einzelmedium koppelt, um die Kinder für den Umstand zu sensibilisieren, dass Figuren eine Größe sind, die in allen Medien vorkommt, also ein zunächst medienunspezifisches, transmediales Phänomen ist, das seine Spezifik im und durch das Einzelmedium entfaltet. Durch die szenische Darstellung können zum Beispiel medienspezifische Differenzen in der Figurengestaltung sichtbar werden, die den Kindern im Vorwege nicht bewusst waren.

Erarbeitung I: Medienverbundrezeption
Auf die Einstiegsphase folgt die Überleitung zu einem ausgewählten Medienverbund, den wir hier am Beispiel von *Rico, Oskar und die Tieferschatten* exemplifizieren. Die Stärke des Ansatzes liegt aber grundsätzlich darin, dass hier beide Typen von Medienverbünden zum Einsatz kommen können, was die Chance bietet, an den Interessen der Kinder anzusetzen und somit Kindermedienkultur ernst zu nehmen und anzuerkennen, indem sie unterrichtlich nicht (wie sonst häufig) ausgeklammert bleibt und „im Dialog mit der Erwachsenengeneration vermittelt" (Nießeler 2021, S. 40) wird. Die Lehrkraft stellt zunächst die einzelnen Verbundmedien kurz vor, indem sie beispielsweise Ausschnitte präsentiert und Titel- und Coverbilder sowie Abbildungen von Merchandising-Artikeln an die Wand projiziert. Dadurch wird ein erstes Gespräch mit den Kindern über den aus-

gewählten Verbund angebahnt und dieser an die Sammlung verschiedener Medien zum Einstieg rückgekoppelt.

Erarbeitung II: Analytische Untersuchung der Figur; Reflexion der ästhetischen Strukturen des Mediums, Übernahme von Figurenperspektiven
Im Anschluss übernehmen einzelne Gruppen Patenschaften für je ein Medium und untersuchen die Struktur des Mediums anhand eines Medienforschungsplans: Sie nehmen die Figur mithilfe eines vorstrukturierten Arbeitsblatts, das sowohl auf die Figurenkonzeption *(histoire)* als auch auf die -charakterisierung *(discours)* abzielt (vgl. Bode 2011, S. 123–142), in den Blick:

histoire: Ist die Figur menschlich oder nicht-menschlich? Ist die Figur gut oder böse? Mit wem ist die Figur befreundet? Hat sie Feinde? Welche besonderen Eigenschaften kennzeichnen die Figur? Verändert sich die Figur während der Handlung, entwickelt sie sich?
discours: Wie sieht die Figur aus? Wie ist ihr Körperbau beschaffen? Was trägt die Figur für Kleidung?

Anhand dieser Fragen erstellen die Kinder Figurenplakate, die sie sich in Partnergruppen nachfolgend wechselseitig vorstellen. So entsteht ein Museum der Einzelmedien, das sich im Museumsrundgang erkunden lässt. In einem anschließenden Gespräch bespricht die Lehrkraft mit den Schüler*innen, inwiefern sich die Figuren in den jeweiligen Einzelmedien unterscheiden und was dies ggf. mit der Spezifik der Medien zu tun hat (z. B. könnte darüber gesprochen werden, dass Rico und Oskar im Film gezeigt und deshalb von den Kindern auch sehr genau v. a. äußerlich beschrieben werden können, während dies im Hörbuch nicht der Fall ist, weshalb die Beschreibung ggf. schwerer fällt etc.). Eine mögliche Ergänzung zu den Plakaten wären Strukturlegebilder aus den Spielzeugfiguren des ausgewählten Medienverbunds. Sie bilden die Figurenkonstellationen oder Einzelszenen wie ein Schaubild plastisch ab und werden von einzelnen Kindergruppen auf einem Tisch arrangiert, ähnlich wie beim Statuenbau der szenischen Interpretation. Das allerdings setzt voraus, dass genug dieser Figuren im Klassenzimmer vorhanden sind bzw. die Kinder diese von zu Hause mitbringen.
Figuren erweisen sich in diesem Arrangement als besonders geeignete Zugangskategorie für Grundschulkinder, wenn es um das Erkennen der Trennung von *discours* und *histoire* geht, weil sich äußere und innere Merkmale relativ klar voneinander abgrenzen lassen. Denn „[b]ei der Analyse einer literarischen Figur können Kinder auf ihr konzeptionelles Alltagswissen in Bezug auf den Umgang mit Personen zurückgreifen, das Konzept der Handlungsbeschreibung ist ihnen durch eigene Erlebnisse und den Austausch darüber vertraut." (Boelmann und König 2021, S. 117).
An die Vorstellungsrunde schließt sich ein szenisches Spiel an: Eine Figur aus einem der Einzelmedien wandert in das Einzelmedium der Partnergruppe und sieht sich dort um: Rico aus dem Comic geht in den Realfilm, der Zeichentrick-Rico besucht die Dieffenbachstraße in Berlin-Kreuzberg im Kinderroman.

Die zuvor erstellten Figurenplakate bieten einen Orientierungsrahmen, der zeigt, wie die Figuren in den jeweiligen Einzelmedien präsentiert werden. Auf diese Weise wird einerseits der transmediale Erzählprozess deutlich, andererseits wird die medienbezogene Reflexionsfähigkeit angeregt, die als zentrale Dimension der Medienkompetenz gilt (vgl. Vach 2010). Leitfragen für die Vorbereitung auf das Spiel, die sich an die Figur richten, könnten sein:

Was siehst du hier? Was ist in dieser Welt anders als in deiner Welt? Musst du dich anders verhalten? Wenn ja: Wie? Wie gefällt es dir in dieser Welt? Wie veränderst du dich?

Möglich ist auch die Anwendung eines klassischen Verfahrens der szenischen Interpretation, das Spiel mit Stopp-Rufen zu unterbrechen und Fragen einzuschieben, welche die Veränderung der Figur durch die jeweilige mediale Ausdifferenzierung betreffen. An Rico gerichtet etwa:

Hast du nach dem Wechsel in das neue Medium eine andere Stimme? Was ist anders? Ändert sich durch dein verändertes Aussehen auch dein Verhalten? Magst du Oskar/deine Mama/Frau Dahling in dieser Medienwelt lieber oder in der anderen?

Am Ende verabschiedet sich die Figur und geht zurück in ihr Herkunftsmedium.

Abschluss: Auswertung der Medienanalysen, Anschlusskommunikation
Ein Abschlussgespräch im Klassenverband konzentriert sich auf die Frage, wo Gemeinsamkeiten und Unterschiede in den Figurenausgestaltungen und -darstellungen liegen. Gerahmt wird das Gespräch durch die Reflexion des szenischen Spiels und der Figurenplakate, wobei die Lehrkraft mit Blick auf die Plakate nochmal deutlich macht, dass insbesondere die *discours*-Ebene mit der Darstellungsweise des Einzelmediums korrespondiert. Der Realfilm-Rico aus dem Medienverbund um Rico und Oskar sieht anders aus als die Buchillustration von Peter Schössow bzw. die Figur im Zeichentrickfilm oder Comic. Das Hörspiel (Bearbeitung von Judith Lorentz) überlässt das Aussehen der Figur hingegen überwiegend der Vorstellungsbildung der zuhörenden Kinder.

Angebahnt ist damit eine Einführung der narratologischen Kategorie Figur im Literaturunterricht der Primarstufe, die sich theoretisch auf Räume und Zeitstrukturen erweitern lässt, was den Kindern eine gute Basis für die Weiterarbeit an narratologischen Fragen in der Sekundarstufe bieten kann. Vor allem aber steht eine solche transmediale Lektüre durch die Auseinandersetzung mit der Kindermedienkultur im Dienste eines kulturellen Lernens in der Grundschule, das an den subjektiven Rezeptionsgewohnheiten der Kinder ansetzt und diese miteinander in den Dialog bringt.

Literatur

Abraham, Ulf, und Ina Brendel-Perpina. 2017. *Einführung: Kulturen des Inszenierens*. In *Kulturen des Inszenierens in Deutschdidaktik und Deutschunterricht*, Hrsg. Ulf Abraham und Ina Brendel-Perpina, 7–22. Freiburg im Breisgau: Fillibach.

Bode, Christoph. 2011. *Der Roman*, 2. Aufl. Tübingen: A. Francke.

Boelmann, Jan M., und Lisa König. 2021. *Literarische Kompetenz messen, literarische Kompetenz fördern*. Baltmannsweiler: Schneider Hohengehren.

Broich, Ulrich. 1985. Zur Einzeltextreferenz. In *Intertextualität. Formen, Funktionen, anglistische Fallstudien*, Hrsg. Ulrich Broich und Manfred Pfister, 48–52. Tübingen: Niemeyer.

Dehn, Mechthild, und Petra Hüttis-Graff. 2018. Frühe Zugänge zu Schrift-Sprachlichkeit. Texte zu literarischen Figuren und Medienfiguren am Ende von Klasse 1: Vergleich 1992/94 und 2014. I*Leseräume. Zeitschrift für Literalität in Schule und Forschung* 4: 49–77. http://leseräume.de/wp-content/uploads/2018/05/lr-2018-1a-dehn-hüttis-graff.pdf. Zugegriffen: 8. Sept. 2022.

Deleuze, Gilles, und Félix. Guattari. 1977. *Rhizom*. Berlin: Merve.

Fohrmann, Jürgen, und Harro Müller. 1995. Einleitung. In *Literaturwissenschaft*, Hrsg. Jürgen Fohrmann und Harro Müller, 7–12. München: Fink.

Frederking, Volker, Axel Krommer, und Klaus Maiwald. 2012. *Mediendidaktik Deutsch. Eine Einführung*, 2. Aufl. Berlin: Erich Schmidt.

Grenz, Dagmar. 2012. Zur Sache: Szenisches Interpretieren in der Grundschule. *Deutsch differenziert* 7(3):10–12.

Horstmann, Susanne. 2007. Text. In *Reallexikon der deutschen Literaturwissenschaft, Neubearbeitung des Reallexikons der deutschen Literaturgeschichte. Band III: P-Z*, Hrsg. Jan-Dirk Müller, 594–597. Berlin: De Gruyter.

Hurrelmann, Bettina. 2003. Literarische Figuren. Wirklichkeit und Konstruktivität. *Praxis Deutsch* 177:4–12.

Jenkins, Henry. 2006. *Convergence culture. Where Old and New Media Collide*. New York: NYU Press.

Kruse, Iris. 2014. Intermediale Lektüre(n). Ein Konzept für Zu- und Übergänge in intermedialen Lehr- und Lernarrangements. In *Kinder- und Jugendliteratur in Medienkontexten. Adaption – Hybridisierung – Intermedialität – Konvergenz*. Hrsg. Gina Weinkauff, Ingrid Tomkowiak, Thomas Möbius, und Ute Dettmar, 179–198. Frankfurt a. M. u. a.: Peter Lang.

Kruse, Iris. 2018. Trivialität, Komplexität, Intermedialität – Praxistheoretische Perspektiven auf Medienverbunddidaktik und intermediale Lektüre. In *Intermedialität. Formen – Diskurse – Didaktik*, Hrsg. Klaus Maiwald, 111–130. Baltmannsweiler: Schneider Hohengehren.

Kumschlies, Kirsten. 2022. „Ein Paradies von Licht und Geglitzer": Der Jahrmarkt in Kinder- und Jugendmedien in transmedialer Lektüre. In *Von literarischen Außenseitern, dem Vampir auf der Leinwand und dem Tod im Comicbuch: Narratoästhetik und Didaktik transmedialer Motive in Kinder- und Jugendmedien*, Hrsg. Tobias Kurwinkel und Stefanie Jakobi, 271–287. Tübingen: Narr Francke Attempto.

Kumschlies, Kirsten, und Tobias Kurwinkel. 2019. Transmediale Lektüre. *Medienverbünde im Deutschunterricht der Primarstufe*. kjl&m 71(4):78–85.

Kurwinkel, Tobias. 2017. Zur Theorie von Medien- und Produktverbünden und ihren Sammlungen am Beispiel von Bibi und Tina. *kjl&m* 69(2):14–21.

Kurwinkel, Tobias. 2020. Medien- und Produktverbund. In *Handbuch Kinder- und Jugendliteratur*, Hrsg. Tobias Kurwinkel und Philipp Schmerheim, 14–19. Stuttgart: J.B. Metzler.

Leßmann, Beate. 2019. *Autorenrunden. Kinder entwickeln literale Kompetenzen. Eine interdisziplinäre Studie zu Gesprächen über eigene Texte in der Grundschule*. Münster: Waxmann.

Maiwald, Klaus. 2007. Ansätze zum Umgang mit dem Medienverbund im (Deutsch-)Unterricht. In *Kinder- und Jugendliteratur im Medienverbund. Grundlagen, Beispiele und Ansätze für den Deutschunterricht*, Hrsg. Petra Josting und Klaus Maiwald, 35–48. München: kopaed.

Nießeler, Andreas. 2021. Kulturelles Lernen in der Grundschule. In *Didaktik der Lernkulturen*, Hrsg. Markus Peschel, 30–46. Frankfurt a. M. u. a.: Grundschulverband.

Pfister, Manfred. 1985. Zur Systemreferenz. In *Intertextualität. Formen, Funktionen, anglistische Fallstudien*, Hrsg. Ulrich Broich und Manfred Pfister, 52–58. Tübingen: Niemeyer.

Rajewsky, Irina O. 2002. *Intermedialität*. Tübingen: A. Francke.

Reckwitz, Andreas. 2003. Grundelemente einer Theorie sozialer Praktiken. *Eine sozialtheoretische Perspektive. Zeitschrift für Soziologie* 32(4):282–301.

Ryan, Marie-Laure. 2013. Transmediales Storytelling und Transfiktionalität. In *Medien. Erzählen. Gesellschaft. Transmediales Erzählen im Zeitalter der Medienkonvergenz*, Hrsg. Matthias Krings, Dagmar Hoff, und Karl N. Renner, 89–117. Berlin/Boston: De Gruyter.

Schüler, Lis. 2020. Sich einschreiben in narrative Muster für vorgestellte Erfahrung. Schriftliches Erzählen im Kontext von Wort und Bild. *Leseräume. Zeitschrift für Literalität in Schule und Forschung* 6: 1–23. http://leseräume.de/wp-content/uploads/2020/02/lr-erg-2020-1-Schüler.pdf. Zugegriffen: 08. Sept. 2022.

Steinhöfel, Andreas. 2008. *Rico, Oskar und die Tieferschatten*. Hamburg: Carlsen (und Folgebände).

Steinhöfel, Andreas, Peter Schössow, und Dirk Steinhöfel. 2019. *Rico & Oskar (Kindercomic): Die Sache mit den Öhrchen*. Hamburg: Carlsen.

Steinberg, Marc. 2012. *Anime's Media Mix. Franchising Toys and Characters in Japan*. Minneapolis: University of Minnesota Press.

Vach, Karin. 2010. Medienkompetenz. *Grundschule Deutsch* 8(26):6–9.

Weinhold, Swantje. 2000. *Text als Herausforderung. Zur Textkompetenz am Schulanfang*. Freiburg im Breisgau: Fillibach.

Weinkauff, Gina. 2014. Das Sams. Betrachtung eines prominenten kinderliterarischen Medienverbundes und seiner Rezeption in der Fachöffentlichkeit. In *Kinder- und Jugendliteratur in Medienkontexten. Adaption – Hybridisierung – Intermedialität – Konvergenz*, Hrsg. Gina Weinkauff, Ingrid Tomkowiak, Thomas Möbius, und Ute Dettmar, 127–146. Frankfurt a. M. u. a.: Peter Lang.

Wolf, Werner. 2002. Das Problem der Narrativität in Literatur, bildender Kunst und Musik: Ein Beitrag zu einer intermedialen Erzähltheorie. In *Erzähltheorie transgenerisch, intermedial, interdisziplinär*, Hrsg. Vera Nünning und Ansgar Nünning, 23–104. Trier: WVT.

Metalepsen im Kinderhörspiel

Didaktische Potentiale am Beispiel von Thilo Refferts *Münchhausen*-Adaption *Herr der Lügen*

Andreas Wicke

Zusammenfassung

Das Überschreiten erzähllogischer Grenzen hat Gérard Genette als ‚narrative Metalepse' bezeichnet. In Thilo Refferts Kinderhörspiel *Herr der Lügen* liest der kindliche Ich-Erzähler Ronny in Gottfried August Bürgers *Münchhausen*-Erzählungen, die er zunächst vor seiner neuen Klasse als Erlebnisse seines eigenen Großvaters ausgibt. Schließlich unterhält er sich – darin besteht die metaleptische Grenzüberschreitung – mit Münchhausen, also mit einer Figur jenes Buchs, in dem er liest. Anhand dieses illusionsstörenden und irritierenden Phänomens sollen Grundfragen der Erzähltheorie aus didaktischer Perspektive thematisiert werden. In diesem Kontext geht es sowohl um die Trennung zwischen Erzählinstanz und Figur als auch um jene zwischen Rahmen- und Binnenhandlung.

1   Hinführung

In der 1958 urgesendeten Hörspieladaption von *Alice im Wunderland* (SWF/BR 1958) führt ein traditioneller Erzähler in die Handlung ein und orientiert sich dabei fast wörtlich am Beginn von Lewis Carrolls Roman:

> Alice, ein kleines Mädchen von acht Jahren, recht hübsch und ziemlich naseweis, Alice fand es allmählich furchtbar langweilig, neben ihrer Schwester auf der Bank zu sitzen und

A. Wicke (✉)
FB 02, Institut für Germanistik, Universität Kassel, Kassel, Deutschland
E-Mail: wicke@uni-kassel.de

© Der/die Autor(en), exklusiv lizenziert an Springer-Verlag GmbH, DE, ein Teil von Springer Nature 2023
S. Bernhardt und I. Henke (Hrsg.), *Erzähltheorie(n) und Literaturunterricht*, Deutschdidaktik, https://doi.org/10.1007/978-3-662-66918-1_15

nichts zu tun. Sie hatte ein- oder zweimal in das Buch geschaut, das ihre Schwester las, aber es waren keine Bilder drin, dem Buch fehlte jeder Reiz. (Carroll 1958, I/01:24)

Genau diese Form heterodiegetisch-nullfokalisierten Erzählens ist im Kinderhörspiel der 1950er Jahre erwartbar. Entscheidend für die narrative Konstruktion in Kurt Kusenbergs Adaption ist allerdings ein kurzer Dialog, der diesem Einstieg vorangeht und in dem der Erzähler die Titelfigur fragt, ob die Geschichte nicht zu unsinnig sei und ob er sie überhaupt erzählen solle. Nachdem Alice sich vehement dafür ausgesprochen hat, fragt der Erzähler, ob sie auch selbst mitspiele – eine der ganz frühen Metalepsen im Kinderhörspiel:

Alice	Alle! Alle spielen mit, das Kaninchen und die Maus und die Raupe und die Lachkatze und der Hutmacher natürlich und der Märzhase und die Spielkarten. Alle, und du auch.
Erzähler	Ich? Ich dachte, ich erzähle die Geschichte?
Alice	Eben! Indem du erzählst, spielst du mit. (Carroll 1958, I/00:37)

Während aus fantastiktheoretischer Sicht in Carrolls Roman die Grenze zwischen Primär- und Sekundärwelt überwunden wird (vgl. etwa Nikolajeva 1988, S. 35–42), durchbricht die Hörspieladaption auch die erzähllogische Grenze zwischen extradiegetischer und intradiegetischer Ebene und potenziert damit den fantastischen Gehalt sowie das Spiel mit dem Irrationalen.

Das Überschreiten der „heilige[n] Grenze zwischen zwei Welten: zwischen der, in der man erzählt, und der, von der erzählt wird", bezeichnet Gérard Genette als „*narrative Metalepse*" (Genette 1998, S. 168–169; vgl. auch Genette 2018; Klimek 2018). Es ereignet sich ein Kurzschluss zwischen den diegetischen Ebenen (vgl. Wolf 1993, S. 356–372). Einerseits werden dadurch die Gesetze der Erzähllogik entkräftet, andererseits ist Fiktionalität hier in ihrem ureigensten Element – gerade wenn es, wie bei Alice, um den Sprung ins Wunderland geht. Zu Recht thematisiert Werner Wolf die Metalepse im Kontext „illusionsstörenden Erzählen[s]" (Wolf 1993).

Dass Metalepsen auch im aktuellen Kinderhörspiel keineswegs selten sind, soll ein kurzer Überblick ohne jeglichen Anspruch auf Vollständigkeit zeigen: In den Hörspieladaptionen nach Michael Endes *Die unendliche Geschichte* (WDR 2014) oder Cornelia Funkes *Tintenherz* (Oetinger Media 2013) beispielsweise wird der Ebenensprung der Prätexte übernommen. Torben Kuhlmann greift in seinem Bilderbuch *Lindbergh* auf traditionelle Erzählverfahren zurück, erst in der Bearbeitung, die Gudrun Hartmann 2015 für den Hessischen Rundfunk verfasst hat, findet sich eine metaleptische Konstruktion, wenn die Maus mit dem Erzähler sowie ihrem Zeichner verhandelt, sich mehr Bücher wünscht oder eine Rampe ins Flugzeug benötigt, die daraufhin hörbar gezeichnet wird. Möchte sich Detektiv Faust in der Kinderserie *Faust jr. ermittelt* besser darstellen, als er ist, greift der Erzähler ein und holt ihn auf den Boden der Tatsachen zurück. Judith Lorentz schließlich lässt in dem Orchesterhörspiel *Das Gespenst von Canterville* (SWR u. a. 2006) nach Oscar Wilde die Figur Virginia mit dem Erzähler plaudern. Dieses Verfahren wird außerdem auf die Hörspielmusik Henrik Albrechts übertragen, sodass Virginia schließlich mit dem Bassklarinettisten über die extradiegetische Musik fachsimpelt, die sie als Figur der Diegese ja eigentlich nicht hören dürfte (vgl. Wicke 2021b, S. 160–161). Sogar in kommerziellen Serien wie *Benjamin Blümchen*[1] wird mit metaleptischen Grenzüberschreitungen gespielt, in *Die Ferienbande,* einer Parodie auf Kinderdetektivhörspielserien, wird der – notabene: heterodiegetische – Erzähler am Schluss als Komplize des Täters enttarnt. Bereits die angeführten Beispiele machen deutlich, dass die Funktion resp. Wirkung der Metalepse weitgehend im Spektrum dessen bleibt, was bereits Genette nennt: Sie erzeugt Komik oder setzt die fantastische Handlung in Gang (vgl. Genette 1998, S. 168).

Zum metaleptischen Erzählen hat die Forschung in den letzten Jahren nicht wenige Untersuchungen vorgelegt, dabei wurden Metalepsen im Film (vgl. Kuhn 2011, S. 357–366), in der fantastischen Literatur (vgl. Klimek 2010), in der Populärkultur (vgl. Kukkonen und Klimek 2011), in Text- und Bildmedien des Altertums (vgl. Eisen und Möllendorff 2013), aber natürlich auch in der Kinder- und Jugendliteratur (vgl. Klimek 2009; Langemeyer 2010) untersucht. Hier haben sich, so die Diagnose Sonja Klimeks, Metalepsen beginnend mit den 1980er und 1990er Jahren „auf frappante Art gehäuft […]. Seit Michael Endes Roman ‚Die unendliche Geschichte' (1979) ist die Zahl der in ihre Lektüre hineinsteigenden jungen Leserinnen und Leser schier nicht mehr zu überblicken" (Klimek 2009, S. 6).[2]

Praktisch keine Beachtung fand die Metalepse im Hörspiel, obwohl der Ebenensprung im auditiven Bereich ganz ähnlich funktioniert wie im Erzähltext; meist wird die Grenze zwischen Erzählebene und Figurenwelt aufgehoben. Das ist im Hörspiel vielleicht deswegen noch wirkungsvoller, weil Erzählinstanzen hier automatisch stärker personalisiert sind. „Im Hörspiel", darauf weist Nicole Mahne hin, „wird der Erzähler unvermeidbar als männlich oder weiblich identifiziert. Die akustische Realisation enthält darüber hinaus Informationen über das ungefähre Alter des Erzählers und die Klangeigenschaften seiner Stimme" (Mahne 2007, S. 105). Gerade im direkten Vergleich wird des Weiteren deutlich, dass die dialogische Inszenierung des Hörspiels ein höheres Wirkungspotential für Metalepsen hat als die Lesung respektive das Hörbuch, wo in der Regel sowohl die Erzählerrolle als auch der Figurentext von derselben Stimme gesprochen werden. Insgesamt ist die Erzählinstanz – auch der heterodiegetische Erzähler – im Hörspiel weniger funktional, sondern eher figural zu denken, dadurch haben metaleptische Konstruktionen hier einen besonderen Reiz.

---

[1] Katharina van Dülmen setzt sich in einem Essay mit der ungewöhnlichen narrativen Konstruktion Erwin Erzählers aus der Kinderhörspielserie *Benjamin Blümchen* auseinander und kommt zu dem Schluss: „Erwin Erzähler ist und bleibt der Stalker hinter dem Baum" (Dülmen 2015).

[2] Zur Metalepse in *Die unendliche Geschichte* vgl. auch Klimek 2010, S. 151–153.

2   Metalepsen in der Literatur- und Mediendidaktik

In der didaktischen Forschung ist die Metalepse ein Desiderat, das zwar auch in den folgenden Überlegungen nicht erschöpfend behandelt, jedoch zumindest exemplarisch hinsichtlich seines Potentials für den Deutschunterricht befragt werden soll. Dem vordergründigen Argument, solche narrativen Kurzschlüsse seien phänomenologisch und terminologisch zu komplex für die Bearbeitung in der Schule und beträfen einen ohnehin nur marginalen Ausschnitt der Erzähltheorie, sei zunächst entgegnet, dass gerade anhand eines derart eng umrissenen Phänomens gut in das System der Narratologie eingeführt werden kann. Vielleicht vermittelt der Deutschunterricht zu oft Modelle, die später lediglich appliziert werden, indem beispielsweise narrative Instanzen im Sinne Stanzels als auktorial, personal oder als Ich-Erzähler klassifiziert werden. Kaspar Spinner bezieht die Erzähltheorie in seine Skepsis gegenüber der Vermittlung deklarativen Wissens ausdrücklich mit ein (vgl. Spinner 2012, S. 57–58), und Martin Leubner und Anja Saupe weisen darauf hin, dass die „formale Analyse […] keinesfalls Selbstzweck sein" solle, sie möge „nur insoweit erfolgen, als sie das Textverstehen der Schüler erleichtern oder vertiefen kann. Das ist für epische und andere Erzähltexte vor allem dann der Fall, wenn die entsprechenden Merkmale der Darstellung von Konventionen des Erzählens abweichen" (Leubner und Saupe 2017, S. 13).

Ein solches Phänomen ist die Metalepse, weil sie mit tradierten Rezeptionsgewohnheiten bricht, weil sie die erwarteten und erzähllogisch etablierten Dimensionen sprengt, weil sie die Rezipient*innen irritiert und dadurch auffällig und markant ist. Somit lädt die Metalepse regelrecht dazu ein, grundlegende oder regelhafte Annahmen der Erzähltheorie zu klären, um den Regelbruch als solchen zu verstehen. Irritationen sind deswegen aus narratologischer ebenso wie aus didaktischer Sicht hoch attraktiv, weil der Normbruch eine fragende Haltung erzeugt. Wenn mit der Norm gebrochen wird, muss geklärt sein, worin diese Norm besteht. Im Kontext der narrativen Metalepse lässt sich für die unterschiedlichen Räume resp. Ebenen des Erzählens sensibilisieren, außerdem für die Kategorien ‚Stimme' und ‚Modus' im Sinne Genettes und ganz ausdrücklich für die Frage, was Figuren eigentlich wissen oder wissen können bzw. welche Fokalisierung vorliegt.

Durch die Analyse von Metalepsen werden also ganz grundsätzliche Einsichten in die narrative Konstruktion von Texten vermittelt. Zusätzlich handelt es sich, wie gesagt, um ein äußerst anschauliches Phänomen, da sich das Aus-dem-Rahmen-Fallen bestens visualisieren lässt. Immer wieder wird als Beispiel das Gemälde *Flucht vor der Kritik* (1874) des spanischen Malers Pere Borrell del Caso gewählt. Hier wird der Rahmen, der im Kontext literarischer Texte zunächst definiert werden muss, unmittelbar einleuchtend gezeigt. Auch im Film lassen sich eindrückliche Metalepsen finden, beispielsweise wenn Woody Allen in *The purple Rose of Cairo* (USA 1985) ein Kino zeigt, in dem der Darsteller von der Leinwand, die als Grenze zwischen zwei narrativen Ebenen fungiert, in den Kinosaal tritt. War er als Film-im-Film-Held schwarzweiß, so ist er nun – in der fiktiven Wirklichkeit des Kinos – in Farbe.

3 Narrative Metalepsen in Thilo Refferts Hörspiel *Herr der Lügen*

Wie die Metalepse im Hörspiel funktionieren kann, soll im Folgenden exemplarisch an Thilo Refferts *Herr der Lügen. Eine übertrieben wahre Lügengeschichte* (Dlf 2020) gezeigt werden. Reffert ist nicht nur Garant für ungewöhnliche Klassiker-Adaptionen, etwa in den Kinderhörspielen *Pinocchio* (Dlf 2014) oder *Faustinchen* (SWR 2017; vgl. Wicke 2021a), sondern vor allem auch für raffinierte auditive Erzählverfahren. Seine Kinderhörspiele sind wiederholt mit dem Deutschen Kinderhörspielpreis (2011, 2021) und dem Kinderhörspielpreis des MDR (2012, 2014, 2018) ausgezeichnet worden. Das Experimentieren mit Erzählinstanzen ist dabei ein Charakteristikum seiner Produktionen (vgl. Wicke 2019a). Multiperspektivisches Erzählen in *Nina und Paul* (Dlf 2011; vgl. Rietz 2022) oder *Linie 912* (WDR 2020) sowie nicht-menschliche Erzählinstanzen in *Australien, ich komme* (Dlf 2010) – hier erzählt ein Wombat – oder *Fünf Gramm Glück* (Dlf 2016) – im Untertitel: „Die Lebensgeschichte einer Brotdose, erzählt von ihr selbst" – gehören ebenso in sein hörspielnarratives Repertoire wie metaleptische Verfahren, die er erstmals in *Leon und Leonie* (SWR/WDR 2013) angewandt hat. Auch sein Hörspiel *Herr der Lügen*, das 2020 zum 300. Geburtstag des historischen Münchhausen produziert und 2021 von Deutschlandfunk Kultur urgesendet wurde, spielt mit dem narrativen Kurzschluss, der sich natürlich für Lügengeschichten in besonderem Maße anbietet.

Allerdings gibt der kindliche Ich-Erzähler Ronny, eigentlich Hieronymus, die bekannten *Münchhausen*-Erzählungen, die er in der Fassung Gottfried August Bürgers liest, vor den Mitschüler*innen als Erlebnisse seines eigenen Großvaters aus – und erntet damit zunächst durchaus Beifall von seiner neuen Klasse. Er fungiert also auf der extradiegetischen Ebene als Ich-Erzähler, hier kommuniziert er mit den Hörer*innen des Hörspiels. Darüber hinaus hat er auch als Figur der Diegese eine narrative Funktion, wenn er seinen Klassenkamerad*innen die Geschichten des sogenannten Lügenbarons erzählt.

Im Hörspiel sind die diegetischen Grenzen – *per definitionem* – nicht sichtbar, sondern müssen auditiv markiert werden. In der Episode vom Pferd, das irrtümlich an einer Kirchturmspitze festgebunden wurde, ist es ein musikalisches Motiv, das den Übergang auf die nächste Erzählebene kennzeichnet. Allmählich werden die Geräusche der Rahmenhandlung – zu hören ist eine typische Schulhofatmosphäre – von Geräuschen aus der Binnenhandlung – Sturm und Pferdewiehern – überlagert. Da allerdings nichts darauf hindeutet, dass die Figuren innerhalb der erzählten Welt dieses Sounddesign auch hören, handelt es sich um extradiegetische Geräusche, die die Lebendigkeit der erzählten Geschichte für das Hörpublikum unterstützen.

Die nächste Binnenerzählung, die im Hörspiel verhandelt wird, ist jene Geschichte, in der sich Münchhausen am eigenen Schopf aus dem Morast zieht. Bei Gottfried August Bürger heißt es:

Ein andres Mal wollte ich über einen Morast setzen, der mir anfänglich nicht so breit vorkam, als ich ihn fand, da ich mitten im Sprunge war. Schwebend in der Luft wendete ich daher wieder um, wo ich hergekommen war, um einen größern Anlauf zu nehmen. Gleichwohl sprang ich auch zum zweiten Male noch zu kurz und fiel nicht weit vom andern Ufer bis an den Hals in den Morast. Hier hätte ich unfehlbar umkommen müssen, wenn nicht die Stärke meines eigenen Armes mich an meinem eigenen Haarzopfe, samt dem Pferde, welches ich fest zwischen meine Knie schloß, wieder herausgezogen hätte. (Bürger 2008, S. 35)

Bernhard Wiebel liest diese Episode zu Recht im Kontext der Aufklärungsphilosophie; in einem Aufsatz mit dem Titel *Münchhausens Zopf und die Dialektik der Aufklärung* (1997) bezieht er die entsprechende Geschichte direkt auf das „Sapere aude!" Immanuel Kants: „Habe Mut, dich deines *eigenen* Verstandes zu bedienen!" (Kant 1996, S. 9) Wenn der fiktive Münchhausen sich mit dem eigenen Arm aus dem Morast zieht, kann dieses Bild auch als Metalepse interpretiert werden: Die Grenze zwischen dem, der jemanden aus dem Morast herauszieht, und dem, der aus dem Morast herausgezogen wird, ist aufgehoben. Der den physikalischen Gesetzen widersprechende Vorgang erinnert an die *Drawing Hands* von M. C. Escher.

Zwar lässt Reffert seine Hörspielfigur Ronny auch von dieser philosophischen oder ontologischen Metalepse erzählen, eine narrative Metalepse im Sinne Genettes findet sich allerdings erst in einer späteren Sequenz des Hörspiels, in der Ronny in Bürgers Geschichten liest. Dort kommt eine weitere Erzählinstanz hinzu: der fiktive Münchhausen als Ich-Erzähler jenes Bandes, der zuerst 1786 anonym unter dem Titel *Wunderbare Reisen zu Wasser und Lande, Feldzüge und lustige Abentheuer des Freyherrn von Münchhausen, wie er dieselben bey der Flasche im Cirkel seiner Freunde selbst zu erzählen pflegt* veröffentlicht wurde. Während Ronny die vielleicht bekannteste Episode, die Geschichte vom Ritt auf der Kanonenkugel, liest, kommt es zu einem Gespräch zwischen Ronny und Münchhausen – zwei Figuren auf unterschiedlichen diegetischen Ebenen. Dass Ronny hier von „Münchhaufen" spricht, ist der Tatsache geschuldet, dass er Schwierigkeiten mit der Frakturschrift des geklauten Buchs hat.

Ronny	Dann konnte ich endlich in mein Zimmer, zu meinem Buch. Und ich kam zu einer Geschichte, die musste ich zweimal lesen. Münchhaufen war an der Belagerung einer Festung beteiligt. Sie sollte ausgekundschaftet werden. Mein Opa meldete sich freiwillig. Er setzte sich …
Baron	Genau! … auf die größte Kanone, die zu finden war. Und auf mein Kommando wurde die Kanone abgefeuert. Und genau indem ich ‚Feuer!' rufe, lasse ich mich fallen und komme so auf der Kanonenkugel zu sitzen, just in dem Moment, da sie losfliegt.
Ronny	Du fliegst auf einer Kanonenkugel?!
Baron	Jahaha, aber sowas von! Aber wie ich auf die Festung zufliege, packen mich Zweifel. Man wird mich in meiner Uniform als Spion erkennen und hängen! Was tun? Da sehe ich, von vorn aus der belagerten Festung fliegt eine

> gegnerische Kanonenkugel auf mich zu und ich ergreife die Gelegenheit, springe
> ab und schwinge mich auf die andere Kugel hinüber.
>
> Ronny Moment, du fliegst zurück?
> Baron Ja. Ich muss ja überleben, um davon zu erzählen!
> Ronny Aber die Festung muss doch noch ausgekundschaftet werden!
> Baron Oh, äh, also, du meinst, ich sollte die Geschichte … ändern?
> Ronny Naja, ich weiß, im Buch steht es so. Aber wenn wir uns schon so gut kennen …
> (Reffert 2020, 24:55)

In dieser Sequenz kommt es zum Dialog zwischen dem Ich-Erzähler der Rahmenhandlung und jenem der Binnenhandlung, wodurch die ‚heilige Grenze' zwischen
zwei getrennten diegetischen Ebenen durchbrochen wird: Der Leser Ronny
unterhält sich mit einer Figur jener Geschichte, die er liest. Die Wirkung dieser
Metalepse besteht zunächst in der Unterhaltungsfunktion, das Sprengen der
diegetischen Grenze erzeugt Komik – es zeigt sich darin aber auch, welche Kraft
von Literatur ausgehen kann. Denn Ronny, sonst nicht unbedingt ein euphorischer
Leser, wird derart in sein Buch hineingezogen, dass die Ebenen immersiv verschwimmen. Der Ausruf ‚Feuer!' beispielsweise ist von beiden Figuren gleichzeitig zu hören. Damit werden nicht nur die erzähllogischen Gesetze entkräftet,
es kommt vor allem auch zu einer narrativen Potenzierung der Lügengeschichte,
außerdem wird die Endgültigkeit des literarischen Texts infrage gestellt. Denn
während Münchhausen bei Bürger „zwar unverrichteter Sache, jedoch wohl-
behalten" (Bürger 2008, S. 35) auf einer zweiten Kanonenkugel wieder zurück-
fliegt, ist der Inhalt der Geschichte in Thilo Refferts Gespräch zwischen
fiktionsinternem Leser und Figur verhandelbar, und die beiden schmieden
gemeinsam einen Plan, wie die Geschichte anders verlaufen könnte. Die illusionsstörende Erzählstruktur wird im Hörspiel zusätzlich intertextuell bekräftigt, wenn
Reffert gleich in der Eingangsszene auf den Ahnherrn der kinderliterarischen
Metalepse verweist: So wie Bastian Balthasar Bux in Michael Endes *Die unendliche Geschichte* das Buch, in dem er später selbst mitspielt, in einem Antiquariat
klaut, stößt auch Ronny in *Herr der Lügen* auf eine antiquarische Ausgabe von
Gottfried August Bürgers *Münchhausen*-Erzählungen, die er mitnimmt, ohne zu
bezahlen.

Genette schreibt der Metalepse zudem eine beunruhigende Wirkung zu, wie
man sie im Spielfilmformat aus der *Truman Show* (USA 1998) kennt: „Das Ver-
wirrendste an der Metalepse liegt sicherlich in dieser inakzeptablen und doch so
schwer abweisbaren Hypothese, wonach das Extradiegetische vielleicht immer
schon diegetisch ist und der Erzähler und seine narrativen Adressaten, d. h. Sie
und ich, vielleicht auch noch zu irgendeiner Erzählung gehören" (Genette 1998,
S. 169). Bei Thilo Reffert lässt sich beinahe von einem umgekehrten Effekt
sprechen, seine Figuren lösen sich nach und nach von den narrativen Autoritäten.
In *Leon und Leonie* gibt es einen Erzähler, der den Namen Thilo Reffert trägt und
seine Figuren zunächst souverän durch die Erzählung dirigiert. Doch die beiden
Kinder werden selbstbewusster, emanzipieren sich von der vermeintlichen All-
wissenheit ihres Schöpfers und nehmen ihr Schicksal bzw. ihre Geschichte all-

mählich selbst in die Hand. „Ach, lass mich mal machen!", sagt Leonie, als der Erzähler seinen ursprünglichen Plan durchsetzen will (Reffert 2013, 11:26; vgl. Wicke 2019a, S. 99–101). Während sich Kinder in der Regel von ihren Erziehungsberechtigten emanzipieren, ließe sich analog dazu im fiktionalen Bereich von der Emanzipation literarischer Figuren von ihren ‚Erzählungsberechtigten' sprechen. Auch in *Herr der Lügen* wandelt sich die Rolle Ronnys, er wird vom Leser eines Texts der Aufklärung zum aufgeklärten Leser.

Indem sich Münchhausen am eigenen Schopf aus dem Morast zieht, setzt er schließlich das Verhältnis zwischen aktivem Produzenten und passivem Rezipienten außer Kraft. Und wenn Ronny verändernd in die Geschichte eingreift, hat das Folgen, die im Hörspiel weit über literarästhetische Aspekte hinausgehen. Nicht nur im Bereich der Lesekompetenz macht er erhebliche Fortschritte und steigert sein Selbstkonzept, auch der Sozialisationsprozess an der neuen Schule verläuft nun erfolgreich.

4   Didaktische Überlegungen

Die didaktischen Überlegungen zur Metalepse setzen bei der Irritation an (vgl. auch Freudenberg und Lessing-Sattari 2020); sie gehen davon aus, dass die jungen Hörer*innen die Illusionsstörung bemerken, weil man sich – eigentlich – nicht mit den Figuren der Bücher, die man liest, unterhalten kann. Um diesen Regelbruch zu erklären, braucht es allerdings erzähltheoretisches Wissen über die Trennung zwischen Erzählinstanz und Figur sowie über die verschiedenen diegetischen Ebenen des Erzählens.

Trennung zwischen Erzählinstanz und Figur
Zunächst ist mit den Schüler*innen zu klären, dass Ronny zwei verschiedene Funktionen hat: Als Erzähler adressiert er die Hörer*innen des Hörspiels, während er sich als Figur mit den anderen Figuren der erzählten Welt unterhält. Als Erzähler steht er außerhalb der Geschichte, als Figur ist er Teil der Diegese. Gleich zu Beginn des Hörspiels stellt er sich in beiden Funktionen vor:

Mama	Ronny, Ronny, Ronny.
Ronny*	Ich sitze mit Mama auf dem Flur vor dem Zimmer der Direktorin.
Direktorin	Ah, Frau Müller, darf ich Sie bitten.
Mama	Ronny, du wartest hier.
Ronny	Ich warte hier.
Mama	Wir rufen dich dann.
Ronny	Ihr ruft mich dann.
Direktorin	Nach Ihnen, Frau Müller. Ronny, bis gleich.
Ronny*	Ich sitze allein vor dem Zimmer der Direktorin, weil sie drinnen über mich reden. (Reffert 2020, 00:29)

Reffert trennt die unterschiedlichen Funktionen Ronnys im Skript, indem er ihn als Erzähler mit einem Asteriskus kennzeichnet; in der Hörspielproduktion lässt sich die Unterscheidung zu Beginn am Raumklang erkennen. Während die Dialoge zwischen den Figuren mit Raumakustik, also mit einem leichten Hall aufgenommen sind, ist die Erzählerrede raumlos abgemischt. Was man im literarischen Text gemeinhin an der Typographie erkennen kann – etwa durch Anführungszeichen –, muss im Hörspiel über auditive Informationen vermittelt werden. Das erfordert nicht nur ein sehr konzentriertes Zuhören, sondern auch ein differenziertes Wissen über die Möglichkeit, Raumwirkung durch akustische Effekte zu erzielen. Der zweite Erzählerkommentar des zitierten Dialogs ist im Hörspiel deutlicher zu identifizieren, weil der Text mit extradiegetischer Musik unterlegt wird. Die Vermittlung erzähltheoretischen Wissens kann auf diese Weise mit hörspieldidaktischen Zielen verbunden werden (vgl. Wicke 2019b).

Die funktionale Trennung zwischen Figurenrede und Erzählerkommentar ließe sich beispielsweise an einer längeren Passage klären, in der die Schüler*innen den Asteriskus jeweils selbst setzen sollen, wenn Ronny als Erzähler spricht. Eine nachträgliche Probe mag darin bestehen, zu überprüfen, ob sich ein vollständiger und logischer Schulhofdialog ergibt, wenn man die Erzählerkommentare streicht. Welche Funktion sie im Hörspiel gleichwohl haben, kann im Unterricht anschließend besprochen werden.

Ronny*	Am nächsten Tag hatten wir Krieg, im Unterricht, also, wir sprachen drüber. Ich hab mich gemeldet, mein Opa war nämlich im Krieg gewesen.
Kalida	Dein Opa war auch im Krieg?
Ronny*	Kalida fragte mich das nach der Stunde auf dem Schulhof.
Kalida	Was hat er erzählt?
Ronny*	„Keine Ahnung" konnte ich ja jetzt nicht sagen. Hab ihm nie zugehört, ich war auch zu klein und alles zu lange her, komplett vergessen. Aber Kalida schaute mich an, und Tessa auch …
Ronny	Einmal hing sein Pferd an der Kirchturmspitze fest!
Kalida	Was?!
Tessa	Ein Pferd hängt an der Kirchturmspitze? Alles klar. Komm, Kalida, wir gehen.
Kalida	Och nee, warum denn jetzt schon? […]
Ronny*	Hm. Jetzt fiel es mir auch auf, dass das eigentlich nicht geht. Aber gestern in dem Buch von Münchhaufen war mir das nicht so aufgefallen.
Wedat	He, Ronny, dein Opa war im Krieg? Wo?
Ronny	Ach, äh, Russland.
Wedat	Russland? Alter! Erzähl, ich will alles wissen. (Reffert 2020, 06:31)

Trennung in Rahmen- und Binnenhandlung

Die Trennung der diegetischen Ebenen ist komplexer, es geht um die Grenze zwischen Rahmen- und Binnenhandlung. Während Ronny der Erzähler im Hörspiel ist, fungiert der fiktive Münchhausen in jenem Buch, das Ronny liest, als Erzähler seiner *Wunderbare[n] Reisen*. Die materielle Grenze des Buchs macht deutlich, dass es sich hier um verschiedene diegetische Ebenen handelt. Ronny als Erzähler der Rahmenhandlung weiß, worum es in dem Buch, das er liest, geht; er lernt die Figuren kennen und taucht in die Handlung ein. Münchhausen als Erzähler der Binnengeschichten weiß hingegen nicht, dass Ronny das Buch liest, er kennt ihn nicht und lernt ihn – eigentlich – nicht kennen. Wenn Ronny sich das erste Mal in das geklaute Buch vertieft und den Hörer*innen gleichsam daraus vorliest, hört man zwar seine Stimme, das Pronomen ‚Ich' der Erzählung – „Ich trat meine Reise nach Russland von Haus aus mitten im Winter an" (Reffert 2020, 05:45) – referiert jedoch ganz offensichtlich nicht auf Ronny, sondern bezieht sich auf Münchhausen als Erzählinstanz der Binnenerzählung. In einer schematischen Darstellung (s. Abb. 1) sind also zwei Grenzen zu markieren.

Während Ronny die Geschichte vom Ritt auf der Kanonenkugel liest, wird die erzähllogische Grenze zwischen Rahmen- und Binnenhandlung durchbrochen. Die Metalepse wäre dementsprechend als Sprengung einzuzeichnen, die es den Figuren der unterschiedlichen Erzählebenen ermöglicht, miteinander ins Gespräch zu kommen (s. Abb. 2).

Die Metalepse auch in der unteren Sekundarstufe zu thematisieren, wird vor allem durch die Anschaulichkeit dieser Grenzüberschreitung ermöglicht. Es geht, wie gezeigt, nicht nur darum, das spezielle narrative Phänomen kennenzulernen, sondern es sollen gleichzeitig grundlegende Einsichten in die verschiedenen Erzählebenen sowie in die Trennung zwischen Erzählinstanz und Figur erlangt werden. Regelhafte Annahmen der Erzähltheorie werden so durch den Regelbruch und seine illusionsstörende Wirkung bildlich dargestellt und erarbeitet. Terminologisch sollen die Schüler*innen den Begriff ‚Metalepse' kennenlernen; die ver-

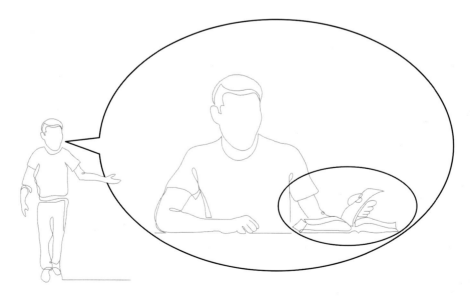

Abb. 1 Markierung verschiedener Erzählebenen. (© Marvin Madeheim)

Abb. 2 Visualisierung einer Metalepse. (© Marvin Madeheim)

schiedenen Erzählebenen, die Genette als extra- und intradiegetisch kategorisiert, können als Rahmen- und Binnenhandlung bezeichnet werden.

Methodisch können Aufgaben zur Metalepse in Refferts *Herr der Lügen* – darüber hinaus aber in vielen weiteren Werken der Kinderliteratur – über Leitfragen, grafische Darstellungen, definitorische Texte, intermediale Bezüge etc. modelliert werden. Außerdem bieten sich Unterrichtsgespräche an, in denen die Schüler*innen von weiteren Metalepsen berichten können, die sie aus ihrer privaten Lektüre kennen oder die vergleichend im Unterricht herangezogen werden. Michael Endes *Die unendliche Geschichte* oder Cornelia Funkes *Tintenwelt*-Trilogie, jeweils auch in den unterschiedlichen medialen Adaptionen, kommen ebenso infrage wie Paul Maars Geschichte *Der Tag, an dem Tante Marga verschwand*, Christine Nöstlingers *Der TV-Karl* oder die eingangs genannten Kinderhörspiele.

Produktive Aufgaben
Neben den analytisch-kognitiven Herangehensweisen bieten sich handlungs- und produktionsorientierte Verfahren an. Wie in Refferts *Herr der Lügen* sind die Geschichten des fiktiven Baron Münchhausen bereits bei Gottfried August Bürger in eine Rahmenhandlung eingebettet. Schon der Titel deutet an, dass der Erzähler die Geschichten *bey der Flasche im Cirkel seiner Freunde* vorgetragen hat. Dieses Publikum bleibt allerdings passiv. „Eine über das Erzählen hinausgehende eigenständige Handlung weist die Rahmenerzählung nicht auf", kommentiert Anette Schilling, „auch die Zuhörer treten an keiner Stelle […] als Einzelfiguren oder mit Äußerungen hervor, sie bleiben gänzlich blass und stumm" (Schilling 2008, S. 98).

Die unterschiedlichen Hörspieladaptionen des *Münchhausen*-Stoffs gehen hingegen davon aus, dass Lügen ihre jeweilige Funktion erst entfalten, wenn es ein Gegenüber gibt, das auf die Erzählungen entsprechend reagiert. In *Die ganz und gar wahren Abenteuer des Baron von Münchhausen* (NDR u. a. 2015), einer Hörspielbearbeitung für Kinder von Ulla Illerhaus, entstehen die Erzählungen in einer dialogischen Form, indem die Zuhörer*innen, die im Gasthof versammelt sind, nachfragen, kommentieren und ihr Staunen sowie ihre Skepsis artikulieren. Während hier die Unterhaltungsfunktion der Lüge im Vordergrund steht, stellt die Hörspielfassung *Die Abenteuer des Baron von Münchhausen* (Holysoft 2016) die Titelfigur vor ein Gericht, wo die Lüge aus juristischer Perspektive freilich eine ganz andere Funktion hat als im Gasthof. Thilo Reffert kombiniert die beiden Funktionen, wenn er Ronny die Lügengeschichten zunächst erzählen lässt, um dadurch einen Vorteil zu erlangen und sich bei den Mitschüler*innen interessant zu machen. Erst am Ende kommt er mit seinen neuen Freund*innen zu dem Ergebnis, dass es durchaus Spaß macht, Geschichten zu erfinden: „Hauptsache, gut erzählt" (Reffert 2020, 39:45), sagt Ronny im Hörspiel.

Dieses Motto kann, zunächst unabhängig von der Metalepse, mit Übungen zum szenischen Schreiben umgesetzt werden, denn es bieten sich auch weitere der *Münchhausen*-Geschichten an, in einer dialogischen Form erzählt zu werden. Die Schüler*innen sollen also eine der kurzen Episoden, sei es in der Fassung Bürgers oder in der Nacherzählung für Kinder von Erich Kästner, auswählen und in eine Hörspielszene nach dem Vorbild von *Herr der Lügen* umwandeln. Hierfür muss der epische Text zunächst in eine dramatische Form transformiert werden, wobei die „Simulation von Mündlichkeit im Medium der Schriftlichkeit" (Abraham 2016, S. 7) ein zentraler Aspekt ist, zumal es sich um ein Gespräch unter Kindern handelt. Zusätzlich zu den dialogisch-szenischen Elementen sind für ein Hörspiel-skript auch medienspezifische Gestaltungselemente wie Geräusche und Musik von Bedeutung, um die Geschichte in der Geschichte adäquat zu inszenieren. Anschließend an das Erstellen eines Hörspielskripts können die Szenen auf-genommen und mittels einer einfachen Audio-Software wie *Audacity* ent-sprechend bearbeitet werden.

Natürlich sollen die Schüler*innen aber auch mit Formen metaleptischen Erzählens experimentieren. Was Thilo Reffert als dramaturgischen Höhepunkt der Geschichte einsetzt – und wirkungsvoll mit der vermutlich bekanntesten *Münch-hausen*-Erzählung, dem Ritt auf der Kanonenkugel, kombiniert –, ließe sich durchaus häufiger im Hörspiel realisieren. Gleich zu Beginn kommt Ronny mit dem geklauten Buch nach Hause und beginnt zu lesen, die Szene bricht allerdings nach dem ersten Satz ab und es folgt der nächste Morgen auf dem Schulhof. Wäre Ronnys Lektüre nicht ausgeblendet worden, hätte er gleich auf der zweiten Seite die Erzählung vom Pferd auf dem Kirchturm gelesen und es wären an mehreren Punkten Interventionen möglich gewesen: „Ohne mich nun lange zu bedenken, nahm ich eine von meinen Pistolen, schoß nach dem Halfter, kam glücklich auf die Art wieder an mein Pferd und verfolgte meine Reise" (Bürger 2008, S. 16), heißt es in Bürgers Text. Spätestens hier könnten die Schüler*innen in der Rolle Ronnys einhaken, Münchhausen der Lüge bezichtigen und fragen, warum er solche Geschichten eigentlich erzählt. Darüber hinaus dürfen sie anzweifeln, ob all das wirklich stimmt, und fragen, wie es danach weiterging. Sie könnten sich aber auch erkundigen, ob Münchhausen keine Angst gehabt hat, sein Pferd zu erschießen. Egal, ob der inhaltliche, der poetologische oder der moralische Aspekt im Vordergrund steht, entscheidend ist, dass die Schüler*innen eine Form finden, die vom monologischen Vorlesen der Geschichte in einen Dialog zwischen den beiden Figuren übergeht.

Wie bei den zuvor angeregten Aufgaben soll wiederum ein Hörspielskript verfasst werden, das neben dem Figurentext auch Angaben zu Stimme, Geräusch, Musik und der studiotechnischen Verarbeitung oder Verfremdung enthält. In besonderer Weise ist zu überlegen, wie der metaleptische Übergang im Hörspiel inszeniert werden kann, etwa indem die Stimme Münchhausens zunächst jene des (vor-)lesenden Ronny überblendet, bevor es zum Dialog kommt, der dann durch den Einsatz von Musik oder die Markierung der unwirklichen Situation durch Hall etc. untermalt wird.

5   Fazit

Die Idee, narrative Metalepsen im Rahmen einer erzähltheoretischen Analyse für die untere Sekundarstufe zu thematisieren, mag zunächst abwegig erscheinen. Karlheinz Fingerhut hat selbst der grundlegenden Unterscheidung in Autor*in und Erzähler*in in didaktischer Hinsicht eine Absage erteilt. Auch wenn Anja Saupe darauf reagiert und ihm überzeugend widersprochen hat (vgl. Saupe 2010), bleibt sein Vorwurf grundsätzlich bedenkenswert. Er insinuiert narratologischen Modellbildungen, dass sie „keine Anschlusskommunikation" bewirken und den Leser*innen nicht erklären, was sie „an dem Text fasziniert" (Fingerhut 2010, S. 70). Die Konzentration auf ein interessantes und irritierendes – im Idealfall sicher auch faszinierendes – Einzelphänomen wie die Metalepse ermöglicht es, sich nach und nach mit Grundlagen des Erzählens zu beschäftigen. Besonders die Anschaulichkeit der metaleptischen Grenzsprengung macht eine Thematisierung im Deutschunterricht der unteren Sekundarstufe möglich. Durch diese Form der Annäherung wird nicht nur ein traditioneller Schulstoff neu perspektiviert, es lassen sich, wie gezeigt, analytische und textproduktive Verfahren ebenso kombinieren wie erzähltheoretische und hörspieldidaktische Aspekte. Das macht die Metalepse im Kinderhörspiel zu einem höchst attraktiven Unterrichtsgegenstand.

Literatur

Abraham, Ulf. 2016. Szenisches Schreiben. *Praxis Deutsch* 260:4–11.
Bürger, Gottfried August. 2008. *Wunderbare Reisen zu Wasser und Lande, Feldzüge und lustige Abenteuer des Freiherrn von Münchhausen, wie er dieselben bei der Flasche im Zirkel seiner Freunde selbst zu erzählen pflegt.* Frankfurt: Fischer.

Dülmen, Katharina van. 2015. Wer bist du, Erwin Erzähler? *postmondän*. http://postmondaen. net/2015/10/11/wer-bist-du-erwin-erzaehler. Zugegriffen: 11. Apr. 2022.

Eisen, Ute E., und Peter von Möllendorff, Hrsg. 2013. *Über die Grenze. Metalepse in Text- und Bildmedien des Altertums*. Berlin: De Gruyter.

Fingerhut, Karlheinz. 2010. Wo ist der Autor, wenn sein Held stirbt? Über den Erzähler als Maske und Marionette des Autors. Erzähldidaktik im Literaturunterricht der Sekundarstufen. In *Vom Sinn des Erzählens. Geschichte, Theorie und Didaktik*, Hrsg. Claudia Albes und Anja Saupe, 45–71. Frankfurt: Peter Lang.

Freudenberg, Ricarda, und Marie Lessing-Sattari, Hrsg. 2020. *Zur Rolle von Irritation und Staunen im Rahmen literarästhetischer Erfahrung. Theoretische Perspektiven, empirie- basierte Beobachtungen und praktische Implikationen*. Berlin: Lang.

Genette, Gérard. 1998. *Die Erzählung*. Übers. Andreas Knop, 2. Aufl. München: Fink.

Genette, Gérard. 2018. *Metalepse*. Übers. Monika Buchgeister. Hannover: Wehrhahn.

Kant, Immanuel. 1996. 1783. Beantwortung der Frage: Was ist Aufklärung? In *Was ist Auf- klärung? Thesen und Definitionen*, Hrsg. Ehrhard Bahr, 9–17. Stuttgart: Reclam.

Klimek, Sonja. 2009. Die Metalepse in der zeitgenössischen Kinder- und Jugendliteratur. Ein paradoxes Erzählphänomen im Zeitalter der Medialisierung. *juli. Zeitschrift für internationale Kinder- und Jugendliteraturforschung* 1:5–22.

Klimek, Sonja. 2010. *Paradoxes Erzählen. Die Metalepse in der phantastischen Literatur*. Pader- born: mentis.

Klimek, Sonja. 2018. Metalepse. In *Grundthemen der Literaturwissenschaft: Erzählen*, Hrsg. Martin Huber und Wolf Schmid, 334–351. Berlin: De Gruyter.

Kuhn, Markus. 2011. *Filmnarratologie. Ein erzähltheoretisches Analysemodell*. Berlin: De Gruyter.

Kukkonen, Karin, und Sonja Klimek, Hrsg. 2011. *Metalepsis in Popular Culture*. Berlin: De Gruyter.

Langemeyer, Peter. 2010. Metaleptische Erzählverfahren in Erich Kästners ‚Romanen für Kinder‘. In *Textsorten und kulturelle Kompetenz. Interdisziplinäre Beiträge zur Textwissen- schaft*, Hrsg. Sigmund Kvam, Karen Patrick Knutsen, und Peter Langemeyer, 297–320. Münster: Waxmann.

Leubner, Martin, und Anja Saupe. 2017. *Erzählende Texte im Literaturunterricht und Textana- lyse. Eine Didaktik der Textanalyse mit Sequenzvorschlägen für den Erwerb textanalytischer Kompetenzen (Jahrgangsstufen 5 bis 10)*. Baltmannsweiler: Schneider Hohengehren.

Mahne, Nicole. 2007. *Transmediale Erzähltheorie. Eine Einführung*. Göttingen: Vandenhoeck & Ruprecht.

Nikolajeva, Maria. 1988. *The Magic Code. The Use of Magical Patterns in Fantasy for Children*. Stockholm: Almqvist & Wiksell.

Rietz, Florian. 2022. Perspektivübernahmekompetenz im Kinderhörspiel. Multiperspektivisches Erzählen in Thilo Refferts *Nina und Paul*. In *Gehörte Geschichten. Phänomene des Auditiven*, Hrsg. Nils Lehnert, Ina Schenker, und Andreas Wicke, 285–298. Berlin: De Gruyter.

Saupe, Anja. 2010. „Das Einfache durch das Zusammengesetzte, das Leichte durch das Schwierige erklären zu wollen, ist ein Unheil" (Goethe). Plädoyer für ein einfaches Modell der Darstellungsanalyse im Unterricht. In *Vom Sinn des Erzählens. Geschichte, Theorie und Didaktik*, Hrsg. Claudia Albes und Anja Saupe, 73–84. Frankfurt: Peter Lang.

Schilling, Anette. 2008. *„Gegenwart des Geistes ist die Seele mannhafter Thaten". Sprach- liche Verfahren zur Vorstellungsbildung in Gottfried August Bürgers „Münchhausen"- Erzählungen*. München: Iudicum.

Spinner, Kaspar H. 2012. Wie Fachwissen das literarische Verstehen stört und fördert. In *Fach- liches Wissen und literarisches Verstehen. Studien zu einer brisanten Relation*, Hrsg. Irene Pieper und Dorothee Wieser, 53–69. Frankfurt: Peter Lang.

Wicke, Andreas. 2019a. „Erzählinstanz ja, Erzähler ungern". Narratologische Experimente in den Kinderhörspielen Thilo Refferts. *libri liberorum* 52/53:95–104.

Wicke, Andreas. 2019b. *Hörspieldidaktik.* https://www.kinderundjugendmedien.de/index. php/152-fachlexikon/fachdidaktik/3179-hoerspieldidaktik. Zugegriffen: 11. Apr. 2022.

Wicke, Andreas. 2021a. *F.A.u.s.T.* und *Faustinchen.* Intertextualität und Gedächtnis in kindermedialen *Faust*-Adaptionen. In *Erinnerung reloaded? (Re-)Inszenierungen des kulturellen Gedächtnisses in Kinder- und Jugendmedien*, Hrsg. Gabriele von Glasenapp, Andre Kagelmann, und Ingrid Tomkowiak, 3–15. Stuttgart: J.B. Metzler.

Wicke, Andreas. 2021b. Hörspielmusik. Henrik Albrechts Orchestererzählung *Das Gespenst von Canterville* (2006). In *Klangwelten für Kinder und Jugendliche. Hörmedien in ästhetischer, didaktischer und historischer Perspektive (= kjl&m 21.extra)*, Hrsg. Petra Josting und Matthias Preis, 153–164. München: kopaed.

Wiebel, Bernhard. 1997. Münchhausens Zopf und die Dialektik der Aufklärung. In *Europa in der Frühen Neuzeit*, Hrsg. Erich Donnert, Bd. 3, 779–801. Weimar, Köln und Wien: Böhlau.

Wolf, Werner. 1993. *Ästhetische Illusion und Illusionsdurchbrechung in der Erzählkunst. Theorie und Geschichte mit Schwerpunkt auf englischem illusionsstörenden Erzählen.* Tübingen: Niemeyer.

Hörspiele

Alice im Wunderland. Hörspiel nach der Erzählung von Lewis Carroll. Bearb.: Kurt Kusenberg. Regie: Marcel Wall-Ophüls. SWF/BR 1958 [Der Audio Verlag 2010].

Herr der Lügen. Eine übertrieben wahre Lügengeschichte. Hörspiel von Thilo Reffert. Regie: Cordula Dickmeiß. Dlf 2020.

Leon und Leonie. Hörspiel von Thilo Reffert. Regie: Robert Schoen. SWR/WDR 2013.

Schauwerte

Zur Simultaneität im narrativen Film als Herausforderung der Modellierungen literar- und medienästhetischen Lernens

Volker Pietsch

Zusammenfassung

Der Beitrag diskutiert, wie die Ausrichtung an Konzepten des ‚Kinos der Narration' und der ‚Literarisierung des Films' sowie an der Semiotik die Literatur- und Filmdidaktik prägt. Beispielhaft hinzugezogen werden die Einführung in die *Filmdidaktik Deutsch* von Ingo Kammerer und Klaus Maiwald (2021) sowie das Modell literarischen Lernens von Anita Schilcher und Markus Pissarek (2018a). Durch den Rückgriff auf Mulveys Begriff des *male gaze* werden an Filmbeispielen Alternativen zu den dominanten Tendenzen der Didaktik aufgezeigt, die auf Seiten von Schüler*innen eine Reflexion der eigenen Verstrickung in Erzählräume des Films und in andere Realitätskonstruktionen zu fördern vermögen. Zentral wird der Frage nachgegangen, wie Filme bestimmte Gegenstände als Schauwerte objektivieren und dies durch Erzählstrukturen legitimieren, kaschieren und funktionalisieren. Indem stärker die Simultaneität der filmischen Mittel berücksichtigt wird, können lineare didaktische Modellierungen durch medienspezifische Anpassungen und Verknüpfungen ihrer Dimensionen ergänzt und ausdifferenziert werden.

V. Pietsch (✉)
Institut für deutsche Sprache und Literatur, Universität Hildesheim, Hildesheim, Deutschland
E-Mail: pietsch@uni-hildesheim.de

© Der/die Autor(en), exklusiv lizenziert an Springer-Verlag GmbH, DE, ein Teil von Springer Nature 2023
S. Bernhardt und I. Henke (Hrsg.), *Erzähltheorie(n) und Literaturunterricht*, Deutschdidaktik, https://doi.org/10.1007/978-3-662-66918-1_16

Der Beitrag leitet zunächst die historische Entwicklung vom ‚Kino der Attraktionen' zum ‚Kino der Narration' her, in dem zwar weiterhin bestimmte Gegenstände als Schauwerte objektiviert werden, dies jedoch durch Erzählstrukturen legitimiert, kaschiert und funktionalisiert wird. Daraufhin wird diskutiert, wie die Ausrichtung an dem Konzept des Kinos der Narration in Verbindung mit demjenigen einer ‚Literarisierung des Films' und dem (film-) semiotischen Ansatz die deutschsprachige Literaturdidaktik prägt. Die Simultaneität der filmischen Codes wird so marginalisiert und der Schwerpunkt auf (Re-) Konstruktionen der linearen Erzählungen gelegt. Kaum genutzt bleibt in den bisherigen Zugriffen das Potential, das darin liegt, diese Erzählverläufe zu dekonstruieren, indem Projektionen von Seiten der Rezipient*innen auf die Objekte des Films durch eine Untersuchung der diversen Codes in ihrer gleichzeitigen Wechselwirkung reflektiert werden können. So ließe sich eine kritische Reflexion auf Seiten von Schüler*innen hinsichtlich ihrer eigenen Verstrickung in die Erzählräume und Blickfelder des Films sowie auch in andere Realitätskonstruktionen fördern.

Durch den Rückgriff auf Mulveys Begriff des *male gaze* werden an Filmen Alternativen zu den dominanten Tendenzen der Didaktik aufgezeigt: Zunächst an einem Beispiel, das die Rezipient*innen überraschend aus dem Erzählverlauf reißt, um sie auf ihren objektivierenden Blick hinzuweisen, dann an einem, bei dem eine suggestive Simultanwirkung von Bild- und Tonebene durch Unterbrechungen und Neuabmischungen dieser Simultaneität im Unterricht herausgearbeitet werden kann. Abschließend werden – anhand der Einführung in die *Filmdidaktik Deutsch* von Ingo Kammerer und Klaus Maiwald (2021) sowie des Modells zum Erwerb literarischer Kompetenz von Anita Schilcher und Markus Pissarek (2018a) – Vorschläge dafür gemacht, wie linear ausgerichtete Modellierungen des literarischen Lernens durch medienspezifische Anpassungen und Verknüpfungen ihrer Dimensionen erweitert und ausdifferenziert werden können, sofern stärker auch die Simultaneität seiner Mittel als eine der konstituierenden Eigenschaften des Films berücksichtigt wird.

1 Das Attraktions- und das Erzählkino anhand von Katzendarstellungen im Film

Katzen sind nicht nur eines der populärsten Motive in Webvideos (vgl. z. B. Myrick 2015, S. 168–176). Bereits in frühen Stummfilmen kam ihnen eine relevante Rolle zu: *Grandma's Reading Glass* (UK 1900, R: George Albert Smith) und *The Sick Kitten* (UK 1903, R: George Albert Smith) etablierten entscheidende Neuerungen in der ästhetischen Entwicklung des Films, um sie als Schauwert herauszustellen. Außer Motiv und kurzer Laufzeit verbindet noch eine weitere Gemeinsamkeit den ‚Cat Content' des frühen Stummfilms mit dem des Internetzeitalters: In den Filmen wird weniger erzählt als vielmehr gezeigt. In *Grandma's Reading Glass* (Länge: 1,18 s.) schaut sich ein Junge durch die Lupe seiner Großmutter verschiedene Objekte an, darunter einen Vogel im Käfig, das

Auge der alten Dame und eben ihre Katze. In *The Sick Kitten* (Länge: 48 s.) reicht ein Junge einem Mädchen eine Flasche, aus der heraus es ein Katzenjunges auf seinem Schoß füttert.

Gefüttert wird ebenfalls die Katze Tardar Sauce alias Grumpy Cat in dem Video, das unter dem Titel *Grumpy Cat getting treats after being on the TODAY show!* hochgeladen wurde (vgl. Real Grumpy Cat 2012), während dem Kater Maru die Ohren gereinigt werden (vgl. 耳掃除されるねこ。, mugumogu 2008). Diese Clips – die repräsentativ für eine Vielzahl an (nicht nur Katzen-)Webvideos stehen – bleiben beschränkt auf das Vorführen von Tieren und einfacher an ihnen vollzogener Handlungen, so wie auch die beiden Stummfilme von 1900 und 1903. Deren Regisseur George Albert Smith entwickelte freilich eine wichtige Bedingung dafür, dass Tiere wie Menschen durch den Film Stars werden konnten, und dafür, dass sich die Narration im Film herausbilden konnte: die Nahaufnahme.

Die Filme der Wanderkinos zwischen 1895 und 1903 sowie der ersten orts-festen Kinos zwischen 1903 und 1907 (vgl. Elsaesser 2002, S. 129), zu denen auch die beiden angesprochenen Stummfilme gehören, zeichneten sich folglich nicht durch komplexe Erzählungen aus, sondern präsentierten Schauwerte (vgl. Gunning 1990). Amann und Rother definieren Schauwerte bemerkenswerterweise bereits von der Norm des späteren, narrativen Kinos aus als „nicht funktional für die Erzählung, sondern […] ihr gegenüber eine gewisse Selbstständigkeit [behauptend]. Sie treten so weit hervor, dass sie zum Zentrum der Aufmerksam-keit werden können und die story ihnen gegenüber in den Hintergrund tritt." (Amann und Rother 2022, o.S.)

Der (in den Wanderkinos ja auch unmittelbar räumlichen) Nähe der Filmvor-führungen zur Jahrmarktsattraktion entsprechend zieht der Junge am Ende von *The Sick Kitten* gegenüber der Kamera zweimal seinen Hut, bevor er den Kader zur linken Seite verlässt. Zur Bühnenhaftigkeit des Raums trägt auch der Vor-hang bei, vor dem die Katze gefüttert wird. In *Grandma's Reading Glass* wird hingegen der Eindruck eines alltäglichen Wohnraums erweckt, in dem der Junge die Lupe seiner Großmutter auf diverse Details richtet. Die Halbtotale auf die eng um einen Tisch herum platzierten Figuren, Tiere und Gegenstände wechselt sich mit Groß- und Detailaufnahmen ab. Bei letzteren wird dem Publikum durch eine runde Abdeckung der Kameralinse signalisiert, dasselbe sehen zu können wie der Junge durch die Lupe. Diese Suggestion, die Perspektive der Zuschauer*innen mit derjenigen der Figur zusammenzuführen, wird allerdings noch nicht dazu ein-gesetzt, den Jungen oder die von ihm gesehenen Figuren zu psychologisieren und etwa Kausalzusammenhänge durch Motivationen oder Reaktionen herzustellen, und auch nicht, um längere Handlungsketten physischer Reaktionen zu initiieren. Stattdessen wird damit in einer Aneinanderreihung immer wieder die Nähe des Publikums zu den Attraktionen verringert, die durch ihre Hervorhebung aus dem Alltäglichen und ihre Größe auf der Leinwand spektakulär werden: „Die Insert-Großaufnahme hat somit wenig mit filmischem Voyeurismus zu tun, was auf eine individualisierende, subjektive Rezeptionsweise deutet, sondern gehört eher zu einer Logik der Demonstration, des Kommentars und des Vorzeigens" (Elsaesser 2002, S. 78).

Die subjektive Kamera, die hier vermeintlich durch die Lupe blickt, entspricht in den Kategorien Markus Kuhns auf Grundlage von François Jost einer internen Fokalisierung bei interner Okularisierung, also einer Übereinstimmung zwischen „Wissens- und Wahrnehmungsrelation bzw. Fokalisierung und Okularisierung" (Kuhn 2011, S. 140). Der Junge dient hier aber nicht als Protagonist, sondern als Stellvertreter des Publikums in rein visueller Hinsicht. Seine Nutzung der Lupe hilft dabei, die Nah- und Detailaufnahmen den Objekten der Halbtotalen zuzuordnen. Da Filme vor 1900 solche Wechsel nicht vollzogen (vgl. Elsaesser 2002, S. 78), wurde der Zusammenhang zwischen verschiedenen Einstellungsgrößen hier noch diegetisch vermittelt. Die Abfolge der Details ist also nicht narrativ strukturiert, obwohl sie durchaus nicht zufällig sein muss: So zeigt die erste Nahaufnahme eine Zeitungswerbung für den Fleischextrakt Bovril, erinnernd an die Werbeeinblendungen in heutigen Webvideos, und die letzte Nahaufnahme die Katze, womit ein möglicherweise besonders gefälliger Höhepunkt gewählt wurde.

Die Distributions- und Rezeptionsbedingungen des Wander- und Jahrmarktskinos der Attraktionen gleichen gewissermaßen denen von Webvideos und Memes, denn bei allen Verschiedenheiten gilt es auch für letztere, konkurrierend mit einer Vielzahl anderer Attraktionen in unmittelbarer Nähe in kürzester Zeit Aufmerksamkeit zu erregen und zur wiederholten Rezeption anzuregen (hier auch, indem die Rezipient*innen selbst den Film in sozialen Netzwerken oder auf Videoplattformen teilen). Dies unterscheidet sowohl das historische Wanderkino als auch Webvideos deutlich von dem, was die Filmgeschichtsschreibung als Kino der Narration fasst, das ein voyeuristisches Verhältnis des Publikums zum Film zu etablieren sucht, anstatt wie das Kino der Attraktionen von einem exhibitionistischen Zeigegestus geprägt zu sein (vgl. Gunning 1990). Die Entwicklung des Kinos der Narration geht mit dem Bau der Kinopaläste zwischen 1908 und 1917 einher (vgl. Elsaesser 2002, S. 129). Die Zuschauer*innen werden nun viel seltener frontal mit den Attraktionen konfrontiert, stattdessen werden sie in einen filmischen Erzählraum verstrickt, indem ihnen eine perspektivische Nähe zu den Blickwechseln und Interaktionen suggeriert wird, die sich scheinbar exklusiv diegetisch zwischen den Figuren ereignen. Die Attraktionen werden in mehr oder weniger komplexe Narrationen integriert.

Im Gegensatz zu *Grandma's Reading Glass* lässt nun *The Sick Kitten* 1903 das Publikum nicht scheinbar durch die Lupe einer Figur sehen, sondern schneidet von einer – dem Analysemodell Kuhns nach (vgl. Kuhn 2011, S. 122–128) – nullfokalisierten und nullokularisierten Halbtotalen zu einer ebenso nullfokalisierten und nullokularisierten Nahaufnahme der Katze auf dem Schoß des Mädchens. Was im drei Jahre älteren Film noch eines Verweises zu bedürfen scheint, um das Publikum nicht zu überfordern – die Integration des Zuschauer*innenblickes in den Bild- und potentiellen Erzählraum –, wird hier mit selbstverständlicher Direktheit vollzogen. Damit schafft der Film die Voraussetzung für die diskrete Annäherung des Publikums an Figuren und Objekte, auch wenn er noch klar der Darbietung im Sinne einer ‚Show' verpflichtet ist. Im Kontrast zu den heterogeneren Schauobjekten in *Grandma's Reading Glass* lässt sich hier anhand der motivischen Konventionen konstatieren, dass Tiere

wie Menschen zum Effekt der Rührung inszeniert sind, so das als hilfebedürftig
dargestellte Kätzchen und eine anscheinend daran interessierte, zu ihm hoch-
springende Katze (stereotyp ließe sich diese als die Mutter vorstellen), die in der
Halbtotalen zu sehen ist, aber auch die Kinder, die in der damals konventionellen
Rollenverteilung Erwachsene spielen: das Mädchen, das im Sessel das Junge
umsorgt und füttert, und der Junge, der im zu großen Zylinder von außerhalb
das Futter bzw. die Medizin hereinträgt. Er übernimmt zugleich gegenüber dem
Publikum die öffentliche Rolle zwischen grüßendem Herrn und Zirkusdirektor.

Gegenüber der Zirkusvorstellung ermöglichen Schnitte und Änderungen der
Einstellungsgröße im Film bereits das freiere Verfügen über Zeit und Raum: Dass
es sich bei *Grandma's Reading Glass* und *The Sick Kitten* um räumliche und nicht
auch zeitliche Sprünge handelt, wird lediglich durch die Anordnung und Kontinuität der Einstellungen nahegelegt. In diesen Schnittverfahren lassen sich die grundlegenden Bedingungen eines Prozesses sehen, der von Paech als ‚Literarisierung'
des Films für die Zeit ab 1907 angesetzt wird (vgl. Paech 1997, S. 85). Narrative
Filme richten sich demnach zunehmend an den komplexen Montageformen
des realistischen Romans im 19. Jahrhundert aus und verknüpfen verschiedene
Handlungsstränge, -räume und -zeiten (vgl. Paech 1997, S. 122).

Das ‚Erzählkino' ist nicht zuletzt ein ökonomisches Produkt: Längere und aufwändiger zu produzierende Narrationen bedeuteten eine Reduzierung des Film-
angebots, eine Anhebung des Preises, eine Verlagerung von oft selbstständigen
Unternehmer*innen hin zu großen Produktions- und Verleihfirmen und ein
attraktives Angebot an ein zahlungskräftigeres, prestigeträchtigeres bürgerliches
Publikum (vgl. Elsaesser 2002, S. 89, 115–116, 130) im Vergleich zu der übel
beleumundeten Zuschauer*innenschaft der Wanderkinos. Es kam im deutschsprachigen Raum auch der von Lehrkräften initiierten Kinoreformbewegung
entgegen, die als Folge der von den Sensationsfilmen stimulierten Schaulust die
moralische und psychische Degeneration von Jugendlichen und ungebildeten
Erwachsenen befürchtete (vgl. Elsaesser 2002, S. 76). Die neue Ästhetik trug
zur Anerkennung des Kinos bei, denn das Publikum war nun durch die stellver-
tretenden Figuren auf der Leinwand davon entlastet, in seiner – oft als vulgär
diffamierten – Lust am Schauen explizit von den Filmen adressiert zu werden (vgl.
Paech 1997, S. IX).

Andererseits bedeutet diese narrative Domestizierung von Schauwerten
wie zum Beispiel Tieren zugunsten einer an der Ästhetik der psychologisch
realistischen Epik ausgerichteten Erzählweise nicht etwa die weitgehende Verdrängung oder gar Überwindung der Schaulust (etwa zugunsten einer Auseinandersetzung mit den in einer Erzählung entfalteten Konflikten oder einer
Anteilnahme an deren Figuren und ihren Problemen). Vielmehr werden die Schauwerte und die Spekulation, die mit ihnen auf die unterschiedlichen Affekte des
Publikums betrieben wird, in die rationale und lineare Kausalität der Erzählungen
eingebunden und mehr oder weniger kaschiert. Die Optionen, z. B. Tiere oder
Kinder als amüsant, niedlich, bemitleidenswert etc. zu präsentieren, bleiben
bestehen, werden beim narrativ strukturierten Film aber um das Angebot ergänzt,
sich scheinbar in die Perspektiven von Tieren oder derjenigen, die mit ihnen

interagieren, hineinversetzen zu können. So wird inzwischen vermehrt davon ausgegangen, dass Elemente des Spektakelkinos über die frühe Stummfilmzeit hinaus im ‚verbürgerlichten' Kino der narrativen Integration bis heute erhalten blieben (vgl. z. B. Kessler 2015, S. 84), z. B. durch den Rückgriff auf bestimmte Formen wie Proszeniumperspektiven oder Montagesequenzen aneinandergereihter Attraktionen. Aber auch bestimmte Motive werden häufig in diesem Zusammenhang genutzt, die stereotyp mit Irrationalität, Sinnlichkeit oder Fremdheit verbunden werden, wie Träume und Tänze, ‚exotische' Orte, Tiere und nicht zuletzt menschliche, vor allem weibliche bzw. als weiblich besetzte Körper. Daraus, welche Gegenstände im Film zu Schauobjekten funktionalisiert werden, lassen sich Rückschlüsse auf die Normen und Werte der jeweiligen Gesellschaft ziehen. Eine kritische Didaktik müsste hier nicht nur an den offensichtlicheren Formen des Kinos der Attraktionen oder der Webvideos ansetzen, sondern die Schüler*innen dabei fördern, gerade die Legitimationen und Kaschierungen eigener Projektionen durch kausale Erzählzusammenhänge zu erkennen.

2   Die Literatur- und Filmdidaktik des Deutschunterrichts in ihrer tendenziellen Ausrichtung an der Narrativität und Linearität des Films

Paech modelliert die Entwicklung von einem primitiveren frühen Kino zu einer Filmsprache, die erst durch das Erzählen herausgebildet wird, über verschiedene Niveaustufen. Diese gehen (s. Abschn. 1) auch mit einem Wandel der Bezugsgrößen einher – von der Populärkultur der Jahrhundertwende, Varieté und Schaubude, hin zu den kanonischen Romanen des 19. Jahrhunderts:

> Diese neue narrative Struktur, die die alte des literarischen Erzählens der realistischen Literatur des 19. Jahrhunderts ist, wird sich mit ihrer Linearisierung des Erzählens im Sinne einer kontinuierlich vorgestellten Handlung in der Filmproduktion der USA und dann auch in Europa bis zum Ersten Weltkrieg durchgesetzt haben. (Paech 1997, S. 30)

Dieses Konzept einer ‚Literarisierung' des Films als das der folgerichtigen und bereits präfilmisch angelegten künstlerischen Entfaltung einer eigenen filmischen Ausdrucksform (vgl. Paech 1997, S. 25–44) ist insofern problematisch, als es eine vereinheitlichende Perspektive auf den Film wirft. Darin dominieren als zentrale und definitorische Eigenschaften dieser Kunst die Montage, das Narrative, das Lineare und die überdauernde Ästhetik der bürgerlichen, psychologisch-realistischen Epik (vgl. auch Pietsch 2018, S. 34–35). Nicht nur werden mit dem Begriff ‚Literarisierung' die Wechselwirkungen zwischen der Literatur und dem Film auf Kosten anderer Künste fokussiert. In den Schatten gestellt werden so auch Einflüsse anderer literarischer Gattungen oder Epochen.

In der Literatur- und Mediendidaktik des Deutschunterrichts, die sich z. B. in ihren Modellierungen des literarischen Lernens ebenfalls stark an der narrativen

Literatur ausrichtet, ist demgemäß auch diese Perspektive erkennbar wirksam – mit dem ihr eigenen Potential von Ausblendungen (vgl. Pietsch 2018, S. 34). Beispielsweise findet sich in der Einführung in die *Filmdidaktik Deutsch* eine kritische Tendenz gegenüber ‚selbstzweckhaften Effekten‘ (vgl. Kammerer und Maiwald 2021, S. 136, 204, 219, 250), also Schauwerten, die als etwas gesehen werden, das sozusagen als Rückfall in das Kino der Attraktionen und der Schaulust eine gegenüber dem Aufbau der Handlung unverhältnismäßige Eigendynamik annimmt und nicht sinnvoll in eine Erzählung integriert zu sein scheint. Wie Paech (vgl. Paech 1997, S. 34) rekurrieren auch Kammerer und Maiwald (vgl. Kammerer und Maiwald 2021, S. 144–146) auf den Versuch von Christian Metz, von einem filmsemiotischen Ansatz aus eine Syntagmatik des Kinos herauszuarbeiten (vgl. Metz 1998, S. 321–370).

Metz unterscheidet acht syntagmatische Typen, die er wiederum drei Großkategorien zuordnet:

- autonome Einstellungen (Typ I; in ihren Untertypen: Sequenz-Einstellung, nicht-diegetische Einfügung, subjektive Einfügung, diegetisch versetzte Einfügung und die explikative Einfügung),
- achronologische Syntagmen (rein motivisch organisierte Einstellungsserien ohne raumzeitliche Zusammenhänge; Typ II: paralleles Syntagma, Typ III: das Syntagma der zusammenfassenden Klammerung) und
- chronologische Syntagmen (diverse Formen von Einstellungsserien in raumzeitlichen Zusammenhängen; Typ IV: das deskriptive Syntagma, Typ V: das alternierte narrative Syntagma, Typ VI: das kontinuierliche narrative Syntagma, Typ VII: das diskontinuierliche narrative Syntagma der gewöhnlichen Sequenz, Typ VIII: das diskontinuierliche narrative Syntagma der Sequenz durch Episoden). (vgl. Metz 1998, S. 333–346)

Die Segmente, die durch Räume und Ausstattung, zum Beispiel Kostüme und Maske, Spezialeffekte, Licht und Farben sowie Schauspieler*innen gebildet werden und die ihm zufolge außerkinematographisch codiert sind (vgl. Metz 1998, S. 324), sind bei Metz *signifiés* (das gesamte Thema einer Filmhandlung nennt er dessen entferntes *signifié*, vgl. Metz 1998, S. 358). Die *signifiants* stellen derweil die ihm zufolge spezifischen kinematographischen Codes dar, mit denen die Syntagmen organisiert werden, also Bild- und Tonschnitt sowie Kamerabewegungen und -effekte (vgl. Metz 1998, S. 326).

Inwiefern dieses Modell tragfähig ist, ließe sich hinterfragen (vgl. z. B. Kessler 2003, S. 114), ebenso wie die Annahme, die im Film enthaltenen, aber ‚außerkinematographischen‘ Codes ließen sich von einer eigentlichen Filmsprache abgrenzen. Beispielsweise gewinnen Musik oder Schauspiel eine medienspezifische Qualität als Filmmusik und Filmschauspiel eben durch das Zusammenspiel der diversen Codes im Film (vgl. Pietsch 2018, S. 77–79). Aber im Kontext dieses Artikels ist primär von Bedeutung, dass auch Metz den Schwerpunkt auf die Linearität und Narrativität des Films legt: „Wenn im Kino nicht allmählich die Narrativität überwogen hätte, wäre seine ‚Grammatik‘ sicher vollkommen anders ausgefallen (oder existierte vielleicht gar nicht)." (Metz 1998, S. 358) Damit erscheinen die Filme der frühen Stummfilmzeit als Beispiele einer noch unterentwickelten kinematographischen Sprache. Die Mittel, die in dieser Zeit der starren Kameraeinstellungen und seltenen Schnitte den Film prägen, werden in ihrer Bedeutung für das Medium und seine Entwicklung als außerfilmisch gewissermaßen abgetan. Jüngere ästhetische Verfahren des Films, die nicht auf Montage zurückgreifen und die von Autor*innen wie Bazin als wesentliche Schritte in der Entwicklung einer genuinen Filmsprache bezeichnet werden (vgl. Bazin 2009, S. 90–109), streift Metz als „Formen einer subtileren syntagmatischen Anordnung" (Metz 1998, S. 347):

> Anordnungen, die die Kollage vermeiden (kontinuierliches Drehen, lange Einstellungen, Sequenz-Einstellungen, Aufnahmen mit großer Tiefenschärfe, Benutzung der ‚Breitleinwand' etc.), bleiben dennoch syntagmatische Konstruktionen, d. h. Tätigkeiten einer Montage im weiteren Sinn. (Metz 1998, S. 347)

Diese Argumentation, nach der die „Verhältnisse zwischen Motiven recht gut den Verhältnissen zwischen Einstellungen" (Metz 1998, S. 347) entsprächen, erscheint freilich etwas behelfsmäßig, da Metz seine Typenerfassung der großen Syntagmen im Film an Einstellungen und Einstellungsreihen entwickelt. Die Simultaneität der Codes im Film wird somit nicht ignoriert, aber doch weitgehend marginalisiert bzw. erscheint als Phänomen, das zwar mit Filmen einhergeht, aber von der kinematographischen ‚Grammatik' und ‚Sprache' zu trennen ist, anstatt für die spezifisch filmische Ausdrucksform konstitutiv zu sein.

Die dominante Ausrichtung an Linearität und Narrativität, die also in dieser semiotischen Tradition steht, macht sich in der Literatur- und Filmdidaktik sowohl in normativen Wertungen bemerkbar als auch in Schlussfolgerungen für die Unterrichtspraxis (vgl. Pietsch 2018 oder auch die kritische Auseinandersetzung Wobsers 2021, S. 151–176 mit Abrahams *Filme im Deutschunterricht* von 2009). So bildet die Rekonstruktion der Handlung (bzw. der Story) eines der Hauptkompetenzfelder in Kammerers und Maiwalds Kompetenzmodell (vgl. Kammerer und Maiwald 2021, S. 39). Demgemäß findet sich auch in den daraus abgeleiteten Praxismodellen kontinuierlich die chronologische Rekonstruktion der Filmstories mit verschiedenen Methoden (vgl. Kammerer und Maiwald 2021, S. 175–278).

Wenn jedoch – wie in diesem Band – sogenannte Effekthascherei und Selbstzweckhaftigkeit als kanonische Ausschlusskriterien für Filme fungieren (s. oben), stellt sich die Frage: Weisen gerade solche Eigenschaften, in denen das Kino der Attraktionen aufscheint, nicht darauf hin, dass eine funktionierende Narration die Schaulust der impliziten Rezipient*innen lediglich – sozusagen auf bürgerlich diskrete Weise – einbindet, sie (evtl. pseudo-)rational legitimiert und ideologisch funktionalisiert, nur unmerklicher, als dies das Filmspektakel tut? Sollte es ein dominantes Prinzip der Filmdidaktik im Deutschunterricht sein, diese Kontinuität zu wahren bzw. sie (re-)konstruieren zu lassen, Lücken durch eigene Vorstellungskraft zu füllen und fluide Transformationen in Entwicklungsstadien zu erfassen – und damit auch zu der Fähigkeit beizutragen, analog zum Film das eigene Leben als kohärenten Lernprozess, Lernbiographie bzw. Lebenslauf, vielleicht als Identitätsbildung zu erzählen (vgl. Pietsch 2018, S. 323)? Gewissermaßen werden so der „Zufall, das Diskontinuierliche und die Materialität […] [durch] eine bestimmte Form der Historie zu bannen versucht, indem sie das kontinuierliche Ablaufen einer idealen Notwendigkeit erzählt." (Foucault 2003, S. 38)

Diese positive Orientierung an der narrativen Integration sollte stärker als bisher durch eine kritische Perspektive ergänzt werden, mit der die Schüler*innen narrative Überformungen auch dahingehend dekonstruieren können, wie diese Normen reproduzieren und beeinflussen und wie sie den Zuschauer*innen deren Unabhängigkeit und Subjekthaftigkeit durch die Darbietung von Schauobjekten suggerieren.

Dazu ließen sich Ansätze der Forschung berücksichtigen, die auf Potentiale von Filmen hinweisen, die Verflechtung der Zuschauer*innen in die Erzählstrukturen bzw. das Blickregime des Films zu zeigen, zu irritieren und so eine Reflexion der eigenen Projektionen anzuregen.

3   Impulse zu einer kritischen Reflexion der Rezipient*innenperspektive

Mulvey untersucht in ihrem Essay *Visuelle Lust und narratives Kino* (vgl. Mulvey 1998, S. 389–408) die Objektivierung der Frau durch den männlichen Blick *(male gaze)*:

> Der Begriff von Frau als (passives) Material für den (aktiven) Blick des Mannes […] [fügt] eine weitere Ideologieschicht der patriarchalen Ordnung hinzu[…], wie sie in ihrer bevorzugten filmischen Form auftritt – dem illusionistischen narrativen Film. […] Dadurch, daß sie mit der Spannung spielen, die den Film als Gegenstand auszeichnet, der die Dimension der Zeit (Schnitt, Erzählung) und des Raumes (Veränderung der Distanz, Schnitt) kontrolliert, inaugurieren die filmischen Codes einen Blick, eine Welt und ein Objekt, die eine Illusion erzeugen, die auf den Maßstab des Verlangens zugeschnitten sind. (Mulvey 1998, S. 406)

Sie misst aber Filmen das besondere Potential bei, diese Blicke auch selbst sichtbar zu machen. Während im konventionellen Spielfilm Frauen als Sexualobjekte (in anziehender, aber auch bedrohlicher Weise) inszeniert werden, können beispielsweise die Filme Hitchcocks die Projektionen des *male gaze* verdeutlichen. Dort werden die Zuschauer*innen ihrer Komplizenschaft mit Figuren überführt, deren Kontrollbedürfnis und Voyeurismus offengelegt werden (vgl. Mulvey 1998, S. 403).

Ein ungebrochenes, prägnantes Beispiel für den *male gaze*, das immer wieder von feministischen Filmblogs herangezogen wird (vgl. z. B. Di Nizio 2014; Fridley 2018), findet sich hingegen in *Transformers* (US 2007, R: Michael Bay) [25:00–26:26]: Der Protagonist Sam und sein ‚Love Interest' Mikaela bleiben mit dem Wagen stehen. Mikaela öffnet die Motorhaube, um den Schaden zu beheben. In einer Einstellung streckt Mikaela rechts ihren Körper, mit der einen Hand an der Motorhaube. Links davon ist Sam zu sehen, der diesen Körper anstarrt. Die Kamera führt dabei näher heran, so dass Mikaelas Kopf und Beine nicht mehr zu sehen sind, jedoch ihr Oberkörper mit dem bauchfreien Oberteil sowie ihre Hüften und der Beginn ihres Hinterteils im Bild bleiben. Auch in folgenden Einstellungen, in denen Sam nicht mehr auf Mikaela blickt oder sie nicht von Sams Standpunkt aus in einem *Point-of-View*-Shot gezeigt wird, behält die Kamera weiterhin eine Perspektive und eine Cadrage bei, mit der Mikaelas Körper in seiner knappen Bekleidung im Vordergrund ausgestellt wird. Sams Perspektive, diejenige der nullfokalisierten Kamera und die Zuschauer*innenperspektive werden also in der ausgiebigen Objektivierung von Mikaelas Körper zusammengeführt.

Ein gerade in der Gegenüberstellung aufschlussreiches Beispiel, das in Mulveys kritischem Sinne sein dürfte und auf das mich die Studentin Elisa Ripke hingewiesen hat, ist zu Beginn von *Jennifer's Body – Jungs nach ihrem Geschmack* (US 2009, R: Karyn Kusama) [00:22–01:40 min] zu finden. Die Kamera fährt dabei zunächst in einer subjektiven Kamera bei Nacht durch einen Garten an ein offenes Fenster heran. Diese Kamerafahrt wird in einer Parallelmontage zweimal durch eine Detailaufnahme unterbrochen, erst die eines Fingers, der an einer kleinen Wunde am Arm kratzt, dann die eines offenbar weiblichen Mundes, der auf einer Haarsträhne kaut (diese mädchenhaft verspielt konnotierte Geste wird bereits durch kleine Blutspuren an den Zähnen konterkariert). Der Schnitt zurück auf die Kamerafahrt lässt in dem nun näheren Fenster ein weiteres Fragment von Jennifers Körper sehen – einen Fuß (denn um die Teenagerin Jennifer handelt es sich, wie sich später herausstellen wird, und wie Mikaela in *Transformers* wird sie von Megan Fox gespielt).

Die Kamera taucht nun hinter dem Bettende Jennifers auf und zeigt sie zentral auf dem Bett liegend, so dass der Blick zwischen ihre leicht gespreizten Beine frei wird (sie trägt Strümpfe, eine Hose und ein T-Shirt, nur ihre Knie und Oberschenkel sind nackt). Jennifers Gesicht wirkt durch dunkle Schatten um ihre Augen erschöpft. Sie schreibt in ein Buch, lässt sich dann aber vom laufenden Fernseher ablenken, dessen Bildschirm nun frontal im Gegenschuss zu sehen ist. Darauf preist ein Fitnesstrainer seinen Körper, genauer seine Hinterbacken an, verbietet einer Frau neben ihm aber scherzhaft, diese anzufassen, denn das ginge nicht in dieser Sendung. Dann sieht er in die TV-Kamera und ruft: „Not this show! Not touching this show!" Auf ein Bild der darüber lachenden Frau im Fernsehen folgt ein von einem kurzen und lauten, alarmierenden Ton aus dem Score begleiteter Schnitt zu einer neuen Einstellung: Darin sind im linken Vordergrund nah Jennifers Kopf auf dem Kissen sowie ihre Brüste zu sehen, während rechts in Hintergrund das blasse Gesicht eines anderen Teenagermädchens unter einer Kapuze durch das Fenster starrt, von Jennifer noch unbemerkt. Das Gesicht am Fenster ist dabei so positioniert, dass ihr Blick sich sowohl auf Jennifer als auch in die Kamera richtet. Von den übrigen Details des Bildes sind hier zumindest noch eine weiße und eine schwarze Maske zu erwähnen, die leicht versetzt untereinander als Wandschmuck an der Tapete zwischen Jennifers Kopf und dem ihrer Beobachterin zu sehen sind.

An dieser Sequenz ist nicht nur bemerkenswert, auf wie viele Weisen sie in kurzer Zeit die für den *male gaze* typischen Geschlechterverhältnisse überraschend verkehrt: Der Körper der Teenagerin wird als ein versehrter, möglicherweise auch aktiv gewalttätig gewordener eingeführt. Im Fernsehprogramm tritt ein maskulin-muskulöser Mann kokett als Lustobjekt einer Frau sowie mit seinem expliziten Satz zur Kamera auch des Filmpublikums auf. Zudem weist die Sequenz durch die TV-Show über das Fitnesstraining auf die Kultivierung von Körperidealen sowie durch die einander entgegengesetzten Masken zwischen den beiden Frauengesichtern auf die polarisierten Weiblichkeitsklischees zwischen Unschuld und Sünderin hin. Die subjektive Kameraperspektive, die in dieser Szenerie typischerweise die eines männlichen Serienkillers wäre, der im Slashergenre für gewöhnlich einer jungen Frau nachstellt, entpuppt sich als die einer anderen jungen Frau. Dadurch wird nicht nur die Möglichkeit eines *female* bzw. *lesbian gaze* deutlich, auf die einige Online-Diskussionen des Films hinweisen (vgl. z. B. Blanchett 2020). Vor allem aber führt diese Sequenz die Konstruktion der Strukturen vor Augen, in denen der *male gaze* Zuschauer*innen jeden Geschlechts Körper einer Teenagerinnen-Figur als Objekte darbietet. Die an solche Expositionen konventionell gehefteten Erwartungen werden zum einen mit einem *Jump Scare* befriedigt, zum anderen aber vermittels der Tiefenschärfe auch durch den Blick einer weiteren Teenagerinnen-Figur in die Kamera irritiert. Die Zuschauer*innen können so einerseits den Eindruck gewinnen, sie seien von der Seite der voyeuristischen Stalker-Figur auf diejenige der bedrohten Jennifer gewechselt, andererseits aber auch den Eindruck, wegen ihres eigenen Starrens von einer Stellvertreterin Jennifers strafend und bedrohlich zurück angestarrt zu werden. Der Blickwechsel in *Jennifer's Body* erfolgt durch die Staffelung in der Raumtiefe über einen weiblichen Körper im Bild hinweg. Die genderbezogenen kritischen Implikationen werden somit durch die Simultaneität zusätzlich betont. Zudem zeichnet sich das Beispiel dadurch aus, dass in ihm die Handlung nicht angehalten, die diegetische Ebene nicht eindeutig verlassen wird; auch mit dem Blick in die Kamera wird nicht explizit die vierte Wand zum Zuschauer*innenraum durchbrochen, obwohl dieser Effekt nahelegt wird. Gerade das Ausbleiben einer expliziten Adressierung dieses Schwebezustandes zwischen Diegese und Extradiegese trägt zu der unheimlichen Wirkung dieser Sequenz bei.

Die *Filmdidaktik Deutsch* erläutert an verschiedenen Beispielen sowohl die sprachliche Kontaktaufnahme mit dem Publikum (vgl. Kammerer und Maiwald 2021, S. 73) als auch die Kontaktaufnahme durch Blickadressierungen (vgl. Kammerer und Maiwald 2021, S. 100). In beiden Fällen werden diese Verfahren als Störungen der Realitätsillusion und entlarvende Verweise auf die „Textgestaltung" (Kammerer und Maiwald 2021, S. 73; S. 100) bzw. die Produktionsumstände der Filme gewertet. Die direkte Ansprache des Publikums durch Figuren verdeutliche „das Narrationsphänomen der doppelten Erzählzeit, indem ‚eine Art kommentierendes Präsens' ins epische Präteritum einzieht." (Kammer und Maiwald 2021, S. 73) Blickadressierungen führt der Band vor allem am Genre der Komödie vor:

Die in anderen Genres unangenehme Erfahrung des Entdecktseins stellt sich hier nicht ein, da die Distanz zwischen Zuschauer und Akteuren groß ist und die Welt des Films dem Publikum als fiktive, gemachte in jedem Augenblick gegenwärtig ist (kommunikativer Vertrag). (Kammerer und Maiwald 2021, S. 100)

Was die Beispiele in der *Filmdidaktik Deutsch* mit dem vorherigen gemeinsam haben, ist, dass Brüche in der Narration, seien sie mehr oder weniger explizit, hier stets durch Überraschungseffekte erzeugt werden, mal belustigend, mal schockierend. Zugleich sind diese Effekte aber durch Genrekonventionen prinzipiell erwartungsgemäß, wie Kammerer und Maiwald an der Komödie begründen. Die explizite sprachliche Adressierung des Publikums vereindeutigt zudem rasch die Verhältnisse zwischen der Realität der Filmhandlung und derjenigen der Rezipient*innen. Wie das Kino der Attraktionen betont diese direkte ‚Ansprache durch die vierte Wand' die Unterschiede zwischen beiden Räumen eher als die Verstrickung des Zuschauer*innenblickes in das Blickfeld des Erzählraums offenzulegen. Der Bruch des Illusionszusammenhangs ließe sich als Verweis auf eine ‚eigentliche' Realität und authentische Wahrnehmungen im Kontrast zur verzerrenden, fiktionalen Konstruktion der Genrefilme betrachten, hebt aber nicht zwangsläufig auf die Konstruiertheit auch der Rezipient*innenrealität ab.

Daraus resultiert die Frage: Wie können Schüler*innen lernen, die impliziten, subtilen Manipulationen des narrativen Mainstreamfilms zu erkennen, der solche Brüche nicht selbst herbeiführt? Wie lassen sie sich dabei fördern, zu reflektieren, dass sie mit ihren eigenen Projektionen daran beteiligt sind, in einer Wechselwirkung aus Film- und eigener Realität Normen und Werte zu konstruieren und sich durch die Objektivierung verschiedener Motive als Subjekte zu konstituieren?

Die Filmausschnitte, die das Potenzial haben, die Rezipient*innen mit ihrem eigenen Blick und der damit verheißenen Inbesitznahme des Objektes zu konfrontieren, müssen nicht auf die abrupt wirkende Weise von Schockern und Komödien inszeniert sein. Anstelle eines plötzlichen, vom Film selbst akzentuierten Momentes tritt dann eine sorgfältige Inbezugsetzung der verschiedenen Codes in ihrer Simultaneität und Linearität. Um das erhellende Potenzial solcher Sequenzen und Betrachtungsweisen auch anhand von Kinder- und Jugendfilmen und in den Dimensionen des literarischen Lernens auszuschöpfen, sei daher im Folgenden ein Film gewählt, in dem konventionell erzählt wird: *Die Wilden Hühner und die Liebe* (DE 2007, R: Vivian Naefe). Die kritische Perspektive fokussiert sich dabei nicht auf einen anthropozentrischen Blick auf Katzen oder auf die Verniedlichung von Kindern (s. Abschn. 1), sondern auf genderbezogene Normen, die allerdings hier weit ambivalenter und nicht so offensiv patriarchal und sexistisch vermittelt werden wie in *Transformers*. Gleichwohl geht es auch in dieser Sequenz zentral darum, wie Teenagerinnen mit ihrer Körperlichkeit umgehen können oder vermeintlich sollten.

4 Modelle von Lernprozessen – zu Filmen und in Filmen

Das Modell, das Anita Schilcher und Markus Pissarek gemeinsam mit anderen Autor*innen in ihrem Buch *Auf dem Weg zur literarischen Kompetenz* (vgl. Schilcher und Pissarek 2018a) vorstellen, soll Schüler*innen dazu verhelfen, sich literarische Strategien anzueignen, um auf Textzusammenhänge und daraus resultierende Fragestellungen aufmerksam zu werden und diese sowie Kategorien wie jene der Figur oder des semantischen Raums sukzessiv besser zu verstehen (vgl. Schilcher und Pissarek 2018b, S. 20).

Das Modell fußt ausdrücklich auf dem semiotischen Ansatz, und sein Anspruch auf eine transmediale Allgemeingültigkeit für den Umgang mit literarischen Texten in einem weiteren Sinne verdeckt auch hier mitunter, dass die Zugänge der Autor*innen zu den Dimensionen und Textbeispielen deutlich von literatur- und sprachwissenschaftlichen sowie narratologischen Perspektiven beeinflusst sind (so z. B. in den Niveaubeschreibungen zu den Dimensionen „Überstrukturierung interpretieren: Metrik, Rhetorik, Mythologie" oder „Die Vermittlungsebene von Texten analysieren"). Medialität wird als Oberflächenebene des *discours* aufgefasst, unter deren spezifischen, aber doch gleichsam binär strukturierten Codes die textuelle Tiefenstruktur der *histoire* aufgedeckt werden soll (vgl. Krah 2018, S. 40–41).

In einer Sequenz aus dem an Kinder und Jugendliche adressierten Film *Die Wilden Hühner und die Liebe* [45:02–51:00] zerstreitet sich die titelgebende Bande aus pubertierenden Mädchen, als sie in ihrem Wohnwagen eine Party planen möchte (vgl. auch Chávez Lambers und Rietig 2008, S. 18). Wenn das Modell des literarischen Lernens auf diese Sequenz angelegt wird, lassen sich die Niveaustufen vor allem der Dimension „Merkmale der Figur erkennen und interpretieren" (Pissarek 2018, S. 135–168) schlüssig daran nachvollziehen (vgl. auch Pietsch 2022, S. 199–204). Auf Niveaustufe I lassen sich Merkmale und Funktionen von Figuren erkennen und es lässt sich deren Charakterisierung über explizite Zuschreibungen und Figurenverhalten unterscheiden (vgl. Pissarek 2018, S. 148–154): Die Bandenmitglieder werden schon zu Beginn der Sequenz durch eigene dialogische, mimische und gestische Äußerungen sowie Äußerungen der anderen Figuren charakterisiert. Sie weichen aber auch durch ihr Verhalten und ihre Besetzung zum Teil von diesen Zuschreibungen ab. So ist die von sich selbst als unsichere, passive und unattraktive Frustesserin charakterisierte Trude, die von ihrer Freundin Melanie auch explizit als enervierend bezeichnet wird, nicht nur kontrastiv mit einer lediglich minimal korpulenteren Schauspielerin besetzt, sie erweist sich auch als eine Figur, die die Initiative ergreift, um ihre Freundinnen mit einem Bandenfotoalbum zu überraschen, und aktiv zu deren Zusammenhalt beizutragen versucht.

Die Unterscheidung und adäquate Interpretation von Fremd- und Eigencharakterisierung auf Niveaustufe II wird durch das ebenfalls auf dieser

Stufe angesiedelte Erkennen und Interpretieren statischer und dynamischer Figurenkonzeptionen ergänzt (vgl. Pissarek 2018, S. 154–159): Während Wilma Melanie dafür attackiert, keine Ahnung von Liebe zu haben und sich stattdessen von den Schülern ‚begrabschen‘ zu lassen und mit den Lehrern zu flirten, wehrt sich Melanie, indem sie Wilma als verklemmt bezeichnet – eine Einschätzung, die jedoch kurz darauf korrigiert wird, als Melanie erkennt, dass Wilma gar nicht an Jungen, sondern an einem Mädchen interessiert ist. Dass Wilma und vor allem Melanie sich während dieses Streits in ihrem Verhalten und ihren Eigenschaften ändern, sich unter dem erkennbaren Druck der Pubertät und der an die Sexualität geknüpften normativen Erwartungen in eine aggressive Intoleranz hineinsteigern, wird ebenfalls durch Dialoge und Schauspiel deutlich.

Entsprechend der Niveaustufe III lassen sich hier die Relationen von Figuren zueinander ebenso erkennen und systematisieren wie die Kontrast- und Korrespondenzrelationen in der Figurenkonstellation beschrieben und interpretiert werden können (vgl. Pissarek 2018, S. 159–163). Durch Kameraperspektiven und Montage werden die während der Sequenz wechselnden Figurenkonstellationen geordnet: Zunächst steht Trude mit ihrer schüchternen, mit Normen körperlicher Attraktivität begründeten Unsicherheit den anderen Mädchen gegenüber. Als deren Wortführerin erscheint hier die sich sexuell vergleichsweise offensiv gebarende Melanie. Im Streit werden dann Melanie und Wilma kontrastiert, die einander jeweils unterschiedliche vermeintliche Normabweichungen vorwerfen, erst Promiskuität respektive Prüderie, dann Homosexualität, die von Melanie als Perversion diskriminiert wird. Infolge des Streits wird durch Nahaufnahmen der einzelnen Gesichter die gesamte Bande in voneinander isolierte Figuren aufgelöst. Diesen Kontrastrelationen folgen aber auch Korrespondenzrelationen: Als Melanie wütend und enttäuscht den Wohnwagen verlässt, sieht sie diesem noch mehrmals nach. In den sich anschließenden Einstellungen werden die zurückgebliebenen Mädchen dabei gezeigt, wie auch diese traurig auf den Wohnwagen zurückblicken, allerdings den Wagen auf Fotos in Trudes Bandenalbum. In beiden Fällen wird er zu einem Sehnsuchtsort der vorpubertären und homosozial weiblichen Vergangenheit.

Die Figuren können so gemäß der Niveaustufe IV als Konstrukt und Repräsentanten erfasst werden (vgl. Pissarek 2018, S. 163–168), mit denen das Erwachsenwerden und die Auseinandersetzung mit auf die Sexualität bezogenen Normen vor allem für ein mit den Hauptfiguren ungefähr gleichaltriges Publikum aufbereitet wird – ausgehend von einer Gesellschaft, in der 2007 von einer relativ liberalen, aber auch marketingtechnisch mainstreamtauglichen Position aus der Liebesfilm für Kinder und Jugendliche um das Thema einer von der Erzählung letztlich positiv sanktionierten lesbischen Liebe erweitert wird (wobei diese freilich in der Handlung noch zentral problematisiert wird, anstatt mit Selbstverständlichkeit eingebracht zu werden).

Diese bislang in ihrem linearen Verlauf und der Linearität ihrer Mittel analysierte Sequenz lässt sich jedoch noch anders betrachten, indem auch die Simultaneität ihrer Mittel Beachtung findet: Als Melanie auf den Wohnwagen zurückschaut, wechselt die Kamera von einer nullfokalisierten und nullokularisierten Perspektive auf Melanie zu der intern fokalisierten und okularisierten Perspektive Melanies auf den Wohnwagen (mit subjektiver Kamera). Als dieser durch die Kamerarückfahrt hinter einem Baum zu verschwinden beginnt, erklingt Filmmusik, deren Tonquelle *offscreen* und die offenbar extradiegetisch ist. Es handelt sich also vielleicht um eine Nullaurikularisierung, wobei allerdings anzumerken ist, dass diese Musik auch die inneren Gefühle Melanies zum Ausdruck bringen könnte und insofern weniger als Phänomen der Aurikularisierung als vielmehr als eines der internen Fokalisierung gedeutet werden könnte (Kuhn spricht bei einem etwas ähnlichen Phänomen von einer „,subjektivierenden Aurikularisierung' […], weil zwar möglich, aber nicht sicher ist, dass sie in diesen Momenten ebenjene Musik als innere Klänge hört", Kuhn 2011, S. 131). Dass die Musik jedoch mangels ihrer eindeutigen Zuordnung zu Melanies Innenleben als eine Art ‚Kommentar' der Erzählinstanz des Films betrachtet werden kann, lässt sich auch dadurch erhärten, dass sie als Tonbrücke die subjektive Kameraeinstellung sowie die Einstellungen auf Melanie außerhalb des Wohnwagens und den Rest der Bande im Wohnwagen zusammenhält.

So wird durch die Simultaneität von Ton und Bild der Eindruck erweckt, die Perspektive Melanies, diejenige der externen Erzählinstanz sowie mittelbar diejenigen der anderen Mädchen und schließlich die Perspektive des Publikums würden zusammengeführt. Die stupende Klaviermusik, wie sie konventionell zur Erzeugung einer nachdenklichen bis traurigen Stimmung eingesetzt wird, vereint also auch in diesem Handlungsmoment der Trennung weiterhin die Figuren. Sie suggeriert zudem den Rezipient*innen, an dieser Einheit emotional teilzuhaben. So wird Melanie, obwohl sie sich aggressiv gegen die anderen und dazu diskriminierend gegen Wilma gestellt hat, durch die Tonebene nicht ausgegrenzt oder verurteilt, sondern der empathischen Anteilnahme des Publikums empfohlen. Allerdings wird sie zugleich auf der Bildebene als isolierte Gefangene ihrer Haltung dargestellt, auch symbolisch, indem sie beim Verlassen des Bandentreffpunkts lange hinter einem dunklen Gitter gezeigt wird, an das ihr Fahrrad angelehnt ist. Diese Darstellung Melanies bestätigt sich auch im weiteren Verlauf des Films insofern, als nicht nur ihre Diskriminierung Wilmas von der gesamten Erzählung negativ bewertet und korrigiert wird. Auch Melanies in Ansätzen zu erkennende Promiskuität wird von der Erzählung im Folgenden als selbstbetrügerische und gefährliche Einstellung gezeigt und bestraft. Der Film lässt Melanie eine demütigende und läuternde Erfahrung machen und distanziert sich somit nicht von dem diskriminierenden ‚Slut Shaming', das von Wilma ausgeht (oder nur von allzu expliziten Beleidigungen, wo vom Standpunkt des Films aus eher ein verständnisvolles ‚Mitleid' angebracht wäre). Auch darin wird also implizit eine Übereinstimmung zwischen Publikum und Filmerzählung über den ‚richtigen' Umgang mit weiblicher Körperlichkeit erzielt.

Die Simultaneität der filmischen Mittel ermöglicht es nun, die Niveaustufe IV im Modell von Schilcher und Pissarek (Figuren in ihrer Konstruiertheit und Repräsentativität zu erfassen) im Literaturunterricht bereits zu einem früheren Zeitpunkt des literarischen Lernprozesses anzubahnen, als dies von dem Modell nahelegt wird. Viele Kinder dürften bereits zu einem Zeitpunkt, für den Niveau-

stufe I vorgesehen ist, die erforderliche Medienkompetenz aufweisen, um die
Wirkung von Filmmusik auf die Wahrnehmung der Bilder zu erkennen und zu
reflektieren. Durch das Aus- und Einblenden der Ton- oder Bildebene bzw. einzelner Einstellungen der Montage sowie durch die Neukombination dieser Einheiten
lässt sich die Zusammenführung der Perspektiven aufbrechen und beleuchten.
Der Verzicht auf die Musik etwa (a) oder eine Begleitung von Melanies Abgang
mit einer alternativen, z. B. entschieden und aggressiv konnotierten Melodie (b)
oder ein Verzicht auf die Bildebene (c) bzw. auch nur auf die Einstellungen, in
denen Melanie mit zögerlicher Miene zurückblickt (d), lassen die Gemachtheit und Manipulierbarkeit der Erzählung in ihrer Kalkulation auf die impliziten
Rezipient*innen konkret werden. Zudem können so auch Verknüpfungen mit
anderen Dimensionen aus Schilchers und Pissareks Modell hergestellt werden;
hier bietet es sich an, mit fiktionalen Weltmodellen bewusst umzugehen und die
Vermittlungsebene von Texten zu analysieren.

Insofern lassen sich anhand der Simultaneität des Films nicht nur dessen
narrative Strategien, sondern auch die linearen Strukturen und Kategorisierungen
von Lernprozessen hinterfragen und ergänzen.

Literatur

Amann, Caroline, und Rainer Rother. 2022. *Schauwerte.* https://filmlexikon.uni-kiel.de/doku.
     php/s:schauwerte-5515. Zugegriffen: 30. Okt. 2022.
Blanchett, Io. 2020. *Hell is a Teenager Girl: The Lesbian Feminist Gaze in Jennifer's Body.*
     https://www.gaylydreadful.com/blog/pride-2020-hell-is-a-teenager-girl-the-lesbian-feminist-
     gaze-in-jennifers-body. Zugegriffen: 11. Okt. 2022.
Bazin, André. 2009. Die Entwicklung der Filmsprache. In *Was ist Film?*, Hrsg. Robert Fischer
     (Mit einem Vorwort von Tom Tykwer und einer Einleitung von François Truffaut), Original:
     Qu'est-ce que le cinéma?, 90–109. Berlin: Alexander.
Chávez Lambers, Miriam, und Denise Rietig. 2008. *Die Wilden Hühner und die Liebe. Begleit-
     material.* Potsdam: Vision Kino.
DiNizio, Lola. 2014. *Transformers and the Male Gaze.* https://www.karanovic.org/courses/
     mca008/archives/1487. Zugegriffen: 29. Okt. 2022.
Elsaesser, Thomas. 2002. *Filmgeschichte und frühes Kino. Archäologie eines Medienwandels.*
     München: edition text + kritik.
Fridley, Brianna. 2018. *THE MALE GAZE IN TRANSFORMERS.* https://femfilm18.wordpress.
     com/2018/11/15/the-male-gaze-in-transformers-2007/. Zugegriffen: 29. Okt. 2022.
Foucault, Michel. 2003. *Die Ordnung des Diskurses.* Übers. Walter Seitter. Frankfurt a. M. u. a.:
     S. Fischer.
Gunning, Tom. 1990. The cinema of attractions: early cinema and the avantgarde. In *Early
     Cinema. Space, Frame, Narrative*, Hrsg. Thomas Elsaesser, 56–62. London: BFI.
Kammerer, Ingo, und Klaus Maiwald. 2021. *Filmdidaktik Deutsch. Eine Einführung.* Berlin:
     Schmidt.
Kessler, Frank. 2003. Filmsemiotik. In *Moderne Film Theorie*, Hrsg. Jürgen Felix, 104–129.
     Mainz: Theo Bender.
Kessler, Frank. 2015. Zwischen Attraktion und Narration. Le voyage dans la lune (1902) von
     Georges Méliès. In *Sinnlichkeit und Sinn im Kino. Zur Interdependenz von Körperlichkeit
     und Textualität in der Filmrezeption*, Hrsg. Heinz-Peter Preusser, 83–93. Marburg: Schüren.

Krah, Hans. 2018. Was ist ‚Literatursemiotik'? In *Auf dem Weg zur literarischen Kompetenz. Ein Modell literarischen Lernens auf semiotischer Grundlage*, Hrsg. Anita Schilcher und Markus Pissarek, 35–54. Baltmannsweiler: Schneider Hohengehren.

Kuhn, Markus. 2011. *Film-Narratologie. Ein erzähltheoretisches Analysemodell*. Berlin/New York: De Gruyter.

Metz, Christian. 1998. Probleme der Denotation im Spielfilm. Übers. Renate Koch. In *Texte zur Theorie des Films*, Hrsg. Franz-Josef Albersmeier, 321–370. Stuttgart: Reclam.

mugumogu. 2008. 耳掃除されるねこ。 .https://www.youtube.com/watch?v=20Q1QCr6b98. Zugegriffen: 11. Okt. 2022.

Mulvey, Laura. 1998. Visuelle Lust und narratives Kino. Übers. Karola Gramann. In *Texte zur Theorie des Films*, Hrsg. Franz-Josef Albersmeier, 389–408. Stuttgart: Reclam.

Myrick, Jessica Gall. 2015. Emotion regulation, procrastination, and watching cat videos online: Who watches Internet cats, why, and to what effect? *Computers in Human Behavior* 52:168–176.

Paech, Joachim. 1997. *Literatur und Film*, 2. Aufl. Stuttgart und Weimar: Metzler.

Pietsch, Volker. 2018. *Verfolgungsjagden. Zur (Diskurs-)Geschichte der Medienkonkurrenz zwischen Literatur und Film*. Bielefeld: transcript.

Pietsch, Volker. 2022. Verstehen auf Niveau? Zur Modellierung von Lernprozessen und ihrer medialen Unterwanderung. In *Ästhetisches Verstehen und Nichtverstehen in Literatur- und Mediendidaktik*, Hrsg. Jennifer Pavlik und Hendrick Heimböckel, 187–206. Bielefeld: transcript.

Pissarek, Markus. 2018. Merkmale der Figur erkennen und interpretieren. In *Auf dem Weg zur literarischen Kompetenz. Ein Modell literarischen Lernens auf semiotischer Grundlage*, Hrsg. Anita Schilcher und Markus Pissarek, 135–168. Baltmannsweiler: Schneider Hohengehren.

Real Grumpy Cat. 2012. *Grumpy Cat getting treats after being on the TODAY show!* https://www.youtube.com/watch?v=JLwxglvqImQ. Zugegriffen: 11. Okt. 2022.

Schilcher, Anita, und Markus Pissarek, Hrsg. 2018a. *Auf dem Weg zur literarischen Kompetenz. Ein Modell literarischen Lernens auf semiotischer Grundlage*, 4. Aufl. Baltmannsweiler: Schneider Hohengehren.

Schilcher, Anita, und Markus Pissarek. 2018b. Zum Begriff der Kompetenzorientierung und seiner Anwendung im Bereich des literarischen Lernens. In *Auf dem Weg zur literarischen Kompetenz. Ein Modell literarischen Lernens auf semiotischer Grundlage*, Hrsg. Anita Schilcher und Markus Pissarek, 9–34. Baltmannsweiler: Schneider Hohengehren.

Wobser, Florian. 2021. Zeitdauer, -wahrnehmung und -reflexion im Adoleszenz-Film „Mein Bruder heißt Robert und ist ein Idiot" (D/F/CH 2018) von Philip Gröning – Didaktische Überlegungen zur Kompetenzbildung mittels Filmizität und Heterochronie. In *Zeitnutzung in der aktuellen Kinder- und Jugendliteratur. Literaturwissenschaftliche und literaturdidaktische Perspektiven*, Hrsg. Sebastian Bernhardt und Johanna Tönsing, 151–176. Berlin: Frank & Timme.

Filme

Grandma's Reading Glass, UK 1900, R: George Albert Smith.
Jennifer's Body – Jungs nach ihrem Geschmack (Jennifer's Body), US 2009, R: Karyn Kusama.
The Sick Kitten, UK 1903, R: George Albert Smith.
Transformers, US 2007, R: Michael Bay.
Die Wilden Hühner und die Liebe, DE 2007, R: Vivian Naefe.

Erzählung und Film

Johannes Thiele

Zusammenfassung

Wie gelingt es Schüler*innen, die narrativen Strukturen von Erzähltexten und Filmen nicht nur isoliert, sondern in Bezug zueinander zu verstehen? Welche Analysekategorien bieten sich dabei für die Arbeit in der Schule an? Und auf welche Weise kann dieses Wissen methodisch vermittelt werden? Der Beitrag wirft Schlaglichter auf genau diese Fragestellungen. Dabei sollen praxisnahe Anregungen gegeben werden, wie Kategorien der Film- und Erzähltextanalyse im Deutschunterricht so zueinander in Beziehung gesetzt werden können, dass Schüler*innen ein besseres Verständnis der Funktionsweise beider Medien erhalten. Dafür wird zunächst eine Bestandsaufnahme der derzeitigen Rezeptionsvoraussetzungen bei den Lernenden skizziert. Anschließend wird ein handhabbares Konzept für die Analyse von Film und Erzählung diskutiert, und schließlich werden Ideen für die methodische Arbeit vorgestellt.

1 Erzählung und Film: Chancen für ein wechselseitiges Verstehen im Literaturunterricht

Es ist eine Binsenweisheit zu behaupten, dass Filme und Serien die traditionelle Art zu erzählen verändert und erweitert haben. Statt eine Handlung mit Worten zu entfalten, die die Imagination von Rezipient*innen anregen und herausfordern, nutzen sie andere Mittel, die auf den ersten Blick denen des Theaters deutlich näher sind. Im Theater wie in Filmen und Serien sind Schauspieler*innen

J. Thiele (✉)
Hölty-Gymnasium Celle, Celle, Deutschland
E-Mail: johannes.thiele@hotmail.de

S. Bernhardt und I. Henke (Hrsg.), *Erzähltheorie(n) und Literaturunterricht*,
Deutschdidaktik, https://doi.org/10.1007/978-3-662-66918-1_17

273

am Werk, die in einer konkreten Umgebung – die nicht erst von Grund auf von uns imaginiert werden muss – miteinander spielend interagieren. Bei genauerer Betrachtung ist der Film aber nicht bloß abgefilmtes Drama, sondern weist darüber hinaus spezifische Merkmale des Narrativen auf. Die Kamera soll dabei im Folgenden als Analogon der Vermittlungsinstanz in literarischen Texte aufgefasst werden. Das, wofür in der Literaturwissenschaft die narrationsspezifische Kategorie der Erzählperspektive zur Verfügung steht, findet – zumindest auf visueller Ebene – im Film vielleicht hier am ehesten seine Entsprechung: in der Perspektive der Kamera, in ihren Einstellungsgrößen, in der Kamerabewegung, im Verhältnis der Handlungs- und Wahrnehmungsachsen, im Aufbau des Bildausschnitts und in der Montage von Einstellungen (vgl. dazu auch Kuhn 2007).

Das Verhältnis der verschiedenen erzählerischen Mittel in unterschiedlichen Medien zu untersuchen, kann helfen, besser zu verstehen, was die Vermittlungsebene in literarischen Texten (vgl. hierzu Dürr 2018) auszeichnet, und umgekehrt den Blick für die Filmrezeption schulen.[1] Dabei ist vorab eines festzustellen: Diese Überlegungen werden hier keinesfalls erstmalig angestellt.[2] Auch in der unterrichtlichen Praxis gibt es durchaus Ansätze in dieser Richtung – von Unterrichtsmodellen bis hin zu Kapiteln in Lehrwerken. Um nur drei der wichtigen Oberstufenbücher zu nennen, die wohl den Hauptteil des Marktes ausmachen, sei verwiesen auf: *Texte, Themen und Strukturen* (Cornelsen), *deutsch. kompetent* (Klett) und *P.A.U.L. D.* (Schöningh) – sie alle haben ein mehr oder weniger umfangreiches Kapitel zu Literaturverfilmungen und basaler Filmtheorie. Am konsequentesten geht *Texte, Themen und Strukturen* (2017) am Beispiel von Patrick Süskinds *Das Parfum* in der Verfilmung aus dem Jahr 2006 von Tom Tykwer (Regie) und Bernd Eichinger (Drehbuch, Produktion) vor. Hier wird zumindest in Ansätzen auch über das Verhältnis filmischen und epischen Erzählens nachgedacht (vgl. Mohr et al. 2017, S. 80–94).[3]

Dieser Beitrag soll eine praxisnahe Anregung geben, wie Kategorien der Film- und Erzähltextanalyse im Deutschunterricht so zueinander in Beziehung gesetzt werden können, dass Schüler*innen ein besseres Verständnis der Funktionsweise beider Medien erhalten können. Dafür wird zunächst eine Bestandsaufnahme

---

[1] Jan Boelmann und Lisa König weiten beispielsweise die Auseinandersetzung mit literarischem Verstehen von vornherein darauf aus, dass sie medienunspezifisch von geschichtenerzählenden bzw. narrativen Gegenständen ausgehen und damit sowohl gedruckte Texte als auch Filme oder sogar narrative PC-Spiele im Blick haben (vgl. Boelmann und König 2021, S. 7–8).

[2] So geht etwa Ulf Abraham davon aus, dass es eine „allgemeine Interpretationskompetenz" gibt, bei der die Entwicklung semiotischen Verstehens potenziell übertragbar auch auf Zeichensysteme in anderen Medien ist (vgl. Abraham 2009, S. 59). Auch Frederking spricht von einem solchen allgemeinen „Symbolverstehen" (Frederking 2004).

[3] Am Beispiel einzelner Szenen sollen die Lernenden beispielsweise epische und filmische Gestaltungsmittel in ihrem Wirkungspotenzial vergleichen und bewerten. Das Lehrwerk liefert dafür in zahlreichen Merkkästen das analytische Instrumentarium – so wird etwa die Kamera als Erzählerin bezeichnet oder eine Analogie der Zeitgestaltung in epischen Texten mit den Begriffen Schnitt und Montage hergestellt. Der Fokus der Erarbeitung liegt stark auf der Frage der Motivation und Wirkung von Änderungen an der Romanvorlage, die die filmische Adaption vornimmt.

der derzeitigen Rezeptionsvoraussetzungen bei den Lernenden skizziert (I).
Anschließend wird ein handhabbares Konzept für die Analyse von Film und
Erzählung diskutiert (II). Abschließend werden Ideen für die methodische Arbeit
vorgestellt (III).

2   Heutige Rezeptionsvoraussetzungen junger Menschen

Bevor wir uns der Verhältnisbestimmung von Film- und Erzähltextanalysekate-
gorien widmen, sollen zunächst einige grundlegende Überlegungen zum Medium
Film und seinem Einsatz in der Schule erfolgen. Beginnen wir mit der Medien-
sozialisation: Die JIM-Studie zur Mediennutzung 12–19-Jähriger gibt hier in den
letzten 10 Jahren einen relativ konstanten Wert von 35–40 % einer Kohorte an, die
regelmäßig liest – also täglich oder mehrmals pro Woche (vgl. JIM 2020, S. 23).
Der Anteil der Jugendlichen, die regelmäßig Streaming-Dienste oder Youtube
nutzen, liegt mit 70 % bzw. 90 % erwartbar deutlich höher.[4] Dabei entwickeln
sich aktuell die Quellen und Gegenstände des Medienkonsums sehr schnell: Auf
Youtube, Instagram und insbesondere auf der vergleichsweise neuen Trend-Platt-
form TikTok werden heute vor allem immer kürzere Clips konsumiert. Die Videos
bei TikTok sind auf eine Länge von zehn Minuten begrenzt[5] und stammen häufig
aus dem Amateurbereich. Das jeweils nächste Video wählt ein auf die Nutzer*in
abgestimmtes Berechnungsverfahren automatisch aus. Daraus folgt, dass das
Surfen auf derartigen Plattformen kaum zielgerichtet erfolgt, sondern vielmehr
die jeweils vom Algorithmus vorgezeichnete Bewegung nachvollzieht. Auch auf
Youtube und Instagram gibt es im Bereich der ‚Reels‘ – also besonders knapper
Videoschnipsel – ähnliche Entwicklungen.

   Diese Veränderung im Medienkonsum, dieser Trend zum algorithmus-
gestützten audiovisuellen ‚Fastfood‘ mag in den nächsten Jahren noch einen bisher
kaum absehbaren Effekt haben – nicht zuletzt könnte es den analytischen Blick
für etwas wie einen Roman oder einen Spielfilm erschweren, deren Strukturen
komplexer und ausgeprägter sind und eine längere Aufmerksamkeitsspanne
erfordern als diese Ultrakurzclips. Allerdings soll hier nicht grundsätzlich in eine
kulturpessimistische Richtung argumentiert werden, denn vielleicht ist diese
von Algorithmen gesteuerte Konsumweise, dieses passive Sich-Treiben-Lassen
eine segensreiche Entwicklung und in zwanzig Jahren integraler Bestandteil der
Medienwelt. Gut möglich auch, dass es sich als zusätzliche alternative Konsum-
form, als ein weiteres Rezeptionsregister, etabliert und keinen Einfluss auf die

---

[4] Die Beobachtung ist nicht neu. Auch Abraham schreibt bereits, dass „AV-Medien […] Grati-
fikationserwartungen auf sich gezogen [haben], die traditionell von der Buchliteratur (v. a.
Romanlektüre) befriedigt wurden: Unterhaltung, Entspannung, Ablenkung" (Abraham 2009,
S. 7).

[5] Bis 2022 waren es lediglich drei Minuten.

traditionellen Formen hat. Und ebenso ist es denkbar, dass sich der Trend im Sand verläuft. Dies soll hier nicht beurteilt werden und Prognosen sind schwierig. Aber es könnte den klassischen Deutschunterricht mit seinen bisherigen Zielen und Medien vor Herausforderungen stellen.

Doch bleiben wir zunächst auf dem erprobten Schauplatz von Serien und Spielfilmen. Denn gerade in diesem Bereich rezipieren die Schüler*innen keinesfalls kognitiv unterfordernde Inhalte, sondern begegnen mitunter komplexen, hoch referenziellen und auch quantitativ umfangreichen Strukturen. Allerdings führen sich die Schüler*innen beim heimischen Konsum nicht immer bewusst vor Augen, mit welchen Mitteln darin erzählt und Handlung entwickelt wird. Dass es auch Ausnahmen gibt, betont Abraham: „Das zeitgenössische Kino bringt also zunehmend Zuschauer hervor, die Filme intertextuell sehen, die Künstlichkeit ihrer jeweiligen Mittel zu würdigen wissen und den Film als ‚Gemachtes‘ genießen." (Abraham 2009, S. 19–20) Dafür gibt es u. a. auf Youtube zahlreiche Beispiele mit Millionenklickzahlen, in denen aktuelle Serien minutiös analysiert und interpretiert werden.[6]

Mir scheinen diese tiefgreifenden Analysen aber im Großen und Ganzen die Ausnahme zu sein. Für die allermeisten Schüler*innen gilt, dass die Werke – was die Machart angeht – häufig naiv-unreflektiert wahrgenommen werden.[7] Im Umgang mit erzählenden Texten ist dies ähnlich: Im ‚natürlich-naiven Fokus‘ stehen die Handlung und die handelnden Figuren, aber eher nicht die Strukturen des Erzählens (vgl. Anders und Staiger 2016, S. 11–12). Das liegt vermutlich daran, dass sie zunächst weniger greifbar und lohnenswert scheinen und mehr Abstraktionsvermögen einfordern. Kognitionspsychologisch ist es möglicherweise herausfordernder, diese Aspekte zu verarbeiten und zu verstehen, denn mit der Handlung kann man mitfiebern, zu Figuren kann man eine emotionale Beziehung aufbauen. Beim Verstehen abstrakterer Bauformen und Inszenierungsstrategien handelt es sich hingegen um einen Genuss, den man erst lernen muss.

Dabei ist der Erwerb von Analysefähigkeiten nicht auf ein Medium beschränkt. Wer gelernt hat, einen Schrifttext erzähltheoretisch zu analysieren, der kann damit grundsätzlich auch seinen Blick für Filme schulen. Allerdings gibt es auch Wechselwirkungen von Film und Text, die in die gegensätzliche Richtung verlaufen. Wer heute z. B. einen Roman liest, bei dem läuft häufig ein ‚Imaginationsfilm‘ im Kopf ab – der auch durch unsere Erfahrungen mit den Mitteln und

---

[6] Stellvertretend seien die umfangreichen Analysen zu den Marvel-Filmen und -serien genannt, in denen häufig insbesondere Details mit hohem Verweischarakter (sog. *Easter Eggs*) im Fokus stehen. Der komplexe intertextuelle Bezug – zu anderen Serien, zu Comics, zu anderen Elementen der Popkultur usw. – ist damit ein hervorstechendes Element der Auseinandersetzung unter Fans. Bei Erfolgsserien wie *Breaking Bad* oder *Better Call Saul* stehen neben diesen intertextuellen Aspekten häufig auch weitere filmische Aspekte wie Einstellungsgrößen, *Mise en Scène* oder Kameraführung im Fokus.

[7] Petra Anders und Michael Staiger unterscheiden mit Rückgriff auf Umberto Eco zwischen naiver und gewitzter Lesart – insbesondere von Serien. Grundsätzlich gibt es diese Lesemodi aber auch jenseits von Serialität. (vgl. Anders und Staiger 2016, S. 11–12).

Konventionen der Filmkunst beeinflusst ist. Bevor es den Film gab – zu Goethes und Schillers Zeiten –, wurde anders gelesen, anders imaginiert – und wohl auch anders geschrieben.

3   Textanalyse in Erzählung und Film

Eine weitere Herausforderung für die Vermittlung von Erzähltextanalyse- und „Spielfilmkompetenz"[8] besteht sicherlich auch auf der fachlichen Seite und schließlich bei den Lehrkräften (vgl. Abraham 2009, S. 7). Was hier so lapidar als ‚Erzählperspektive' benannt wurde, heißt in der Literaturwissenschaft nicht immer gleich – es gibt auch die teils konkurrierenden, teils Ähnliches beschreibenden Begriffe wie Erzählsituation, Erzählfunktion, Erzählverhalten, Erzählhaltung usw. Dieses begriffliche Wirrwarr macht es für Anwender*innen, gerade Noviz*innen, nicht leichter, mit den von ihnen beschriebenen Phänomenen umzugehen.

Martin Leubner und Anja Saupe haben sehr genau untersucht, welche verschiedenen Modelle der Analyse der Erzählinstanz sowie der Perspektivierung in Deutschlehrwerken zugrunde liegen (vgl. Leubner und Saupe 2017), sei es der Typenkreis nach Franz K. Stanzel, die Modelle von Jürgen Petersen oder auch das sehr einflussreiche Modell von Gérard Genette, der übrigens auch in der Filmwissenschaft rege rezipiert wurde (vgl. Kamp und Braun 2011, S. 10). Sie konstatieren, dass es in der Unterrichtspraxis, insbesondere in Lehrbüchern, bisher keinen Konsens für ein einheitliches Modell gibt – übrigens auch nicht in den curricularen Vorgaben der KMK oder der Länder (vgl. Leubner und Saupe 2017, S. 43–44). Vielmehr werden verschiedene Modelle gemischt und häufig unsachgemäß verkürzt. Dadurch kommt es zu ungewollten Problemen bei der Anwendung – nicht nur durch die Schüler*innen, sondern auch durch die Lehrkräfte. Es stellen sich Fragen wie: Ist der Erzähler hier auktorial oder neutral und wo zieht man die Grenzlinie? Wie soll man ein Phänomen letztlich benennen? Handelt es sich um personales Erzählen oder interne Fokalisierung?

Leubner und Saupe schlagen angesichts dieser Gemengelage einen eigenen Kategorienkatalog vor, der Bezugspunkt für die weiteren Überlegungen sein soll. Dieses Instrumentarium möchte einfach und praktikabel in der Anwendung sein und möglichst wenig Zweifelsfälle zulassen. Es ist aber auch nicht so stark vereinfacht, dass es die Textanalyse banalisiert. Für die Bestimmung von Erzählinstanz und Perspektive werden durchaus weiterhin eine ganze Reihe von dichotomen Begriffen genutzt (vgl. Leubner und Saupe 2017, S. 52). Es wird unterschieden, ob

---

[8]Abraham benutzt auch weitgehend synonyme Begriffe wie ‚Visual Literacy' oder ‚Filmbildung'. Grundsätzlich ist damit ein ‚Sehen-Lernen' gemeint, dass den naiven Lesemodus in einen raffiniert-reflektierten überführt. Dafür gilt es, gerade auch implizit vorhandenes Wissen bei den Lernenden zu aktivieren. (vgl. Abraham 2009, S. 7, 25–27).

- eine Erzählinstanz als Figur aus Fleisch und Blut oder als abstrakte Erzählinstanz auftritt,
- die Erzählinstanz an der Handlung beteiligt ist oder nicht,
- das Geschehen kommentiert oder nicht,
- dabei Innensicht erlaubt oder uns auf Außensicht limitiert und ob
- personal oder auktorial perspektiviert wird. (vgl. Leubner und Saupe 2017, S. 52)

Von der Perspektivierung abgesehen soll dieses Analyseset sukzessive ab Klasse 6 vermittelt werden. Ab Klasse 9 folgt die Unterscheidung von personaler und auktorialer Perspektive. Für ältere Schüler*innen werden noch verschiedene weitere Aspekte ergänzt, die hier aber ausgeklammert werden sollen. Wichtig ist, dass dieser Vorschlag von Leubner und Saupe viele Fallstricke vermeidet und für die Schule oft zu komplizierte Begriffe wie ‚Fokalisierung‘, ‚homodiegetisch‘ oder das nicht sehr trennscharfe ‚neutrale Erzählverhalten‘ ausklammert bzw. didaktisch reduziert. Alternativ wäre Genettes Modell wohl dasjenige, das sowohl in Film- als auch Literaturwissenschaft gleichermaßen besonders tauglich wäre. Man nimmt dabei aber ein relativ kompliziertes Vokabular in Kauf.

In welchem Verhältnis stehen Leubners und Saupes Kategorien nun zu filmischem Erzählen? Bei der folgenden Beantwortung dieser Frage wird die Kamera als wesentliche Vermittlerin zwischen Erzählung und Rezipierenden im Fokus stehen. Zwar tragen grundsätzlich auch andere Aspekte – etwa die Tongestaltung – zur Entfaltung einer Erzählung bei, diese sollen aber hier nicht thematisiert werden. Für die Kameraarbeit zunächst ein knapper Abriss der in der Filmwissenschaft im Grunde unangefochtenen Termini, die für die Arbeit in der Schule angemessen scheinen:[9] Da ist zunächst die *Einstellungsgröße* – von Detailaufnahme bis Panorama. Ihr folgt die *Einstellungsperspektive* bezogen auf ein Objekt – vereinfacht sind das Aufsicht, Normalsicht und Untersicht. Drittens alle Formen der *Kamerabewegung* wie Schwenk, Parallelfahrt, Verfolgung sowie der Kamerazoom, wobei es sich hier streng genommen nicht um eine Bewegung der Kamera handelt, sondern um eine graduelle Veränderung der Brennweite. Zu diesen Kategorien kann man auch Aspekte der *Montage,* also der Anordnung von einzelnen Einstellungen, für narrationsanalytische Fragen hinzuziehen. Als letzte einfach verständliche Kategorie gibt es schließlich noch die *Achsen* und *Achsenverhältnisse,* wobei untersucht wird, in welchem Verhältnis die Handlungsachse zur Darstellungsachse steht. Das lässt sich an einem simplen Beispiel veranschaulichen: Fährt etwa ein Zug von A nach B und bildet das inhaltliche Zentrum einer Szene, so verläuft die Handlungsachse in Fahrtrichtung des Zuges. Es macht dann aber – auch für die Rezeption – einen Unterschied, ob die Kamera seitlich auf

---

[9]Abraham liefert eine detaillierte Übersicht über filmanalytische Begriffe, die für die praktische Arbeit in der Schule aber wohl mitunter zu umfangreich ist (vgl. Abraham 2009, S. 198–208). Eine etwas griffigere Begriffsübersicht findet sich im Anhang dieses Beitrags, die sich inhaltlich an den in der Einleitung genannten Oberstufenlehrwerken und den in Fußnote 10 genannten Einführungen in die Filmanalyse orientiert. Es ist immer möglich, noch weitere Analysekategorien zu ergänzen.

Abb. 1 *Indiana Jones – Jäger des verlorenen Schatzes* (1981): Indiana Jones flieht vor einem heranrollenden Felsen

diese Achse blickt oder ob der herannahende Zug frontal gefilmt wird, die Achsen also gegeneinander laufen (vgl. Bergala 2006, S. 102).

Ein Beispiel, an dem sich vieles die Kameraarbeit betreffend zeigen lässt, ist die berühmte *Boulder Chase*-Szene aus dem Film *Indiana Jones – Jäger des verlorenen Schatzes* von 1981, in dem die Hauptfigur eine Falle auslöst und vor einer überdimensionierten heranrollenden Steinkugel flüchten muss (s. Abb. 1). Diese ikonische Szene dauert lediglich 15 Sekunden, in denen aber ganze acht Schnitte gesetzt werden, was das Tempo und die Spannung der Szene betont. Die Kamera ist dabei statisch und schwenkt lediglich seitlich. Die Einstellungsgröße variiert zwischen Amerikanisch und Totale, was einerseits das Erkennen von Indianas Mimik, andererseits aber auch eine Orientierung im Raum ermöglicht. Die Einstellungsperspektive ist vorwiegend in Untersicht gehalten, was die Bedrohlichkeit der heranrollenden Kugel verdeutlicht. Die Achsenverhältnisse laufen so, dass Handlungs- und Darstellungsachse bis auf eine Einstellung gegenläufig sind. Die Zuschauer*innen sehen den heranrollenden Felsen also aus der Perspektive des flüchtenden Indiana Jones und können damit die Panik und Angst, die er fühlt, nachempfinden. Insgesamt also eine kurze Szene, die gleichwohl offenbart, wie viel Überlegung einen gekonnten Kameraeinsatz begleitet.[10]

---

[10]Alain Bergala betont allerdings, dass man als Interpret nie darauf verfallen sollte, jedes Element eines Films als bewusst gesetzt zu verstehen. Viele Entscheidungen laufen im filmischen Schaffensprozess auch nur halb- oder unbewusst ab (vgl. Bergala 2006, S. 115–116). Wer sich intensiver mit derartigen Beispielen beschäftigen möchte, dem kann die Lektüre der Einführungsbände von Faulstich 2008 sowie Kamp und Braun 2011 oder Klant und Spielmann 2008 empfohlen werden. Die drei Bände liefern auch eine ganze Reihe gut nachvollziehbarer Beispiele.

Zurück zur Frage, in welchem Verhältnis die Filmsprache und die Kategorien der Analyse literarischer Erzähltexte nach Leubner und Saupe stehen: Teilweise können die Termini von Leubner und Saupe beinahe eins zu eins auf Filme übertragen werden, so etwa bei den ersten drei Dichotomien, die Leubner und Saupe vorschlagen (s. o.). Ob eine Erzählinstanz persönlich in Erscheinung tritt (z. B. *Forrest Gump, Scrubs*) oder ob ein Film nur durch das körperlose Auge der Kamera erzählt, kann in der Regel genauso geklärt werden wie in Erzähltexten.[11] In den Filmen, insbesondere in Literaturverfilmungen, in denen es eine wahrnehmbare Erzählinstanz gibt, spricht diese häufig aus dem Off als *Voice-Over* (z. B. *Das Parfum, Per Anhalter durch die Galaxis*), ist also nicht zeitgleich in den einzelnen Einstellungen zu sehen. Ist diese Erzählinstanz persönlich existent, kann sie Teil der Handlung sein (z. B. *Amadeus*) oder nur chronistisch als mehr oder weniger Außenstehende (z. B. *Lemony Snicket – Rätselhafte Ereignisse, Last Samurai, Barry Lyndon*) berichten. Charakteristischer Weise schließt die nicht-persönliche Erzählfunktion eine Beteiligung aus, dies könnte aber in einem Film rein theoretisch auch unterlaufen werden, wenn die vierte Wand durchbrochen und die Kamera in die Handlung einbezogen wird. Aber das sind Sonderformen, die meist parodistisch-punktuell auftreten. Auch die nächste Kategorie (Kommentierung des Geschehens durch die Erzählinstanz) bietet Anschlussmöglichkeiten zwischen Text und Film: Wenn eine Erzähler*innenstimme die Handlung wertend kommentiert, fällt das meist deutlich ins Auge.

Kompliziert und weniger eins zu eins übertragbar sind erst die letzten beiden Kategorien: Außensicht vs. Innensicht und personale vs. auktoriale Perspektive. Die Außensicht ist im Film der Standard, der in der Regel geliefert wird. Daneben gibt es Formen der vermittelten Innensicht, die mal stärker, mal weniger ausgeprägt erscheinen. Insbesondere im Melodrama folgen die Zuschauer*innen einer bestimmten Figur und werden durch die Einstellungsgrößen – insbesondere Nahaufnahmen von verzweifelten oder weinenden Gesichtern – zu einer empathischen Lesart der Gefühle einer Figur animiert. Hier wird über die Kamera Innensicht auf emotionaler Ebene transportiert. Sollen diese Gefühle über äußere Anzeichen wie Mimik und Gestik hinaus dargestellt werden – sollen also Gefühle und Gedanken verbalisiert werden –, wird häufig zu der konventionalisierten Variante gegriffen, die Stimme der betreffenden Figur sprechen zu lassen, obwohl keine Lippenbewegung erfolgt. Letztere muss natürlich zu sehen sein, wenn Unklarheiten hinsichtlich der Frage, ob hier gesprochen oder gedacht wird, ausgeschlossen werden sollen.

Zuletzt der Fall der Perspektivierung: Leubner und Saupe unterscheiden hier nur zwischen personal und auktorial, wobei sie den Begriff auktorial deutlich

---

[11]Allerdings muss man festhalten, dass nur in wenigen Filmen sehr viel Erzählerstimme vorkommt, da es häufig schlicht nicht notwendig ist – insbesondere dann, wenn eine Erzählinstanz eine Dialogszene oder einen Ort beschreibt. Es gilt die Devise ‚show, don‘t tell‘. Erzählinstanzen werden damit häufig eher als Rahmen um die dargestellte Handlung gesetzt.

schlanker halten, als er in vielen Lehrwerken gebraucht wird.[12] Die auktoriale
Perspektivierung ist bei ihnen in Abgrenzung zur personalen dadurch gekennzeichnet, dass eine Erzählung nicht nur einer Figur folgt und über ihr Wissen
und Empfinden hinausgehen kann, mithin auch frei in Raum und Zeit beweglich
ist. Es besteht also eine gewisse Nähe zum allwissenden Standpunkt – die aber
nicht zwingend ist und definitorisch von ihnen auch explizit nicht genannt wird. In
Filmen wird diese Kategorie mit verschiedenen Mitteln ausgedrückt. In der Regel
ist eher die auktoriale Perspektivierung vorherrschend. Das kann aber gebrochen
werden, wenn die Zuschauer*innen mit der Kamerabewegung strikt ein und derselben Figur folgen oder etwa mit den Einstellungen ihren Blickhorizont nachvollziehen. So wären solche Einstellungsgrößen und Einstellungsperspektiven zu
suchen, die der Aufmerksamkeitsfokussierung einer Figur folgen. Betrachtet sie
etwa ein Objekt, wäre eine Detailaufnahme aus der Aufsicht denkbar. Außerdem
kann die Kamera die Gemütslage einer Figur nachvollziehen. Ist diese mit einer
übermächtigen anderen Figur konfrontiert und empfindet sich selbst als schwach
und machtlos, kann die Kamera z. B. hinter ihr verortet sein und aus der Unter-
sicht/Froschperspektive das Gegenüber vergrößert und bedrohlich inszenieren.
Eine besonders auffällige Variante personaler Perspektivierung wäre die Nutzung
der sog. Subjektiven Kamera, bei der die Zuschauer*innen in die Perspektive einer
Figur versetzt oder zumindest im strengen Schulterblick an sie gebunden werden.
Freilich gibt es kaum Filme, die so eine Perspektive dauerhaft durchhalten, denn
die Zuschauer*innen sind häufig darauf angewiesen, auch die Reaktionen des
sehenden Subjekts wahrzunehmen. In den allermeisten Filmen sind es daher nur
bestimmte Szenen oder Sequenzen, in denen eine explizite personale Perspektive
eingenommen wird. Und gerade, weil es sich hier um Abweichungen von der
Regel handelt, fallen diese Szenen stärker auf. Das geht uns auch in Romanen
so. Auch hier kann die Perspektivierung prinzipiell beliebig oft wechseln, wobei
besonders hervorstechende Abschnitte deutlicher ins Auge fallen, etwa wenn ein
längerer innerer Monolog in einen ansonsten eher traditionellen Erzählstrang ein-
gefügt wird.

---

[12] „[D]as auktoriale Erzählverhalten [wird] in den Lehrwerken zumeist mit Hilfe des sachlich nicht haltbaren Merkmals ‚allwissender Erzähler' in Kombination mit dem Aspekt
Kommentierung der Handlung definiert." (Leubner und Saupe 2017, S. 50) Das gilt so etwa
für den Oberstufenband von *deutsch.kompetent:* „[B]eim auktorialen Erzählverhalten hat
der Erzähler einen Überblick über das Geschehen und das Innere der Figuren (allwissender
Erzähler). Er kann sich einmischen, kommentieren usw. und damit die Sicht- und Wahr-
nehmungsweise des Erzählten durch den Leser lenken. Sein Standort liegt außerhalb des
Geschehens." (Einecke und Nutz 2009, S. 409) Ähnliche Angaben finden sich auch in *Texte,
Themen und Strukturen* (vgl. Mohr et al. 2017, S. 201) und in *P.A.U.L. D.* (vgl. Diekhans und
Fuchs 2013, S. 656) – hier fallen sogar die einschränkenden Modalverben weg. Auktoriales
Erzählverhalten wird dadurch meist als ein Bündel von grundsätzlich unabhängigen Eigen-
schaften definiert.

4   Überlegungen zum methodischen Vorgehen

Nachdem nun die Erzählformen von Filmen und Erzähltexten in Bezug gesetzt wurden, fehlt noch der Weg in die Praxis. Wie sollen Schüler*innen diese Konzepte erarbeiten und mit ihnen experimentieren? Wie sollen sie Verknüpfungen zwischen den Erzählformen entdecken? Grundsätzlich bieten sich zwei Wege an, die sich aber nicht ausschließen, sondern eher Gewichtungen darstellen: ein analytischer und ein handlungs- und produktionsorientierter Weg. Für beide Pfade wäre das Ideal dabei ein entdeckendes Lernen und keine rein deduktive Vermittlung.

Der analytische Weg ist auf gelungene Beispiele angewiesen, im Idealfall sogar auf Beispielpaare, aus deren Vergleich einzelne Mittel deutlicher hervortreten. Im Vergleich zu *Effi Briest* wird zum Beispiel jede*r Lernende erkennen, dass *Leutnant Gustl* eine andere Erzählperspektive – nämlich die personale – einnimmt und sich von der traditionellen auktorialen löst. Damit werden Gustls zum Teil sprunghafte Gedankengänge, seine Ängste, seine individuelle Sprechweise, die sich entsprechend auch in der Wiedergabe der Gedanken niederschlägt, und seine Obsessionen erkennbar. Der innere Monolog und damit die strenge personale Erzählperspektive werden hier eingesetzt, um das Subjekt wie nie zuvor unter das Seziermesser zu nehmen. Andere Figuren werden dadurch aber nur durch die ,Brille' Gustls gesehen. Die auktoriale Perspektive ist insofern ,beweglicher', als sie nicht derart fest an eine Figur gebunden ist. Das ermöglicht es einer Erzählung, ein breiteres Panorama zu zeichnen, und gibt auch der Erzählinstanz potenziell eine gewichtigere Stimme, die werten und kommentieren, Vorausdeutungen und Rückblenden liefern und frei zwischen Innen- und Außensicht wechseln kann.

Genauso beim Film: Hier wären Szenen mit starker Figurenbindung, die durch Kameraführung, Einstellungsgrößen und -perspektiven usw. unterstützt wird, solchen gegenüberzustellen, die eher einen multiperspektivischen Überblick ermöglichen. Sowohl bei Erzähltexten als auch bei Filmen ist eine starke Begrenzung des Materials sinnvoll. Weder *Effi Briest* noch *Leutnant Gustl* müssen komplett gelesen werden, um diese Darstellungsweisen zu entdecken. Genauso müssen nicht zwei Filme komplett angesehen werden. Besser man zeigt eine kurze Szene mehrmals und dabei auch mal in Zeitlupe oder ohne Tonspur (vgl. Bergala 2006, S. 99; 122–126). Um eine auktoriale Erzählperspektive zu zeigen, könnte man auf das Intro der *fabelhaften Welt der Amélie* zurückgreifen. Ein eindeutig personales Verfahren in Form einer Egoperspektive findet sich hingegen seltener – häufig in Thrillern oder Horrorfilmen, welche für den Einsatz in der Schule aber nur sehr begrenzten Nutzen haben. Jedoch gibt es in zahlreichen Filmen Einstellungen, die eine Figur, ihre Eindrücke und Emotionen stärker in den Fokus rücken. Besonders deutlich lässt sich das etwa im schon erwähnten *Parfum* zeigen – und zwar immer dann, wenn Grenouilles olfaktorische Wahrnehmungen mit der Kamera nachvollzogen werden. Sehr schön sieht man das in der Szene, in der Grenouille nach Grasse wandert und unterwegs das erste Mal Laure Richis riecht.

Wenn die Schüler*innen die Phänomene erkannt haben und in eigenen Worten beschreiben können – hier etwa den Unterschied zwischen personal und auktorial gefärbter Kameraführung –, sollte die Lehrkraft systematisierend und terminologisierend eingreifen. Ob man sich dabei auf die hier vorgeschlagenen Begriffe oder auf andere einigt, ist dabei nicht entscheidend. Wichtig ist am Ende, dass man als Lerngruppe ‚die gleiche Sprache spricht'.

In der Praxis wird es wohl selten vorkommen, dass Erzählen in beiden Medien gleichzeitig zum ersten Mal thematisiert wird. In der Regel kennen die Lernenden schon narratologische Kategorien erzählender Texte, bevor sie im Deutschunterricht systematisch an Filme herangeführt werden. Dabei wäre sicherlich eine parallele Vermittlung, die auch ihre Herausforderungen haben dürfte, sehr spannend und möglicherweise gewinnbringend. Sollte jedoch der gängige Fall vorliegen, dass filmisches Erzählen zeitlich nachgeordnet behandelt wird, so wären doch immer Rückbezüge zu literarischem Erzählen herzustellen. Insbesondere bei Literaturverfilmungen[13], bei denen eine Erzählung in zwei Medien vorliegt, wäre dies naheliegend. Zu fragen wäre dann etwa, ob eine Filmpassage einer Passage im Roman möglichst genau entspricht oder ob sich die Regisseur*in hier von der Vorlage entfernt hat und welche Gründe wohl dafür ausschlaggebend waren. Damit ebnet man übrigens dann auch den Weg, die Frage der Beurteilung einer Verfilmung sachlich abzusichern. Die Schüler*innen müssten dann nicht mehr nur ‚aus dem Bauch heraus' beurteilen, ob eine Verfilmung gelungen ist, sondern könnten analytisch-begrifflich dafür oder dagegen argumentieren. Festgestellte Abweichungen könnten ebenso positiv wie negativ beurteilt werden. Ausschlaggebend ist, ob sie eine sinnstiftende und gegenstandsgemäße Funktion für das Endprodukt erfüllen.

Dieses Vergleichen von Buch und Verfilmung scheint mir auf der analytischen Seite der Königsweg. Wenn man die verschiedenen Kategorien auf diese Weise vermittelt und die unterschiedlichen Medien in Bezug gebracht hat, könnte ein nächster Schritt sein, die Schüler*innen selbst geeignete Ausschnitte heraussuchen oder mitbringen zu lassen oder das Ganze auf eine handlungs- und produktionsorientierte Ebene zu transferieren. Insbesondere für den Fall, dass keine Verfilmung vorliegt, bietet sich eine solche Erarbeitung an. Damit schlüpfen die Lernenden selbst in die Rolle von Regieführenden und müssen sich selbst die gleichen Fragen stellen, um eine gelungene Adaption zu produzieren.[14]

---

[13] Gemeint sind dabei v. a. Verfilmungen von Romanen. Im weiteren Sinne basiert jeder Film auf einer Textgrundlage, nämlich dem Drehbuch. Sollte dies vorliegen, kann es als Schaltstelle zwischen Buch und Film mit in die Betrachtung einfließen.

[14] Vgl. Bergalas Ansatz, den filmischen Schaffensprozess stärker in den Blick zu nehmen als nur das isolierte Endprodukt. Für Bergala ist es eine Grundvoraussetzung für filmisches Verstehen, zunächst in die Rolle des Produzierenden zu schlüpfen: „Man muss selbst Filme machen – vielleicht nur in der Phantasie – aber man muss sie machen; sonst ist man nicht würdig, ins Kino zu gehen" (Bergala 2006, S. 91, Jean Renoir zitierend). Dabei betont Bergala, dass man sich bei der Arbeit nur auf wenige Einstellungen beschränken sollte. Es geht also nicht darum, vollständige Produkte zu generieren, sondern eher um eine qualitativ hochwertige Auseinandersetzung mit dem Prozess. Leubner und Saupe sprechen sich hingegen tendenziell eher gegen diesen handlungs- und produktionsorientierten Ansatz aus, da sie ihn für technisch zu aufwändig und im Verhältnis zu wenig ergiebig halten (vgl. Leubner und Saupe 2012, S. 250–251).

Eine klassische Aufgabe wäre es, eine Textpassage einer Erzählung – auf der Grundlage der erarbeiteten Mittel der Filmsprache oder auch vorbegrifflich – von den Schüler*innen selbstständig in einen Film umsetzen zu lassen. Auch der umgekehrte Transferweg vom Film zum Text ist natürlich möglich. Bei der eigenen Verfilmung eines Textes könnte die Vorgabe sein, sich exakt an die Perspektivierung oder die Gestaltung der Erzählinstanz aus der Vorlage zu halten – oder diese bewusst zu verändern. In der heutigen Zeit, in der das eigene Smartphone immer griffbereit ist, sollte dies eine Aufgabe sein, die sogar in der regulären Unterrichtszeit umsetzbar sein kann. Verlagert man eine derartige Aufgabe in die außerunterrichtliche Zeit der Schüler*innen, können häufig sogar noch höhere Anforderungen an die entstehenden Produkte gestellt werden. Außerdem können Aspekte wie Filmschnitt oder Vertonung mitunter hier noch deutlich besser einbezogen werden. Auch die Umsetzung mit Film-Apps wie z. B. dem *Stop Motion Studio* bietet sich an, verändert dabei aber die Produktionsweise erheblich. Hier werden mit einem Smartphone oder Tablet zahlreiche Einzelaufnahmen von einer Szene gemacht – häufig im spielerischen Kleinformat mit Legosteinen oder Playmobil –, die dann vom Programm zu einem Film zusammengesetzt werden. Der filmische Effekt dieser *Stop-Motion*-Variante ist meist sehr ansprechend, erschwert aber die Anwendung aufwändiger Kameratechniken, da gerade zu Beginn meist mit einer statischen Kamera und einheitlichen Einstellungsgrößen gearbeitet wird.

Sollte es technisch oder unterrichtsorganisatorisch nicht möglich sein, eigene Filmprodukte zu erstellen, könnten verschiedene ‚Reduktionsstufen‘ genutzt werden. So kann es schon ausreichen, lediglich ein grobes Storyboard mit den geplanten Szenenfolgen zeichnen zu lassen, um sich in die Rolle des Regieführenden hineinzuversetzen und so Beziehungen zwischen Filmsprache und Erzähltechnik herzustellen. Sogar die Aufgabe, eine mögliche Filmszene ganz ohne Hilfsmittel lediglich zu imaginieren und detailliert zu beschreiben, kann gewinnbringend sein.

Dabei gilt es immer wieder, auch eine Metaebene zu erreichen, auf der deutlich wird, dass Film und Erzähltext Schwestermedien sind, deren Mittel häufig Entsprechungen haben, die mitunter aber auch Umwege gehen müssen, um eine vergleichbare Wirkung zu erzielen. Damit kann letztlich ermöglicht werden, Schüler*innen für die Zusammenhänge zwischen den Medien zu sensibilisieren. Sie profitieren davon auch deshalb, weil sie das ‚neue Sehen‘ anschließend auch auf eigene Film- oder Buchlektüren anwenden können und so vielleicht besser als zuvor verstehen und verbalisieren können, warum sie z. B. eine bestimmte Lieblingsverfilmung für gelungen halten.

Grundbegriffe der Filmanalyse

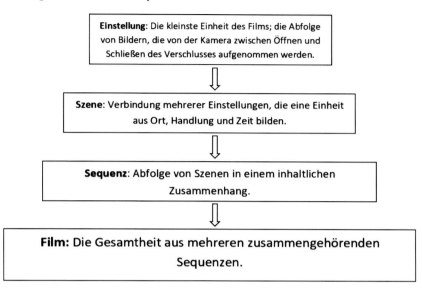

Einstellung: Die kleinste Einheit des Films; die Abfolge von Bildern, die von der Kamera zwischen Öffnen und Schließen des Verschlusses aufgenommen werden.

⇩

Szene: Verbindung mehrerer Einstellungen, die eine Einheit aus Ort, Handlung und Zeit bilden.

⇩

Sequenz: Abfolge von Szenen in einem inhaltlichen Zusammenhang.

⇩

Film: Die Gesamtheit aus mehreren zusammengehörenden Sequenzen.

Schema 1 Grundbegriffe der Filmanalyse

Einstellungsgrößen:

1. Detailaufnahme (extreme close-up)   - Detail, z. B. Auge
2. Italienisch   - Augenpartie frontal
3. Großaufnahme (close-up)   - das ganze Gesicht
4. Nahaufnahme (close shot)   - Kopf und Oberkörper bis Gürtellinie
5. Amerikanische Einstellung (medium shot)   - Kopf bis Oberschenkel (Kolt!)
6. Halbnahaufnahme (full shot)   - der ganze Mensch
7. Halbtotale (medium long shot)   - Mensch(en) im Teil eines Raums
8. Totale (long shot)   - Mensch(en) im Raum
9. Panorama/Weitaufnahme (extreme long shot)   - Landschaften, Städte etc.

Einstellungsperspektiven:

- Extreme Untersicht/Froschperspektive (extreme low camera)   - Sicht von unten
- Bauchsicht (low shot)   - leichte Untersicht
- Normalsicht (normal camera height)   - Sicht auf Augenhöhe
- Aufsicht (high shot)   - Sicht von oben
- Vogelperspektive (extreme high shot)   - extreme Aufsicht
- Sonderfall: Subjektive Kamera   - Egoperspektive

Kamerabewegung (im Gegensatz zur statischen Ausrichtung):

- Schwenk
- Parallelfahrt
- Aufzugsfahrt
- Verfolgungsfahrt
- Handkamera
- Zoom (hinein, hinaus)

Schema 2 Kamera und Einstellungen

Achsenverhältnisse

Das Verhältnis von **Handlungsachse** (in welcher Richtung verläuft die interne Handlung, z. B. in Form von Bewegung oder Blicken) und **Wahrnehmungsachse** (in welchem Winkel wird dem Zuschauer diese Handlung gezeigt) beeinflusst unsere Involviertheit; konventionelle Shots nehmen wir dabei kaum bewusst wahr (over-the-shoulder im Gespräch; Schuss-Gegenschuss-Verfahren usw.)

Montage

Der kreative Akt der Anordnung der Teile (Einstellungen) des Films, der Entwicklung der äußeren und inneren Gestalt des Werks aus seinen Bausteinen unter Berücksichtigung der Wirkungen in der Rezeption. Unterschieden werden je nach Funktion verschiedene Arten der Montage, z. B. die erzählende Montage, bei der die Schnitte kaum registriert werden, die Parallelmontage, bei der verschiedene Handlungsebenen montiert werden usw.

Mise en Scène

Die Bildinszenierung von Figuren, Gegenständen, Räumen etc., die mit den Mitteln der bildenden Kunst analysiert werden kann. Im Gegensatz zur Montage, die die zeitliche Dimension der Bilder definiert, gestaltet die Mise en Scène also die räumliche Dimension.

Schema 3 Zentrale Begriffe zum Bildaufbau

Literatur

Abraham, Ulf. 2009. *Filme im Deutschunterricht*. Seelze: Klett/Kallmeyer.

Anders, Petra, und Michael Staiger. 2016. Serialität und Deutschdidaktik. In *Serialität in Literatur und Medien*. Baltmannsweiler: Schneider Hohengehren.

Boelmann, Jan M., und Lisa König. 2021. *Literarische Kompetenz messen, literarische Bildung fördern. Das BOLIVE-Modell*. Baltmannsweiler: Schneider Hohengehren.

Bergala, Alain. 2006. *Kino als Kunst. Filmvermittlung an der Schule und anderswo*, Hrsg. Bundeszentrale für politische Bildung. Bonn: Schüren.

Diekhans, Johannes, und Michael Fuchs, Hrsg. 2013. *P.A.U.L.D – Oberstufe. Schülerband*. Paderborn: Schöningh.

Dürr, Susanne. 2018. Die Vermittlungsebene von Texten analysieren. In *Auf dem Weg zur literarischen Kompetenz. Ein Modell literarischen Lernens auf semiotischer Grundlage*, Hrsg. Anita Schilcher und Markus Pissarek, 229–260. Baltmannsweiler: Schneider Hohengehren.

Einecke, Günther, und Maximilian Nutz, Hrsg. 2009. *deutsch.kompetent. Oberstufe. Schülerband*. Stuttgart/Leipzig: Klett.

Faulstich, Werner. 2008. *Grundkurs Filmanalyse*. Paderborn: Fink.

Frederking, Volker, Hrsg. 2004. *Lesen und Symbolverstehen. Jahrbuch Medien im Deutschunterricht 2003*. München: kopaed.

Kamp, Werner, und Michael Braun. 2011. *Filmperspektiven. Filmanalyse für Schule und Studium*. Haan-Gruiten: Verl. Europa-Lehrmittel.

Klant, Michael, und Raphael Spielmann. 2008. *Grundkurs Film. Bd. 1: Kino, Fernsehen, Videokunst*. Braunschweig: Schroedel.

Kuhn, Markus. 2007. Narrative Instanzen im Medium Film: Das Spiel mit Ebenen und Erzählern in Pedro Almodóvars LA MALA EDUCATIÓN. In *Mediale Ordnungen. Erzählen, Archivieren, Beschreiben*, Hrsg. Corinna Müller und Irina Scheidgen, 46–76. Marburg: Schüren.

Leubner, Martin, und Anja Saupe. 2012. *Erzählungen in Literatur und Medien und ihre Didaktik*. Baltmannsweiler: Schneider Hohengehren.

Leubner, Martin, und Anja Saupe. 2017. *Erzählende Texte im Literaturunterricht und Textanalyse. Eine Didaktik der Textanalyse mit Sequenzvorschlägen für den Erwerb textanalytischer Kompetenzen (Jahrgangsstufen 5 bis 10).* Baltmannsweiler: Schneider Hohengehren.

Medienpädagogischer Forschungsverbund Südwest (mpfs). 2020. *JIM-Studie. Jugend, Information, Medien. Basisuntersuchung zum Medienumgang 12- bis 19-Jähriger.* https://www.mpfs.de/fileadmin/files/Studien/JIM/2020/JIM-Studie-2020_Web_final.pdf. Zugegriffen: 16. Aug. 2021.

Mohr, Deborah, und Andrea Wagener, Hrsg. 2017. *Texte, Themen und Strukturen. Deutschbuch für die Oberstufe. Schülerband. Ausgabe für das Land Niedersachsen.* Berlin: Cornelsen.

Until Dawn, Detroit: Become Human und *Tell Me Why* im Vergleich

Eine Analyse der ludonarratologischen Struktur und des literaturdidaktischen Potentials von drei AAA-Videospielen

Stefan Emmersberger

Zusammenfassung

Videospiele stellen anders als z. B. Filme ein genuin digitales Medienangebot dar und ermöglichen im Sinne von Janet Murray neue Formen des Erzählens mit einer eigenen expressiven Kraft. Ausgehend von dieser These unternimmt der folgende Beitrag eine vergleichende Analyse der ludonarratologischen Struktur und des literaturdidaktischen Potentials der drei AAA-Videospiele *Until Dawn* (Studio: *Supermassive Games*, Publisher: *Sony Computer Entertainment*. Leitender Entwickler: Nick Bowen. Plattformen: PlayStation 4, 2015), *Detroit: Become Human* (Studio: *Quantic Dream*. Publisher: *Sony Interactive Entertainment*. Leitender Entwickler: David Cage. Plattformen: PlayStation 4 und Microsoft Windows, 2018/19) und *Tell Me Why* (Studio: *Dontnod Entertainment*. Publisher: *Xbox Games Studios*. Leitender Entwickler: Florent Guillaume. Plattformen: Xbox One und Microsoft Windows, 2020). Die besondere Herausforderung ist, das einschlägige narratologische Analyseinstrumentarium so anzupassen, dass es sowohl mit dem literarischen Lernen kompatibel ist als auch die ästhetischen Besonderheiten des digitalen Erzählmediums Videospiel erfasst. Leitend ist dabei Wolf Schmids idealgenetisches Modell der narrativen Konstitution.

S. Emmersberger (✉)
Philologisch-Historische Fakultät, Universität Augsburg, Augsburg, Deutschland
E-Mail: stefan.emmersberger@philhist.uni-augsburg.de

Videospiele stellen anders als z. B. Filme ein genuin digitales Medienangebot
dar und ermöglichen neue Formen des Erzählens. Janet Murray (2017, S. 113)
hält dazu einschlägig fest: „[T]he computer offers us special possibilities for
storytelling that are continuous with older traditions but promise new expressive
power." Ausgehend von dieser These unternimmt der folgende Beitrag eine
vergleichende Analyse der ludonarratologischen Struktur und des literaturdidaktischen Potentials der drei AAA-Videospiele *Until Dawn* (2015), *Detroit:*
Become Human (2018/19) und *Tell Me Why* (2020).[1] Alle drei 3D-(Action-)
Adventures nutzen die neue expressive Kraft auf innovative Weise, indem
sie Dramatic Agency[2] im Sinne von Murray (2017, S. 189–193) elaboriert
inszenieren.[3]

Die besondere Herausforderung ist, das einschlägige narratologische Analyseinstrumentarium so anzupassen, dass es sowohl zum literarischen Lernen beiträgt
als auch die ästhetischen Besonderheiten des digitalen Erzählmediums Videospiel
erfasst. Dafür ist es unvermeidlich, literatur- bzw. mediendidaktische Schwer-
punktsetzungen vorzunehmen und die theoretische Granularität entsprechend
anzupassen. Leitend ist dabei Wolf Schmids (2014, S. 205–250) idealgenetisches
Modell der narrativen Konstitution. Im Folgenden werden die speziell auf Videospiele zugeschnittenen Analysekategorien auf *Until Dawn, Detroit: Become*
Human und *Tell Me Why* angewendet und am Ende wird ein Fazit zu deren
Praktikabilität gezogen.

1   Literarisches Lernen und transmediale Narratologie

Mit dem digital-multimedialen Paradigma (vgl. Frederking et al. 2018, S. 53–64)
hat sich die mediale Vielfalt von Literatur noch einmal erweitert. So schlagen etwa
Matthis Kepser und Ulf Abraham (2016, S. 49–55) sechs literarische Gattungen
vor: Lyrik, Drama bzw. Theater, Epik, Film, Comic sowie interaktive Literatur.
Letztere präzisiert Kepser (2019, S. 105–112) noch einmal, indem er von interaktiven Bildschirmnarrationen spricht und explizit zwischen Hyperfiction,
enhanced eBooks und Computerspielen unterscheidet. Wie sich diese mediale
Vielfalt in gegenwärtigen Kinder- und Jugendmedien niederschlägt, zeigt beispielsweise ein Blick in das *Handbuch Kinder- und Jugendliteratur* von Tobias
Kurwinkel und Philipp Schmerheim (2020). Im Kapitel „Medien" stehen Graphic

---

[1] Das Triple A ist in der Videospielindustrie ein informeller Begriff zur Bezeichnung des hohen
(finanziellen) Produktionsaufwands und der hohen (technischen) Qualität eines Videospiels.

[2] Mit diesem Begriff wird die Möglichkeit der Spieler*innen bezeichnet, durch das Gameplay auf
die Narration Einfluss zu nehmen und diese zu verändern.

[3] Vgl. zur Vielfalt des Erzählens mit Videospielen aktuell z. B. https://www.gamestar.de/artikel/
die-100-besten-story-spiele-aller-zeiten,3379749.html sowie https://open.spotify.com/episode/3
MvvWca1nx1HZ7w6tcF04O (Zugegriffen: 30. Juni 2022).

Novels, Filme oder Computerspiele gleichrangig neben Bilderbüchern oder Kinder- bzw. Jugendromanen.

Insofern verwundert es nicht, dass es für aktuelle Modellierungen von literarischem bzw. medienästhetischem Lernen charakteristisch ist, dass sie versuchen, dieser medialen Vielfalt gerecht zu werden (vgl. im Überblick z. B. Maiwald 2022a). Was sich bei Kaspar Spinner (2006, S. 13–14) bereits andeutet, ist zum Beispiel für das BOLIVE-Modell grundlegend (Boelmann und König 2021). Dieses geht von einem erweiterten Verständnis von Text und Literatur aus (vgl. Boelmann und König 2021, S. 16–19; im Detail etwa Maiwald 2022a, S. 1) und sieht im Erzählen das verbindende theoretische Element, das alle literarischen Gattungen umspannt.[4] Jan Boelmann und Lisa König (2021, S. 17) nehmen damit eine „narratologisch-funktionale Perspektive" auf Literatur ein und halten grundsätzlich fest: „Literarisches Verstehen steht in enger Verbindung mit dem Narrativen und kann folglich an allen geschichtenerzählenden Gegenständen ausgeprägt werden." (Boelmann und König 2021, S. 16)

Entscheidend ist dabei, dass Erzählen nicht mehr über die Vermittlungsinstanz definiert wird, wie dies in der Literaturwissenschaft für die Gattung Epik Tradition war (vgl. z. B. Schmid 2014, S. 1–2; Martínez 2017, S. 3–4). In einem erweiterten, transmedialen Verständnis lässt sich Erzählen stattdessen im Kern als Präsentation von Geschehen begreifen, zu der weitere Merkmale wie Ereignishaftigkeit, Experientiality, Fiktionalität oder ästhetisch markierte mediale Gestaltung hinzutreten können (vgl. im Detail etwa Schmid 2014, S. 1–9; Martínez 2017, S. 3–6; Pieper und Wieser 2018, S. 110–112). Matías Martínez (2017, S. 3) definiert Erzählen vor diesem Hintergrund als „Geschehensdarstellung + X". Auf dieser Basis lässt sich zwischen *vermittelnden* narrativen Texten wie Romanen und *mimetischen* narrativen Texten wie Dramen oder Filmen unterscheiden (vgl. z. B. Schmid 2014, S. 2–3, S. 8–9 mit Verweis auf Chatman 1990; Leubner und Saupe 2012, S. 179–181). Nichtsdestotrotz wird in beiden Typen von Texten Geschehen präsentiert und folglich erzählt. Im Sinne von Boelmann und König (2021) ermöglichen damit beide literarisches bzw. medienästhetisches Lernen.

2 Literaturdidaktische und ludonarratologische Analysekategorien

Der Begriff ‚literarisches Lernen' ist vieldeutig. Laut Klaus Maiwald (2022a, b, S. 1) bezeichnet er im kleinsten gemeinsamen Nenner „Lernprozesse, die sich auf literarische (fiktionale, ästhetische) Texte in unterschiedlichen medialen Formen beziehen, sich vom Erwerb allgemeiner Lesekompetenz und der Förderung der Lesemotivation abgrenzen und bereits in der Primarstufe beginnen". Es kann damit sowohl die Erziehung *zur* Literatur als auch die Erziehung *mit* Literatur

---

[4] Bei dieser Ausrichtung stellt die Gattung Lyrik eine Art ‚Sonderfall' dar.

umfassen (vgl. Maiwald 2022a, b, S. 3–5). Etwa Maiwalds (2015a, b, S. 93) Modell literarischen Lernens integriert beide Seiten, indem es gegenstands-bezogene Tätigkeiten und subjektbezogene Erfahrungen unter dem Ziel der Persönlichkeitsbildung an literarischen (Wirklichkeits-)Modellen subsumiert (vgl. auch Maiwald 2022a, S. 4–5). Das Modell von Boelmann und König (2021) geht in eine ähnliche Richtung, indem es zwischen literarischer Kompetenz und literarischer Bildung differenziert (vgl. Boelmann und König, v. a. S. 19–28).

Dabei überrascht es angesichts der transmedialen Ausrichtung literarischen Lernens am fiktional-ästhetischen Erzählen wenig, dass sich gerade die Seite der gegenstandsbezogenen Tätigkeiten an traditionellen narratologischen Kate-gorien orientiert (vgl. im Detail z. B. Emmersberger 2021). So greift beispiels-weise Maiwald (2015a, b) in seinem Modell die in der Narratologie grundlegende Trennung zwischen dem *Was* und dem *Wie* von fiktional-ästhetischen Narrationen auf (vgl. im Überblick etwa Martínez und Scheffel 2019, S. 22–28). Hinsichtlich des *Was* unterscheidet Maiwald (2015a, b, S. 93) noch einmal genauer zwischen fiktiver Welt (Storyworld), Raum, zeitlicher Situierung, Figuren und Hand-lung (vgl. z. B. auch Lahn und Meister 2016; Martínez und Scheffel 2019).[5] In vergleichbarer Weise werden in dem Band *Auf dem Weg zur literarischen Kompetenz* von Anita Schilcher und Markus Pissarek (2018) fiktionale Welt-modelle, Figuren und Handlungsverläufe als Dimensionen literarischer Kompetenz ausgeführt (vgl. im Detail Krah 2018; Pissarek 2018; Schilcher 2018). Allerdings wird hier auch das *Wie* von Narrationen genauer aufgeschlüsselt, indem etwa die *zeitliche Gestaltung* und die *Vermittlungsebene* zur Sprache kommen (vgl. im Detail Titzmann 2018; Dürr 2018).

2.1 Die vier Ebenen der narrativen Konstitution nach Schmid (2014)

Zur Ordnung der einzelnen narratologischen Kategorien ist in diesem Zusammen-hang Schmids (2014, S. 205–250) idealgenetisches Modell der narrativen Konstitution hilfreich, dessen Potenzial für die Literaturdidaktik auch Swen Schulte-Eickholt im vorliegenden Band auslotet – insbesondere für eine trans-mediale, aber auch eine intermediale Perspektive. Er differenziert zwischen vier Ebenen der narrativen Konstitution: *Geschehen, Geschichte, Erzählung* und *Präsentation der Erzählung* (vgl. zu dieser Einteilung im Detail und zu alter-

---

[5] Im Sinne der Kompetenzorientierung werden seit Spinner (2006) in den Modellen zum literarischen Lernen in aller Regel keine Gegenstände, sondern Tätigkeiten von Lernenden deklariert (vgl. Maiwald 2022a, S. 3). Maiwald (2015a, S. 93) spricht beispielsweise in Bezug auf die *histoire*-Ebene von „(re-)konstruieren". Mit ‚(Re-)Konstruieren' ist im Sinne der Lese-forschung der Aufbau eines mentalen Modells gemeint (vgl. im Detail z. B. Rosebrock und Nix 2020, S. 17–20). Dieses wird aus den einströmenden Textdaten und dem jeweiligen Vorwissen der Rezipient*innen integriert.

nativen Begrifflichkeiten auch Meister 2016a, S. 18–21, b, S. 216–219; Martínez und Scheffel 2019, S. 22–28). Das Ziel dieser Unterscheidung ist ausdrücklich nicht, den zeitlichen Ablauf der Entstehung einer Narration zu rekonstruieren. Stattdessen handelt es sich bei der Trennung der vier Ebenen um eine heuristische Abstraktion, die die Transformationen sichtbar machen soll, die bei der Produktion einer Narration (mehr oder weniger) simultan ablaufen. Dabei ist klar, dass letztlich nur die Ebene der Präsentation empirisch beobachtbar gemacht werden kann. Bei den drei anderen Ebenen handelt es sich zwangsläufig um „nur durch Abstraktion zu gewinnende Geno-Ebenen" (Schmid 2014, S. 224).[6]

Im Verständnis von Schmid (2014) entsprechen das Geschehen und die Geschichte dem *Was* von Narrationen. Die Geschichte lässt sich dabei als das „[ä]sthetische Konzentrat" (Meister 2016a, S. 18) des Geschehens begreifen. Grundsätzlich werden aus der Vielzahl an Zustandsveränderungen in Raum und Zeit diejenigen ausgewählt (vgl. Schmid 2014, S. 2, S. 225), die dem Stoff bzw. Thema einer Narration entsprechen (vgl. etwa Hühn 2016; Kurwinkel und Jakobi 2022, S. 17–18). Gerade für fiktional-ästhetische Narrationen ist in diesem Zusammenhang allerdings Schmids (2014, S. 236–238) Hinweis wichtig, dass Geschehen in der Geschichte auch weggelassen werden kann, nicht weil es unbedeutsam wäre, sondern weil es bewusst der Konstruktion der Rezipient*innen überlassen wird (vgl. auch Zabka 2019, S. 156–157). Als Beispiel nennt Schmid (2014, S. 237–238) die mehrschichtige Psyche von komplexen Figuren und ihre Handlungsmotivation, die oft nur impliziert werden.

Die Erzählung und die Präsentation der Erzählung sind dem *Wie* von Narrationen zuzuordnen. Bei der Erzählung handelt es sich um einen weiteren abstrakten Zwischenschritt, der der Präsentation idealgenetisch gesehen vorangeht. Laut Schmid (2014, S. 224; S. 238–242) besteht dieser vor allem in der sequenziellen An- und Umordnung der wesentlichen Zustandsveränderungen bzw. Ereignisse einer Geschichte (zum Begriff ,Ereignis' vgl. Schmid 2014, S. 14–19; Meister 2016b, S. 216–219). Die Linearisierung ist dabei medial zwingend, die Permutation der chronologischen Reihenfolge optional. Diesem Verständnis von Erzählung entsprechen im Grunde die beiden Kategorien *Ordnung* und *Frequenz* bei Silke Lahn (2016a, S. 147–152; S. 156–159) oder Martínez und Michael Scheffel (2019, S. 34–42, 47–50). Durch sie werden die Textdynamik (vgl. im Detail etwa Emmersberger 2022a) und die Informationsvergabe (vgl. z. B. Sprang 2016) grundlegend geprägt.

---

[6] Aus diesem Grund gehen etwa Kammerer und Maiwald (2021) in ihrer Einführung in die Filmdidaktik den umgekehrten Weg. Das heißt, dass sie im Sinne von Schmid (2014, S. 247–248) nicht von der Produktion, sondern von der Rezeption her denken. Dementsprechend steigen Kammerer und Maiwald (2021, S. 50–94) mit der Präsentation der Erzählung ein, indem sie zunächst die visuelle und auditive Gestaltung in den Blick nehmen, bevor sie die narrative Gestaltung anschließen. Bei letzterer unterscheiden sie grundlegend zwischen *Story* und *Plot* (vgl. Kammerer und Maiwald 2021, S. 76–79), was in etwa Schmids (2014, S. 223–225) Unterteilung in *Geschichte* und *Erzählung* entspricht.

Anders als Jan Christoph Meister (2016c, S. 114–126), Lahn (2016a, S. 152–159) oder Martínez und Scheffel (2019, S. 42–50; S. 67–71) rechnet Schmid (2014) die *Perspektive* und die *Dauer* (Erzähltempo) jedoch nicht (nur) der Erzählung zu. Er argumentiert zum einen, dass Raffung und Dehnung bereits beim Übergang vom Geschehen zu der Geschichte durch die (zwangsläufige) Fokussierung auf bestimmte Ereignisse stattfinden (vgl. Schmid 2014, S. 232–236). Es sei eben unmöglich, das Geschehen ,vollständig' darzustellen. Zum anderen entsteht die Perspektive laut Schmid (2014, S. 226–227, 230–232, 241–242, 244–245) durch das Zusammenspiel aller drei Transformationen, die beim Durchlauf durch die vier Ebenen der narrativen Konstitution stattfinden (vgl. im Überblick Meister 2016c, S. 121–124). Ähnlich wie das Erzähltempo werde beispielsweise auch die perzeptive Perspektive schon beim Übergang vom Geschehen zur Geschichte durch die Selektion der Ereignisse angelegt.

In vermittelnden narrativen Texten mit einer fiktionalen, (mindestens) doppelten Kommunikationssituation (vgl. etwa Schmid 2014, S. 43–44; Lahn und Meister 2016, S. 16–17; Martínez und Scheffel 2019, S. 11–22) lässt sich das *Wie* des Erzählens einer homodiegetischen Erzählfigur bzw. heterodiegetischen Erzählinstanz zuordnen. Lahn und Meister (2016, S. 18–19) setzen mit der Frage *Wer erzählt die Geschichte?* sogar eine eigene Analysedimension an (vgl. im Detail Lahn 2016b). Die Erzählfigur bzw. Erzählinstanz steht bei ihnen gewissermaßen zwischen Diskurs und Geschichte. Ersteren produziert sie (sprachlich), während sie auf zweitere von einer bestimmten Position aus blickt. In mimetischen narrativen Texten verfügt das *Wie* des Erzählens bzw. Zeigens (z. B. Kamera, Montage oder Ton) zwar auch über einen „Erzählerhabitus" (Kammerer und Maiwald 2021, S. 81) in dem Sinne, dass der jeweiligen ästhetischen Gestaltung spezifische Auswahlentscheidungen zugrunde liegen (vgl. z. B. auch Eder 2016, S. 276–277). Anders als in vermittelnden narrativen Texten tritt jedoch in aller Regel keine Erzählfigur oder Erzählinstanz beispielsweise in Form von Reflexionen oder Kommentaren (explizit) in Erscheinung (vgl. zu semiotischen Unterschieden im Detail auch Schmid 2014, S. 71–106; Maiwald 2015b, S. 11–21).

Den Schritt zur Präsentation der Erzählung definiert Schmid (2014, S. 224) als „Materialisierung der medial noch nicht manifestierten Erzählung in einem Medium". Im Kontext von schriftsprachlichen Narrationen spricht er konkret von „Verbalisierung" (Schmid 2014, S. 224). Bei filmischen Narrationen oder Videospiel-Narrationen handelt es sich dagegen um eine audiovisuelle Präsentation mit bewegtem Bild und Ton – die allerdings besonders bei letzteren auch die Präsentation von Schrifttext einschließen kann (in der Regel als Teil der Diegese). Gerade an diesem Punkt wird deutlich, dass die Trennung in Geschehen, Geschichte, Erzählung und Präsentation der Erzählung nur eine heuristische ist. Die Präsentationsbedingungen und -möglichkeiten des jeweiligen Mediums wirken sich auf die erzählten Geschichten aus und bestimmen ganz wesentlich den Produktionsprozess (vgl. Frederking et al. 2018, S. 25–64). So sind zum Beispiel die konkreten Verfahren zur Realisierung der Perspektive in schriftsprachlichen Narrationen deutlich andere als in filmischen (vgl. Leuber und Saupe 2012, S. 140–143, 218–223).

Nichtsdestotrotz ist für die hier verfolgten Ziele entscheidend, dass die vier Ebenen der narrativen Konstitution einen medienübergreifenden Blick auf das Erzählen erlauben. Geschehen, Geschichte und Erzählung lassen sich für das literarische Lernen gut transmedial fassen (vgl. im Detail z. B. Emmersberger 2021). Aber auch hinsichtlich der Präsentationsebene bestehen Parallelen zwischen den verschiedenen narrativen Medienangeboten. Etwa filmische Narrationen und Videospiel-Narrationen funktionieren semiotisch gesehen beide als AV-Medium. Nur tritt für das genuin digitale Medienangebot Videospiel-Narration noch „dramatic agency" (Murray 2017, S. 189) bzw. „Explicit Interactivity" (Schallegger 2017, S. 18 nach Zimmerman 2004, S. 158) hinzu. Auf technischer Ebene drückt sich diese über die Steuerung aus, die etwa bei Videospiel-Konsolen mithilfe eines Controllers und beim PC mithilfe von Tastatur und Maus erfolgt. In der Narration selbst kommt Dramatic Agency in Form der Spielmechanik bzw. des Gameplays zum Tragen (vgl. zum Begriff z. B. Baujahr und Herte 2018), wobei sie dabei als Gameplay verstanden werden kann, das integraler Bestandteil der Narration ist. Aus diesem Grund wird bei Videospielen auch von Ludonarrationen gesprochen (vgl. etwa Düerkop 2020, S. 258).

2.2   Analysemodell

Vor dem Hintergrund dieser Überlegungen wird für die Analyse der ludonarratologischen Struktur eine Konzentration auf folgende Kategorien vorgeschlagen:

- für die Ebene der Geschichte *Setting*, *Figuren* und *Handlung;*
- für die Ebene der Erzählung *Perspektive*, *Zeitgestaltung* und *Dramatic Agency;*
- für die Ebene der Präsentation der Erzählung *AV-Präsentation* und *Steuerung.*

Abb. 1 visualisiert das Zusammenspiel der drei Ebenen. Im Zentrum der Geschichte steht die Gesamtheit der chronologisch und motivational geordneten Zustandsveränderungen bzw. Ereignisse. Im Wesentlichen geht es dabei um Figurenhandlungen (vgl. z. B. Leubner und Saupe 2012, S. 58–59; Schmid 2014, S. 3; Meister 2016b, S. 226–232; Martínez und Scheffel 2019, S. 149). Aber auch (zufällige) Geschehnisse bzw. Vorkommnisse im Sinne von Martínez und Scheffel (2019, S. 116) bzw. Schmid (2014, S. 3) spielen unter Umständen eine Rolle. Zudem können die Veränderungen sowohl auf äußere Zustände (äußere Welt) als auch auf innere Zustände (Psyche der Figuren) bezogen sein. Der Rahmen der Handlung bzw. das Setting besteht aus dem Raum und der zeitlichen Situierung (vgl. etwa Leubner und Saupe 2012, S. 48–53; Meister 2016a, S. 18–19; Burghart 2016a, b; Martínez und Scheffel 2019, S. 155–165). Das Setting, die Figuren und die (chronologisch und motivational geordnete) Handlung bilden zusammen die erzählte Welt bzw. Storyworld (vgl. z. B. Martínez und Scheffel 2019, S. 137–149).
    Da die hier vorgeschlagenen Analysekategorien auch auf den schulischen Kontext zielen und dementsprechend für Schüler*innen nachvollziehbar bleiben

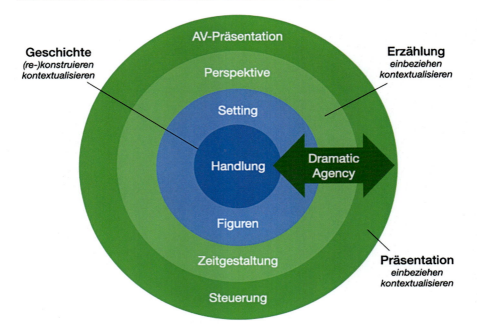

Abb. 1 Kategorien zur Analyse der ludonarratologischen Struktur und des literaturdidaktischen Potentials von Videospiel-Narrationen

sollen, wird die Dauer neben der Ordnung und Frequenz der Zeitgestaltung zugeordnet sowie die Perspektive ebenfalls als Teil der Erzählung aufgefasst. Hinsichtlich einer möglichen homodiegetischen Erzählfigur oder heterodiegetischen Erzählinstanz wird in Anlehnung an Leubner und Saupe (2012, S. 209–210) vorgeschlagen, diese als optionale und separate ‚Sonderkategorie' unter die Perspektive zu subsumieren (vgl. im Detail auch Emmersberger 2021).

Unter der Kategorie ‚Perspektive' wird hier vor allem die räumliche und perzeptive Perspektive im Sinne von Schmid (2014, S. 121–127) in den Blick genommen, die Martínez und Scheffel (2019, S. 67–71) im Wesentlichen mit dem Begriff der Fokalisierung und der Frage *Aus welcher Sicht wird erzählt?* erfassen (vgl. Meister 2016c). Darüber hinaus lohnt es sich, die Unterscheidung von Leubner und Saupe (2012, S. 132–135; S. 210–217) zwischen einem *quantitativen* und einem *qualitativen Point of View* einzubeziehen (vgl. zu narratorialer und figuraler Perspektive auch Schmid 2014, S. 127–141; Martínez und Scheffel 2019, S. 50–67; S. 85–89). Zur Analyse der Perspektive in Videospiel-Narrationen sind zwei Fragen wesentlich: Folgt man in der Geschichte einer bestimmten Figur oder wechselt die Perspektive zwischen verschiedenen Figuren? Handelt es sich um eine ‚objektive' Wahrnehmung der Außenwelt, teilt man die subjektive Sicht einer Figur auf die Außenwelt oder bekommt man eventuell sogar einen Einblick in die Innenwelt einer Figur (z. B. *Mindscreen, Voice-Over* oder Schrifttext)? Bei ersterer handelt es sich um die grundsätzliche figurale Ausrichtung der Perspektive, die durch die Selektion der gezeigten Ereignisse vorgenommen wird. Zweitere meint die konkrete räumlich-perzeptive Positionierung beim Zeigen eines Ereignisses.[7] Beide Aspekte der Perspektive können relativ stabil, aber auch variabel sein. Die räumlich-perzeptive Perspektive kann bei Permutation zudem noch eine besondere zeitliche Komponente beinhalten, wenn zum Beispiel ein Rückblick vorliegt. Wie bereits erwähnt, prägen Perspektive und Zeitgestaltung zusammen die Text-dynamik bzw. Informationsvergabe und folglich Affekte wie Spannung, da diese vor allem aus dem Handlungsverlauf und den Komplikationen resultieren, die durch die gezeigten Ereignisse aufgeworfen werden (vgl. z. B. Leubner und Saupe 2012, S. 48–53; Sprang 2016, S. 169–173).

Bei Videospiel-Narrationen tritt zudem noch Dramatic Agency als dritte Kategorie der Erzählung hinzu. Die Rezipient*innen können sich beispiels-weise im Raum bewegen und mit Gegenständen oder anderen Figuren inter-agieren. In Form dieser (Figuren-)Handlungen treffen sie Entscheidungen in der erzählten Welt, die die Textdynamik verändern (vgl. im Detail z. B. Unterhuber und Schelling 2016; Rauscher 2018a; Emmersberger 2022a). Wird dieses *multi-form* bzw. *multisequential storytelling* (vgl. Murray 2017, S. 73–76) entsprechend elaboriert gestaltet, lässt sich mit Schalleger (2017, S. 43–45) von *elasticity* oder mit Emmersberger (2022a) von *globaler* Dramatic Agency sprechen. Aus Zuseher*innen von einer bei der Produktion fixierten Erzählung (vgl. z. B. das Medium Film) werden Spieler*innen, die innerhalb der Grenzen der Programm-codes das ‚Schicksal‘ der Figuren selbst in der Hand halten. Eine prägnante Metapher dafür ist der sogenannte Schmetterlingseffekt aus der Chaostheorie (vgl. im Detail Emmersberger 2022b), der besagt, dass selbst unbedeutend wirkende Ereignisse immense und langfristige Auswirkungen haben können. Besonders ist bei Dramatic Agency, dass diese Kategorie noch mehr als die anderen die heuristische Trennung in Geschichte, Erzählung und Präsentation der Erzählung unterläuft. Damit sie möglich wird, müssen zum Beispiel auf der Ebene der Geschichte überhaupt erst potentielle Varianten an Figurenentwicklungen und Handlungsverläufen angelegt sein.

---

[7] Mit dieser Unterscheidung wird versucht, das Problem der theoretischen Verortung der Perspektive (inklusive des Erzähltempos) für den schulischen Kontext in den Griff zu bekommen. Schmid (2014, v. a. S. 226–227, 232–236) argumentiert ja scharfsinnig, dass es eine Geschichte ohne Perspektive (und eine gewisse Raffung) nicht geben könne und dass die Perspektive bei allen drei Transformationen eine Rolle spiele. Die hier vorgenommene Zuordnung der Perspektive (und des Erzähltempos) zur Ebene der Erzählung widerspricht streng genommen dieser Vorstellung und nimmt eine (leichte) Umdefinition der drei Begriffe Geschehen, Geschichte und Erzählung vor. Das Geschehen ist in diesem Sinne als die Gesamt-heit sämtlicher Zustandsveränderungen zu verstehen, die Geschichte als die Gesamtheit aller relevanten Ereignisse (chronologisch und motivational geordnet sowie eventuell ergänzt) sowie die Erzählung als die Gesamtheit aller auf eine spezifische Art (Perspektive, Erzähltempo) und in einer spezifischen Reihenfolge (Linearisierung, Permutation, Frequenz) gezeigten Ereignisse.

Aber auch hinsichtlich der Präsentation der Erzählung erfordert Dramatic Agency eine anspruchsvolle Integration, nämlich die von AV-Präsentation und Steuerung. Wie beim Film lässt sich dabei die AV-Präsentation in visuelle und auditive Gestaltung unterteilen (vgl. für das Medium Film im Detail z. B. Leubner und Saupe 2012, S. 181–208; Kammerer und Maiwald 2021, S. 50–75; vgl. für die Games Studies im Detail z. B. Hensel 2018; Fritsch 2018). Da Videospiel-Narrationen (in aller Regel) über animierte Bilder verfügen, bestehen Parallelen zum Animationsfilm (vgl. im Überblick etwa Friedrich 2007; spezieller Albrecht 2019; Vorst 2019) bzw. kommt es sogar zu Überschneidungen (vgl. Lochner 2014). Trennendes Unterscheidungsmerkmal ist jedoch Dramatic Agency, die neben der weitgehend freien, zeitlich nicht fixierten Bewegung im Raum z. B. dazu führt, dass Schrifttext eine wichtige Rolle einnehmen kann. Murray (2017, S. 73–79, 113–119) prägt dafür den Begriff *spatial narrative* im Sinne von *environmental storytelling*. Technisch wird Dramatic Agency – wie bereits erwähnt – erst über die Steuerung möglich. Wie diese konkret mit der AV-Präsentation verbunden wird, entscheidet ganz wesentlich darüber, wie sich das Gameplay gestaltet und wie man Dramatic Agency im Spiel erlebt.

Auf der gegenstandsorientierten Seite des literarischen Lernens lässt sich die Verbindung zu den gewählten Analysekategorien über Kompetenzformulierungen in Form von Tätigkeiten herstellen. Schon Spinner (2006) schließt auf diese Weise an den Kompetenzdiskurs an (vgl. im Überblick etwa Maiwald 2022a, S. 3). Unter Rückgriff auf das Modell von Maiwald (2015a) wird hier vorgeschlagen, in Bezug auf die Ebene der Geschichte (inklusive Geschehen) von *(re-)konstruieren* zu sprechen. Im Zentrum stehen dabei das Nachvollziehen, Ordnen und Plausibilisieren der Handlung. Das Verstehen der Figuren und ihrer Konstellation (inklusive ihrer Motive und Konflikte) ist dafür wesentliche Voraussetzung – sowie unter Umständen auch des Settings (Raum und zeitliche Situierung). Die (Re-) Konstruktion der Geschichte (z. T. inklusive des Geschehens) ist auch das, was im Wesentlichen unter dem Aufbau eines Textweltmodells bzw. mentalen Modells verstanden wird (vgl. z. B. Rosebrock und Nix 2020, S. 17–20). Neben Welt-wissen ist dafür im Sinne von Maiwald (2015a, S. 93) auch Kontextwissen (z. B. über Genres oder charakteristische Motive und Themen) erforderlich.

Hinsichtlich der Ebene der Erzählung und der Präsentation spricht Maiwald (2015a, S. 93) davon, „[m]edienspezifische ästhetische Strukturen in das Textver-ständnis ein[zu]beziehen". Damit rückt er die (Re-)Konstruktion der Geschichte ins Zentrum und weist der Analyse des *Wie* des Erzählens eine ‚dienende' Funktion zu. Medienspezifisch ist für Videospiel-Narrationen im Wesent-lichen Dramatic Agency (und die damit verbundenen Implikationen). Auch hier ist Kontextwissen notwendig. Die Genres von Videospielen sind zum Bei-spiel weniger von inhaltlichen Merkmalen, sondern vor allem von der Art des Gameplays bestimmt (vgl. im Überblick z. B. Rauscher 2018b).

Die subjektorientierten Erfahrungen im Sinne von Maiwald (2015a) bleiben in dem in Abb. 1 dargestellten Modell ausgespart. Es konzentriert sich auf die Analyse der ludonarratologischen Struktur. Dabei ist jedoch nicht zu vernachlässigen, dass es sich bei der Unterteilung in gegenstandsorientierte Tätigkeiten und subjektorientierte Erfahrungen – ähnlich wie schon bei Schmids (2014) vier Ebenen der narrativen Konstitution – um eine heuristische Trennung handelt (vgl. im Detail Maiwald 2022a, S. 5, b, S. 311–313).

3   Die Geschichten im Vergleich

Im Folgenden werden *Until Dawn, Detroit: Become Human* und *Tell Me Why* systematisch hinsichtlich der drei Kategorien der Ebene der Geschichte (Setting, Figuren und Handlung) verglichen. Eine Sonderrolle kommt bei diesem Vorgehen Dramatic Agency zu, die als *das* medienspezifische Merkmal von Videospiel-Narrationen ebenen- und kategorienübergreifend in den Blick genommen wird.

3.1   Until Dawn

Until Dawn (2015) wurde von dem britischen Entwicklerstudio Supermassive Games exklusiv für PlayStation 4 entwickelt (s. Abb. 2, links). Die Videospiel-Narration wurde u. a. bei den *BAFTA Game Awards* in der Kategorie ‚Original Property‘ ausgezeichnet sowie für die Kategorien ‚Best British Game‘, ‚Game Innovation‘ und ‚Best Story‘ nominiert. Inhaltlich ist sie dem Genre Horror, im Speziellen dem Genre Teenie Slasher zuzuordnen (vgl. im Überblick z. B. Podrez 2020). Zudem verfügt sie über Krimi- und Psychothrillerelemente (vgl. im Überblick etwa Buhl 2020; Schwanebeck 2020). Sowohl das Setting als auch die Figuren sind genretypisch. Der Handlungsort ist eine einsame Berghütte in den (fiktiven) Blackwood Pines auf dem

Abb. 2 Die Cover von *Until Dawn, Detroit: Become Human* und *Telly Me Why*

Mount Washington.[8] Die Jahreszeit ist Winter (Anfang Februar) und die Handlung spielt in der Gegenwart (im Jahr 2014 bzw. 2015).

Die zentralen Figuren sind zehn junge Erwachsene, die miteinander befreundet und zum Teil in einer Beziehung sind (fünf Frauen und fünf Männer). Auffällig ist die zuweilen klischeehafte Zeichnung der Figuren, die charakteristische Genre-Erwartungen bedient (z. B. der sportliche Macho oder die gutaussehende, aber oberflächliche Blondine). Zusätzlich charakterisiert werden diese durch kurze Infos, die über das Bedienungsmenü aufgerufen werden können. Sie geben einen Überblick über die wesentlichen Eigenschaften der jeweils gespielten Figuren (z. B. Ehrlichkeit, Tapferkeit oder Hilfsbereitschaft) und den Beziehungsstatus zu den anderen Figuren. Als Gegenspieler der zehn Freund*innen fungieren ehemalige Minenarbeiter*innen, die durch einen Fluch der Ureinwohner*innen in Wendigos[9] verwandelt wurden.

Die Handlung lässt sich grundsätzlich in zwei verschiedene Aufenthalte in einer Lodge in den Bergen aufteilen: einen Aufenthalt im Jahr 2014 und einen Aufenthalt im Jahr 2015. Erster dient der Geschichte als Auftakt. Bei diesem verschwinden die beiden Zwillingsschwestern des Gastgebers (Josh), dessen Eltern die Lodge gehört, spurlos. Trotz dieses Vorfalls lädt Josh seine Freunde im kommenden Jahr erneut ein – nicht zuletzt, um seinen beiden Schwestern zu gedenken und den Verlust zusammen mit seinen Freund*innen zu verarbeiten. Beim zweiten Aufenthalt gerät das Geschehen dann aber vollends außer Kontrolle. Die beim ersten Aufenthalt geweckten Wendigos geben sich nicht mit den beiden Zwillingsschwestern zufrieden, sondern möchten nun auch die restlichen ‚Störenfriede‘ töten. Hinzu kommt, dass Josh (mittlerweile) psychisch instabil ist und den Verlust seiner Schwestern kompensiert, indem er seinen Freund*innen als ‚Psycho‘ mit einer furchterregenden Maske ‚Streiche spielt‘. Seine Krankheit wird immer wieder in Form von halluzinierten Therapiesitzungen angedeutet, die in den Handlungsverlauf eingeschoben sind. Das Thema von *Until Dawn* ist ein genretypischer Mix aus Entwicklungsthemen wie Freundschaft, Identität und Beziehung (vgl. Eschenbeck und Knauf 2018) sowie dem gemeinsamen Kampf gegen eine (übernatürliche) Bedrohung. Letzterer führt in den Grenzbereich der menschlichen Psyche, der im Alltag in aller Regel verborgen bleibt.

Dramatic Agency wirkt sich in *Until Dawn* in erster Linie auf die Handlung aus. Je nachdem, welche Entscheidungen man im Spiel trifft und wie geschickt man in sogenannten Quick Time Events reagiert, überleben die einzelnen Figuren oder sterben bzw. verwandeln sich selbst in Wendigos. Der Tod der Figuren ist im Spiel endgültig. Das bedeutet, dass mit ihnen dann nicht mehr weitergespielt

---

[8] Bei dem Berg selbst handelt es sich um einen realen Schauplatz, der für die amerikanischen Ureinwohner*innen religiöse Bedeutung hatte, vgl. https://en.wikipedia.org/wiki/Mount_Washington (Zugegriffen: 30. Juni 2022).

[9] Ein Wendigo ist in der indigenen Kultur ein böser Geist, der Menschen in Kannibalen verwandelt, vgl. https://de.wikipedia.org/wiki/Wendigo. Darüber hinaus tritt in der Geschichte ein Wendigo-Jäger auf, der als skurrile Helferfigur fungiert (Zugegriffen: 30. Juni 2022).

werden kann. Im besten Fall können sieben von den acht Freund*innen, die an dem zweiten Aufenthalt im Jahr 2015 teilnehmen, gerettet werden. Ein reflexives Element bilden dabei Josh' Therapiesitzungen. In diesen wird man als Spieler*in zum Beispiel zu den eigenen Ängsten und Sympathien befragt, wobei die Antworten später zum Teil in (grafischen) Detailveränderungen gespiegelt werden.

Neben der Handlung kann auch die Entwicklung der Figuren und deren Beziehungen beeinflusst werden. Trotzdem bleiben diese ihrer stereotypen Zeichnung größtenteils verhaftet. Durch die Entscheidungen, die man als Spieler*in für die Figuren trifft, ist es aber natürlich dennoch möglich, dieser in Form der eigenen Handlungen zu entsprechen oder aus der vorgegebenen Rolle zumindest ein Stück weit auszubrechen. Auch das Setting der Geschichte verändert sich mit den eigenen Entscheidungen und deren Folgen (z. B. dem Tod der Figuren) kaum. Hier wäre es zum Beispiel wie in Dishonored (2012) denkbar, dass sich die Umwelt (z. B. in Form des Wetters) an die jeweilige Entwicklung anpasst.

3.2 Detroit: Become Human

Detroit: Become Human (2018/19) stammt von dem renommierten französischen Entwicklerstudio Quantic Dream (s. Abb. 2, Mitte). Die Videospiel-Narration war unter anderem bei *The Game Awards* in den Kategorien ‚Best Game Direction‘, ‚Best Narrative‘ und ‚Best Performance‘ nominiert. Sie ist für PlayStation 4 und Microsoft Windows erschienen. Die erzählte Geschichte gehört zum Genre Science Fiction mit Thriller- und stellenweise Horrorelementen (vgl. im Überblick z. B. Schmeink und Spiegel 2020; Schwanebeck 2020; Podrez 2020), wobei die entworfene Zukunftsvision zwischen Utopie und Dystopie pendelt. Ort und zeitliche Situierung sind die US-amerikanische Industriestadt Detroit im Jahr 2038. Über 15 Jahre zuvor ist es dem genialen Entwickler Elijah Kamski gelungen, den ersten Androiden mit künstlicher Intelligenz zu konstruieren, der den Turing-Test besteht und nicht mehr von Menschen zu unterscheiden ist (vgl. im Detail z. B. Rosengrün 2021, S. 36–45). Im Jahr 2038 sind Androiden Teil des Alltags in Detroit und verdrängen Menschen nicht nur aus traditioneller Industriearbeit, sondern auch aus sozialer Arbeit sowie künstlerischen Bereichen wie Musik oder Sport. Die Stadt Detroit ist dabei wie schon im 20. Jahrhundert Vorreiter einer technischen Revolution.

Im Zentrum der Geschichte stehen drei Protagonist*innen, die allesamt Androiden sind, aber unterschiedliche Perspektiven auf die Gesellschaft einnehmen. Zum einen spielt man Kara, einen Haushalts- und Kinderbetreuungsandroiden, der in einer dysfunktionalen Familie arbeitet. Des Weiteren nimmt man die Rolle von Markus ein, dem persönlichen Pfleger des populären und wohlhabenden Malers Carl Manfred. Der dritte Protagonist ist Connor. Bei ihm handelt es sich um ein spezielles Modell der einflussreichen Androiden-Firma *CyberLife,* die ursprünglich von Elijah Kamski gegründet wurde. Seine Aufgabe ist es, die Polizei bei Ermittlungen zu Androidenverbrechen zu unterstützen.

Die Handlung teilt sich auf die drei Figuren auf, wobei die drei Stränge zunächst nicht miteinander verbunden sind. Kara ist gezwungen, zusammen mit Alice, dem Einzelkind ‚ihrer' dysfunktionalen Familie, zu fliehen, um dieses vor ihrem Vater zu beschützen. Markus wird in einen Konflikt zwischen Carl Manfred und seinem Sohn hineingezogen. Dies führt letztlich dazu, dass er ungerechtfertigterweise des Mordes an Carl Manfred beschuldigt wird und verschrottet werden soll. Als Connor versucht man, zusammen mit dem Menschen Lieutenant Hank Anderson herauszufinden, was zu dem ‚fehlerhaften' Verhalten einzelner Androiden führt. Wie gleich zu Beginn bei einer Geiselnahme eindrucksvoll gezeigt wird, brechen diese aus ihrer ursprünglichen Programmierung aus. Im weiteren Verlauf der Geschichte drängt sich immer stärker die Frage auf, welche Rolle Androiden in der Gesellschaft zugestanden werden soll. Sind sie ein Konsumprodukt wie jedes andere oder haben sie einen menschenähnlichen Status? Markus nimmt letzteren Standpunkt ein und beginnt, eine lokale Widerstandsbewegung in Detroit zu organisieren. Das zentrale Thema ist dabei nicht nur künstliche Intelligenz, sondern in dessen Spiegel auch die philosophische Frage, was den Menschen eigentlich zum Menschen macht. In diesem Sinne kann auch der doppeldeutige Imperativ im Titel des Spiels verstanden werden.

Dramatic Agency wird bei *Detroit: Become Human* vor allem hinsichtlich der beiden Kategorien ‚Figuren' und ‚Handlung' wirksam. Welche Entscheidungen man als Kara, Markus und Connor trifft, beeinflusst zuallererst die Entwicklung der Figuren selbst. Wie bei *Until Dawn* können grundsätzlich alle drei Figuren sterben, und damit kann der jeweilige Handlungsstrang abrupt enden. Einen Sonderfall stellt Connor dar, der in Form eines neuen Modells den Fortgang des Spiels garantiert. Unabhängig davon hat man als Spieler*in in der Hand, welche charakterliche Entwicklung die jeweilige Figur nimmt. Markus kann beispielsweise zwischen einem (weitgehend) gewaltfreien Weg und einem Weg voller Gewalt wählen. Connor kann innerhalb seiner Programmierung bleiben (und dafür einen bitteren Preis zahlen) oder zu einem Anhänger von Markus' Widerstandsbewegung werden. Darüber hinaus ändert sich durch die eigenen Entscheidungen das Verhältnis zu den anderen Figuren. Das betrifft zum einen die drei Protagonist*innen, zum anderen aber auch die Nebencharaktere. Kara und Alice können zum Beispiel eine Art Mutter-Tochter-Verhältnis entwickeln oder sich eher fremd bleiben. Connor und Hank können so etwas wie Freunde werden oder Hanks Hass gegenüber künstlicher Intelligenz kommt voll zum Tragen. Den stärksten Einfluss auf die Gesamthandlung hat dabei Markus. Seine Entscheidungen beeinflussen, wie die menschliche Gesellschaft die Androiden insgesamt sieht und wie *Detroit: Become Human* letztlich endet. Von einer friedlichen Revolution bis zu einer atomaren Katastrophe ist alles möglich. Auf eine gewisse Weise ändert sich dadurch letztendlich sogar die gesamte Storyworld inklusive Setting – zum Guten wie zum Schlechten.

3.3 Tell Me Why

Tell Me Why wurde 2020 von Dontnod Entertainment für Xbox One und Microsoft Windows als dreiteilige Serie veröffentlicht (s. Abb. 2, rechts). Die Videospiel-Narration wurde vielfach ausgezeichnet (unter anderem bei *The Game Awards* in der Kategorie ‚Game for Impact‘). Das französische Entwicklerstudio hat vor allem durch die *Life-Is-Strange*-Reihe auf sich aufmerksam gemacht. Aus Genre-sicht lässt sich die Geschichte am ehesten dem Melodram mit Elementen aus dem Kriminalfilm und Psychothriller zuordnen (vgl. im Überblick etwa Kappelhoff und Bakels 2020; Buhl 2020; Schwanebeck 2020). Das Setting des Spiels sind die fiktive Stadt Delos Crossing in der Nähe von Alaskas Hauptstadt Juneau und die Gegenwart (das Jahr 2015). Eine besondere Rolle spielt die indigene Kultur der Tlingit.[10]

Die beiden Protagonist*innen sind die 21-jährigen Zwillinge Tyler und Alyson Ronan. Beide sind durch ein übernatürliches telepathisches Band miteinander ver-bunden, das ihnen den Austausch von Erinnerungen, Gedanken und Emotionen ermöglicht. Aus Genderperspektive ist die Figur Tyler markant – zumindest für Mainstreammedien. Bei ihm handelt es sich um einen Transgendermann. Geprägt sind die beiden Zwillinge durch ein massives Kindheitstrauma. Vor zehn Jahren soll Tyler seine Mutter Mary-Ann ermordet bzw. in Notwehr getötet haben. Die genauen Umstände sind allerdings unklar und die Erinnerungen der Zwillinge ver-schwommen und widersprüchlich.

Tyler wurde für die Tat mit Jugendgefängnis bestraft. Die Haupthandlung setzt mit dem Zeitpunkt seiner Entlassung und dem Wiedersehen der beiden Zwillingen nach zehn Jahren ohne persönlichen Kontakt ein. Zusammen mit seiner Schwester Alyson kehrt Tyler zu dem Haus seiner Kindheit zurück, ursprünglich um es zu verkaufen. Dort werden sie jedoch mit ihren (verdrängten) Kindheits-erinnerungen konfrontiert und stellen fest, dass sie sich von der Vergangenheit immer noch nicht lösen können. Aus diesem Grund fangen sie an, sich mit ihrem Trauma auseinanderzusetzen, und versuchen, die damalige Situation ihrer Mutter zu verstehen und die ‚Wahrheit‘ hinter ihrem Tod zu rekonstruieren. Eine zentrale Rolle spielt dabei die Entschlüsselung der fantastischen Märchen-geschichten, die ihnen ihre Mutter früher erzählt und zusammen mit ihnen in dem mit Bildern illustrierten *Buch der Kobolde* gesammelt hat. Bei den Geschichten handelt es sich im Wesentlichen um Metaphern für die belastete Vergangenheit der Mutter und die Situation, in der sich die Familie kurz vor dem Unglück befunden hat. Die beiden Kobolde aus dem Buch stehen für Alyson und Tyler, den letzten psychischen Halt der Mutter, die selbst als Prinzessinnenfigur in den Geschichten auftaucht. Im weiteren Verlauf findet man (potentiell) zwei weitere zentrale Punkte heraus: Mary-Ann hatte vor Alyson und Tyler schon ein Kind, dieses allerdings im Säuglingsalter verloren. Und die Zwillinge sind aus einer unglücklichen

---

[10] Die Tlingit sind ein Ureinwohnervolk in den südöstlichen Küstenregionen von Alaska, vgl. https://de.wikipedia.org/wiki/Tlingit_(Volk) (Zugegriffen: 30. Juni 2022).

Affäre entstanden, die ihre Mutter mit einem verheiraten Mann in Delos Crossing hatte. Im Kern ist das Thema von *Tell Me Why* das Zusammenspiel aus Identitätsentwicklung und dem Umgang mit Traumata innerhalb der eigenen Familiengeschichte.

Dramatic Agency wird in *Tell Me Why* vor allem in Bezug auf die Frage virulent, was sich in der Vergangenheit wirklich ereignet hat bzw. ob man die Erinnerungen von Tyler, Alyson oder dritten Figuren für plausibel hält. Letztlich ist es an den Spieler*innen zu entscheiden, was man glaubt und was nicht. Im Zentrum steht dabei der Vorgang, der zu Mary-Anns Tod geführt hat. Verifizieren lässt sich, dass nicht Tyler, sondern Alyson die Mutter getötet hat. Offen bleibt aber letztlich, was der Grund dafür war. Es steht im Raum, dass Mary-Ann plante, nicht nur sich, sondern auch ihre beiden Kinder umzubringen. Der Hintergrund war ihre Angst, dass ihr ihre Kinder wegen ihrer psychischen Instabilität und finanziellen Schwierigkeiten weggenommen würden. Welche Entscheidungen man als Spieler*in trifft, beeinflusst allerdings nicht nur, wie die Geschichte ausgeht, sondern auch, wie sich die beiden Zwillinge, ihr Verhältnis zueinander sowie das zu den anderen Figuren in Delos Crossing entwickeln. Das übernatürliche Band zwischen den beiden kann sich festigen, aber auch auflösen. Das Setting ändert sich nur mittelbar in dem Sinne, dass sich Alyson entweder dafür entscheidet, in das ehemalige Haus der Familie einzuziehen, das *Buch der Kobolde* weiterzuschreiben und damit in die Fantasiewelt zu fliehen, oder zusammen mit Tyler nach Juneau zu gehen und ein neues Leben anzufangen.

4   Die Erzählungen im Vergleich

Auf der Ebene der Erzählung werden Perspektive und Zeitgestaltung in den Blick genommen. Wie bereits erwähnt, steuern die beiden Kategorien zusammen mit Dramatic Agency die Textdynamik bzw. Informationsvergabe. Eine wichtige Erkenntnis ist dabei, dass sich Affekte wie Spannung ganz wesentlich aus dem Verlauf der Handlung speisen. Zudem sei noch einmal darauf hingewiesen, dass Dramatic Agency zwar modellhaft der Erzählung zugeordnet wird, die Anlage alternativer Entwicklungen der Geschichte jedoch die inhaltliche Voraussetzung für sie ist (s. Abschn. 3).

4.1   Until Dawn

Für *Until Dawn* lässt sich grundsätzlich festhalten, dass die Perspektive genretypisch an die zehn bzw. acht Freund*innen gebunden ist. Die einzige Ausnahme sind sehr kurze spannungssteigernde Perspektivwechsel, die eine drohende Gefahr erahnen lassen. Die Spieler*innen wissen somit nicht genau, welcher Schrecken sie als Nächstes erwartet, und können diesen ‚lediglich' antizipieren. Sowohl in den Cutscenes als auch in den Momenten, in denen eine freie Bewegung im dreidimensionalen Raum möglich ist, oszilliert die Perspektive zwischen einer ‚objektiven' Wahrnehmung der Außenwelt und der subjektiven Sicht der Figur(en), die man jeweils spielt – wobei letztere insgesamt überwiegt. Abgesehen von düsteren Vorahnungen bleibt man dadurch mehr oder weniger auf den Informationsstand der Figuren beschränkt. Im weiteren Verlauf der Handlung teilt sich die Gruppe (zwischenzeitlich) noch einmal auf drei Schauplätze auf und folglich auch die Perspektive. Dadurch kommt es phasenweise zu einer dreisträngigen Handlung, was die Spannung weiter verstärkt. Einen Sonderfall stellen die Szenen dar, in denen Josh' Halluzinationen von einem Therapiebesuch gezeigt werden. Perspektivisch gesehen befindet man sich hier in der Innenwelt dieser Figur.

Hinsichtlich der Zeitgestaltung ist der Zeitsprung zwischen dem ersten und zweiten Aufenthalt in der Berghütte markant. Der erste Aufenthalt stellt im Prinzip die Vorgeschichte des zweiten Aufenthalts dar. Ansonsten wird die Handlung weitgehend chronologisch entwickelt, wobei die Mehrsträngigkeit dazu führt, dass parallel stattfindende Ereignisse nacheinander gezeigt werden müssen. Einen Sonderfall stellen wiederum Josh' Therapieszenen dar. Ihr zeitlicher Status ist relativ unbestimmt. Da in ihnen jedoch immer wieder aktuelle Ereignisse thematisiert werden, ist anzunehmen, dass sie Einblick in Josh' Innenleben während des zweiten Aufenthalts in der Berghütte geben. Eine weitere auffällige Funktion haben in *Until Dawn* die Totems, von denen es verschiedene Arten gibt (z. B. ‚Tod', ‚Gefahr' oder ‚Glück'). Diese können im Spiel gefunden werden und erzeugen Flashforwards, wodurch sich die Antizipation noch einmal verstärkt.

Dramatic Agency wirkt sich auf die Perspektive insofern aus, als die Spieler*innen durch ihre Entscheidungen beeinflussen, welche Aspekte der (alternativen) Geschichte(n) sie zu sehen bekommen und wie die Handlung letztlich weitergeht. Dazu zählt z. B. auch das Erkunden von Räumen, bei dem sich viele Hintergrundinformationen sammeln lassen. Aus Sicht welcher Figur man zu welchem Zeitpunkt in der Handlung agiert, ist allerdings festgelegt. Mit dem Tod einer Figur geht auch deren Perspektive verloren. In Bezug auf die Zeitgestaltung wird Dramatic Agency am markantesten bei den Totems spürbar. Hier löst man Flashforwards selbst aus und nutzt sie als Hinweis für die eigenen Entscheidungen. Ansonsten ist der Einfluss auf die Zeitgestaltung recht überschaubar, da der Ausgang der Ereignisse, aber nicht deren prinzipielle Reihenfolge verändert werden kann. In den Phasen, in denen man sich im Raum frei bewegen kann, steuert man allerdings das Erzähltempo zu einem gewissen Grad selbst – es hängt davon ab, wie viel Zeit man sich zum Erkunden der Umgebung nimmt (wenn nicht gerade Zeitdruck etwa wegen einer Verfolgungsjagd herrscht).

4.2 Detroit: Become Human

In *Detroit: Become Human* ist die Perspektive von Anfang an auf die drei Protagonist*innen Kara, Markus und Connor aufgeteilt. Kara und Markus stehen dabei eindeutig auf der Seite der Androiden, Connor zunächst noch auf der Seite der Menschen bzw. des Konzerns *CyberLife*. Eine wichtige Pointe des Spiels ist, dass die drei Perspektiven im weiteren Verlauf der Handlung aufeinandertreffen und die dabei entstehenden Konflikte unterschiedlich aufgelöst werden können. In der Person von Connor können sich die Spieler*innen beispielsweise dafür entscheiden, an seiner ursprünglichen Programmierung festzuhalten oder sich Markus' Befreiungsbewegung anzuschließen. Deutlicher als in *Until Dawn* unterscheidet sich die qualitative Gestaltung der Perspektive in den Cutscenes und in den Phasen mit freier Bewegung im Raum. Obwohl Cutscenes und Phasen mit freier Bewegung fließend miteinander verbunden werden, vermitteln erstere eine ,objektive' und zweitere eine subjektive Wahrnehmung der Außenwelt (besonders eindringlich ist hier das Kapitel „Von den Toten", in dem Markus eine Nahtoderfahrung hat). Einblicke in die Innenwelt der Figuren bilden eine Ausnahme. Eines der wenigen Beispiele dafür ist die Szene im Kapitel „Kampf um Detroit", in der sich Connor quasi in seinem Kopf mit seiner Programmierung auseinandersetzt und versucht, aus dieser auszubrechen.

Die Zeitgestaltung ist weitgehend unauffällig. Die Handlung wird zwar mehrsträngig, aber letztlich chronologisch entwickelt. Markante Zeitsprünge, Flashbacks oder Flashforwards finden sich in *Detroit: Become Human* nicht. Interessanter als bei *Until Dawn* ist jedoch der Umgang mit dem Erzähltempo. Es kommt zu einem austarierten Wechselspiel zwischen langsamen emotionalen Szenen, die den Charakteren und der inneren Handlung Raum geben, sowie temporeichen und actiongeladenen Szenen, die die äußere Handlung vorantreiben.

Auch in *Detroit: Become Human* bestimmen die Entscheidungen der Spieler*innen und das Erkunden der Räume, welchen Verlauf der Handlung man zu sehen bekommt und wie tief man in die Geschichte eintaucht. Davon abgesehen ist der Einfluss auf Perspektive und Zeitgestaltung jedoch begrenzt. Welche Perspektive man in welchen Szenen einnimmt, ist letztlich vorgegeben. Dasselbe gilt für die Zeitgestaltung – abgesehen von der bereits erwähnten Einschränkung bei Phasen mit freier Bewegung im Raum, dessen Erkundung bei der Lösung von Aufgaben oft zentral ist.

4.3   Tell Me Why

Bei *Tell Me Why* orientiert sich die Ausrichtung der Perspektive an den beiden Protagonist*innen Tyler und Alyson. Abgesehen von den ersten Szenen vor dem Wiedersehen der beiden agieren die Geschwister zusammen, sodass man in den ersten beiden Kapiteln im Prinzip einer Storyline folgt. Im dritten und letzten Kapitel ändert sich dies zu Beginn und die Perspektive teilt sich zeitweise zwischen Tyler und Alyson auf. Auch das jeweilige Ende der Geschichte konzentriert sich entweder auf Tyler oder auf Alyson. Ähnlich wie bei *Detroit: Become Human* werden in den Cutscenes die ,objektive' Wahrnehmung der Außenwelt und die subjektive Sicht der Figuren miteinander verbunden. Die Phasen mit freier Bewegung im Raum werden konsequent aus der Sicht der jeweils gespielten Figur gezeigt.

Besonders ist bei *Tell Me Why,* dass sich Einblicke in das Innenleben der Figuren mit Flashbacks vermischen. Erinnerungen, die an Gegenstände oder Räume gebunden sind und von Tyler und Alyson rekonstruiert werden müssen, erscheinen in einem gleißenden Licht, das das Geschehen nur verschwommen zeigt. Zudem steht vor allem bei den Erinnerungen an den Tod der Mutter die Zuverlässigkeit des Gezeigten in Frage (vgl. zum Begriff des unzuverlässigen Erzählens im Überblick etwa Lahn 2016c). In Bezug auf das Innenleben der Figuren spielen darüber hinaus Schrifttexte wie Briefe oder das *Buch der Kobolde* eine spezielle Rolle – was durchaus typisch ist für das Videospielgenre Adventure.

Wie schon bei *Until Dawn* und *Detroit: Become Human* ist der Einfluss von Dramatic Agency hinsichtlich Perspektive und Zeitgestaltung begrenzt. Im Prinzip sind die Selektion und die Reihenfolge der relevanten Ereignisse, die räumlich-perzeptive Perspektive und das Erzähltempo mehr oder weniger festgelegt. Markant ist bei *Tell Me Why* jedoch, dass die Spieler*innen zu einem gewissen Grad zwischen verschiedenen Perspektiven auf die vergangenen Ereignisse wählen können. Zudem spielt die Erkundung des Raums eine große Rolle, vor allem um die Vergangenheit zu rekonstruieren.

5   Die Präsentationen der Erzählungen im Vergleich

Die Ebene der Präsentation beinhaltet alle Möglichkeiten der audiovisuellen Präsentation (z. B. auch das Zeigen von Schrifttext) sowie die konkrete Steuerung der Videospiel-Narrationen. Letztere ist die technische Voraussetzung für Dramatic Agency.

5.1   Until Dawn

Die Grafik von *Until Dawn* basiert auf der Engine Decima, die auch Horizon: Zero Dawn (2017) nutzt. Insgesamt orientiert sich *Until Dawn* stark am Film und versucht, möglichst realistisch zu wirken. Dementsprechend wurde auch das Motion-Capture-Verfahren genutzt, bei dem Schauspieler*innen die Vorlage für die animierten Figuren und deren Bewegungsmuster und Mimik bilden. Josh wird beispielsweise von Rami Malek verkörpert, der 2019 für *Bohemian Rhapsody* (2018) mit dem Oscar als bester Hauptdarsteller ausgezeichnet wurde. Darüber hinaus ist *Until Dawn* von starken Licht- und Schattenkontrasten geprägt, die visuelle Schockmomente ermöglichen und charakteristisch sind für das Genre Horror. In den Cutscenes orientieren sich Kamera und Schnitt bzw. Montage an filmischen Konventionen. Markant ist allerdings die Kamera in den Phasen freier Bewegung im Raum. Anders als für das Videospielgenre Adventure üblich, folgt man der bzw. den gespielten Figuren nicht aus der sogenannten Third-Person-Einstellung (fixierter Blick von hinten auf die Figur), sondern begleitet diese ähnlich wie im Film von wechselnden Standpunkten und Winkeln aus.

Abb. 3 Präsentation einer zentralen Entscheidungssituation (oben) und eines Quick-Time-Events (unten) in *Until Dawn* (Screenshots)

Die bedrohliche Stimmung und die Schockmomente werden in *Until Dawn* genretypisch durch den Ton und die Musik unterstützt. Daran lässt schon der Start des Spiels keinen Zweifel, bei dem das visuelle Erscheinen des Titels mit einer Art Donner verbunden ist. Der Soundtrack stammt von Jason Graves und Jeff Grace und beinhaltet eine Version des amerikanischen Volkslieds *O Death* als Titelsong.[11] Die Steuerung von *Until Dawn* erfolgt wie bei der PlayStation 4 üblich

---

[11] Thema ist die Ankunft des Todes, vgl. https://en.wikipedia.org/wiki/O_Death (Zugegriffen: 30. Juni 2022).

über den DualShock-Controller. Dieser ermöglicht eine Vielzahl von motorischen Abläufen. Am markantesten ist die Möglichkeit, die Bewegung und den Blick im dreidimensionalen Raum mithilfe des Zusammenspiels aus linkem und rechtem Stick zu steuern.

Für Dramatic Agency ist hinsichtlich der Ebene der Präsentation zentral, wie die Interaktions- und Entscheidungsmöglichkeiten der Spieler*innen deutlich gemacht werden. Gegenstände, die man näher untersuchen kann, sind in *Until Dawn* mit einem Leuchtpunkt markiert. Die Interaktion mit diesen erfolgt per Taste bzw. Tasten-Kombination auf dem Controller. Die Dialogoptionen werden ebenfalls per Taste ausgewählt. Zentrale Entscheidungsmomente sind dabei noch einmal eigens hervorgehoben (s. Abb. 3, oben). Eine besondere Rolle spielen sogenannte Quick-Time-Events. Im Prinzip geht es bei ihnen darum, unter Zeitdruck vorgegebene Tasten zu drücken (s. Abb. 3, unten). Ob dies gelingt oder nicht, hat entscheidenden Einfluss auf den weiteren Handlungsverlauf.

Für die bewusste Wahrnehmung von Dramatic Agency ist darüber hinaus entscheidend, wie deren Einfluss auf die Geschichte kenntlich gemacht wird. Von kurzen Vorausdeutungen im Spiel abgesehen erfolgt dies in *Until Dawn* über das Menü. Hier sind alle zentralen Entscheidungen aufgelistet und deren Auswirkungen angedeutet. Zudem kann man sich die aktuellen Eigenschaften der Charaktere anzeigen lassen und vergleichen, wie sich diese mit den eigenen Entscheidungen gegenüber den Ausgangswerten verändert haben.

5.2   Detroit: Become Human

Detroit: Become Human basiert auf einer eigens von *Quantic Dream* entwickelten Engine. Ähnlich wie bei *Until Dawn* wird versucht, das Medium Film zu imitieren und in dieser Hinsicht eine möglichst realistische AV-Präsentation zu erreichen. Auch *Quantic Dream* nutzt das Motion-Capture-Verfahren mit echten Schauspieler*innen. Auf der Internetseite des Studios[12] erhält man einen recht guten Einblick in die technischen Anstrengungen, die unternommen werden, um die Physik inklusive Licht, Kamera und Bewegung zu optimieren. Die Actionszenen werden z. B. real gefilmt und danach in den Computer übertragen und weiterverarbeitet. Cutscenes und Phasen freier Bewegung wechseln sich in *Detroit: Become Human* auffallend häufig und flüssig ab. Bei ersteren sind Kamera und Schnitt bzw. Montage prinzipiell frei und an filmischen Konventionen orientiert, während bei zweiteren die Third-Person-Einstellung genretypisch fixiert ist. Ein interessantes Detail ist, dass in den Phasen freier Bewegung bei manchen Gegenständen in eine Zoom-Einstellung aus der Ego-Einstellung gewechselt werden kann.

---

[12]Vgl.   https://www.quanticdream.com/en/media-detail/detroit-become-human-93137919bb901 (Zugegriffen: 30. Juni 2022).

Detroit: Become Human verfügt über einen aufwändig produzierten Soundtrack, der unter anderem von Philip Sheppard, John Paesano und Nima Fakhrara komponiert wurde. Im Kontrast zu *Until Dawn* ist die deutlich größere emotionale Bandbreite zu erkennen. Actionszenen stehen neben Szenen mit geringerem Erzähltempo, in denen der Fokus auf den Beziehungen zwischen den Figuren und deren Innenleben liegt. Sprache und Ton liegen ebenfalls auf einem hohen Niveau und folgen filmischen Konventionen.

Spielt man *Detroit: Become Human* auf der PlayStation 4, steuert man die Videospiel-Narration wie üblich über den DualShock-Controller. Gerade im Vergleich mit der PC-Version, bei der man auf Maus und Tastatur zurückgreift, wird dabei spürbar, wie die Steuerung zur Immersion beiträgt. Die Bewegungen der Figuren im Spiel werden motorisch durch die Bewegungen auf dem Controller nachgeahmt. Dazu zählen nicht zuletzt Alltagsbewegungen wie das Öffnen eines Fensters. Zudem kann der Controller etwa bei physischen Auseinandersetzungen Vibrationen auslösen oder beispielsweise blechern klingende Megafonansprachen über einen eigenen kleinen Lautsprecher imitieren.

Dramatic Agency wird in *Detroit: Become Human* auf verschiedenen Ebenen sehr geschickt umgesetzt. Um Gegenstände oder Personen für eine Interaktion identifizieren zu können, gibt es eine eigene Funktion. Sie öffnet jedoch nicht ein eigenes Menü, sondern pausiert das Geschehen im Spiel und ermöglicht eine 360°-Rotation. Um diese Funktion grafisch abzuheben, wechselt die Farbe zu Schwarz-Weiß, wobei alle Interaktionsmöglichkeiten gelb markiert sind. Wie bei *Until Dawn* werden zudem zentrale Entscheidungsmomente hervorgehoben, und auch Quick-Time-Events spielen in den Actionszenen eine entscheidende Rolle.

Besonders markant ist bei *Detroit: Become Human* allerdings die Darstellung der Auswirkungen, die die eigenen Entscheidungen auf die Figuren und den Handlungsverlauf haben. Man erhält im Spiel über einen blauen oder roten Pfeil, der sich entweder nach oben oder unten bewegt, direkt Rückmeldung dazu, wie sich das Verhältnis der gespielten Figur zu den anderen Figuren, zur öffentlichen Meinung oder bei Connor sogar gegenüber der Stabilität der eigenen Software auswirkt (s. Abb. 4, oben). Die Auswirkungen auf den Handlungsverlauf sind ähnlich wie bei *Until Dawn* im Nachhinein einsehbar. Jedoch werden diese nicht einfach nur aufgelistet, sondern in Form eines komplexen Entscheidungsbaums dargestellt (s. Abb. 4, unten). Dadurch wird im Detail erkennbar, welches Ereignis im Handlungsverlauf welchen Einfluss hat, und man fragt sich unweigerlich, wie es wohl bei einer anderen Entscheidung weitergegangen wäre.

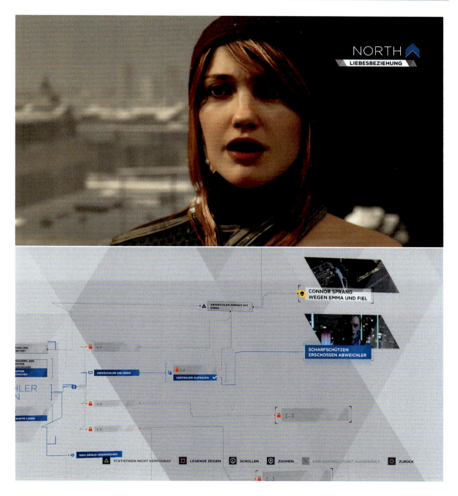

Abb. 4 Präsentation einer Figurenbeziehung und eines Entscheidungsbaums aus *Detroit: Become Human* (Screenshots)

5.3 Tell Me Why

Die Grafik von *Tell Me Why* basiert auf der populären Unreal Engine 4. Allerdings liegt der Schwerpunkt anders als bei *Until Dawn* und *Detroit: Become Human* nicht so stark auf einer realistisch wirkenden Präsentation – auch wenn das audiovisuelle Erzählen ebenfalls deutlich am Film orientiert ist. Der Animations-charakter scheint bei dieser Videospiel-Narration am stärksten auf, was durchaus als Erkennungsmerkmal der *Life-Is-Strange*-Reihe gelten kann (aktuell noch ein-mal sehr deutlich an *Life Is Strange: True Colors* 2021). Charakteristisch für diese sind idyllische, zum Teil fast märchenhaft wirkende Settings mit Lokalkolorit.

Delos Crossing in Alaska ist beispielsweise ein scharfer Kontrast zu der Science-Fiction-Großstadt Detroit in *Detroit: Become Human*. Hinsichtlich Kamera und Schnitt bzw. Montage ähneln sich aber beide Spiele, wenn man einmal von den Actionszenen absieht. In den Cutscenes sind diese frei und an filmischen Konventionen orientiert, in den Phasen der freien Bewegung wird genretypisch die Third-Person-Einstellung eingesetzt.

Der Soundtrack von *Tell Me Why* stammt von Ryan Lott, der für seine Filmkompositionen bekannt ist (vgl. gegenwärtig etwa *Everything Everywhere All at Once* 2022). Bemerkenswert ist dabei, wie thematisch spezifisch dieser ausfällt. So gibt es z. B. einen eigenen Song für das Zimmer der Mutter *(Mary-Ann's Room)* oder für das *Buch der Kobolde (The Book of Goblins)*. Sprache und Ton folgen wie bei den anderen beiden Spielen filmischen Konventionen.

Auf der XBox One wird *Tell Me Why* mit dem Xbox One-Controller gesteuert. Dieser ähnelt in vielerlei Hinsicht dem DualShock-Controller der Playstation 4. Die Steuerung der Bewegung und des Blicks im dreidimensionalen Raum erfolgt ebenfalls über das Zusammenspiel aus einem linken und rechten Stick. Insgesamt werden die technischen Möglichkeiten des Controllers aber recht konventionell genutzt. Auf dem PC geht dieses kinästhetische Erlebnis wegen der Steuerung mit Maus und Tastatur zu einem gewissen Grad verloren.

Die Auswahl von Dialogoptionen, die Interaktion mit Gegenständen und Personen und die Markierung zentraler Entscheidungen sind mit denen in *Until Dawn* und *Detroit: Become Human* vergleichbar. Allerdings gibt es in *Tell Me Why* keine Quick-Time-Events, was die Action-Anteile deutlich reduziert und der Fokussierung auf die innere Handlung entspricht. Dafür spielt Schrifttext in dieser Videospiel-Narration eine deutlich wichtigere Rolle als in den anderen beiden. Das markanteste Beispiel dafür ist das *Buch der Kobolde* (s. Abb. 5), das den

Abb. 5   *Das Buch der Kobolde* aus *Tell Me Why* (Screenshot)

symbolischen Schlüssel für die Psyche der Mutter und die Geschichte insgesamt dargestellt. Im Spiel selbst braucht man es zudem, um Rätsel zu lösen (z. B. um die Tür zum Zimmer der Mutter zu öffnen). Das bedeutet, dass die Texte tatsächlich dazu gedacht sind, im Detail gelesen zu werden.

Die Auswirkungen der eigenen Entscheidungen sind in *Tell Me Why* nicht so deutlich spürbar wie in *Detroit: Become Human*. Ähnlich wie bei *Until Dawn* werden diese am Ende der Episoden (oder im Menü) präsentiert. Dabei wird nur vage erahnbar, was die Alternativen gewesen wären.

6 Fazit und Ausblick

Insgesamt zeigt sich, dass sich etablierte narratologische Analysekategorien auf das digitale Medienangebot Videospiel-Narration anwenden lassen. Offensichtlich ist dies bei der Ebene des Geschehens bzw. der Geschichte. Aber auch die Ebenen der Erzählung und der Präsentation der Erzählung lassen sich recht gut erfassen. Voraussetzung dafür sind allerdings zwei Punkte: Zum einen gilt es, wie beim Film von einem erweiterten Verständnis von Erzählen auszugehen. Bei Videospiel-Narrationen handelt es sich um mimetische narrative Texte mit audiovisuellen Zeichen, in die stellenweise Schrifttext integriert sein kann. Zum anderen ermöglichen Videospiel-Narrationen anders als traditionelle Filme Dramatic Agency, die sich auf alle Ebenen der Narration auswirkt.

Theoretisch anschlussfähig sind die narratologischen Analysekategorien an gegenstandsbezogene Zielsetzungen literarischen Lernens. Aus didaktischer Sicht steht allerdings die (Re-)Konstruktion der Geschichte im Zentrum des Verstehensprozesses. Der Einbezug der Erzählung und der Präsentation ist wichtig und hilfreich, hat jedoch dienende bzw. unterstützende Funktion. Um dabei das Spezifische des digitalen Medienangebots Videospiel-Narration zu erfassen, sollte ein besonderes Augenmerk auf Dramatic Agency gelegt werden.

Literatur

Albrecht, Christian. 2019. Märchenanimationsfilm. In *Einführung in die Filmdidaktik. Kino, Fernsehen, Video, Internet*, Hrsg. Petra Anders und Michael Staiger, 65–80. Berlin: Metzler.

Baujahr, Philipp, und Michelle Herte. 2018. Spielmechanik. In *Game Studies*, Hrsg. Benjamin Beil, Thomas Hensel, und Andreas Rauscher, 235–249. Wiesbaden: VS.

Boelmann, Jan M., und Lisa König. 2021. *Literarische Kompetenz messen, literarische Bildung fördern. Das BOLIVE-Modell*. Baltmannsweiler: Schneider Hohengehren.

Buhl, Hendrik. 2020. Der Kriminalfilm: Polizei/Detektiv. In *Handbuch Filmgenre. Geschichte – Ästhetik – Theorie*, Hrsg. Marcus Stigleger, 467–484. Wiesbaden: VS.

Burghardt, Anja. 2016a. Aspekte des Raums (Kapitel IV.3.4). In *Einführung in die Erzähltextanalyse*, Hrsg. Silke Lahn und Jan Christoph Meister, 249–254. Stuttgart: Metzler.

Burghardt, Anja. 2016b. Aspekte der zeitlichen Situierung (Kapitel IV.3.5). In *Einführung in die Erzähltextanalyse*, Hrsg. Silke Lahn und Jan Christoph Meister, 255–258. Stuttgart: Metzler.

Chatman, Seymour. 1990. *Coming to Terms. The Rhetoric of Narrative in Fiction and Film*. Ithaca und New York: Cornell University Press.

Düerkop, Katharina. 2020. Computerspiel. In *Handbuch Kinder- und Jugendliteratur*, Hrsg. Tobias Kurwinkel und Philipp Schmerheim, 258–268. Berlin: Metzler.

Dürr, Susanne. 2018. Die Vermittlungsebene von Texten analysieren. In *Auf dem Weg zur literarischen Kompetenz. Ein Modell literarischen Lernens auf semiotischer Grundlage*, Hrsg. Anita Schilcher und Markus Pissarek, 229–259. Baltmannsweiler: Schneider Hohengehren.

Emmersberger, Stefan. 2021. *Dramatic Agency* in Videospiel-Narrationen. Zum literaturdidaktischen Potential interaktiven Erzählens in digitalen Medien am Beispiel von *Through the Darkest of Times*. In *Deutschunterricht im Zeichen der Digitalisierung*, Hrsg. Stefan Krammer, Matthias Leichtfried, und Markus Pissarek, 164–183. Innsbruck/Wien: Studien.

Emmersberger, Stefan. 2022a. Digitales Erzählen geht anders! Ein Systematisierungsversuch zur Textdynamik interaktiver Literatur. In *Figuren, Räume, Perspektiven – (Re)Konstruktionen literar- und medienästhetischen Lernens (= Beiträge zur Literatur- und Mediendidaktik)*, Hrsg. Helen Lehndorf und Volker Pietsch, 211–237. Berlin: Lang.

Emmersberger, Stefan. 2022b (im Erscheinen). *Dramatic agency* in *Detroit: Become Human*. Explizite Interaktivität als bestimmt unbestimmtes Moment von Videospiel-Narrationen. In *Bestimmte Unbestimmtheit. Offene Struktur und funktionale Lenkung in audiovisuellen Medien (= Textualität des Films, Bd. 12)*, Hrsg. Heinz-Peter Preußer und Sabine Schlickers. Marburg: Schüren.

Eschenbeck, Heike, und Rhea-Katharina Knauf. 2018. Entwicklungsaufgaben und ihre Bewältigung. In *Entwicklungspsychologie des Jugendalters*, Hrsg. Arnold Lohaus, 23–50. Berlin: Springer.

Frederking, Volker, Axel Krommer, und Klaus Maiwald. 2018. *Mediendidaktik Deutsch. Eine Einführung*, 3. Aufl. Berlin: Schmidt.

Friedrich, Andreas, Hrsg. 2007. *Animationsfilm. (= Filmgenres)*. Stuttgart: Reclam.

Fritsch, Melanie. 2018. Musik. In *Game Studies*, Hrsg. Benjamin Beil, Thomas Hensel, und Andreas Rauscher, 87–107. Wiesbaden: VS.

Hensel, Thomas. 2018. Bild. In *Game Studies*, Hrsg. Benjamin Beil, Thomas Hensel, und Andreas Rauscher, 47–62. Wiesbaden: VS.

Hühn, Peter. 2016. Aspekte der Thematik (Kapitel IV.3.1). In *Einführung in die Erzähltextanalyse*, 3. Aufl., Hrsg. Silke Lahn und Jan Christoph Meister, 208–214. Stuttgart: Metzler.

In Einführung in die Erzähltextanalyse, Hrsg. Silke Lahn und Jan Christoph Meister, 165–174. Stuttgart: Metzler. // Eder, Jens. 2016. Film (Kapitel V.3). In Einführung in die Erzähltextanalyse, Hrsg. Silke Lahn und Jan Christoph Meister, 269–281. Stuttgart: Metzler.

Kappelhoff, Hermann, und Jan-Hendrik Bakels. 2020. Das Melodram. In *Handbuch Filmgenre. Geschichte – Ästhetik – Theorie*, Hrsg. Marcus Stiglegger, 591–607. Wiesbaden: VS.

Kammerer, Ingo, und Klaus Maiwald. 2021. *Filmdidaktik Deutsch. Eine Einführung*. Berlin: Schmidt.

Kepser, Matthis. 2019. Computerspielbildung als Auftrag für die sprachlichen Fächer in der Schule. Versuch eines neuen Kompetenzmodells. *Informationen zur Deutschdidaktik* 43(1):104–122.

Kepser, Matthis, und Ulf Abraham. 2016. *Literaturdidaktik Deutsch. Eine Einführung*, 4. Aufl. Berlin: Schmidt.

Krah, Hans. 2018. Mit fiktionalen Weltmodellen bewusst umgehen. In *Auf dem Weg zur literarischen Kompetenz. Ein Modell literarischen Lernens auf semiotischer Grundlage*, Hrsg. Anita Schilcher und Markus Pissarek, 261–287. Baltmannsweiler: Schneider Hohengehren.

Kurwinkel, Tobias, und Philipp Schmerheim, Hrsg. 2020. *Handbuch Kinder- und Jugendliteratur*. Berlin: Metzler.

Kurwinkel, Tobias, und Stefanie Jakobi. 2022. Genealogie, Bestimmung, Typologie und Modellierung des kinder- und jugendliterarischen Motivs. In *Narratoästhetik und Didaktik kinder- und jugendmedialer Motive. Von literarischen Außenseitern, dem Vampir auf der Leinwand und dem Tod im Comicbuch*, Hrsg. Tobias Kurwinkel und Stefanie Jakobi, 15–30. Tübingen: Narr Francke Attempto.

Lahn, Silke. 2016a. Zeitrelationen zwischen Diskurs und Geschichte (Kapitel IV.2.3). In *Einführung in die Erzähltextanalyse*, Hrsg. Silke Lahn und Jan Christoph Meister, 143–165. Stuttgart: Metzler.

Lahn, Silke. 2016b. Wer erzählt die Geschichte? – Parameter des Erzählers (Kapitel IV.1). In *Einführung in die Erzähltextanalyse*, Hrsg. Silke Lahn und Jan Christoph Meister, 73–111. Stuttgart: Metzler.

Lahn, Silke. 2016c. Zuverlässigkeit des Erzählers (Kapitel IV.2.6). In *Einführung in die Erzähltextanalyse*, Hrsg. Silke Lahn und Jan Christoph Meister, 189–194. Stuttgart: Metzler.

Lahn, Silke, und Jan Christoph Meister, Hrsg. 2016. *Einführung in die Erzähltextanalyse*. Stuttgart: Metzler.

Leubner, Martin, und Anja Saupe. 2012. *Erzählungen in Literatur und Medien und ihre Didaktik*, 3. Aufl. Baltmannsweiler: Schneider Hohengehren.

Lochner, David. 2014. *Storytelling in virtuellen Welten*. Konstanz/München: UVK.

Maiwald, Klaus. 2015a. Literarisches Lernen als didaktischer Integrationsbegriff – Spinners ‚Elf Aspekte' als Struktur und Denkrahmen für weiterführende Modellierung(en). *Leseräume – Zeitschrift für Literalität in Schule und Forschung* 2(2):85–95. http://leseraeume.de/?page_id=308. Zugegriffen: 30. Juni 2022.

Maiwald, Klaus. 2015b. *Vom Film zur Literatur. Moderne Klassiker der Literaturverfilmung im Medienvergleich*. Stuttgart: Reclam.

Maiwald, Klaus. 2022a. *Literarisches Lernen*. In *kinderundjugendmedien.de* (Fachdidaktik), Hrsg. Stefan Emmersberger, Jochen Heins, und Nicole Masanek, 1–13. https://www.kinderundjugendmedien.de/images/fachlexikon/fachdidaktik/pdf/literarischeslernen.pdf. Zugegriffen: 30. Juni 2022.

Maiwald, Klaus. 2022b. Transmediale Motivik als literaturdidaktische Kategorie. In *Narratoästhetik und Didaktik kinder- und jugendmedialer Motive. Von literarischen Außenseitern, dem Vampir auf der Leinwand und dem Tod im Comicbuch*, Hrsg. Tobias Kurwinkel und Stefanie Jakobi, 307–324. Tübingen: Narr Francke Attempto.

Martínez, Matías. 2017. Was ist Erzählen. In *Erzählen. Ein interdisziplinäres Handbuch*, Hrsg. Matías Martínez, 2–6. Stuttgart: Metzler.

Martínez, Matías, und Michael Scheffel. 2019. *Einführung in die Erzähltheorie*, 11. Aufl. München: Beck.

Meister, Jan Christoph. 2016a. Was ist Erzählen? (Kapitel I). In *Einführung in die Erzähltextanalyse*, Hrsg. Silke Lahn und Jan Christoph Meister, 1–21. Stuttgart: Metzler.

Meister, Jan Christoph. 2016b. Handlung (Kapitel IV.3.2). In *Einführung in die Erzähltextanalyse*, Hrsg. Silke Lahn und Jan Christoph Meister, 215–234. Stuttgart: Metzler.

Meister, Jan Christoph. 2016c. Anlage der Erzählperspektive (Kapitel IV.2.1). In *Einführung in die Erzähltextanalyse*, Hrsg. Silke Lahn und Jan Christoph Meister, 114–126. Stuttgart: Metzler.

Murray, Janet H. 2017. *Hamlet on the Holodeck*. Cambridge, MA und London: MIT Press.

Pieper, Irene, und Dorothee Wieser. 2018. Poetologische Überzeugungen und literarisches Verstehen. *Leseräume – Zeitschrift für Literalität in Schule und Forschung* 5(4):108–124. https://leseraeume.de/wp-content/uploads/2018/05/lr-2018-1a-pieper-wieser.pdf. Zugegriffen: 30. Juni 2022.

Pissarek, Markus. 2018. Merkmale der Figur erkennen und interpretieren. In *Auf dem Weg zur literarischen Kompetenz. Ein Modell literarischen Lernens auf semiotischer Grundlage*, Hrsg. Anita Schilcher und Markus Pissarek, 135–168. Baltmannsweiler: Schneider Hohengehren.

Podrez, Peter. 2020. Der Horrorfilm. In *Handbuch Filmgenre. Geschichte – Ästhetik – Theorie*, Hrsg. Marcus Stiglegger, 539–555. Wiesbaden: VS.

Rauscher, Andreas. 2018a. Story. In *Game Studies*, Hrsg. Benjamin Beil, Thomas Hensel, und Andreas Rauscher, 63–85. Wiesbaden: VS.

Rauscher, Andreas. 2018b. Genre. In *Game Studies*, Hrsg. Benjamin Beil, Thomas Hensel, und Andreas Rauscher, 343–362. Wiesbaden: VS.

Rosebrock, Cornelia, und Daniel Nix. 2020. *Grundlagen der Lesedidaktik und der systematischen schulischen Leseförderung*, Baltmannsweiler: Schneider Hohengehren.

Rosengrün, Sebastian. 2021. *Künstliche Intelligenz. Zur Einführung*. Hamburg: Junius.

Schallegger, René. 2017. WTH Are Games? Toward a Triad of Triads. In *Digitale Spiele*, Hrsg. Jörg Helbig und René Schallegger, 14–49. Köln: Halem.

Schilcher, Anita. 2018. Handlungsverläufe beschreiben und interpretieren. In *Auf dem Weg zur literarischen Kompetenz. Ein Modell literarischen Lernens auf semiotischer Grundlage*, Hrsg. Anita Schilcher und Markus Pissarek, 199–228. Baltmannsweiler: Schneider Hohengehren.

Schilcher, Anita, und Markus Pissarek, Hrsg. 2018. *Auf dem Weg zur literarischen Kompetenz. Ein Modell literarischen Lernens auf semiotischer Grundlage*. Baltmannsweiler: Schneider Hohengehren.

Schmeink, Lars, und Simon Spiegel. 2020. Science-Fiction. In *Handbuch Filmgenre. Geschichte – Ästhetik – Theorie*, Hrsg. Marcus Stiglegger, 515–526. Wiesbaden: VS.

Schmid, Wolf. 2014. *Elemente der Narratologie*. Berlin/Boston: De Gruyter.

Schwanebeck, Wieland. 2020. Thriller. In *Handbuch Filmgenre. Geschichte – Ästhetik – Theorie*, Hrsg. Marcus Stiglegger, 497–513. Wiesbaden: VS.

Spinner, Kaspar H. 2006. Literarisches Lernen. *Praxis Deutsch* 200:6–16.

Sprang, Felix. 2016. Wissensvermittlung und Informationsvergabe (Kapitel IV.2.4).

Titzmann, Michael. 2018. Kultureller Kontext – Kulturelle Situierung. In *Auf dem Weg zur literarischen Kompetenz. Ein Modell literarischen Lernens auf semiotischer Grundlage*, Hrsg. Anita Schilcher und Markus Pissarek, 289–318. Baltmannsweiler: Schneider Hohengehren.

Unterhuber, Tobias, und Marcel Schellong. 2016. Wovon wir sprechen, wenn wir vom Decision Turn sprechen. In *«I'll remember this». Funktion, Inszenierung und Wandel von Entscheidung im Computerspiel*, Hrsg. Paida. Zeitschrift für Computerspielforschung, 15–31. Glückstadt: VWH/Hülsbusch.

Vorst, Claudia. 2019. Kinderserie. In *Einführung in die Filmdidaktik. Kino, Fernsehen, Video, Internet*, Hrsg. Petra Anders und Michael Staiger, 203–214. Berlin: Metzler.

Zabka, Thomas. 2019. Literarästhetisches Verstehen: Kompetenzen, textseitige Anforderungen und Lernaufgaben am Beispiel der Erzählung *Indigo*. In *Lesekompetenz – Leseleistung – Leseförderung. Grundlagen, Modelle und Materialien*, Hrsg. Andrea Bertschi-Kaufmann und Tanja Graber, 154–167. Hannover und Zug: Klett/Kallmeyer/Balmer.

Zimmermann, Eric. 2004. Narrative, Interactivity, Play, and Games: Four Naughty Concepts in Need of Discipline. In *First Person. New Media as Story, Performance, and Game*, Hrsg. Noah Wardrip-Fruin und Pat Harrigan, 154–164. Cambridge, MA und London: MIT Press.

Videospiele und Filme

Bohemian Rhapsody. USA/GBR. 2018. Regie: Bryan Singer, und Dexter Fletcher. Drehbuch: Anthony McCarten.

Detroit: Become Human. 2018/19. Studio: Quantic Dream. Publisher: Sony Interactive Entertainment. Leitender Entwickler: David Cage. Plattformen: PlayStation 4 und Microsoft Windows.

Dishonored. 2012. Studio: Arkane Studio. Publisher: Bethesda Softworks. Leitender Entwickler: Raphaël Colantonio, Harvey Smith, Viktor Antonov, und Sebastien Mitton. Plattformen: PlayStation 4, PlayStation 5, Xbox 360, Xbox One und Microsoft Windows.

Everything Everywhere All at Once. USA. 2022. Regie: Dan Kwan, und Daniel Scheinert. Drehbuch: Dan Kwan, und Daniel Scheinert.

Horizon: Zero Dawn. 2017. Studio: Guerrilla Games. Publisher: Sony Interactive Entertainment. Leitender Entwickler: David Ford. Plattformen: PlayStation 4 und Microsoft Windows.

Life Is Strange: True Colors. 2021. Studio: Deck Nine Games. Publisher: Square Enix. Leitender Entwickler: Christopher Sica. Plattformen: PlayStation 4, PlayStation 5, Xbox One, Xbox Series, Google Stadia, Nintendo Switch, und Microsoft Windows.

Tell Me Why. 2020. Studio: Dontnod Entertainment. Publisher: Xbox Games Studios. Leitender Entwickler: Florent Guillaume. Plattformen: Xbox One, und Microsoft Windows.

Until Dawn. 2015. Studio: Supermassive Games, Publisher: Sony Computer Entertainment. Leitender Entwickler: Nick Bowen. Plattformen: PlayStation 4.

Zum literaturdidaktischen Potenzial von *Exploration Games* anhand von *Dear Esther*

Marco Magirius

Zusammenfassung

Narratologische Analysen von literarischen Gegenständen haben in der Literatur-didaktik keinen guten Stand, wenn sie zum Selbstzweck ausgeführt werden. So spricht sich zum Beispiel Zabka (2015, S. 144) dafür aus, „allgemeine Konzepte" – zu denen sicher auch narratologische Begriffe gehören – in erster Linie als Hilfs-mittel zu gebrauchen, um herauszufinden, „was die einzelnen Texte auf ihre jeweils besondere Art zum Ausdruck bringen" (ebd.). Dazu ist die narratologische Analyse nicht von der Deutung zu entkoppeln. Der vorliegende Beitrag zeigt mit einer deutenden Gegenstandsanalyse auf, wie ein *Exploration Game* namens *Dear Esther* das Zusammenspiel von Verstrickung mit dem Gegenstand, Deutung und narratologischer Bestimmung erfahrbar werden lässt.

1   Einführung

Narratologische Analysen von literarischen Gegenständen haben in der Literatur-didaktik keinen guten Stand, wenn sie zum Selbstzweck ausgeführt werden. So spricht sich zum Beispiel Zabka (2015, S. 144) dafür aus, „allgemeine Konzepte" – zu denen sicher auch narratologische Begriffe gehören – in erster Linie als Hilfsmittel zu gebrauchen, um herauszufinden, „was die einzelnen Texte auf ihre jeweils besondere Art zum Ausdruck bringen". Dazu ist die narratologische Analyse nicht von der Deutung zu entkoppeln. Der vorliegende Beitrag zeigt mit

M. Magirius (✉)
Institut für deutsche Sprache und Literatur, PH Heidelberg, Heidelberg, Baden-Württemberg, Deutschland
E-Mail: mail@marcomagirius.de

© Der/die Autor(en), exklusiv lizenziert an Springer-Verlag GmbH, DE, ein Teil von Springer Nature 2023
S. Bernhardt und I. Henke (Hrsg.), *Erzähltheorie(n) und Literaturunterricht*, Deutschdidaktik, https://doi.org/10.1007/978-3-662-66918-1_19

einer deutenden Gegenstandsanalyse auf, wie ein *Exploration Game* namens *Dear Esther* (2012) das Zusammenspiel von Verstrickung mit dem Gegenstand, Deutung und narratologischer Bestimmung erfahrbar werden lässt.

Nach einer Beschreibung des Genres *Exploration Games* wird erläutert, wie der vorliegende Beitrag an Magirius (2021) anschließt. Darauffolgend steht das Computerspiel *Dear Esther* im Mittelpunkt. Hierzu werden zuerst dessen Spielwelt und -mechanik sowie dessen literarische und ästhetische Anknüpfungspunkte beschrieben. Dann werden strittige Fragen an den literarischen Gegenstand gestellt und diskutiert. Zum Schluss umreißt der Beitrag das hieraus resultierende literaturdidaktische Potenzial.

2 Zur Genrebestimmung

Der vorliegende Beitrag beschäftigt sich mit einem Computerspiel, das sich dem Genre *Exploration Games* zuordnen lässt. Was ist unter diesem Begriff zu verstehen? Es handelt sich um ein Subgenre sogenannter *Adventures*. Bei einem *Adventure* spielt die erzählte Welt des Spiels die zentrale Rolle für die Rezeption und Interaktion. Bei *Exploration Games* kommt häufig – nicht immer – der Umstand hinzu, dass die Geschichte in wesentlichen Teilen von den Spielenden nicht verändert werden kann. Die für Computerspiele konstitutive Interaktion (vgl. auch den Beitrag von Emmersberger in diesem Band) tritt demnach hinter die Rekonstruktion einer vorbestimmten Handlung zurück. Dies ist ein Aspekt, der diese Spiele in die Nähe von Literatur rückt. Man hat das Subgenre *Exploration Games* auch durchaus abwertend als *Walking Simulators* bezeichnet, weil es nicht auf Action und Geschicklichkeit zielt, sondern Spielende ohne Hast umherlaufen und eine Welt sowie die mit ihr verknüpfte Geschichte frei erkunden können. Die damit verbundene Alteritätserfahrung für habituelle Spielende ist intendiert.

Viele *Exploration Games* sind als sogenannte *Mods* entstanden – Modifikationen von bestehenden Spielen. Auf diese Weise war es einem jeweils kleinen Team von Entwickler*innen möglich, ästhetisch ambitionierte Spielkonzepte ohne riskante Kosten auszuprobieren und der *Gaming Community* verfügbar zu machen. Im Fall der in diesem Beitrag diskutierten Spiele war dieses Vorgehen erfolgreich. Die Rückmeldungen aus der *Community* waren zwar geteilt, aber in einem so großen Umfang positiv, dass weitere Mittel eingeworben werden konnten und man die jeweiligen Spiele in eigenständige Titel überführte. Diese Genese der Spiele aus *Mods* heraus wird bei der Analyse von *Dear Esther* von Bedeutung sein, weil die Entwickler*innen Feedback der Community produktiv aufnahmen.

3 Rückblick: *Gone Home*

Ich habe andernorts (vgl. Magirius 2021) anhand des Spiels *Gone Home* (2013) mittels einer Analyse der Erzählstruktur diskutiert, welche Wirkung ein *Exploration Game* als literarästhetischer Gegenstand entfalten kann. In *Gone Home* schlüpft man

in die Rolle eines Mädchens namens Katie, das von einem Auslandsjahr zurück-
kommt und vor dem verschlossenen und verlassenen Elternhaus steht. Spielende
sehen aus ihren Augen, handeln an ihrer Stelle – die für *Exploration Games*
typische Ego-Perspektive – und müssen nun herausfinden, was sich während Katies
Abwesenheit ereignet hat. Sie können eine Handlung und damit verbunden eine
Handlungslogik rekonstruieren, indem sie durch das Haus laufen und nach Objekten –
Dokumenten, Fotos, Tonbandaufnahmen etc. – suchen, die Informationen über die
vergangenen Geschehnisse liefern. Katies Recherche im Haus habe ich als Rahmenhandlung beschrieben. Finden die Spieler*innen bestimmte Objekte, wird ein
Tagebucheintrag der Schwester Katies vorgelesen. Die Schwester agiert als auto-
diegetische Erzählerin einer Binnenhandlung. Während die Rahmenhandlung zur
Identifikation mit Katie anregt, evoziert die Binnenhandlung Empathie mit Katies
Schwester. Die Details der Wirkungsweise sollen hier nicht wiederholt werden. Entscheidend ist für das Folgende, dass mit Hilfe einer narratologischen Analyse auf
eine potenzielle Wirkung des literarästhetischen Gegenstands geschlossen worden
ist. Dazu war gewiss Deutungsarbeit nötig. Diese stand jedoch nicht im Zentrum
meiner eher deskriptiven Gegenstandsanalyse (zur Beschreibung im Kontext der
Gegenstandsanalyse vgl. Kindt und Müller 2003). Darüber hinaus war es im Fall
von *Gone Home* mangels herausfordernder Ambiguitäten nicht nötig, den Gegenstand bei der narratologischen Analyse mehrperspektivisch zu betrachten und die
Unabschließbarkeit der damit verbundenen Sinnbildungsprozesse zu thematisieren.
Dadurch besteht bei *Gone Home* die Gefahr, die narratologische Analyse als von der
Deutung entkoppelt und von einer Wahr-falsch-Dichotomie ausgehend zu denken.
Diese Gefahr ist bei *Dear Esther* deutlich weniger gegeben.

4   *Dear Esther* – Zur Beschaffenheit des ästhetischen Gegenstandes

4.1   Zur Spielwelt und -mechanik von *Dear Esther*

Da es sich bei *Dear Esther* auch um ein *Exploration Game* handelt, überrascht es
nicht, dass das Spiel mit *Gone Home* viele Gemeinsamkeiten aufweist. Auch in
Dear Esther schauen Spielende aus den Augen einer Spielfigur. Auch hier steuern
sie mit den Tasten W, A, S und D die Gangrichtung der Figur und blicken mit
Hilfe der Computermaus umher. Es ist ihnen nicht möglich zu rennen.

In *Dear Esther* erblicken Spielende in der Ferne, wie auf Abb. 1 zu sehen,
einen leuchtenden Signalturm, der den Weg durch vier verschiedene Abschnitte
einer Insel weist und den man nach etwa zwei Stunden erreicht. Ist die Spielfigur am Signalturm angekommen, wird den Spielenden der Abspann des Spiels
präsentiert. Dann hat man das „globale[] Spielziel" (Thon 2015, S. 119) erreicht.
Der Weg dahin ist größtenteils linear – man kann sich höchstens kurzzeitig verlaufen und auch sonst gibt es keine Hindernisse, die Spielende davon abhalten
könnten, das Ende des Spiels zu erreichen. Man kommt an verlassenen, begeh-
baren Hütten vorbei und durchquert eine Höhle. In diesen dunklen Umgebungen

Abb. 1 *Dear Esther* (2012), eigener Screenshot

zückt die Figur automatisch eine Taschenlampe. Wenn Spielende bestimmte Stellen der Insel betreten, wird jeweils ein Brieffragment vorgelesen. Dadurch wird ihnen signalisiert, dass sie ein „lokale[s] Spielziel" (Thon 2015, S. 119) erreicht haben und auf dem richtigen Weg zum Signalturm sind. Der Programm-code des Spiels wählt an jeder dieser Stellen zufällig aus drei bis vier möglichen Fragmenten eines aus. Eine männliche Stimme – im Folgenden als Stimme des Erzählers beschrieben – wendet sich in diesen mit ausdrucksstarker Artikulierung an eine Frau namens Esther. Viele der Fragmente beginnen mit der Anrede „Dear Esther". Nach und nach kann man den vorgelesenen Texten entnehmen, dass der Erzähler von einem in der Vergangenheit liegenden Unfall spricht.

> I was waiting for you to be cut out of the wreckage. The car looked like it had been dropped from a great height. The guts of the engine spilled over the tarmac. Like water underground. (Dear Esther 2012, S. 12)[1]

Neben dieser versprachlichten Narration – der „narratoriale[n] Darstellung" (Thon 2015, S. 141) im Modus des *to tell* – wird die erzählte Welt auch durch „nonnarratoriale[…] Darstellungen" (Thon 2015, S. 141) im Modus des *to show* nahegebracht. Dies geschieht durch die Visualisierung der Insel sowie spezieller Objekte, die zum Teil gar nicht zur Insel zu passen scheinen, wie z. B. große Auto-wracks und elektronische Geräte. Diese Objekte sind zufällig auf der Insel verteilt. Sie variieren also bei jedem Spieldurchlauf. Indem Spielende erschließen, wie diese Objekte mit der Vorgeschichte verknüpft sind, rekonstruieren sie eine Handlung, die

---

[1] Dem Spiel liegt ein Textdokument bei, in dem alle Brieffragmente sowie alle Regiekommentare aufgelistet sind. Die zitierten Seitenzahlen beziehen sich auf dieses Dokument.

Abb. 2 *Dear Esther* (2012), eigener Screenshot

sich vor dem Gang über die Insel zugetragen hat (zur Rekonstruktion der Handlungslogik eines literarischen Textes vgl. Spinner 2006, S. 10). Beispielsweise wird der Unfall durch Fotos visualisiert, die wie zu einem kleinen Gedenk-Altar angeordnet worden sind (s. Abb. 2).

Der Gang über die Insel lässt sich als Rahmenhandlung auffassen. Die verschiedenen zu rekonstruierenden Binnenhandlungen sind zum Teil ineinander verschachtelt.[2] Die wichtigste dieser Binnenhandlungen zeichnet die Geschehnisse des Unfalls und dessen Wirkungen auf den Erzähler nach. Spielende können keine der Binnenhandlungen verändern. Mit den Begriffen von Backe (2008, S. 383) gesprochen sind diese Binnenhandlungen also nicht „dynamisch" beeinflussbar. Sie sind aber auch nicht „statisch" (Backe 2008, S. 383), weil sie bei (nahezu) jedem Spieldurchlauf anders ausfallen. Deshalb macht es *Dear Esther* erforderlich, einen neuen Begriff einzuführen: ,randomisiert dargestellte (Binnen-)Handlungen'.

---

[2] Die Wiedergaben der Binnenhandlungen sind häufig Rückblenden. Man könnte wie von Hüningen (2022, o. S.) versucht sein, den Begriff ,Binnenhandlung' als unangemessen zu betrachten und stattdessen von einer „Rückblendenerzählung" zu sprechen, da „[k]eine eigenständige, von der Rahmenhandlung unabhängige diegetische Realität" (von Hüningen 2022, o. S.) vorliegt. Sinnvoller – weil parsimonischer – erscheint mir dagegen, wie Köppe und Kindt (2014, S. 174) diese Erzählstruktur nur als einen von vielen Fällen des Verhältnisses von Rahmen- und Binnenhandlung begrifflich zu fassen.

Wie schon in *Gone Home* kann man die ludische Ebene des Spiels in der Rahmenhandlung verorten, da hier die größtenteils aufs Gehen beschränkte Interaktion/‚Simulation' stattfindet, während die Ebene der reinen „Erzählung" (Engelns 2014, S. 12; vgl. auch Thon 2015, S. 109) im Wesentlichen in den Binnenhandlungen liegt. Diese Aufteilung rückt das Spiel – wie schon im Fall von *Gone Home* – in die Nähe von Literatur im engsten Sinne, da Spielende beim Gang über die Insel unveränderliche, literarische Brieffragmente hören.

Auch wenn Spielende während dieses Gangs stückweise Gewissheit über einige der Geschehnisse innerhalb der Binnenhandlungen erlangen, bleibt die Narration ambig. Im Gegensatz zur Situation in *Gone Home* weiß man in *Dear Esther* nicht sicher, welche Figur man steuert. Ist die Spieler*in Esther, wie die Anrede suggeriert? Oder ist man der Erzähler? Ferner bleibt unklar, ob die Insel auch außerhalb der Imagination des Erzählers existiert. Auch wenn die Spielfigur den Signalturm und damit das globale Spielziel erreicht, bleibt die Beantwortung dieser Fragen als eigentliche Herausforderung bestehen. Mehrfache Spieldurchgänge liefern verschiedene Befunde, da die Äußerungen des Erzählers jeweils verschiedene Deutungsweisen nahelegen. Die Ambiguität der Erscheinungen wird mehrfach explizit thematisch:

> At night you can see the lights sometimes from a passing tanker or trawler. From up on the cliffs they are mundane, but down here they fugue into ambiguity. For instance, I cannot readily tell if they belong above or below the waves. The distinction now seems banal; why not everything and all at once! There's nothing better to do here than indulge in contradictions, whilst waiting for the fabric of life to unravel. (Dear Esther 2012, S. 2)

Durch diese Ambiguitäten weist das Computerspiel ein Wesensmerkmal literarischer Texte auf (hierzu umfassend Bauer et al. 2010). Die Ambiguitäten sind irreduzibel (vgl. Beyvers 2020, S. 175), da auf die beiden Fragen ‚Wer ist die Spielfigur?' und ‚Existiert die Insel auch außerhalb der Imagination des Erzählers?' keine Antworten gegeben werden können, „die sich […] als eindeutig richtig oder eindeutig falsch qualifizieren lassen" (Magirius et al. 2021, S. 2).[3]

Obwohl die rezipient*innenseitige Genese von Textsinn folglich auch bei diesem literarischen Gegenstand ein unabschließbarer Prozess bleibt, wird sich im Folgenden zeigen, wie eine narratologische Analyse dazu verhelfen kann, Wegmarken verschiedener Verstehenswege zu identifizieren und somit

[3] Beide Fragen sind „klärungswürdig" im Sinne der Begriffsdefinitionen von Magirius et al. (2021, S. 1), weil sie strittig und überprüfbar sind. Ihre Strittigkeit resultiert aus der genannten irreduziblen Ambiguität des Gegenstands. Sie erfüllen darüber hinaus das Kriterium der Überprüfbarkeit, da „die Möglichkeit [besteht], potenzielle Antworten anhand des Textes zu […] stützen, anzufechten oder gar zu widerlegen" (Marigius et al. 2021, S. 4). Klärungswürdige Fragen eignen sich in Kontexten der Ästhetischen Bildung besonders, um Erkenntnisse über ästhetische Gegenstände zu generieren. Eine Frage muss überprüfbar, aber nicht notwendigerweise strittig sein, um Klärungswürdigkeit aufzuweisen. In der konkreten Unterrichtssituation kann ein Informationsdefizit über einen unstrittigen Sachverhalt auf Seiten der Lernenden vorliegen, das sich u. a. in einer Frage zeigt, die von den Lernenden ausgeht. Magirius et al. (2021, S. 6) sprechen dann von „Klärungsbedarf".

Deutungsspielräume positiv abzustecken. Bevor einige der potenziellen Antworten auf die beiden Fragen daraufhin geprüft werden, ob sie mit den (non-)narratorialen Darstellungen des Computerspiels vereinbar sind, widmet sich der nächste Abschnitt dem Entstehungskontext des Computerspiels, seinen ästhetischen Anknüpfungspunkten und medialen Besonderheiten, um den Gegenstand und seine „individuelle[] Konstellation der verwendeten" (Seel 2019, S. 175) Zeichen durchdringen zu können.

4.2   Literarische und ästhetische Anknüpfungspunkte

Dear Esther entstand aus einem Forschungsprojekt an der *University of Portsmouth*. Ein Wissenschaftler namens Dan Pinchbeck wollte folgende Frage nicht theoretisch, sondern praktisch erforschen: Kann man ein Computerspiel erschaffen, das trotz minimaler Interaktionsmöglichkeiten eine „meaningful experience" (Pinchbeck 2012, o. S.) offeriert? Aus literaturwissenschaftlicher Perspektive liegt es freilich nahe, das Computerspiel mit den Qualitäten rein sprachlicher Narrative auszustatten. Diese weisen (im Normalfall) keine Interaktionsmöglichkeiten auf und haben oftmals das Potenzial, einschneidende Erfahrungen auf Seiten der Leser*innen zu ermöglichen.

Dear Esther lädt zur literarischen, verweilenden Lektüre ein und bietet folgende literarische und ästhetische Anknüpfungspunkte: Das Computerspiel knüpft an die Textsorte ‚Briefroman' an (vgl. Unterhuber 2012). Die Äußerungen des Erzählers sind von „Emotionalität" (Unterhuber 2012, S. 1) geprägt, kehren sein Innerstes nach außen und zeugen von einem Akt zerdehnter Kommunikation, bei der folglich Sender und intendierte Empfängerin der Botschaft nicht am gleichen Ort sind (vgl. Unterhuber 2012, S. 1). Neben dem Unfall thematisiert er auch sein Leben auf der Insel, wodurch Assoziationen zur Textsorte ‚Robinsonade' (vgl. Caracciolo 2018, S. 7–8) geweckt werden, wobei sich der Erzähler aber im Unterschied zu Robinson freiwillig auf eine Insel begab. Auf der Ebene der Darstellungsweise – dem *Wie* des Erzählens (vgl. Martínez und Scheffel 2007) – ist die kontemplative Bildsprache von den Filmen Tarkowskis – insbesondere *Stalker* – inspiriert worden (vgl. Pinchbeck 2012, S. 29). Der ruhige Gang über die Insel erinnert ferner an die ästhetische Praxis des Flanierens und der Psychogeografie – d. h. des Erforschens der Wirkung einer Umgebung auf die eigene Psyche und auf das eigene Selbst (vgl. Carbo-Mascarell 2016). Die sprachliche Gestaltung der Textfragmente weist dank ihrer weit assoziierenden und unauflösbaren Metaphern Gemeinsamkeiten mit Texten der *Beat Generation* auf (vgl. O'Sullivan 2017, S. 318). Die Darbietung der Textfragmente ist von einer stark verzögerten Preisgabe von Informationen geprägt, wie sie dem erotetischen Erzählen eigen ist (vgl. Carbo-Mascarell 2016). Die Zerstücklung des Textes sowie die aleatorische Zusammensetzung der Textfragmente sind von William S. Burroughs' *Cut-up*-Technik inspiriert worden (vgl. Regiekommentar 2012, S. 36).

Dieses Anknüpfen an ästhetisch ambitionierte Vorbilder ermöglicht insbesondere dank des Zusammenspiels verschiedener Zeichensysteme eine ästhetische Erfahrung sui generis. Das Autor*innenkollektiv (zum Begriff: Thon 2016, S. 132) *The Chinese Room*[4] besteht u. a. aus Dan Pitchbeck, der die Textfragmente schrieb, dem Künstler und Grafikdesigner Robert Briscoe und der Komponistin Jessica Curry, die für den Soundtrack zu *Dear Esther* mit dem *British Academy Games Award* ausgezeichnet worden ist. Bild und Musik wirken zum Beispiel zusammen, wenn man durch eine Blumenwiese läuft und Streichinstrumente pulsierend und lebhaft erklingen. Erklimmt die Spielfigur dagegen einen steinernen, kargen Gipfel, begleiten die Streicher das Geschehen mit vibratolosem Spiel.[5] Oftmals herrscht auch Stille. Die multimodal dargebotene Szenerie bereitet den Boden für eine Rezeption der Textfragmente, die nicht in ein vorschnelles Erkennen, Bestimmen und Einordnen verfällt, sondern den ausgedrückten wie den resultierenden eigenen Empfindungen nachspürt und „in einem sinnlichen Verfolgen [verweilt]" (Seel 2019, S. 90). Dies ist einem Rezeptionsmodus zuträglich, der auf die Fragen, wen man steuert und wie zuverlässig die Darstellungen sind, verschiedene Antworten nebeneinander existieren lässt, anstatt Ambiguitäten vorschnell und ihrer Irreduzibilität unangemessen aufzulösen. Das sinnliche Verweilen untergräbt den Drang nach Verstehen indes nicht, wodurch der Rezeptionsmodus erst dem literarästhetischen Gegenstand gerecht wird. Die beiden folgenden Unterkapitel dienen dazu, durch eine Analyse mit objektivierbaren Resultaten aufzuzeigen, wie der Gegenstand verschiedene Deutungen evoziert und das Nebeneinander verschiedener Antworten auf die gestellten Fragen ermöglicht.

4.3   Zur Zuverlässigkeit der Darstellungen

Existiert die Insel auch außerhalb der Imagination des Erzählers? Und damit verbunden: Wie zuverlässig sind die (non-)narratorialen Darstellungen? Der Spielort ist von der Insel *Boreray* inspiriert, die in der Nähe der schottischen Äußeren Hebriden gelegen ist. Dies verrät uns freilich wenig über den ontologischen Status der Insel innerhalb der erzählten Welt. Es gibt jedoch Textfragmente, die nahelegen, dass der Erzähler sich die Insel nicht ausgedacht hat: „There was once talk of a wind farm out here, away from the rage and the intolerance of the masses" (Dear Esther 2012, S. 2). Die auf Abb. 1 zu sehenden weißen Felsmarkierungen gehen auf eine historisch belegbare Praxis zurück (vgl. Pinchbeck 2012, S. 24) und suggerieren die Existenz einer von der Imagination des Erzählers unterscheidbaren Realität innerhalb der erzählten Welt. Der Erzähler erklärt diese Praxis wie folgt:

---

[4] Der Name rekurriert offenbar auf John Searles berühmtes Gedankenexperiment, das zum Zwecke der Kritik am Turing-Test formuliert worden ist.

[5] Mangels Budget fanden für den *Mod* noch vorgefertigte *Samples* Verwendung. Für die kommerzielle Version wurde die Musik dann professionell live eingespielt (vgl. Regiekommentar 2012, S. 20).

When someone had died or was dying or was so ill they gave up what little hope they could sacrifice, they cut parallel lines into the cliff, exposing the white chalk beneath. You could see them from the mainland or the fishing boats and know to send aid or impose a cordon of protection, and wait a generation until whatever pestilence stalked the cliff paths died along with its hosts. (Dear Esther 2012, S. 3)

Dennoch deutet sich auch in den Worten des Erzählers früh an: „[T]his place is always half-imagined" (Dear Esther 2012, S. 9). Dieser Eindruck erhärtet sich im dritten Abschnitt des Spiels – der Höhle. Die Spielenden begegnen zuerst überwältigend schönen Steinformationen. Später werden sie in der Höhle mit Wahnsinn konfrontiert. Die Wände sind dicht beschmiert mit einer phosphoreszierenden Farbe. Man entdeckt grobe Skizzen von Neuronen, Schaltplänen und chemischen Formeln mit irritierenden hebräischen Buchstaben. Später fällt die Spielfigur in ein Loch im Boden und findet sich unter Wasser wieder – merkwürdigerweise sind hier u. a. die Kulisse einer Autobahn und ein Sterbebett zu sehen. Der Weg durch die Höhle lässt sich als Weg ins Innere des Erzählers verstehen. Der Weg aus der Höhle heraus ist dann so gestaltet, als würde die Spielfigur aus dem Inneren eines menschlichen Körpers heraus auf ein Auge zulaufen. Entsprechende Hinweise sind auch in den Textfragmenten zu finden:

If the caves are my guts, this must be the place where the stones are first formed. The bacteria phosphoresce and rise, singing, through the tunnels. Everything here is bound by the rise and fall like a tide. Perhaps, the whole island is actually underwater. (Dear Esther 2012, S. 12)

I am travelling through my own body, following the line of infection from the shattered femur towards the heart. I swallow fistfuls of painkillers to stay lucid. In my delirium, I see the twin lights of the moon and the aerial, shining to me through the rocks. (Dear Esther 2012, S. 12–13)

Der letzte Satz des ersten Zitats dehnt den ontologischen Status des Innersten der Höhle auf die gesamte Insel aus. Die Zeitform von „I am travelling" im zweiten Zitat legt zudem nahe, dass die Spielfigur mit dem Erzähler identisch ist. Es gibt jedoch auch dem widersprechende Indizien.

4.4   Wer handelt? Wer spricht?

Der Erzähler spricht in den Textfragmenten mit den Worten „Dear Esther" eine Person an. Dies suggeriert, dass man als Spieler*in direkt angesprochen wird und folglich Esther ist. Dieser Suggestion können sich Spielende schwer entziehen. Auf YouTube lassen sich in sogenannten *Let's-Plays* Spieler*innen dabei beobachten, wie sie *Dear Esther* erleben und während des Spielens kommentieren (etwa POWMedia 2017; Pandorya 2015). Dabei fällt auf, dass sie recht lange oder sogar bis zum Schluss in Erwägung ziehen, dass sie Esther steuern. Solche Textfragmente unterstützen dies:

> Dear Esther, [w]hen you were born, you[r] mother told me, a hush fell over the delivery room. A great red birthmark covered the left side of your face. No one knew what to say, so you cried to fill the vacuum. I always admired you for that; that you cried to fill whatever vacuum you found. I began to manufacture vacuums, just to enable you to deploy your talent. The birthmark faded by the time you were six, and had gone completely by the time we met, but your fascination with the empty, and its cure, remained. (Dear Esther 2012, S. 2)

In diesem wird Esther sehr persönlich angesprochen, und zwar mit Aussagen, die üblicherweise nicht mit Fremden geteilt werden. Wohl aufgrund solcher Suggestionen stellt sich auch O'Sullivan (2017, S. 324) die Fragen: „[W]hich character is our observer, the speaker, and who is our participant, the walker; is one of them Esther, or is she neither?" Die Beantwortung wird erschwert durch die Anwesenheit schemenhafter Figuren auf der Insel, wie beispielsweise auf Abb. 3 zu sehen.

Die Schemen sind unerreichbar oder verschwunden, sobald man dahin kommt, wo sie gerade noch waren. Da die Spielfigur im Spiel keine Schritte zu machen scheint, sondern über den Boden gleitet, könnte sie auch selbst ein geisterhafter Schemen sein. Oder sehen Spielende auf dem Gipfel den Erzähler, der den Weg weist? Ascher (2012, S. 4) deutet das so:

> Die Schemen könnten den Erzähler verkörpern. In diesem Fall wäre es richtiger, von DEM Schemen zu sprechen, denn tatsächlich sind an keiner Stelle im Spiel zwei Schemen gleichzeitig zu sehen. Der Erzähler wäre somit einerseits bereits vorausgegangen, andererseits aber wollte er sicherstellen, dass der Spieler ihm folgt.

Damit erklärt sie sich auch, dass auf der Insel Kerzen an Orten brennen, die nicht von den Spieler*innen erreichbar sind. Das folgende Textfragment liefert Hinweise:

Abb. 3 *Dear Esther* (2012), eigener Screenshot, vergrößert

> I have become convinced I am not alone here, even though I am equally sure it is simply a delusion brought upon by circumstance. I do not, for instance, remember where I found the candles, or why I took it upon myself to light such a strange pathway. (Dear Esther 2012, S. 4)

Der Erzähler hat die Kerzen angezündet. Und vielleicht sehen Spielende aus seinen Augen die Schemen, weshalb er sich auf der Insel nicht allein fühlt und während des Spiels zu sich selbst spricht. So plausibel das erscheinen mag – das Spiel legt weitere Fährten. Wenn Spielende am Signalturm ankommen, wird ihnen die Kontrolle über die Spielfigur entrissen. Die Figur klettert auf den Signalturm. Einer der möglichen Schlussmonologe lautet:

> Dear Esther. I have burned the cliffs of Damascus, I have drunk deep of it. My heart is my leg and a black line etched on the paper all along this boat without a bottom. You are all the world like a nest to me, in which eggs unbroken form like fossils, come together, shatter and send small black flowers to the very air. From this infection, hope. From this island, flight. From this grief, love. (Dear Esther 2012, S. 18)

Anschließend springt die Figur vom Signalturm. Spielende blicken machtlos aus den Augen der Figur und fallen auf die Klippen zu. Kurz vor dem Aufprall scheint es, als habe die Figur Flügel bekommen. Statt eines Sturzflugs in den Tod segelt sie nun über die Insel und erreicht nach einiger Zeit kleine Papierboote, die auf das Meer hinaustreiben. Als man zu Beginn des letzten Spielabschnitts an den Papierbooten vorbeilief, sagte der Erzähler, dass diese Briefe für Esther bestimmt seien. Eine Stimme flüstert mehrfach „Come back" (Dear Esther 2012, S. 18). So endet das Spiel.

Im obigen Blockzitat ist von der Stadt Damaskus die Rede. Dies mag aufmerken lassen, befindet sich die Insel doch in Europa. Auch der Unfall ereignete sich nicht in Syrien, sondern auf der Autobahn M5 bei Bristol. Damaskus ist hier als eine Anspielung auf das Damaskuserlebnis des Paulus – auf Englisch ‚Paul' – zu verstehen. Auf den Felsen können Spielende entsprechende Zitate aus den Apostelgeschichten finden, so zum Beispiel: „And it came to pass, that, as I made my journey, and was come nigh unto Damascus" (Dear Esther 2012, Steinbemalung). All dies könnte bedeuten, dass die Figur nach dem Sprung vielleicht wirklich nicht auf dem Boden aufschlägt und stirbt, sondern eine Umkehr stattfindet. Dan Pinchbeck sagt im Regiekommentar (2012, S. 46): „[I]t turned from being a straightforward, literal suicide into a metaphorical or, to my mind, kind of like, I always really believed that the narrator did turn into a bird just before they hit the ground, and that was really important". Die Komponistin ergänzt: „[I]t signifies to me transformation, freedom, escape, acceptance" (Pinchbeck 2012, S. 46). Der abschließende Flug über die Insel wird durch nonnarratoriale Elemente wie Vogelnester oder durch Vogel-Motive in den Textfragmenten angekündigt. Wenn der Erzähler umkehrt, um sich auf den rechten Weg zu begeben, ist er wahrscheinlich selbst Paul.

Die Figur ‚Paul' wird in den Textfragmenten als ein Chemiker beschrieben, der betrunken am Steuer den Unfall verursachte. Nach der Veröffentlichung des

Mods wandte sich ein Spieler an das Autor*innenkollektiv und konstatierte, dass der Erzähler und Paul doch gewiss ein und dieselbe Person seien. Dann wäre der Erzähler auch schuld am Tod seiner Frau. Nach diesem Impuls aus der *Gaming Community* sind in der eigenständigen Version des Spiels neue Textfragmente hinzugekommen. Neben „I was not drunk at all." (Dear Esther 2012, S. 14) heißt es im Text dagegen auch: „He was not drunk Esther, he was not drunk at all. He had not drunk with Donnelly or spat Jakobson back at the sea." (Dear Esther 2012, S. 16).

Folgt man der Bedeutung, die durch das kollaborative Schreiben zwischen den Spieler*innen und dem Autor*innenkollektiv mit neuen (non-)narratorialen Elementen – z. B. den chemischen Formeln in der Höhle – gestützt wird, findet also eine Umkehr statt. Die Handlung, welche als Modus des Verarbeitens einer Verlusterfahrung erscheint, nimmt eine positive Wendung. Damit bricht Paul, der Erzähler, aus einem Kreislauf der wiederkehrenden Ereignisse aus.

Der Erzähler thematisiert neben dem Autounfall auch die Erkrankung seiner Nieren und eine Infektion am Bein. Er erzählt ferner weitere, in sich verschachtelte, periphere Binnenhandlungen. So spricht er von der Lektüre eines Buches, das von einem Mann namens Donnelly geschrieben worden ist. Jener Donnelly besuchte als Kartograph die Insel, starb dort an Syphilis und schrieb vorher das Buch über den Einsiedler Jacobson. Dieser wiederum baute die Hütten auf der Insel und erkrankte tödlich an einer unbenannten Krankheit. Der Erzähler stirbt nicht, sondern kehrt vom Weg der (Selbst-)Zerstörung ab. Man steuert ihn auf dem Weg zu dieser Umkehr. Folglich agiert man – jedoch ohne viel Handlungsspielraum – während des Spielens an Stelle der „Spielfigur" (Thon 2015, S. 218), die wie ein autodiegetischer Schreiber die interaktive Rahmenhandlung miterschafft. Zugleich verkörpert man ein „fiktives Wesen" (Thon 2015, S. 218) – den autodiegetischen Erzähler der zentralen Binnenhandlungen, der zudem die peripheren Binnenhandlungen heterodiegetisch wiedergibt.

5   Fazit

Die Deutung, die Spielfigur sei mit dem Erzähler identisch, ist soeben als plausibel herausgearbeitet worden. Es existieren jedoch weitere Deutungsmöglichkeiten. Ebenfalls ist nicht abschließend zu klären, welche Elemente der Handlung nur in der Imagination des Erzählers existieren. Wenn es sich um einen „[metaphorical] suicide" (Pinchbeck 2012, S. 45) handelt, ist vielleicht nicht nur das Eindringen in das Innerste der Höhle bzw. das Innerste des Erzählers imaginiert, sondern sogar der gesamte Weg über die Insel. Durch die Randomisierung sowohl der Textfragmente als auch der auf der Insel zu findenden Objekte legen verschiedene Spieldurchgänge verschiedene Deutungen nahe. Das Spiel ist so angelegt, dass auch innerhalb eines Spieldurchgangs verschiedene Deutungsweisen systematisch unterlaufen oder gestützt werden.

Ensslin (2014, S. 141–142) bezeichnet Computerspiele, die in diesem Sinne Ambiguitäten aufweisen, als *literary art games*. Spiele mit versprachlichter Narration bezeichnet sie als *literary games* (vgl. Ensslin 2014, S. 156). Für beide Kategorien ist *Dear Esther* geradezu ein Paradebeispiel.[6] Diese Nähe zu Literatur im engsten Sinne erlaubt es in besonderer Weise, in literaturdidaktischen Lehr-Lern-Settings – beispielsweise in der ersten Ausbildungsphase der Lehrer*innen-bildung – mit *Dear Esther* über literarisches Lernen ins Gespräch zu kommen. Hier könnte eine Anwendung, Reflexion und Erweiterung narratologischer Konzepte stattfinden. Darüber hinaus lässt sich an Themen wie ‚Briefroman‘ oder ‚Robinsonade‘ anknüpfen. Das besondere literaturdidaktische Potenzial des Spiels steckt jedoch in der Möglichkeit, bei der Rezeption und der Anschluss-kommunikation sehr eindrücklich zu erfahren, wie „subjektive Involviertheit und genaue Textwahrnehmung" (Spinner 2006, S. 8) in Wechselwirkung treten. Im vorliegenden Beitrag ist erläutert worden, wie das Zusammenspiel der Zeichen einen verweilenden Rezeptionsmodus auslöst, bei dem die Spielenden in eine virtuelle Welt eintauchen und ihre Aufmerksamkeit absorbiert wird. Um die sich dabei stellenden Fragen zu beantworten, sind Spielende angehalten, auf jedes Detail dieser virtuellen Welt und der in ihr dargebotenen Erzählungen zu achten – sei es auf die Musik, den Gang der Figur, die Umgebung, die Objekte auf der Insel, die Stein- und Höhlenbemalung, die Schemen und natürlich die zu hörenden Brieffragmente. So erleben sie, wie eine genaue Wahrnehmung des Gegenstandes aus einer „Verstrickung" (Kreft 1977, S. 379) mit ebendiesem hervorgeht.

Die (Erst-)Rezeption kann durch eine dem Spielen nachgelagerte narratologische Analyse ergänzt werden, wie dies in diesem Beitrag geschah. Diese Analyse ist in diesem Fall nicht „sinnentleert[...]" (Zabka 2012, S. 50), sondern mit jener Deutungsarbeit aufs Engste verknüpft, die während des Ganges über die Insel bereits angestoßen worden ist. Die Analyse zeichnet nach, wie der Gegenstand verschiedene Deutungen zulässt. Sie erlaubt darüber hinaus Vergleiche zwischen verschiedenen Deutungen hinsichtlich ihrer Vereinbar-keit mit dem literarischen Computerspiel und verhilft zu der Einsicht, dass eine falsifikatorische Grundhaltung auch im Falle (literar-)ästhetischer Gegenstände einer gegenstandsangemessenen Rezeption zuträglich ist. Indem das Spiel ver-schiedene Deutungen systematisch unterläuft, lässt sich in der Anschluss-kommunikation eine solche Grundhaltung einüben und auf andere literarische Gegenstände übertragen. Erst durch diese Bereitschaft zur Falsifikation können dann auch für andere Texte verschiedener Medialität Unbestimmbarkeiten positiv umrissen werden, denn „[n]ur wo Bestimmbarkeit ist, kann Interesse für Unbestimmbarkeit entstehen" (Seel 2019, S. 96).

---

[6] *Dear Esther* ist darüber hinaus ein Gegenbeispiel zur These Backes (2008, S. 165), Computer-spiele seien lediglich auf eine Erstrezeption ausgelegt und folglich auf einer Ebene mit „Trivial-literatur".

Literatur

Ascher, Franziska. 2012. Dear Esther – Wer hat die ganzen Kerzen angezündet? *Paidia – Zeitschrift für Computerspielforschung.* https://www.paidia.de/dear-esther-schemen-oder-wer-hat-die-ganzen-kerzen-angezundet/. Zugegriffen: 22. Juni 2022.

Backe, Hans-Joachim. 2008. *Strukturen und Funktionen des Erzählens im Computerspiel – Eine typologische Einführung.* Würzburg: Königshausen & Neumann.

Bauer, Matthias, Joachim Knape, Peter Koch, und Susanne Winkler. 2010. Dimensionen der Ambiguität. *Zeitschrift für Literaturwissenschaft und Linguistik* 40(158):7–75.

Beyvers, Sarah. 2020. „Do you see it now? Do you see it like I do?" Unreliability and the Unstable Narrating Mind in Dear Esther (2012) and Layers of Fear (2016). In *Krankheit in Digitalen Spielen – Interdisziplinäre Betrachtungen*, Hrsg. Arno Görgen und Stefan Heinrich Simond, 163–188. Bielefeld: transcript.

Caracciolo, Marco. 2018. Islands of mind and matter: Challenging dualism in J. G. Ballard's „The Terminal Beach" and The Chinese Room's „Dear Esther". *Countertext – a Journal for the Study of the Post-Literary* 4(3):341–361.

Carbo-Mascarell, Rosa. 2016. *Walking Simulators: The Digitisation of an Aesthetic Practice. Proceedings of 1st International Joint Conference of DiGRA and FDG.* http://www.digra.org/wp-content/uploads/digital-library/paper_66.pdf. Zugegriffen: 22. Juli 2022.

Engelns, Markus. 2014. *Spielen und Erzählen: Computerspiele und die Ebenen ihrer Realisierung.* Heidelberg: Synchron.

Ensslin, Astrid. 2014. *Literary Gaming.* Cambridge: MIT Press.

Hüningen, James von. 2022. Binnenerzählung. In *Das Lexikon der Filmbegriffe.* https://film-lexikon.uni-kiel.de/doku.php/b:binnenerzahlung-4042. Zugegriffen: 22. Juli 2022.

Kindt, Tom O., und Hans-Harald Müller. 2003. Wie viel Interpretation enthalten Beschreibungen? Überlegungen zu einer umstrittenen Unterscheidung am Beispiel der Narratologie. In *Regeln der Bedeutung*, Hrsg. Fotis Jannidis, Gerhard Lauer, Matías Martínes, und Simone Winko, 296–304. Berlin/Boston: De Gruyter.

Köppe, Tilmann, und Tom O. Kindt. 2014. *Erzähltheorie – Eine Einführung.* Stuttgart: Reclam.

Kreft, Jürgen. 1977. *Grundprobleme der Literaturdidaktik. Eine Fachdidaktik im Konzept sozialer und individueller Entwicklung und Geschichte.* Heidelberg: Quelle und Meyer.

Magirius, Marco. 2021. Queere Liebe in Gone Home. Zur Evokation von Empathie mit Hilfe eines Exploration Game. *MiDu – Multimodalität im Deutschunterricht* 3(1):1–14. https://journals.ub.uni-koeln.de/index.php/midu/article/view/1187/1171. Zugegriffen: 22. Juli 2022.

Magirius, Marco, Daniel Scherf, und Michael Steinmetz. 2021. Lernunterstützung im Literaturgespräch. Modellierung qualitätsvollen Gesprächshandelns von Lehrerinnen und Lehrern. *Leseräume* 7(8):1–21. https://xn--leserume-4za.de/wp-content/uploads/2022/03/lr-2021-1-Magirius-Scherf-Steinmetz.pdf. Zugegriffen: 22. Juli 2022.

Martínez, Matías, und Michael Scheffel. 2007. *Einführung in die Erzähltheorie.* München: Beck.

O'Sullivan, James. 2017. The Dream of an Island: Dear Esther and the Digital Sublime. *Paradoxa* 29:313–326.

Pinchbeck, Dan. 2012. *Vortrag im Rahmen der Game City Nights.* https://www.youtube.com/watch?v=Olk-AJDWs_U. Zugegriffen: 22. Juli 2022.

Seel, Martin. 2019 [2003]. *Ästhetik des Erscheinens*, 6. Aufl. Frankfurt a. M. u. a.: Suhrkamp.

Spinner, Kaspar H. 2006. Literarisches Lernen. *Praxis Deutsch* 200:6–16.

Thon, Jan-Noël. 2015. Game Studies und Narratologie. In *Game Studies. Aktuelle Ansätze der Computerspielforschung*, Hrsg. Klaus Sachs-Hombach und Jan-Noël Thon, 104–164. Köln: Herbert von Halem.

Thon, Jan-Noël. 2016. *Transmedial Narratology and Contemporary Media Culture.* Lincoln: University of Nebraska Press.

Unterhuber, Tobias. 2012. Empfindsamkeit im Zeitalter des Computerspiels? – Dear Esther als Weiterführung des Briefromans. *Paidia – Zeitschrift für Computerspielforschung.* https://www.paidia.de/empfindsamkeit-im-zeitalter-des-computerspiels/. Zugegriffen: 22. Juli 2022.

Zabka, Thomas. 2012. Analyserituale und Lehrerüberzeugungen. Theoretische Untersuchung vermuteter Zusammenhänge. In *Fachliches Wissen und literarisches Verstehen. Studien zu einer brisanten Relation*, Hrsg. von Irene Pieper und Dorothee Wieser, 35–52. Frankfurt a. M. u. a.: Lang.

Zabka, Thomas. 2015. Was ist Hochschulreife im Umgang mit Literatur? *Didaktik Deutsch* 38:136–150.

Videospiele und *Let's Plays*

Dear Esther mit Regiekommentar. 2012. *The Chinese Room* sowie [für die Konsolen] *Curve Digital.*

Gone Home. 2013. *The Fullbright Company* sowie [für die Switch-Version] *BlitWorks.*

Pandorya. 2015. *Let's Play Dear Esther.* https://www.youtube.com/watch?v=WdEz6J3ipHY. Zugegriffen: 6. Nov. 2022.

POWMedia. 2017. *Let's Play Dear Esther – Landmark Edition.* https://www.youtube.com/watch?v=OOUO2UaHO7U. Zugegriffen: 6. Nov. 2022.

Publisher Erratum zu: Perspektive und Perspektivverstehen narratologisch und empirisch

Martina von Heynitz, Birgit Schlachter, Michael Steinmetz und Ricarda Freudenberg

Publisher Erratum zu:
Kapitel 8 in: S. Bernhardt und I. Henke (Hrsg.),
Erzähltheorie(n) und Literaturunterricht,
https://doi.org/10.1007/978-3-662-66918-1_8

Aufgrund eines bedauerlichen Versehens seitens der Produktion wurde die Reihenfolge der Autor*innen in diesem Kapitel nicht korrekt dargestellt. Die korrekte Reihenfolge der Autor*innen lautet:

Martina von Heynitz, Birgit Schlachter, Michael Steinmetz und Ricarda Freudenberg

---

Die aktualisierte Version dieses Kapitels finden Sie unter https://doi.org/10.1007/978-3-662-66918-1_8

S. Bernhardt und I. Henke (Hrsg.), *Erzähltheorie(n) und Literaturunterricht,*
Deutschdidaktik, https://doi.org/10.1007/978-3-662-66918-1_20

Printed in the United States
by Baker & Taylor Publisher Services